国家出版基金项目
NATIONAL PUBLICATION FOUNDATION

清代战争全史

◎ 李治亭 杨东梁 主编

· 第八卷 ·

农民反清战争

张立程 著

中山大学出版社
· 广州 ·

版权所有　翻印必究

图书在版编目（CIP）数据

农民反清战争/张立程著. —广州：中山大学出版社，2021.2
（清代战争全史/李治亭，杨东梁主编；第八卷）
ISBN 978-7-306-07094-4

Ⅰ.①农… Ⅱ.①张… Ⅲ.①农民战争—研究—中国—清代 Ⅳ.①K249.201

中国版本图书馆 CIP 数据核字（2021）第 017782 号

NONGMIN FANQING ZHANZHENG

出 版 人：	王天琪
策划编辑：	徐　劲
项目统筹：	李　文　赵丽华
责任编辑：	靳晓虹
封面设计：	刘　犇
责任校对：	叶　枫
责任技编：	何雅涛
出版发行：	中山大学出版社
电　　话：	编辑部 020-84110283，84113349，84111997，84110779，84110776
	发行部 020-84111998，84111981，84111160
地　　址：	广州市新港西路 135 号
邮　　编：	510275　传　真：020-84036565
网　　址：	http://www.zsup.com.cn　E-mail：zdcbs@mail.sysu.edu.cn
印 刷 者：	广州市友盛彩印有限公司
规　　格：	787mm×1092mm　1/16　22.25 印张　365 千字
版次印次：	2021 年 2 月第 1 版　2021 年 2 月第 1 次印刷
定　　价：	68.00 元

如发现本书因印装质量影响阅读，请与出版社发行部联系调换

总　　序

李治亭　　杨东梁

2015年春夏之交，中山大学出版社策划了一个选题——清代战争史，并盛情邀请我们主持其事，组织撰写团队。

这实在是机缘巧合，我们都曾研究过清代战争史，发表过相关论著，期待将来能写出一部完整的清代战争史。多少年过去了，终因种种缘故，迟未动笔。现在，中山大学出版社有此创意，我们自然乐于玉成！于是，就设计出一套共九册的"清代战争全史"丛书，并约请了九位研究有素的中青年学者共襄此举。在本丛书的撰写接近完成之际，有必要把我们对有清一代战争的认识及本丛书撰写思路披露于众，以与各册的具体阐述相印证，也许读者会从中获得对清代战争的新认识。

一

提起战争，即使未经历过战争的人们也会懂得：战争就是杀戮、毁灭、灾难……尽管人们厌恶战争，但战争或迟或早总是不断发生。数千年来，在世界各地发生的大小战争不计其数。仅世界性规模的大战就有两次，几乎将全人类都卷入其中。即使今天，战争也仍然在地球上的某个地方进行着。可以说，战争与人类相伴相随，自从产生了私有制，形成不同利益的阶级及集团，战争便"应运"而生。人类的历史证明，战争是人类生活的一部分，在其要爆发的时候一定会爆发，实非依人们的意志为转移。

在中国数千年漫长的历史进程中，充斥着无数的战争记录，二十四史中哪一个朝代没有发生过战争？从传说中的黄帝大战蚩尤开端，到有文字记述的夏、商、周时代，战争从未间断过。史称"春秋战国"时期的四五

农民反清战争

百年间,实则是"战争年代",从上百个诸侯国,兼并成七国,最后,秦战胜诸国,一统天下。自秦始,王朝的兴替,哪个不是通过战争来完成的(只有个别王朝通过政变或所谓禅让获得政权)!再者,几乎每一代中原王朝都面对北方及其他边疆地区的"夷""狄"政权,彼此冲突不断,战祸惨烈,又远胜过地方割据与农民起义。其历时之久长、战事之激烈、规模之庞大,为世界所仅见。例如:

西周末年,西夷"犬戎"族攻到骊山,杀死了西周最后一位国君周幽王。

匈奴与中原王朝之争,自周秦,历两汉,至魏晋,几近千年,战争不断。

隋朝西北与突厥,东北与高句丽,征战频繁,终至亡国。

唐朝与突厥、高句丽的战争也是烽火连天。

北宋先与契丹族建立的辽王朝争战数十年;以后女真族崛起,建立金王朝,先灭辽,再灭北宋;继而蒙古族崛起,先后灭西夏和金,建立元王朝,再灭南宋,一统天下。

明朝建立后,与北方蒙古族的战争持续了很久,与东北女真族的战争也时断时续。努尔哈赤统一女真各部后,又与明军在辽东地区征战了近30年,直至明亡。同时,明政权与西南土司之间的战争,也旷日持久。

以上所列,主要是中原中央王朝与边疆各民族之间的战争,不过举其大略,具体战役则不胜枚举。

贯穿中国古代史的反封建战争,是农民起义。历朝历代都发生过规模不等的农民起义。其中,陈胜、吴广起义敲响了大秦帝国的丧钟;赤眉、绿林起义导致了新莽政权的覆灭;东汉末年的黄巾起义动摇了东汉王朝的根基;唐末黄巢领导的农民起义,声势浩大,席卷全国;元末的农民大起义,历时近20年激战,终把元朝推翻;明末的农民大起义,持续17年,直至攻占首都北京,宣告明朝灭亡!

这是清朝以前历代农民战争之大略,其战役何止千百次!

还有一类战争,即统治阶级内部各政治、军事集团之间的战争。例如:西汉宗室吴王刘濞发动的"七国之乱";东汉末年的军阀混战,进而演变成"三国鼎立";西晋的"八王之乱"及少数民族进入中原,最后形成南北朝的对立;唐中叶后有藩镇反唐的"安史之乱";明初则有燕王朱棣起兵夺位的"靖难之变";等等。这些战争,都属于统治阶级内部为争夺最高统治权而引发的武装斗争。

以上各类战争中，绝大多数属于中华民族内部各阶级、阶层，各民族，各政治集团之间的战争，并不存在近代意义上的国与国之间的战争。少数例外的是中原王朝对高句丽、安南的战争以及明万历年间援朝抗倭的战争。

清朝以前的历代战争，大略如此。

下面，有必要对清代战争做一全面回顾，以扣本丛书主题。

以明万历十一年（1583）努尔哈赤起兵创业为开端，迄宣统三年（1911）清帝退位，共历328年，战争的历史贯穿了清史的全过程。若与历代战争相比，有清一代展示了各类战争的全貌，其战争次数之多、战争时间持续之久、战争规模之大，可以说，超过了以前任何一个朝代！

第一，清统一全国之战。以努尔哈赤创业为起点，以康熙二十二年（1683）收复台湾为标志，实现了国家统一，其间恰好是100年！在这一个世纪的战争中，历经女真诸部统一之战，明（包括南明政权）清之战，与李自成大顺军、张献忠大西军之战，与台湾的郑氏政权之战，还有清军与部分地区抗清武装之战，等等。在中国历史上，还没有一个王朝经历过如此之久的统一战争！

第二，清朝同西北准噶尔分离势力展开的战争。始自康熙二十九年（1690）征剿噶尔丹，经雍正朝，至乾隆二十四年（1759），历70年。先后同噶尔丹策零、达瓦齐、策旺阿拉布坦、阿睦尔撒纳等为首的分离势力展开不间断的征战；又在南疆回部，平定了大小和卓之乱，始将新疆完全纳入版图。道光时，大和卓博罗尼都之孙张格尔发动叛乱，清军反击，历三年将其平定。同光年间，又有浩罕军官阿古柏入侵，勾结国内分离势力占领天山南北，经左宗棠率兵西征，新疆才得以重归版图。

第三，雍正五年（1727），在西南少数民族地区实行"改土归流"，引起部分土司反抗，遂爆发平定土司的大规模征战。至乾隆时，战事再起，此即大、小金川之战。

第四，康熙年间，西藏动乱，清军进藏，驱逐准噶尔叛乱势力；乾隆年间，廓尔喀（今尼泊尔）入侵我国西藏，清军迎击，终将其击溃。

清代农民战争的规模也超过历代水平。先有嘉庆元年（1796）爆发的白莲教大起义，后有道光末年爆发的太平天国起义。白莲教起义使清王朝元气大伤，成了清朝由盛转衰的转折点。太平天国起义则始于广西，挺进两湖,沿长江顺流东下,奠都江宁(今南京),清王朝竭尽全力,耗时14年才将其镇压下去。同时,北方还有捻军起义,角逐于中原地区;在云贵等地,则有回民、苗民起义。在台湾岛,康熙时有朱一贵、乾隆时有林爽文先后两次起义。嘉庆时,天理教在山东、河南起义;更有部分天理教徒闯进北京皇宫,造成古今之"奇变"!

由清圣祖决策撤藩引发了"三藩之变",平西王吴三桂率先反清,其他两个藩王(靖南王耿精忠、平南王尚之信)随即响应。战乱波及八省,持续八年,以吴三桂等失败而告终。清代统治阶级内部为争夺政权引发的战争,仅此一例。

清代还有以前历朝所不曾经历过的战争,即康熙年间的两次雅克萨抗俄之战,以及近代以来反抗西方殖民主义侵略的战争。正如人们所熟知的,诸如第一次、第二次鸦片战争,中法战争,中日甲午战争(包括台湾军民抗击日本侵略之战),八国联军侵华及义和团反帝之战,沙俄侵占东北及东北义军抗俄之战,英军入侵西藏之战,等等。自道光二十年(1840)以来,迄光绪二十六年(1900),西方列强(包括东方后起的日本军国主义)侵华与中国军民的反侵略战争,前后持续了60年。

清代战争史上的收官之战,当属革命党人发动的武昌起义。此战一打响,便敲响了清王朝的丧钟。不久,宣统皇帝退位,清朝就此灭亡!清代的战争史至此谢幕。

以远古黄帝战蚩尤的涿鹿之战为开端,至清代最后一战——辛亥革命,共历4600余年。可见,中国战争史之漫长,在世界战争史上恐怕也是独一无二的!至此,人们不禁会发出疑问:战争何以不断发生?直到当今文明高度发达的时代,世界上战争不但没有停止,规模反而更大,杀伤力更强,破坏程度更深,其原因是什么呢?这就不能不牵涉到战争的本质问题。

19世纪上半叶,普鲁士杰出的军事战略家克劳塞维茨在其不朽的《战争论》中,阐述了关于战争的一个基本思想:"战争无非是政治通过另一种手段的继续。"① 毛泽东进一步发挥了克氏的观点,更明确地说:"政治是不流血的战争,战争是流血的政治。"② 他在《中国革命战争的战

---

① [德]克劳塞维茨:《战争论》(中文版),第25页,陕西人民出版社,2001。
② 《毛泽东选集》第二卷,第447页,人民出版社,1966年横排本。

略问题》中,又具体指明,战争是"用以解决阶级与阶级、民族与民族、国家与国家、政治集团与政治集团之间的矛盾的一种最高的斗争形式"①。总之,战争是关系到国家、民族、阶级、政治集团命运的生死搏斗,是一种特殊的社会活动形态。远离战争,和平发展,一直是人类社会孜孜以求的梦想。但现实的世界却是残酷的。只要世界上还存在着阶级,还存在着国家,战争就不会消灭。因此,我们必须不断地了解它的来龙去脉,研究它的发展规律。

战争的实践也推动人们开展对战争的研究,总结其胜败的经验与教训,并在认识战争的过程中提出种种军事理论主张,用以指导战争,以获取战争的胜利。如同政治、经济、文化诸领域的学术研究一样,军事学、战争论也是一门特殊的学问。春秋战国之交,这门学问被称为"兵家",与儒、墨、法、名及黄老等学说并列为"诸子百家"。孙武、吴起、孙膑、尉缭等都是兵家的代表人物,他们的著作《孙子兵法》《吴子兵法》《孙膑兵法》《尉缭子》,及战国时由齐国大夫合编的《司马法》(即《司马穰苴兵法》),流传百世。其中,以《孙子兵法》最为著名,已成千古不朽之作,它所阐发的军事思想及作战原则与规划,为历朝历代所继承,用作战争攻防的指南。如今,《孙子兵法》早已走出国门,为世界各国兵家所公认,如美国西点军校便将此书列为教学的必读之书。

值得注意的是,自秦汉以后,尽管战争并未减少,也出现了一些军事家、战略家,但军事理论的研究却相对薄弱。宋代曾公亮、丁度等编辑了《武经总要》,朱服等人校订了我国古代第一部军事教科书——《武经七书》(即校订《孙子》《吴子》等七部兵书)。明代戚继光撰《纪效新书》,颇有影响;茅元仪辑《武备志》,汇集兵家之书 2000 余种,算是略有成效。到了文化繁盛的清代,典籍如林,著述山积,唯独兵书不足;学者之众,文艺千万,"兵家"却寥若晨星!何以至此?历来以"战"为国之"危事",视为凶险,故学者罕有论兵之人;又清代科举制度盛行,文人沉湎于八股,武人少通文墨,故兵家论述稀见。总之,不论什么原因,自秦汉以降,迄清代,有关军事、战争的研究并没有超越前代。

---

① 《毛泽东选集》第一卷,第 155 页,人民出版社,1966 年横排本。

二

中国几千年来历朝历代之兴亡盛衰，战役、战斗无数，内容丰富而厚重，适足以构成一部系统的中国战争通史！其中，清代战争史就是中国战争通史中最精彩的篇章之一。

清朝是我国历史上最后一个封建王朝，它处在从传统社会向近代社会转型的重要历史时期，处在中西文化碰撞、交流，中国逐渐卷入世界历史漩涡的特殊时代，各类社会矛盾错综复杂，不同性质的战争此起彼伏，不但对当时而且对以后的中国社会都产生了深刻影响，留下了许多宝贵的经验教训，这些都是后人要认真研究和总结的。那么，学术界又如何对其展开研究，并取得了哪些成就呢？下面就做一简单的学术回顾。

早在20世纪初，清亡前后，国人耻于列强侵华、中国丧权辱国，刘彦的《鸦片战争史》于1911年出版。其后，又有两部鸦片战争史问世。1929年，王钟麟的《中日战争》，由商务印书馆出版；1930年文公直的《最近三十年中国军事史》，由太平洋书店出版。至40年代，谢声溢的《中国历代战争史》（1942）、黎东方的《中国战史研究》（1944）等也相继出版。

中华人民共和国成立前，有关中国战争史的探讨不过如此，已出版的这几部战争史，尚缺乏深入、全面的研究。专门研究整个清代战争史、中国近百年战争史的著作则付之阙如。正如毛泽东在《改造我们的学习》一文中指出的：中国"近百年的经济史、近百年的政治史、近百年的军事史、近百年的文化史，简直还没有认真动手去研究"①。该文写于1941年，距1840年鸦片战争爆发约100年。

这种状况在中华人民共和国成立后稍有改变。但有关战争史的研究，明显偏重于中国近代战争及历代农民战争。例如，1950年至1955年间，先后出版了与《鸦片战争》同名的五本通俗读物，仅有一部可算作学术著作，即姚薇元的《鸦片战争史实考》（新知识出版社1955年版）。1955年至1965年，魏建猷、方诗铭、来新夏、蒋孟引等四位学者，分别撰写出版了关于第二次鸦片战争研究的著作。此外，牟安世的《中法战争》（上

---

① 《毛泽东选集》第三卷，第756页，人民出版社，1966年横排本。

海人民出版社1955年版）也于此时出版。中日甲午战争是当时的一个研究热点：贾逸君的《甲午中日战争》（新知识出版社1955年版）、郑昌淦的《中日甲午战争》（中国青年出版社1957年版）、陈伟芳的《朝鲜问题与甲午战争》（生活·读书·新知三联书店1959年版）、戚其章的《中日甲午威海之战》（山东人民出版社1962年版）等，也于这一时期问世。

农民战争史研究，主要集中在太平天国运动、义和团运动以及各地农民起义几个主题。史学领域堪称"热门"的有关太平天国史的著作就有八部之多。其中，较有影响的成果，当推罗尔纲的《太平天国史稿》（中华书局1957版）、戎笙的《太平天国革命战争》（生活·读书·新知三联书店1962年版）等。史学界还关注清代中叶以后的农民起义，如白莲教、天理教、捻军、苗民以及上海小刀会、山东宋景诗等农民起义，发表的论著颇多。再有就是关于辛亥革命史的研究，成果如陈旭麓的《辛亥革命》（上海人民出版社1955年版）、章开沅的《武昌起义》（中华书局1964年版）、吴玉章的《辛亥革命》（人民出版社1961年版），但这些还算不上纯粹的战争史著作。

概括这一时期的战争史研究，著作者的本意似乎不在军事与战争本身，战争不过是外在形式，着眼点则在于阐发阶级斗争理论。故其研究远未深入。虽然这些著作不失为爱国主义教材，但终归学术含量不足。

十年"文革"动乱，极"左"思潮泛滥，学术凋零，整个历史学研究领域被"影射史学"笼罩，更何谈战争史研究？

改革开放，拨乱反正，迎来了史学研究的春天，战争史研究也呈现出空前盛况。军事科学院率先推出全三册的《中国近代战争史》（军事科学出版社1984—1985年版），这应该是第一部较为完整的中国近代战争史，具有学术开创意义。但这一时期研究成果仍然集中在鸦片战争、太平天国、中日甲午战争、辛亥革命等专题①，属于旧题新作。值得称道的是，

---

① 这些著作是：茅家琦等《太平天国兴亡史》，上海人民出版社，1980；金冲及、胡绳武《辛亥革命史稿》，上海人民出版社，1980；章开沅、林增平《辛亥革命史》，人民出版社，1981；郦纯《太平天国军事史概述》，中华书局，1982；孙克复、关捷《甲午中日海战史》，黑龙江人民出版社，1981；戚其章《甲午战争史》，人民出版社，1990；罗尔纲《太平天国史》，中华书局，1991；茅海建《天朝的崩溃：鸦片战争再研究》，生活·读书·新知三联书店，1995；萧致治《鸦片战争史》，福建人民出版社，1996；等等。

这些著作摒弃了"阶级斗争为纲"的治学理念，实事求是地表达了作者较新的学术见解。另一部较有代表性的著作，当推戴逸、杨东梁、华立的《甲午战争与东亚政治》（中国社会科学出版社1994年版）。该书不但进一步阐释了战争与政治的关系，而且把甲午战争史的研究内容扩展到整个东亚地区。该书为纪念甲午战争一百周年国际学术研讨会的推荐图书，并由日本学者翻译成日文，在日本出版。

从军事学眼光看，这些"战争史"还不是严格意义上的战争史之作，说到底，仍是政治观念的图解。从战争史的角度讲，尚没有明显的突破。

改革开放时期，战争史研究新进展的突出表现之一，是开拓新领域，研究新课题，产生新成果。例如，明、清（后金）战争持续近半个世纪，其战争史内容极为丰富，多少年来，一直无人问津。直至1986年，孙文良与李治亭的《明清战争史略》（辽宁人民出版社1986年版）问世，才弥补了该项学术空白。该书2005年江苏教育出版社再版，2012年中国人民大学出版社重版，可见此书已得到社会认可。

民国以来，清代战争史研究一直局限在鸦片战争、太平天国运动、甲午战争、辛亥革命、义和团运动等几个重大历史事件的范围内，其中鸦片战争史10余部、甲午战争史近10部。学界和读者急需一部清朝军事或战争通史。迟至1994年，杨东梁、张浩的《中国清代军事史》（人民出版社版）问世，才填补了这一重要空缺。尽管军事史与战争史还是有差异的，但该书也勾勒出清代战争的基本状况。稍晚，1998年多卷本《中国军事通史》（军事科学出版社版）出版，其第十六卷为由邱心田、孔德骐撰《清前期军事史》，第十七卷为由梁巨祥、谢建撰《清后期军事史》。同年，杨东雄、杨少波的《大清帝国三百年战争风云录》（中原农民出版社版）问世。

2000年以后，有关清代战争史、军事史的研究成果层出不穷，又形成一个不大不小的高潮。世纪之初，有郭豫明的《捻军史》（上海人民出版社2001年版）、廖宗麟的《中法战争史》（天津古籍出版社2002年版）；到2015年，则有十几部鸦片战争史出版，内容大同小异，如欧阳丽的《鸦片战争》、李楠的《鸦片战争》、张建雄的《鸦片战争研究》、刘鸿亮的《中英火炮与鸦片战争》、张建雄与刘鸿亮的《鸦片战争中的中英船炮比较研究》等。中法战争史研究也推出新书，如汪衍振的《中法战争》（中国青年出版社2012年版）。甲午战争史亦有新著面世，如许华的《再见甲午》（人民出版社2014年版）、杨东梁的《甲午较量》（中国青年出版社2015年版）等。

与此同时，有两部中国战争通史出版。一部为《中国历代重大军事战争详解》，全九册，其第八册为《清代战争史》，第九册为《近代战争史》，由吉林文史出版社于2006年出版。另一部是武国卿与慕中岳的《中国战争史》，其中第七卷为"清朝时期"，这部多卷本中国战争通史于2016年由人民出版社出版。

值得注意的是，台湾地区学者也颇关注清代战争史研究。早在1975年，罗云的《细说清代战争》由台北祥云出版社出版。自1956年始，台湾又集中全岛军事专家与史学家合力编纂《中国历代战争史》，历时16年，至1972年书成，1976年由黎明文化事业公司出版。该书出版后，复成立"修订委员会"予以审订，至1979年完成。全书共18册，近500万言。其中，第十五册至第十七册为清朝战争史，最后一册（第十八册）为太平天国战争史。这是一部中国战争全史的鸿篇巨制，实属空前之作。该书"修订委员会"阵容强大：由蒋经国任主任委员，聘请钱穆、王云五、陶希圣、蒋复璁、黄季陆、方豪等学术名家出任委员。其规模之庞大、内容之翔实、文笔之流畅是有目共睹的，但在史观把控、材料搜集、学术规范等方面仍有可斟酌之处。

任何一部史书都难称完美无缺，必然要受到认识水平和客观条件的限制，因此，存在一些缺陷也是不足为怪的。已经面世的战争专史或通史，必将为其后的战争史研究提供借鉴。我们撰写"清代战争全史"时，上面提到的研究成果俱有参考价值。

纵观以往百年特别是改革开放以来清代战争史研究的状况，我们觉得有三点是值得思考的。

其一，研究的着重点不平衡。从各时期战争史出版的状况看，一个明显的现象是：其内容主要集中在鸦片战争、中日甲午战争、中法战争、太平天国运动、义和团运动、辛亥革命等主题，仅鸦片战争史就多达20种，其他的也有四五种或七八种。相反，清兵入关前以及清朝前中期，虽然战事频发，内容丰富，却少有学者问津，研究成果不多。其中原因，一方面是自中华人民共和国成立后，近代史从清史中分离出来，成为一个独立的研究领域，并且成为显学。这固然是政治思想教育的需要，但对完整的清史研究不能不产生一定影响。另一方面，研究经费不足、研究人员缺少也限制了清代战争史研究的进展。改革开放后，清史研究突飞猛进，成果累累，琳琅满目，唯独清代前期战争史研究不显，除有关个案战役的零星论文发表外，并无一部战争史著作问世。直到 1986 年，始见孙文良、李治亭的《明清战争史略》出版；至今已过去了 30 余年，该书仍是国内唯一的一部明清战争史。清代战争史研究明显落后，是毋庸置疑的。

其二，忽略了战争本身的特色。在以往战争史研究中，一种倾向是，以政治史观为指导，把战争史写成政治史，而忽略了战争本身的特色。战争史的要求，是写战争，也就是以军事斗争为主要内容，如战争准备、战场环境、战争过程、指挥艺术、后勤保障、武器装备等。当然，国家的政治状况、经济与财力等，是孕育战争的母体和保证战争进行的物资条件，无疑也是不可或缺的重要因素。

其三，没有处理好人与武器的关系。在战争中，武器和人的因素哪一个更重要？这是一个老问题了，但时至今日，仍有一些学者过分强调武器的作用。毛泽东早就指出："武器是战争的重要因素，但不是决定因素，决定的因素是人不是物。"① 这是对以往战争中人力、物力对比的科学总结。我们从清代战争史中也足以证明这一论断。仅以近代为例，在中法战争中，冯子材率领清军，面对装备精良的法军，仍取得了镇南关大捷；甲午中日战争时，北洋海军的实力与日本相比并不弱，结果却在"避战保船"的错误方针指挥下，全军覆灭。可见，武器不是战争胜败的决定性因素！

我们讲人是决定因素，但绝不否定物的重要作用，"落后就要挨打"，这是我们从近代备受列强欺凌的事实中总结出来的深刻教训。在近代，中国与西方的差距是明显的。在生产方式、政治制度、科学技术、人员素质等方面，清朝统治下的中国都远远落后于世界潮流。洋务办了几十年，虽然聊胜于无，却没有取得突破性的进展，所以有人说"仅有空名而无实效"②。恩格斯讲，战争的胜负"取决于人和武器这两种材料，也就是取决于居民的质与量和取决于技术"③。无数事实证明"落后就要挨打"是一条铁律。

---

① 《毛泽东选集》第二卷，第 437 页，人民出版社，1966。
② 〔清〕王韬：《弢园文录外编》卷三。
③ 《马克思恩格斯选集》第三卷，第 210 页，人民出版社，1972。

三

任何学术研究，都应坚持继承与创新相结合的原则。对前人或当代学者的研究成果及科学结论，毫无疑问应予以借鉴与吸收。但学术研究的脚步是不能停滞的，更重要的是要在前人的基础上大胆创新！所谓学术创新，就是突破传统观点，放弃已不适用的成说、规则，提出新说新解，补充前人之缺失。一句话，发前人所未发、论今人所未论，纠正其谬误，开拓学术发展之路。我们这个学术团队正是遵循这一原则：在继承以往研究成果的基础上，坚持学术创新，力图写出一部富有个性特点的清代战争史。那么，本丛书有哪些特点呢？

特点之一，在于"全"，它系统地展示了有清一代战争的全过程。本丛书以努尔哈赤于明万历十一年（1583）起兵复仇为开端，终结于最后一战——辛亥革命战争（1911），历时328年。在这漫长的历史过程中，凡发生的较重要战争，均无遗漏。一般战争史著作，对具体战役的描述失之于简，本丛书则要求对每场战役战斗尽量展示其全过程，全景式地再现战争的历史场面。

特点之二，是规模大。本丛书共九册，330万字。综观已经问世的中国战争史，尚未有一部断代战争史达此规模。

特点之三，是体例上的创新。体例是对全书框架的整体设计，如同盖一座楼，设计方案好坏，直接关系到建筑物的质量、使用价值及美观程度。传统的战争史体例模式或以时间为序，从首战直写至战事结束；或按战争性质分类，将同类战争分成若干板块，组合在一起。我们则在认真研究清代战争全过程的基础上，分析与归纳其战争特点，试图打破传统的体例模式，重新设计全书的架构，从九个方面（分为九册）来构建有清一代的战争史系列。

清朝创业伊始，即以战争为开端，先战女真诸部，后战明帝国、大顺军，由辽东入关，定鼎北京；复战大顺、大西农民军，由山陕而四川；伐南明，平定江南；最后战郑氏，收台湾。至此，统一大业告成，历时一百年。故首册名曰《清代统一战争》。

国家统一不久，整个西北地区又燃战火，历经康、雍、乾三朝，血战70年，终于统一蒙古，平定西藏、青海的叛乱，此战横跨两个世纪。故名曰《西部世纪之战》。

西北分离、分裂势力再燃战火。道光年间，叛乱头目张格尔在浩罕汗国支持下，骚扰南疆，清廷出兵平叛，终于活捉张格尔，献俘京师；以后，浩罕军官阿古柏入侵，直至新疆大部分地区沦陷。左宗棠临危受命，力挽狂澜，终将新疆收复。故称《保卫新疆之战》。

当时西南地区实行土司制度，实际处于半独立状态，清朝推行大规模"改土归流"，遭到反叛土司的抗拒，战争由此而起。同时，西南邻国缅甸、越南因多种原因与清王朝发生冲突，导致清缅、清越战争。故名为《西南边疆之战》。

台湾岛孤悬海中，战略地位重要，对内、对外战争频繁，故自成一个系列。前有收复台湾之战，后有朱一贵、林爽文起义及甲申、甲午两次保卫台湾之战。故名《清代台湾战争》。

自1840年开始，西方列强不断发动侵华战争，其间有两次鸦片战争、中法战争、甲午中日战争、英军侵藏战争、八国联军侵华战争等，为清代战争史的重要组成部分。故名曰《近代反侵略战争》。

东北地区有其特殊性，即沙俄不断蚕食、侵吞东北领土，前有雅克萨之反击战，后有日本入侵东北，直至沙俄占领东北全境。故以《保卫东北边疆之战》为一册，叙述其全过程。

清代农民武装反清斗争频发，以清代中叶以后为盛，如川楚陕白莲教起义、太平天国运动、捻军起义等大规模农民战争，还有少数民族（以农民为主体）反清战争等，足以构成一个战争史系列。故集中编为一册，定名为《农民反清战争》。

清代最后一次大规模战争，毫无疑问，就是辛亥革命战争，此战结束后不久，大清王朝寿终正寝。故《辛亥革命战争》即为本丛书的殿后之作。

以上九个部分组成有清一代的战争全史。

我们认为，这九个部分或称九种类型的战争，基本反映了清代战争史的全貌，充分体现了其战争的特点。纵的方面，以时间为线索贯穿了清王朝的兴、盛、衰、亡；横的方面，以空间为线索，突出了发生在不同地区的战争特色。有些战争未囊括在"纵横"之中，就按战争性质分类，如农民反封建、各民族反侵略、辛亥革命反帝制等，各有特点，自成一种类型。

如此布局，是根据清代战争的不同特点做出的，反映了清代战争的真实面貌。仅以保卫新疆之战为例，从清初到清末，新疆地区战事频发，其中既有追求统一的战争，也有平定叛乱的战争，更有驱逐外来入侵势力、捍卫国家主权和领土完整的战争，在同一个地区却体现了战争的多样性、复杂性。这有利于读者更加全面地认识清代战争。

特点之四，在于观察视角上的全面性，即不就战争论战争。研究战争史、编写战争史，最忌讳孤立地看待战争，只关注战争本身，却忽略与战争有关联的其他方面，这就是单纯军事观点，把本来复杂的战争历程简单化了。

我们认为，考察每次战争，必须将战争置于时代大背景下，考察作战双方的经济状况、军资储备、精神要素（包括国家领导人的决策能力、军队统帅的指挥才能、民族的精神面貌、人民对战争的态度、参战人员的素质等）。这些都是关系战争胜负不可缺少的因素。"战争的胜负，主要地决定于作战双方的军事、政治、经济、自然诸条件，这是没有问题的。然而不仅仅如此，还决定于作战双方主观指导的能力。"① 我们需要"大局观"，或称"全局观"，也就是要全方位地关注与战争直接或间接相关的方方面面。以上认识是我们研究、撰写"清代战争全史"丛书的指导思想，我们将努力在实践中贯彻之。

那么，怎样才能写好战争史呢？这是我们一直关注并在不断深化认识的问题。坦率地说，对于军事或战争，本丛书的主编和全体作者基本上是"门外汉"（因为我们没有战争的经历和经验）。为克服自身的弱点，力求避免以往战争史研究中的某些缺失，我们提出，要正确处理好九个方面的关系：

其一，战争的必然性与偶然性。从理论上说，任何事情的发生都有其必然性，而必然性往往通过偶然性表现出来。历史上的重大战争的发生各有其必然性，至于哪一天爆发，却是出于某种偶然。本丛书要求，对每场战争之发生，首先要从社会诸矛盾中，以及交战双方矛盾逐渐激化的过程中，寻找战争的必然性；从战争发生的直接原因，或称导火线来确认其偶然性。只有按此思路去研究战前的种种矛盾，才能说清楚战争的由来。

---

① 《毛泽东选集》第一卷，第166页，人民出版社，1966年横排本。

其二，战略与战术。战略是指导战争全局的计划和策略，战术则是进行战斗的原则和方法。前者是全局，后者是局部，两者密不可分。战略目标是通过各个具体的战役、战斗来实现的，如果战役、战斗都失败了，战略目标也就化为乌有！本丛书要求，既要突出战争的战略指导，又要具体阐明指挥者的战术原则，两者不可偏废。

其三，在叙述战争过程时，交战双方都应兼顾，不以其为正义方或非正义方而决定详略。也就是说，要写清楚作战双方的战略、战术，如一方写得过多过细，另一方写得少而笼统，势必出现一方独战而无交战了。

其四，战役的共性与个性。凡是战争，不论大小，必然是交战双方的互动。每次战役作战的双方都有筹划、准备，调兵遣将，这就是战役的共性。所谓个性，是指每次战役、战斗并不尽相同。例如，各自的战法或谋略不同，战场地形、地貌不同，战场状况瞬息万变，经常出现意料不到的新变化，如此等等。这些就构成了各个战役、战斗的不同特点。本丛书强调，要写出每次战争、每个战役、每场战斗的特点，不雷同，力戒千篇一律，只有这样，才有可能把战争史写得更真实可信！

其五，战争与战场。这两者自然是密不可分的，试问哪场战争、战斗不是在特定的战场上对决的？但以往战争史多数战场不明，只有地名，却无具体的地形、地貌，实则是把战争的空间隐去了！在军事上，占据有利地形、控制交通线、据险而守等，是打赢一场至关重要战役的必要条件，故对战场的描述是战争史必不可少的组成部分。本丛书要求，每写一场战役特别是重大战役，要在材料许可的前提下，把战场写得具体细致些。

其六，将军与士兵。战争是人类的一种实践行为，人是这一实践过程中的主角，所以，写战争必写人！须知统帅或将领在一场战争、战役中扮演着主要角色，因此，要把他们的智慧、勇气，乃至个性、作风等逐一展示出来；而当军队投入战场，与对方捉对厮杀时，无疑士兵就成了战场的主人，他们的勇气、意志、作战技能往往是决定胜负的关键因素。不言而喻，写战争史不写统帅、将领的运筹帷幄，不写士兵在战场上的战斗表现，战争史将变得空空洞洞而索然无味。总之，战争史不写人，就不能成为名副其实的战争史！

其七，战争的阶段性。在一次历时较长的战争中，自然会形成若干个阶段。写战争全过程，重在写各阶段的衔接与异同。通过对战役不同阶段的描写，以反映战局的不断变化，反映出战争的发展规律。

其八，战役的胜与败。每次战役结束后，胜败自不难分辨，即使难分胜负，也可以看出交战双方的各自得失，这是不言自明的。问题的关键是要求对胜败做出有深度的分析。何以胜，何以败，何以不分胜负，都应有理论上的阐述，给人以启迪。有的战役，很难以胜败论，遇此情况，只需如实反映战况，不必做出结论。

其九，正义与非正义战争。这是就战争的性质而言的。对于帝国主义列强侵华，尽人皆知，是非正义的侵略战争，自无疑义。但对于国内战争，如何界定，却是一个复杂问题。总之，不能一概而论，要区分不同情况，给出不同定位。我们的标准是：不站在清王朝的立场，不以维护清政权的利益为转移，而是要坚持维护中华民族的整体利益，维护国家的主权和领土完整；凡分裂祖国、分裂中华民族，闹割据、搞独立的集团和个人，都应予以否定。如新疆噶尔丹叛乱及其后的张格尔之乱，皆属分裂、分离势力背叛祖国的活动。又如明清鼎革之际，天下大乱，已分裂成几个军事政治集团，他们之间的火拼、搏斗，意在争夺天下。这里，既有民族的冲突，也有阶级的斗争，还有权力之争。对此我们要做具体分析，不可简单地厚此薄彼，表现出明显的倾向性。

以上所列九个方面的问题，可以勾勒出我们撰写清代战争史的"路线图"。当然，肯定地说，归纳得还不够全面，只是提出了一些基本的规则，以便统一本丛书作者们的思想，以求认识上的趋同。同时，我们也鼓励各位作者勇于创新，在基本趋同的规则下，努力发挥个人的才智，使每册战争史各具特色，精彩纷呈。

最后，还要说说史料和语言。目前已出版的清代战争史，一个明显不足就是史料单薄。受史料局限，一些战役、战斗写得不够形象生动，而是干瘪平庸。本丛书强调，各位作者一定要厚集史料，除《清实录》、《清史稿》、各种官书等基本史料外，更要注重参考历史档案，以及个人文集、地方志书、国外记载等。只有史料丰富，战争史的内容才能随之而丰富。

一部书的质量如何，文字表达也是一个重要方面。我们要求作者使用精练的现代汉语书面语言，力求准确、流畅、简洁、生动。我们的语言应该有中国的做派，有时代的生命力，只有如此，读者才会欢迎！

我们期望这套330万字的"清代战争全史"丛书能成为一部爱国主义教材，因为它讴歌了无数为国家的统一、为维护国家主权、为正义的事业而勇敢战斗的仁人志士。同时，也揭露、鞭挞了那些残暴、凶恶的外国侵略者以及分裂祖国、分裂民族的历史罪人，把他们永远钉在历史的耻辱柱上！

　　这部战争史能否符合要求，能否实现我们的愿望，只有等待广大读者的鉴定和批评指正了。

2017 年 7 月 6 日
于北京神州数码大厦

内容简介

本书以农民反清战争为题,全面回顾了清朝入主中原建国之后农民反清战争的历史,总结参战各方的经验教训;通过对历次农民反清战争的解读,揭示了农民反清战争爆发的真正原因,统治的残酷压迫导致官逼民反。在此基础上,进一步探讨交战双方各自的战略战术及其利弊得失;深入分析反清战争的背景、导火索,战事进展中的关键战斗以及战争的结局;研究了武器、后勤、决策、指挥、战术等相关战争要素;比较了清初、中、晚期等不同时代反清战争的异同。最后研讨反清战争对清代社会的影响与历史走向。

目　　录

一、清前期农民反清战争 …………………………………………… 1

　　1. 清军入关后的形势 …………………………………………… 3
　　2. 顺治朝农民反清斗争 ………………………………………… 9
　　3. 康、雍、乾年间农民反清斗争 ……………………………… 16
　　4. 乾隆年间的秘密结社 ………………………………………… 25

二、乾隆朝撒拉族、回族农民战争 ………………………………… 31

　　1. 苏四十三撒拉族反清起义 …………………………………… 33
　　2. 田五、张文庆回族反清战争 ………………………………… 39

三、嘉、道年间白莲教、天理教起义 ……………………………… 45

　　1. 川、陕、楚白莲教起义 ……………………………………… 47
　　2. 直隶、河南、山东天理教起义 ……………………………… 63
　　3. 道光朝河南、安徽白莲教起义 ……………………………… 67
　　4. 道光朝山西先天教起义 ……………………………………… 68

四、咸、同年间太平天国农民战争 ………………………………… 71

　　1. 洪秀全的早期反清活动 ……………………………………… 73
　　2. 起义爆发与太平军的战略进攻 ……………………………… 75
　　3. 太平军的战略防御与失败 …………………………………… 94

五、会党反清战争 …………………………………………………… 121

　　1. 捻军反清战争 ………………………………………………… 123

2. 小刀会反清起义 …… 138
　　3. 两广天地会起义 …… 163
　　4. 台湾天地会起义 …… 203

六、咸、同年间西南各族人民反清斗争 …… 207
　　1. 云南永北厅彝民起义 …… 209
　　2. 贵州苗、侗各族起义 …… 211
　　3. 云南回民起义 …… 234
　　4. 湖南永州瑶民起义 …… 263
　　5. 川南彝民起义 …… 267
　　6. 滇、川农民起义 …… 269

七、咸、同年间东北农民反清战争 …… 283
　　1. 清前期严控蒙古、奉天等地 …… 285
　　2. 咸、同之际东北反清大起义 …… 288

八、同、光年间陕甘回民反清战争 …… 301
　　1. 陕西回民起义 …… 304
　　2. 甘肃回民起义 …… 308

参考文献 …… 323
附录　本卷涉及的战役战斗名录 …… 328
后　记 …… 331

一、清前期农民反清战争

一、清前期农民反清战争

农民战争是封建社会阶级矛盾尖锐化的产物,是封建社会阶级斗争的最高形式。中国自战国时期进入封建社会以来,在长达 2000 多年的时间里,地主阶级与农民阶级的矛盾是社会的主要矛盾。以地主土地所有制为基础的自给自足的小农经济形态,在君主专制统治下,在新的王朝建立后,随着以"轻徭薄赋"为特征的财政经济政策的推行,社会生产力的稳步提升,农民获得土地的机会相对容易,阶级矛盾会有一定程度的缓和。但由于官府与地主的巧取豪夺,以及小农经济无法抵御频繁的天灾人祸等因素,随着时间推移,大批自耕农日趋破产,越来越多的土地逐渐集中到少数人手中,土地兼并日益加剧,地主阶级与农民阶级的矛盾尖锐程度加剧,农民起义、农民战争必然会在大量贫苦农民走投无路之际酝酿产生。

清朝时期的农民战争,是在自然经济的社会背景下,统治阶级对农民压迫和剥削加剧而出现的必然现象。

1. 清军入关后的形势

清顺治元年(明崇祯十七年,1644),清军在山海关大败李自成的农民军后,进入北京,建立了政权。清军入关后面临的形势极为严峻,各地农民军群雄并起,西安有李自成的大顺政权,成都有张献忠的大西政权,江南则有以福王为中心的南明政权。他们称雄一方,力图消灭异己,共同形成相互对峙的四大军事政治集团。谁能战胜对方,最后统一全国,是摆在他们面前、关系生死存亡的根本问题。

清军占领北京,自认为拥有正统地位,视任何与之作对的军事政治力量，都是逆天而行的"伪逆""叛贼"，都列入被消灭的行列。以多尔衮为首的满洲统治集团将李自成、张献忠等农民军视为最大的对手，欲除之而后快，从一开始就将进攻的主要矛头对准了他们。

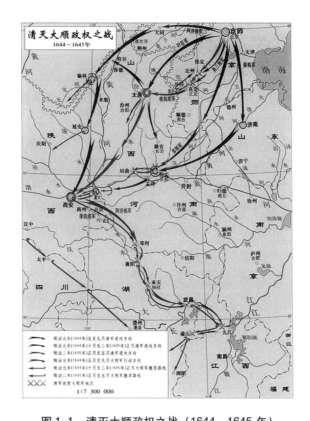

图 1.1　清灭大顺政权之战（1644—1645 年）

图片来源：《中国战争史地图》，http://86814.net/wiki/zgzzsdt/

李自成推翻明朝，控制了河北、山东、河南、山西、陕西等北方大部分地区，以及湖北全境和江苏、安徽的部分地区。进入北京时，拥兵百万，其总体实力达到鼎盛，远远超过还未入关的清军。在山海关惨败后，李自成从北京撤退，其兵力已经衰减。尽管如此，李自成依然在陕西、河南一带保有相当强大的军事实力。为尽早消灭大顺政权，多尔衮派吴三桂部为先锋，阿济格、多铎等率部协同，日夜兼程，穷追猛打，不给李自成以喘息之机。吴三桂紧追不舍，于顺治元年（1644）五月初二日，在庆都（今河北望都）与李自成的大顺军相遇。清军迅猛出击，大顺军拼死相搏，战况十分激烈。交战中,忽然刮起狂风,一时间尘沙飞扬,天地昏暗,大顺军旌旗折断,人马倒退,惊慌失措,遭到重创。次日,清军在定州再败李自成,这一仗谷可成阵亡,左光先负伤,李自成撤退到真定(今河北正定)。离开北京后的两战皆败,李自成决心与吴三桂决一死战。初五日,李自成督率大军,严阵以待,清军则以吴三桂部及谭泰、准塔,德尔德赫、哈宁噶等部投入战斗。真定之战从上午开始,一直持续到傍晚,双方血战沙场,直杀得地动山摇,难分胜负。李自成眼见难以取胜,遂下令鸣金收兵,撤离战场。突然,流矢射中李自成的肋下,他跌落战马,被护卫救走。

在庆都、真定战役中,大顺军与满洲八旗激战,从战略战术的角度来看,以步兵为主的大顺军很难抵挡以骑兵为主的满洲八旗,即使能依托有利地形进行反击,但在激战中,基本无力应对骑兵的轮番冲击,再加上清军在作战中经常使用红衣大炮这类较为先进的武器,大顺军的伤亡很大,其战斗力总体呈不断下降之势。

山海关、庆都、真定三次大战,李自成的大顺军皆败北,士气低落,河北、河南、山东等地原来已经投降大顺政权的明朝官吏,眼见李自成大势已去,便纷纷倒戈投诚清军。面对不利的形势,李自成召集部下商讨应对。李岩认为,河南深受明政府盘剥,又曾是起义军的战略根据地,有良好的基础。他自告奋勇率军前去平叛。李岩的表现引起了宰相牛金星的注意,并起了疑心,遂挑拨离间,向李自成诬告李岩想借机自立为帝。李自成不辨真假,听信牛金星的谗言,并授意牛金星与李岩宴饮时,借机将其杀害。李岩被杀,在大顺政权内引起了混乱,动摇了军心,故加速其败亡的进程。

真定之战失败后,李自成放弃辎重,轻装向山西境内撤退。京师以北的居庸关内外、河北、天津、正定等广大地区归降清廷。

李自成退守晋陕,让多尔衮统一全国的计划得以从容实施。多尔衮在顺治元年(1644)十月十九日,以世祖的名义任命阿济格为靖远大将军,吴三桂、尚可喜率部辅佐,自北京出征西安。二十五日,多尔衮命豫亲王多铎为定国大将军,以孔有德、耿仲明为辅出征江南。但南征清军尚未出发,就传来李自成东进河南,向怀庆、卫辉进攻的消息。多尔衮深感事态严重,决心彻底击败李自成的大顺军,于是命令多铎先救怀庆,再转攻陕西取潼关后,进军西安。命阿济格、吴三桂自北路南下,两军合力一举将李自成彻底击败。

多铎部抵达怀庆，大顺军自知不敌，遂西撤潼关。多铎率军从孟津渡过黄河进军潼关，在距潼关20里外扎营。李自成与刘宗敏鉴于潼关的重要战略地位，从西安前往增援。十二月二十九日，潼关战役打响。刘宗敏率大顺军出击，被清军击败，首战失利。顺治二年（1645）正月初四日，大顺军刘芳亮率部向清军发起攻击，再遭重创。于是李自成亲自迎战，多铎则增派镶黄、正蓝、正白三旗主力攻击，双方损伤惨重。三次攻击均告失败后，李自成又于初五、初六两日连续组织反击，却仍以失败告终。清军于初九日调来红衣大炮，大顺军遭到重创。此时，北路的阿济格、吴三桂部已向西安杀来，李自成被迫向西安撤退。潼关大战，是清军入关后取得的又一次重大胜利，尽管李自成亲临战场指挥，但仍遭失败，致使大顺军的士气低落到最低点。潼关失守、西安无险可守，大顺军再无稳固可靠的根据地，而且大顺军也不擅长严防死守，李自成于十三日率部撤离西安，经陕南商州前往湖北。清军多铎部则在十六日离开潼关进入西安。阿济格、吴三桂则于年底渡过黄河进入陕北。面对来势汹汹的清军，除榆林守将高一功、延安守将李过坚决抵抗外，陕北的大顺军纷纷投降。高一功是李自成的心腹大将，他在遭到清军围攻后，撤往延安与李锦会合。延安在坚守20天后被攻破，李过、高一功率部突围。至此，陕西全境被纳入清军之手。

李自成离开西安后，在清军的迅猛追击下，毫无喘息之机，已无力建立稳固的根据地与清军抗衡，最终走上了败亡之路。三月，阿济格率部追击李自成进入河南。李自成遁走湖北进驻武昌，改武昌为"瑞符县"。阿济格、吴三桂紧追不舍，直抵武昌城下，李自成再遭失败。大顺军自此无心应战，大批逃亡。眼见大势已去，李自成被迫放弃武昌，继续向东撤退。四月，在兴国州（今阳新县）附近的富池口，清军与大顺军遭遇，大顺军再次失利。下旬，清军追赶至距九江40里的地方，与大顺军展开了最后的激战。李自成部20万几乎全军覆没。李自成的家眷、两个叔叔、养子（姜耐、左光先）、大将（刘宗敏）、军师（宋献策）等均被清军俘

一、清前期农民反清战争

获。牛金星父子投降清军后被杀。李自成率余众逃入通城九宫山不知所终。① 自此,李自成的大顺政权覆灭。

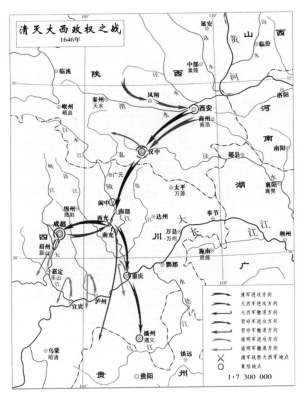

图1.2 清灭大西政权之战(1646年)

图片来源:《中国战争史地图》,http://86814.net/wiki/zgzzsdt/

大顺政权覆灭,使张献忠顿时孤立无援。张献忠于清顺治元年(明崇祯十七年,1644)放弃长沙、荆州,统率步骑数十万大举西征进入四川,

---

① 史料记载对李自成的下落历来有三种看法:《明史》《李自成传》认为李自成死于湖北通城九宫山,也有人认为李自成死于通山九宫山。乾隆朝湖南澧州知州何璘撰《书李自成传后》,认为李自成兵败后心灰意冷,在湖南石门县夹山寺禅隐。现代学者王戎笙等著《李自成结局研究》则依然固守九宫山遇害的观点。20世纪90年代以来,越来越多的学者认为李自成没有死于九宫山,而是兵败后在石门县遁入空门无疾而终。

先后攻克夔州、万县，六月初八日攻克涪州，于二十日攻入重庆。八月初，张献忠挥师北上，初九日攻克成都。四川大部分地区被张献忠占据。十一月，张献忠以成都为西京，改元"大顺"，建立了大西政权，自称"大西王"。大西政权建立后，遭到由四川的明朝官绅组织的地方武装的攻击，这令张献忠穷于应付。张献忠派军队四处征剿，因而消耗了大量的军力。

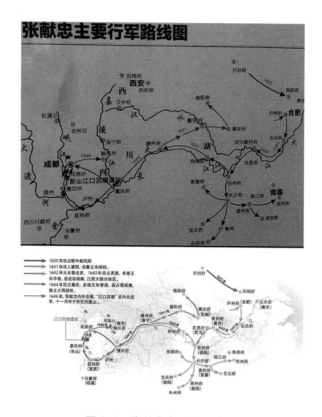

图1.3　张献忠主要行军路线

图片来源：《中国国家地理》，http://www.todayfocus.cn/p/17333.html

顺治三年（1646），多尔衮以世祖的名义，任命肃亲王豪格为"靖西大将军"，统率八旗进军四川，征讨张献忠。对此，张献忠决定北出陕西抗御清军。八月，大西军从成都出发，一路旌旗蔽日，声势雄壮。九月，大西军攻克顺庆（今四川南充），旋转屯西充，老营扎于凤凰山。镇守川北的大西军将领刘进忠因军事重镇——朝天关失守，畏惧严惩，于是率百余人到汉中降清，指引豪格率大军直趋张献忠大营。清军偷袭凤凰山张献忠老营，在刘进忠的指认下，张献忠被清军一举擒获并就地斩首。张献忠死后，拥有130营约30万人的大西军遭受沉重挫折，其心腹孙可望、李定国、刘文秀、白文选、艾奇能等招集剩余部众，退向川东攻占重庆，转入贵州重整旗鼓，与南明势力结为同盟继续从事反清斗争。

2. 顺治朝农民反清斗争

清崇德八年（明崇祯十六年，1643）清太宗逝世，多尔衮拥立皇九子福临即位，年号顺治。在多尔衮的主持规划下，清军入关后迅速击败李自成、张献忠分别建立的大顺、大西农民政权，又南征南明弘光朝廷，取得了重大战果。顺治四年（1647）正月，多尔衮借机罢免了济尔哈朗的辅政大臣之职，独揽大权，并以摄政王的名义对皇帝停止行跪拜礼。

顺治二年（1645）四月，李自成惨败于江西九江附近。此战后，李自成在湖北不知所终。大顺军分为东西两路，东路是随李自成南下的郝摇旗、王进才、田见秀、刘芳亮、吴汝义、袁宗第、刘体纯、张鼐、党守素、蔺养成、牛万才等部，面对当时的情况，他们改变策略，与南明政权进行合作，以共同抗击清军的追击。西路是李过、高一功等部由汉中南下，经四川太平（今万源）、东乡、达州、夔州、新宁等地进入鄂西山区与东路大顺军会合。六月率兵东下，占领荆门、当阳。七月二十日，李过、李友、贺篮、高一功、刘汝魁、马重禧、张能、田虎、杨彦昌九营会攻荆州半月未能攻克，反而损失惨重。于是他们将老营安置于松滋、荆州直至湖南澧州一带，连绵300余里，声势浩大。

顺治二年八月，东路大顺军在得不到南明隆武政权粮草支持的困境下，决定与西路大顺军会师。除郝摇旗、王进才两部留在永历政权何腾蛟麾下，其余主力均移师北上，在松滋合军，兵力达30万，并正式加入南明隆武政权，被命名为"忠贞营"，李过改名"赤心"，郝摇旗获赐名

"永忠",高一功改名"必正",高夫人获封"贞义夫人"。① 忠贞营后随李定国转战湖南、广西。顺治六年(1649)七月,南明军中疫病流行,李赤心因水土不服而病逝。李赤心死后,高必正统领忠贞营继续抗清斗争。而在此时,忠贞营因受南明政权排挤歧视,彼此已形同陌路。高必正率忠贞营返回四川途经贵州,因遭到大西军孙可望的袭击而亡。高必正死后,李赤心义子的李来亨统领忠贞营大部分人马回到了四川、湖北交界的茅麓山一带,并以此作为抗清根据地。这里山高林密,地形复杂,易于隐蔽。他们推举刘体纯为首领,在此长期扎营,一面屯田练兵养精蓄锐,一面伺机出击,并与李定国率领的大西军余部互相配合,共同抗击清军,也就是著名的抗清"夔东十三家"。

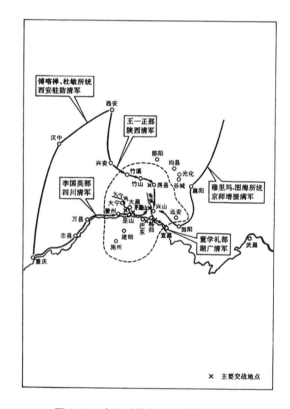

图1.4 清军对夔东三省会剿示意图

图片来源:https://k.sina.cn/article_6383270554_17c78fa9a001007mqn.html

① 〔清〕张廷玉等撰:《明史》卷二七九,中华书局,1974。

一、清前期农民反清战争

永历政权后期,随着统治的日益稳固,清廷开始不断对夔东十三家招降。顺治十三年(1656),清宁南靖寇大将军阿尔津受命以优惠条件招降郝永忠、刘体纯、李来亨等部。顺治十八年(1661)八月,世祖再下特诏,要求他们放下武器归降清廷,均被夔东十三家头领严词拒绝,但其部属却意志动摇,不断离开营寨投向清军。康熙元年(1662),清廷命湖广提督董学礼、陕西提督王一正、四川总督李国英统率三路大军,分别从北、西、东三面合击夔东十三家。在三路清军的打击下,夔东十三家先后被击败。第二年(1663),李来亨联合其他六家组成联军5万多兵马反攻吴山,被李国英击败,遭到重大损失,实力大减。康熙三年(1664),清靖西将军都统穆里玛、定西将军都统图海率八旗军,会同湖广、四川各地清军共十余万人,围攻茅麓山。清军对茅麓山严防死守长期围困,双方相持几个月,最后刘体纯退无可退,自刎而死。袁宗第、郝永忠被俘后,遭杀害。马腾云、党守素等率部投降。李来亨曾组织两次突围拼死力战,但仍然无法冲破清军重围,于是决心与清军决一死战。八月初四日,寨内弹尽粮绝,李来亨退无可退,妥善安排老母后,与妻儿等家人扑向熊熊烈火,自杀身亡。李来亨死后,其部属除少数投降外,大部都在与清军的混战中阵亡。为防备夔东十三家潜藏逃出,清军攻破山寨后,还加派了大批兵丁在山上四处搜剿,力图斩草除根。至此,抗清"夔东十三家"以失败而告终,同时也意味着全国反清斗争的终结。

张献忠被杀后,大西军余部由张献忠的四个养子孙可望、李定国、刘文秀以及艾能奇继续统领。他们以孙可望为首,从四川撤入贵州、云南等地,取得了较为稳固的立足之地。

广州、桂林失守后,南明永历政权抗清斗争转向西南地区,主要依靠孙可望、李定国等部。孙可望据有云南、贵州等地,处境险境的永历政权急需得到他的支撑,遂达成妥协。顺治八年(1651)春,孙可望派兵往南宁迎护,被永历帝封为"秦王"。后永历政权在孙可望的驻地贵州安龙所重整旗鼓。顺治九年(1652)二月,清廷为尽快解决南明残余势力,命吴三桂进攻四川,孔有德进取贵州。孙可望决定向湖南、广东反攻以抑制清军。他派李定国、冯双礼出广西入湖南,南下广东抗衡孔有德;刘文秀与王复臣阻击吴三桂进攻成都。

刘文秀率5万大军出川南,沿途得到群众响应,很快攻克叙州、重庆,杀清军白含贞、白广生等将领,逼近成都。吴三桂避其锋芒退守保宁。在保宁，刘文秀率大将王复臣、张先壁等5万人马进围保宁，吴三桂处境窘迫，但刘文秀因屡胜而骄傲轻敌，拒绝采纳王复臣的建议，轻率攻城，结果被吴三桂窥出破绽，联合李国翰一举击破张先壁军，溃兵冲乱了全军阵脚，王复臣被围自杀，刘文秀阵脚大乱退回川南。因保宁大败，孙可望解除了刘文秀的兵权。顺治十二年（1655），刘文秀率卢明臣、冯双礼等部6万兵马东征湖广。他计划攻占常德，以切断洞庭湖西面湘鄂两省的通道，进而收复长沙、衡阳、岳州，得手后再北攻武昌。刘文秀与卢明臣分别沿陆路、水路进攻常德，因连日下雨，陆路进军异常艰难，错过了与卢明臣夹攻常德的机会，卢明臣在常德城下遭清军伏击中箭身亡。刘文秀放弃了进攻常德的计划，退回贵州被孙可望再次剥夺兵权。顺治十三年（1656），刘文秀随永历帝前往昆明，被封为"蜀王"。次年（1657），孙可望背叛南明，割据四川，并派白文选等人率兵攻打云南，刘文秀被任命为右招讨大将军，协助李定国于交水击败孙可望。此后，刘文秀派部将高承恩、祁三、狄三品、杨威、贺天云、郑守豹等进军嘉定府，在洪雅县的千秋坪建立帅府，试图建构成经营西南的大本营，以北攻保宁，东出湖北。因清军来势汹汹，刘文秀被李定国召回昆明，其计划终成泡影。刘文秀于顺治十五年（1658）四月在昆明病逝。

李定国、冯双礼、马进忠等在不到半年的时间连续攻占了靖州、沅州、武冈、宝庆等地。李定国见孔有德西进贵州，桂林守备空虚，于是率部进入广西。

在广西，李定国攻占全州后，统兵经过严关（今广西桂林市兴安县），恰好与孔有德派往全州的救兵相遇，双方展开激战。李定国在战役开始后，组建了一支特殊的部队——战象部队。战象四处冲锋，迅速击溃孔有德军的阵脚，清军从严关溃败。攻克严关后，李定国长驱直入桂林城。而桂林城内只留有少量清军兵力，由孔有德亲自指挥守城。李定国在城北扎营，先派兵占领山头居高临下取得有利地势，率兵对桂林城四面进行围攻，诱使孔有德军出战，并且驱赶战象冲锋陷阵。桂林城破后，孔有德中箭，但他依然拼死抵抗，最终寡不敌众，自刎而亡。其一家老小120多人投入烈火赴死，只有一个女儿幸免于难，就是孔四贞，后被孝庄皇太后抚为养女。李定国攻破桂林，因功被南明永历帝封为"西宁王"，冯双礼也获封"兴国侯"。

攻克桂林后，李定国在顺治九年（1652）九月北上攻占衡州（今湖

一、清前期农民反清战争

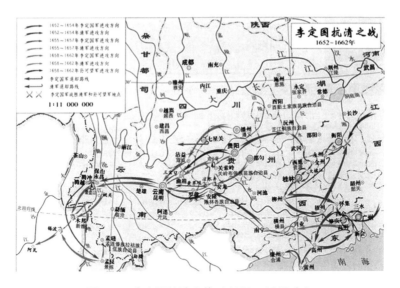

图 1.5　李定国抗清之战（1652—1662 年）

图片来源：《中国战争史地图》，http://86814.net/wiki/zgzzsdt/

南衡阳），遣将北取长沙，进占常德。十月，抵湘阴、岳州，又东进江西克永新。清廷鉴于湖南战略位置的重要性，十一月，派敬谨亲王尼堪为"定远大将军"，率领三贝勒、八固山共 15 万精兵讨伐已成气候的李定国。面对强敌，李定国进行了周密部署：他命冯双礼、马进忠两部让出长沙，诱使清军贪功冒进，合攻尼堪。十一月十九日尼堪率军进抵衡州，李定国在蒸水率大西军出击，并转战城北，未分胜负，为此，李定国准备采用伏击战术。二十四日，双方再战，李定国佯装败退，尼堪紧追不舍，追至演武亭，一声炮响，伏兵四起，尼堪顿时陷入重围，仓皇失措，李定国将其击杀，清军失去主帅，大败而逃，撤往长沙。衡州之战，李定国取得赫赫战功，孙可望惧怕李定国功高震主，难以驾驭，召李定国到沅州议事以图之，李定国获悉孙可望的意图，没有前往。

顺治十年（1653）二月，清军得知孙、李内讧，派贝勒屯齐再入湖南。李定国率马进忠等部在永州被屯齐击败，移驻龙虎关（今湖南桃川西）进入广西，但因桂林已经丢失，于是进驻柳州。而孙可望与李定国决裂后，在周家坡与清军展开激战，由于骄傲轻敌，被清军打败而逃往贵州。李定国想在广西建立一个固定的根据地，六月与马宝从怀集围攻肇庆，反被来自广州的清军击败。七月，李定国率兵攻占化州、信宜、石城，回广西再次攻占贺县、平乐。二十一日再攻桂林，围攻七昼夜未克，因清军援兵赶到只得退回柳州。顺治十一年（1654）三月，李定国再次进入广东，攻克罗定、新兴、石城、电白、阳江、阳春等县。六月，派兵进攻梧州不克。九月，在新会与清军尚可喜部展开激战。李定国进军新会，为提防清军援救，调动水军屯驻江门。在江门列水栅、筑炮台，打败清广东水师总兵盖一鹏部。尚可喜与耿继茂在九月十一日统兵抵达江门，用几十艘炮船轮番出击，李定国水路、陆路都被打败。于是他加紧进攻广东海上门户新会。李定国派兵四面进攻，清军全力据守，久攻不下。战时，李定国轻信间谍城中粮尽的谎言，采用围困战术，反而使清军有了喘息之机。而此时大西军军中发生瘟疫，导致士气不振，处于不利境地。十二月，尚可喜、耿继茂及靖南将军朱玛喇统率大军赶到新会，李定国率大西军在新会县北列阵迎战，在两山夹口处驱赶战象、陈列大炮，同时还派劲旅在峡谷左面的山上屯驻，形成高屋建瓴的气势。清军以骑兵列阵于右，来应对左山之敌，尚可喜、耿继茂率数万步兵在左面排列大小炮阵，来应对峡口之敌，再配备相应骑兵，以备冲杀。

战役打响后，尚可喜等指挥，先令清军铁骑冲向李定国的左军，一时间万马齐冲，弓矢如雨，左山李部被冲垮，峡口李部胆战心惊，战阵也随即动摇，清军步兵向前推进，在隆隆炮声中，李定国的战象受到惊吓，不向前冲反而向后冲乱自家阵营，大西军溃败，清军乘机追杀，沿路20多里尸横遍野。李定国新会惨败，渡横江焚桥而逃。① 新会之战，李定国损失惨重，在广东无法立足，被迫由宾州退回广西南宁。

此时，孙可望野心更加膨胀，对永历帝威逼更甚，永历帝派人给李定国送去血诏，要求速往"救驾"。李定国在顺治十三年（1656）三月秘密从贵州安隆接走永历帝，进入云南在昆明稳定下来。孙可望于次年（1657）率14万大军进攻云南，李定国、刘文秀仅有几千兵马，实力弱小，所部无不大惊失色。关键时刻，孙可望的大将白文选与李定国里应外合，击败孙可望，孙可望逃回贵州后无处安身，遂与随身侍从逃到长沙，向清廷五省经略洪承畴投降。

顺治十四年十二月，世祖任命吴三桂为"平西大将军"，由汉中出兵，

---

① 《尚氏宗谱》"先王实绩"，清康熙十四年刻本。

自北路经四川，直取贵州；固山额真赵布泰为"征南将军"，自广西北进贵州；固山额真罗托为"宁南靖寇大将军"，自湖南西进贵州。顺治十五年（1658）正月，又命多罗信郡王多尼为"安远靖寇大将军"，会同罗平郡王罗可铎，多罗贝勒尚善、杜兰，固山额真伊尔德、阿尔津、巴思汉等统大军进军云南。其计划是待吴三桂等三路大军攻取贵州后，乘机进军云南，以毕其功于一役，彻底平定云贵，统一天下。

在贵州，清军进展非常顺利，不足50天，便占领了贵州全境。此时，李定国还在滇西永昌弹压孙可望残部的叛乱，直待贵州前线紧急，才从滇西回师，布防盘江一线。这样，李定国所部就被压缩到云南一省。顺治十五年十月初五日，各路清军齐聚贵州平越府（今福泉）附近的杨老堡（今杨老驿），清军在多尼的主持下，制定了攻占云南的作战方略：分兵三路，北路以吴三桂统兵，自遵义出兵；南路以赵布泰统兵，自都匀出兵；中路以多尼为首，自贵阳出兵。三路大军约定在十二月会师昆明。罗托与洪承畴则留守贵阳，督理粮饷。

清军来势汹汹，李定国依据云南地形做了相应部署，利用险要地势设置防线，但因实力有限，抵挡不住三路清军的迅猛攻势。十二月中旬，清军会师云南曲靖，距昆明只有几百里。李定国退回昆明，建议主动撤离以免被清军消灭，永历帝最后决定向中缅边境撤退。

顺治十六年（1659）正月初一日，永历帝携众逃到滇西永平。初三日，三路清军开进昆明。永历政权在昆明的大小官员，卫国公胡一青、提学道徐心箴、光禄寺卿黄复生、提督刘之扶等人率部出降。永历帝逃到永昌（今保山）。

二月初二日，吴三桂、赵布泰出师追击。十五日，在玉龙关（大理北）击败白文选、张先壁、陈胜等部4000人，占领大理。李定国闻讯保护永历帝撤退到腾越（今腾冲）。清军紧追不舍，强渡澜沧江，进入永昌、腾越，抵达怒江。在江对岸的20里磨盘山进入李定国设置的伏击圈。吴三桂部2万多人进入山道，毫无戒备，遭到李定国部痛击，双方展开激战，难分高下。赵布泰与多尼率部随后赶到，打败李定国部，最终取得磨盘山大战的胜利，但因损失惨重，而受到清廷的严厉处分。李定国率部撤退后，与永历帝失去联系，奔向孟艮。二十八日，永历帝一行逃到中缅边境的铜镜关，其扈从孙崇雅、靳统武或叛或走，永历帝率少量随从进入缅甸。二十九日，吴三桂等没能追截永历帝，于三月二十三日返回昆明。

顺治十八年（1661）十一月，吴三桂统兵进入缅甸，逼迫缅甸国王交出永历帝及其随从。白文选在吴三桂进入缅甸时，率部众投降。永历帝一行被押解至昆明，清廷下令将其处死。身处缅甸的李定国获知永历帝被处死的消息，悲愤交加，痛不欲生，于康熙元年（1662）六月病逝于勐腊（今澜沧江以西）。其子李嗣兴见大势已去，最终与刘文秀之子刘震率部向吴三桂投降。

世祖亲政后（1650—1661），清廷对南明鲁王、唐王、桂王建立的政权及大顺、大西农民军坚决采取武力消灭的战略，在湖广、云贵等地区展开了激烈的拉锯战，几经反复，终于完全削平群雄，完成了大陆的统一。

3. 康、雍、乾年间农民反清斗争

顺治十八年（1661）正月初九日，世祖福临去世，其第三子，年仅八岁的爱新觉罗·玄烨即位，也就是清圣祖。玄烨即位后，清朝除台湾以外基本统一了全国。圣祖幼年即位，由索尼、苏克萨哈、遏必隆、鳌拜四位大臣辅佐，其中鳌拜权势日益膨胀，形成一人专权的局面。

圣祖决意铲除鳌拜集团。康熙八年（1669），鳌拜遭逮捕，病死狱中，圣祖由此完全夺回朝政大权，开始亲政。圣祖宣布停止圈地，放宽垦荒地的免税年限，在继续采取轻徭薄赋、与民休息的经济政策的同时，也采取了一系列巩固和发展经济的措施。圣祖下诏"更名地"，对农民耕种的原明朝宗室的土地，可以不必支付田价，照常耕种。对已交过"易价银两"土地，可以从来年常税中折抵，他还在陕西、云南、贵州、四川、广东等全国20多个省区蠲免钱粮，共计免除天下钱粮折银1.5亿两。康熙五十一年（1712），他改革了历代计丁征税的方法，提出"盛世滋生人丁，永不加赋"，决定以康熙五十年（1711）的丁税额数为定额，以后新增人丁，概不收税。从而实现了"地丁合一"。这些重大财政经济政策的实施，在很大程度上缓解了清政府与百姓的矛盾，也奠定了"康雍乾盛世"的基础。

一、清前期农民反清战争

然而，康熙、雍正时期虽然号称"盛世"，但农民战争却并未因此而消失，相反，由于清军入关后，跑马圈地，实施剃发易服令，激怒了江南士绅及广大民众，因而尽管清政府建立了统一政权，但其统治并不稳固，各地百姓不堪忍受清廷的高压政策，相继出现了一系列反清斗争。

康熙、雍正两朝的农民反清斗争大致分为以下三类。

第一类是不堪清廷盘剥而奋起反抗的暴动、民变，主要有康熙十三年（1674）湖北麻城民众起义，康熙十六年（1677）朱统锠、江西杨玉泰起义，康熙十九年（1680）陕西杨起隆起事，康熙二十七年（1688）夏逢龙起事，康熙三十六年（1697）福建宁化民变，康熙四十七年（1708）浙江天地会张念一起事，康熙四十九年（1710）福建陈五显起事，康熙五十六年（1717）河南亢珽起事，康熙六十一年（1722）湖南辰州谢录正暴动以及雍正元年（1723）温上贵起事等。

福建宁化地处深山，人民穷困。康熙三十五年（1696）宁化农业歉收，到第二年四五月间，多已青黄不接。于是，白莲教教徒伊禾首先在百姓中进行宗教宣传，号召组织起来，反抗富豪，实行自救。在他的号召下，雷登九、黎四八、夏志、伍圣、叶庆、刘佛养等聚集在吴定祖家中，进一步商议抢劫富豪，抗击官府事宜。他们将原存于神会的银两分发买猪，于康熙三十六年五月十二日会集在大洋庙，一边宰杀牲畜，一边发动百姓，还勒令五通庙庙祝鸣锣聚众。在宁化县衙率队拿获数人之后，伍圣便率领数十名百姓拥至县衙大堂，要求县官立即释放被捕之人。同时，叶庆沿街召集平民，夏志站立在城头发表演讲，号召百姓，刘佛养则鸣锣放炮，助势张威。起义民众呼拥着来到富豪阴念良家，伊禾手执鸟枪，争先上屋，雷登九先夺取前门，黎四八从后门攻入，吴定祖等率数十名百姓登堂入室，将阴念良家所有器物抢劫一空。一时间，宁化县城百姓群情激奋，大街小巷纷纷议论此事，越来越多的人加入起义的队伍。随后，刘佛养手执利器与夏志统率起义的百姓，又到富豪雷冲斗、阴上升两家门前，正当准备夺门入室时，县令带领兵士赶到。于是起义民众同官兵发生了激烈的战斗，但由于寡不敌众，起义民众相继逃散。

康熙三十八年（1699）十二月，广东雷琼道成泰慎、游击詹伯豸等骚扰侵害琼山县（今属海口市）黎族百姓，向他们勒索花梨、沉香等当地特产，致使黎族首领王镇邦等被逼起义，进攻水尾、薄沙、宝停、乐安等地清军军营。两广总督石琳命琼州总兵唐光尧统兵征剿，战事不顺。康熙三十九年（1700）十二月初二日，两广总督石琳、提督殷化行迫于形势，分别向圣祖上奏报告起事消息，圣祖颁发谕旨，派礼部侍郎凯音布、内阁学士邵穆布前往察审。十九日，刑科给事中汤右曾以琼州官员贪婪勒索起衅为由，上疏弹劾两广总督石琳、广东巡抚肖永藻、广东提督殷化行，指斥他们平时毫无察觉，事发一年后才题报朝廷，是徇私庇护，纵容奸邪，希图欺君隐匿。康熙四十年（1701）八月十七日，在镇压起义民众后，清廷追究广东地方官员责任，谕令石琳、肖永藻各降二级，殷化行降一级，原任琼州总兵、现任汉军副都统唐光尧被革职。

康熙五十六年（1717）五月，河南宜阳知县张育徽横征暴敛，苛虐百姓。该县百姓亢珽、亢珩与渑池县李一临在神垕寨聚众起义，劫持永宁知县高式青入寨。阌乡县王更一也因知县向澄预征钱粮，聚众围攻县城。五月初八日，清廷得到河南巡抚张圣佐题报，得知亢珽率部已直抵宜阳县城附近，于是张圣佐派300名抚标兵会同镇标兵前往剿捕，圣祖命张圣佐严拿惩处。官兵与起义军展开激战，将知县救回。神垕寨被官兵洗劫一空，还放火烧掉村庄。七月二十七日，圣祖晓谕文武百官，指出亢珽等聚众造反，是宜阳县丁忧知县以军需科派，预征明岁钱粮，又以道官瘦马强行分配，逼迫百姓喂养等情由而激生民变。派刑部尚书张廷枢、内阁学士勒什布赶赴河南，严加查审，一面将亢珽等拿获正法，一面奏报朝廷。八月二十四日，河北总兵冯君冼上疏称宜阳、阌乡、渑池等处有不法奸民聚众拒捕，官兵破寨，亢珽逃匿，王更一被俘，剩余部众都溃散而去。二十九日，河南巡抚张圣佐奏报已经拿获王更一。圣祖又谕示勒什布，如果知县借口军需科派而预征来岁钱粮的情况属实，立即拿下审问。剿灭亢珽起义后，清廷进行了反思。十月二十三日，圣祖晓谕天下，天下承平日久，民生疾苦，事无大小，官员都要留意。不可认为太平之时，区区小事无妨碍。凡事都是由小孳大。自古以来，无不以蒙蔽偾事。河南亢珽所占据的神垕寨，就是昔日李自成驻扎之地，枪炮兵器都在寨内。亢珽起事是由巡抚李锡、知府李廷臣、知县白澄等居官不善，行止不端，逼迫百姓，才激出事变。

康熙五十七年（1718）四月十一日，经刑部尚书张廷枢等审理后，除亢珽自缢外，王更一、李一宁等15人照谋叛律立斩，从犯梁必贵等15人绞监候，协从亢珩、尚可务等24人发往三姓（今黑龙江依兰）等处给披甲人为奴。十二日，清廷判决阌乡县令白澄以火耗等项派取银6.5万两，

一、清前期农民反清战争

宜阳令张育徽以马价等项派取银4050两,均拟绞监候。河南府知府李廷臣私派滥征,出兵时伤害良民,拟斩监候;巡抚李锡激成地方民变,应斩立决。以上各人均发往甘肃军营效力,事完后另结。河南巡抚张圣佐未将情形及时奏闻,布政使张伯琮、总兵冯君冼缉捕不力,均被革职惩戒。

康熙六十年(1721)朱一贵起义失败后,他转移到江西万载县,广泛联络穷苦棚民,积极筹划攻打县城。

雍正元年(1723),江西爆发了温上贵领导的反清武装斗争。温上贵,福建上杭人。因不满清廷严酷统治,曾于康熙末年准备组织反清斗争。他曾到台湾谋生,结识朱一贵并加入其反清队伍,被封为"元帅",后奉命返回家乡组织群众。温上贵的行动被万载县知县施昭庭察觉,派官兵前去镇压,温上贵率民众与之展开殊死搏斗,因仓促应战,寡不敌众,300多人身亡,温上贵被俘。十一月十九日,世宗旨令三法司(刑部、都察院、大理寺合称)核议严惩,处死温上贵。温上贵死后,其部众裘永锡、温廷瑞等继续从事反清斗争。他们夜聚晓散,操练武艺,打造兵器,行动更加隐蔽。在清廷的不断通缉搜捕下,由于叛徒告密,雍正十二年(1734)二月二十五日,温廷瑞遭逮捕,斗争最后失败。

康熙六十一年(1722),爆发了湖南辰州谢录正反清起义。谢录正,湖南辰州府辰溪县人。由于不堪官府的残暴统治和奴役,沅州俞景富、辰溪县谢录正、沅陵县颜正等地农民组织反抗队伍,他们占据山谷,攻城夺寨,斩杀官吏,辰州、沅州一带的乡间农民纷纷响应。清廷得悉起义消息后异常震惊,命令辰州、沅州当地官员派兵弹压,却被起义军打败,龟缩在城内坚守不出。直到雍正四年(1726)九月,清廷命湖北巡抚郑任钥、湖南提督赵坤调集1000多名官兵征讨。谢录正率众奋起抵抗,最后由于寡不敌众,队伍很快散去,谢录正等逃匿他乡。清廷悬赏缉捕。第二年(1727),谢录正等被捕获。八月十二日,经刑部奏报,世宗批准,谢录正被凌迟处死,其妻子给付"功臣"人家为奴,同伴陈彬臣等被杀,张如茂等被发遣到三姓为奴。谢录正虽然被杀,但他组织的反清力量前后坚持斗争达八年之久。

雍正五年六月,在山西泽州发生了一起翟斌如、靳广等人"妖言聚众"案。翟斌如,河南济源人,曾在陕西合阳县潘凤池处传授符术,能看风水,人称"翟神仙"。靳广,山西泽州人,原为富户王泰来家仆人,因王泰来待其刻薄,遂心怀不满,离开王家,与翟斌如等聚众在大箕村练习武艺，准备打劫王泰来，以及富户卫家、陈家。时有张冉云组织教会，藏有《立天后会经》一部，分元、亨、利、贞四本，里面全都是所谓"泄漏天机"的内容，也在翟、靳等人中传播。后靳广被人告发，泽州知州刘毓崐以查点保甲为名，逮捕两名会友。六月十九日晚，靳广、翟斌如等聚众300多人，拦路营救被捕的人员，同时还劫持州役13人，打伤一人。官府下令捉拿凶犯，翟斌如、靳广先后被捕，又搜出《立天后会经》，被定为"妖妄邪书"。七月，世宗派监察御史性桂到山西审理，下令尽快将未捕获的人员秘密设置奖赏等级，严加督察缉捕，务必拿获。之后，官府陆续逮捕30多人。翟斌如、靳广、张冉云等六人被斩决。因为此案的发生，世宗特谕各省官员，务必将民间秘密结社铲除净尽。

世宗自继位以来，为解决康熙末年以来的财政危机，对各地田产进行清查。为保证赋税征收，雍正六年（1728），清廷开始在一些地区清丈土地，以防止民间隐瞒田产。四川巡抚马会伯、宪德曾先后反映该省垦田随着人口的增多，隐匿的情况十分严重，民间也因为争地而屡屡诉诸官府，因此清丈的重点是四川。世宗派给事中高维新等前往四川办理田产清查事宜。结果清查出了不少被隐匿的田产，世宗大为满意。但是，在清丈的过程中，由于一些地方官吏大肆勒索，受贿放卖，引起了四川各地人民的不满。特别是一些地方豪强本不愿意清丈，因此，也趁机煽动百姓抗拒清查。七月，在四川东部的垫江县、万县先后发生了百姓聚众反对清查的斗争。该地百姓聚集了上千人，他们高举大旗，站在田头，不许官府丈量。这件事影响很大，震动了邻省各地。清廷不得不承认，这是因为负责丈量的大臣过于"急遽"，不善于劝谕所致。为了缓和矛盾，平息百姓愤怒，世宗下令四川减少额粮较重的州县的田赋，才勉强平息了这场斗争。

雍正八年（1730）五月下旬，江苏崇明发生了一起佃农集体抗租事件。崇明县地主对于佃农盘剥的名目繁多，每年除收取夏、秋两季地租外，还要加收所谓轿钱、折饭、家人杂费等项目。佃户不堪其苦，矛盾日趋尖锐。为缓和地主与佃农的矛盾，稳定地方，崇明县知县祖秉震曾于雍正七年（1729）下令禁革一切杂派。为显示革除弊政的决心，特地立了一块石碑，将禁令刻于碑上。雍正八年麦收之后，地主依旧催收麦租，迫使佃农爆发了反抗斗争。花沙、海梢等村的佃农以祖秉震的禁令为根据，鸣锣聚众，到新开河市镇动员商贾罢市，得到了商贾的支持，当地巡检前来阻挠，被愤怒的佃农赶跑。知县祖秉震则公开表示佃农抄抢富户是咎由自取，地主富户们的财产，官府不予保护。一时间佃农声势大振，有位叫夏君钦的读书人，还特地撰写了传单，张贴在街市上，揭露当地地主施大受通过与崇明镇总兵施廷专联宗，并馈送金帛美女等手段收买官府，仗势欺人，勒逼佃户交租的情况。江苏巡抚尹继善、浙江总督〔雍正五年（1727）特设〕李卫获悉后，立刻上报朝廷。世宗认为，佃农聚众抗租的风气不可助长，而施廷专年少轻浮，传单所揭之事或许存在。此案最后的处理，世宗下令将佃农中为首的朱锁等人逮捕法办以示儆，同时还将施廷专调离崇明县，以缓和地主与佃农间的尖锐矛盾。此时，事态才得以平息。

第二类是西南、华南边疆地区少数民族反清斗争，主要有康熙三十七年（1698）的广西侗族起事，康熙四十年（1701）的广东瑶民起事，雍正四年（1726）的四川金格、阿租起事，镇远刀如珍起事，雍正六年（1728）的贵州都匀八寨苗民起事、黔西南丹江苗民起事，雍正八年（1730）的古州三保苗民起事，雍正十年（1732）的云南镇远刀如珍反清斗争等。这类反清斗争多数由于清廷大规模实行"改土归流"，以适应领主制经济向地主制经济转变的需要，也避免地方势力不断坐大进而威胁其中央集权的统治，各地土司力图抗拒而遭到清军镇压。

所谓"改土归流"，是将唐宋以来形成的土司世袭制度取消，改为由朝廷任命的"流官"进行管理。此种办法始于明代中后期，在雍正朝大力推广，于乾隆朝中前期基本结束。"改土归流"达到了清廷"制夷""安民"的目的，也推动了边疆地区社会经济的发展，促进了少数民族地区社会的进步。

连山地处广东粤、桂、湘三省交界，清廷实行"改土归流"，遭到瑶民的激烈反抗。早在康熙四十年十二月二十日，清廷命都统嵩祝为广州将军，湖广、广东、广西各派一位总兵会同前往进剿。出发前，圣祖指称，瑶人所居山区通连广东、广西、湖南三省，林木丛密，山势崇峻，不必马上征剿，可先晓示招抚，如不成功，再用武力。还须约束官兵，不得骚扰平民，如果瑶人归顺，查出如有杀害官兵的，为首者正法，其余一律宽免。嵩祝派人前往招抚，连州境内1.9万余人归顺，除将为首杀害官兵的九人处死外，其余都给予适当安插。随后，嵩祝等撤兵回京，后两广总督石琳就瑶区善后事宜疏奏圣祖称：瑶民区油岭大小排周围400余里，难以设立州县，仍归连山县管辖，但在适中的三江口建立寨城，驻兵控制。于是清廷设立三江口营，在韶州等处拨调2000兵丁，并设副将一员。瑶民丁口田亩各项税饷征收，查明后造册报部。

金格、阿租是四川建昌山营所属彝族的头目。雍正四年（1726）夏，金格、阿租等人发动民众与官府为敌。一时间，附近的土司也相继起兵造反。其中，包括阿都宣慰司慕枝、阿史安抚司乌贵、宁番安抚司安承裔、纽结土千户恩嘴、歪溪土百户菊虐等，共计56个土司。世宗下旨命新任川陕总督岳钟琪于八月二十六日率绿营军2500人、金川等处土兵1700人进行围剿。九月二十八日，官兵与彝民交战大获全胜，进而向乾县、波罗、下沈等处进军，相继招抚了几十个村寨。十一月二十七日，官兵擒获金格，于十二月初三日擒获阿租。随后将普雄、凉山、竹核等处彝民全部招抚，剃发留辫，认赋输贡，继而查明追缴参与斗争的宣慰司、安抚司、土千户、土百户等土司印信（即由中央政府铸发的土司官印）56枚，号纸（即由中央政府颁发的土司就职文凭）48张，一并改流。次年（1727）二月，其地划归新设的宁远府。

雍正四年六月，镇沅土府改土归流，土司刀瀚因为强夺田地，奸占民妻罪拟斩监候，其家属被迁往江宁（今南京）。改流以后，清廷派同知刘洪度暂管镇沅府事务。刘洪度清查土司强占的田地，并勒令征收田赋，这触及了原土司上层的利益，土司族属、土目等请求免于课税，但没有得到清廷许可，遂心怀不满，借机报复，以图恢复旧日的地位。由于刘洪度对民众也苛索银两、编粮苛刻，也引起了民众的反感。于是，土目刀如珍等煽动反对流官。雍正五年正月十七日，刀如珍带领数百人围攻知府衙门，他们杀死了刘洪度，抢走库藏，放走囚犯，并放火焚烧了知府衙门。随后据险顽抗，希望能被清廷招安。云贵总督鄂尔泰派兵将刀如珍等捉拿归案。此事的发生，给清廷敲了警钟，鄂尔泰在事后指出，土司族属图谋报复是主要原因，而刘洪度立法过严也给人以可乘之机。世宗希望通过这件事情将祸事变成好事，地方上职位低下的小官也知道检束自己的行为。此后，清廷对新任流官的选任格外慎重。

八寨属于贵州都匀府，原来是夭坝土司的地盘。土司被革除后，这里就变成权力真空之地，既未纳入政府的册籍，也不受土司的统治。清廷称之为"化外生苗地"。八寨周围大约150里，地势辽阔，户口繁多，有110个寨子，是黔西南都匀、黎平二府的要冲之地。清廷在贵州改土归流的重点，就是要征服黔西南的"化外苗疆"。在这广阔的地域里，黎平府的古州、镇远府的九股河流域是中心地带，而八寨则是"生苗之门户"。如果想要彻底征服这里的苗民，清军就必须首先打开八寨这个大门。雍正六年（1728）五月，鄂尔泰调派曾镇压苗民有功的黎平知府张广泗至都匀府。六月初九日，张广泗率兵进剿八寨。在清军的逼迫下，大部分苗寨表示愿意归附剃发改装，但也有杨牌、杨尧等寨不愿归顺。于是张广泗下令清兵猛攻，进行了残酷的镇压。到六月底，清军"恩威"并施、双管齐下，八寨完全被清军控制。雍正七年（1729）十二月，清廷在此地设置八寨厅，设理苗同知管理厅事。

雍正六年，云贵总督鄂尔泰组织了征服黔西南"化外苗疆"的第二个重大战役——丹江战役。丹江有两条支流，即大丹江、小丹江，两江汇合以后称作"九股河"。鄂尔泰对苗疆的形势做了分析，认为古州、九股为腹里关系，都匀府的八寨是生苗的门户，而丹江则是生苗的关隘。六月，在夺取八寨之后，丹江就成为清军攻取的第二个目标。丹江流域有苗寨百十余个，丁壮数千人，而且这里地势十分险要。七月二十四日，张广泗率兵进攻，抵达枯桐隘口，遭到苗民的顽强抵抗。次日，赶来援助的苗民倍增，他们用土枪土炮堵截清军。而另一路清军在抵达囊孟隘口也受到苗民的阻击。鄂尔泰认为若不全力剿除，则无法令投诚各寨畏服，而九股生苗也断难以就抚，当即决定增派重兵围剿。他调动贵州各协、营的绿营兵来增援。八月下旬，各路官兵陆续到齐，合计6300余人。十月清军攻下乜告关口，招抚数十寨。十一月十一日，张广泗先取小丹江，经过数日激战，清兵动用大炮才得以突破阻击。随即兵分四路包围小丹江。二十一日，攻下小丹江，九股河、清江一带的苗民见势大多也归附。十二月初三日，张广泗率兵进攻大丹江，杨牌等八寨归降，初五日，又攻破桃绕等八寨。至十一日，已迫使70多个寨子就抚。到十八日，大小丹江各寨全部被平定。雍正七年十二月，清廷在大小丹江地设置丹江厅，设苗通判掌管其事。

古州建厅之后，清军就在古州三保地方建营，占去了一些苗寨土地，因而引起了苗民的不满。云贵总督鄂尔泰认为：三保地区虽经招抚，但并没有显示清军的军威，而现在又在当地建营，苗民不会"帖服"。于是清军宣称撤兵，造成空营的假象，引诱苗民前来进攻，以图重创之，再求得长久之安，但苗民并没有攻营。雍正八年（1730）六月，鄂尔泰接到报告，有定旦寨苗民埋伏在草丛伤人等情况，以此为借口开始进剿，引起了苗民的反抗。清军用枪炮袭击，杀伤大批苗民，并将斩获的首级悬挂在营门示众。经过激烈的战斗，清军攻占了定旦寨，随即又平定了与定旦寨互为声援的来牛寨。于同年七月，清军完全控制了三保地区，同时还收缴了苗民收藏的鸟铳、炮、标枪等武器。

雍正十年（1732）闰五月，云南普洱府思茅土司府把总刀兴国举兵反清。刀兴国鼓动当地的"苦葱"人反对官府，附近元江四寨"夷人"纷纷响应。清廷派往协攸乐城的官员章伦，经过思茅附近的漫蚌村时被杀，署理云贵广西总督印务高其倬立即调兵，从元江、景东两路进剿，并把这一情况上报世宗。世宗认为，刀兴国煽动苗夷"无故谋叛，聚众兴戎，以抗拒王师"，只有镇压才是一劳永逸的办法。六月底，进剿清兵集结完毕，分别向元江、思茅进攻，清兵沿途清障，没遇到正面抵抗，但每到山窄树密的地方，就会有土司兵潜伏抗拒。七月初，清军抵思茅，苗军撤走，思茅城无恙。清军一面安抚未从乱的各寨，一面对杀害章伦的漫蚌等村痛加杀戮。随后进攻苗军的老巢，猛先、回龟一带。苗军以漫龟江为屏障，千余人沿江固守。清军兵分两路，一路绕道从后面袭击，另一路正面驾筏抢渡。一周之后，清军占领了该地。不久，刀兴国在那卡地方被捕获，在押解途中自杀，清军将其首级送往省城昆明。八月，清廷继续招抚普洱、思茅、元江、新平一带的村寨，至此，刀兴国之叛宣告平息。

第三类是民间秘密会社所发动组织的反清武装斗争，主要有朱三太子反清起义、三元会反清起义等。南明各政权被平定后，清廷统一了全国。然而，对故明怀有感情且对清廷统治不满的知识分子、南明政权的官员、部分地主士绅等力量汇聚，通过白莲教、天地会等秘密会社开展反清斗争。这些秘密会社往往利用白莲教等民间宗教进行反清思想传播，在百姓中积累了较为广泛的群众基础。

康熙四十七年（1708）二月十三日，闽浙总督梁鼐密折奏报"贼党窜聚情形"，为首者一念和尚等，以朱三太子名义，安营于大岚山，有众千余人，现除擒斩五名外，已陆续拿获80多人。苏州织造李煦也密奏浙江"贼情"，嵊县人张念一、张念二为首，以施尔远为军师，煽惑民心，纠集百余民众在浙江慈溪羊角殿，打出大明天德年号，袭击清军，集中于四明山区从事抗清活动。

三元会，又名空宗教，是山东兖州府东平州牛见德（人称牛三花拉、牛三花子）所组织的秘密会社，以贸易为名，在莱州、青州等府进行传教活动。牛见德自称能超度亡灵,他与另一教首贾得志广收徒众。并宣称"真空家乡,无生父母,现在如来,弥勒我主"经文可以去灾获福。雍正六年(1728)七月,莱州府高密县有人告发,于是官府下令抓人,被抓捕的教徒供出教首牛见德,随后,青州府诸城县、安丘县等地又相继抓捕了一些教徒,也都供认牛见德与贾得志二人是教首。官府下令捉拿牛见德,牛闻讯逃脱,只捉住了其妻子孙氏及女儿。山东总兵将此情上报后,世宗谕示,既然是邪教,一定要查清是什么教,有哪些人参加,还要分清有无政治目的、是否敛财两种情况,对教首务必捕获归案。山东、河南的地方官员追查了一年,仍不见牛见德的踪影,只得将已捕获的教徒分别处以枷号三个月重责40大板、枷号两个月重责40大板的刑罚,草草结案。

4. 乾隆年间的秘密结社

乾隆三十九年(1774),山东寿张县(今阳谷县东南)爆发了以王伦为首的农民起义。王伦是山东寿张王庄人,父母都是淳朴农民。因连年灾荒,衣食无着,被迫外出逃荒,过着颠沛流离的生活。流浪的生活磨炼了王伦坚强的性格,这使他产生了学武以改变命运的思想。在外出逃荒的过程中,结识了许多隐居乡间的武师,他们大多是白莲教教徒。王伦在拜师学艺的过程中,也加入了白莲教。由于武艺超群,膂力过人,他成为白莲教的骨干。返回寿张后,他一面招收弟子教练拳脚,一面到处行医治病,联系广大贫苦群众。在寿张的凤凰山显庆寺建立了秘密活动基地,并自创清水教,在兖州、东昌各府州县进行秘密传教活动。经过十多年的努力,清水教在河南、山东、河北交界的各地广泛传播,教徒遍布各地,王伦拥有了坚实的群众基础。

由于清廷官员挥霍无度、横征暴敛,寿张、聊城、阳谷一带连年遭灾,农业歉收,农民生活极为困苦,因此加剧了与官府、地主的矛盾。

乾隆三十九年七月,王伦会同王维全、李士杰、阎吉祥、阎吉瑞等清水教众杀官劫库,稍试锋芒。七月十五日,王伦派归太进京探听消息密谋

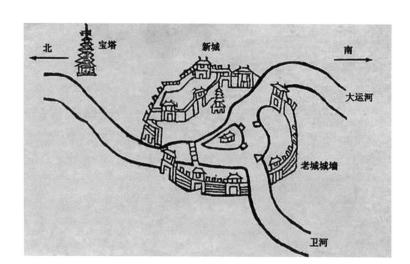

图 1.6　嘉庆朝临清城

图片来源：《临清直隶州志》（1785）

计划十月举行起义。不料，寿张知县沈齐义获悉了王伦起义的消息，准备立即查禁清水教，逮捕王伦。令沈齐义没想到的是，县衙书吏冀盘佑、壮役王士爵、刘焕等都是清水教教徒，他们将沈齐义的意图密告王伦。王伦决定先发制人，提前起义。

七月十九日，王伦密派孟灿到王景隆家，传信准备起义。二十一日，王伦在党家庄聚众五六千人，王景隆在堂邑县张四孤庄也聚众七八百人。二十二日夜，樊伟、阎吉仁、李旺等准备率众攻城，先在城南之南台寺会合。刘焕带领20多人，趁夜潜进城内，由城内王维全打开南门，王伦等人手持刀、枪、棍棒，冲入游击署，占领了两库和兵器房。县内东营的500名士兵也同时起义，与王伦等人里应外合，一举攻下了寿张县城。知县沈齐义身穿朝服坐在大堂上，意图劝谕起义军，等局势稳定后再进行剿捕。遭拒绝后，沈齐义痛骂起义军，被皂役李旺一刀砍死在衙堂。起义军打开监狱，救出许多被关押的百姓，接着又开仓放粮，救济贫苦百姓。同时，起义军提出了"反对额外加征""杀官劫库、打到北京去"的口号。也制定了不准危害贫苦百姓的纪律。许多贫苦百姓积极响应，纷纷加入起义军。

王伦起义的同时，堂邑县的王景隆在张四孤庄也发动了起义，并亲自率军赴寿张与王伦会师，挥戈北上。

一、清前期农民反清战争

　　王伦起义军攻占寿张县城的消息,惊动了兖州镇总兵惟一(当时寿张县、阳谷县均属兖州府),他急忙前往镇压。七月二十七日,起义军进攻阳谷县城,寿张游击赶福随同惟一前往围攻,在阳谷县城南门外被杀。莘县把总杨兆立奉命助守阳谷县城,起义军一举攻破了阳谷县城,杨兆立战死。阳谷县丞刘希涛,从阿城领兵增援,被起义军打败。起义军占领了县城。两天后,起义军乘胜攻打堂邑县城。堂邑知县陈枚、武举陈无梁、把总杨兆相、训导吴标各自率军分守四门。但很快被起义军攻占。

　　攻占堂邑后,王伦分兵攻打聊城,由于聊城防守严密,仓促中很难攻下,王伦遂折回堂邑继续北进,至堂邑县张四孤庄、柳林,山东巡抚徐绩亲率大军前来镇压。八月初一日,两军在柳林一带展开激战。徐绩约会惟一,由临清领兵自北向南攻击,徐绩则从东向西攻击,河标兵丁向西南冲击,妄图以三面合围,一举剿灭王伦。初二日黎明,徐绩进军小邓家庄,听到远处有呐喊声,知道遇到了起义军,急忙派兵追杀。王伦则采取诱敌深入的办法,令清军连吃败仗,伤亡惨重,不敢轻易追赶。清军不得不令乡民引路前进。清水教徒假扮乡民将清军引入树茂林密之处时,王伦军四处举火,从两翼包抄,将徐绩团团包围。多亏惟一闻讯赶到,拼死相救,徐绩才得以逃脱。起义军取得了胜利。

　　柳林大捷后,王伦乘胜进攻临清,并占领了临清土城、大宁寺,钞关、汪家大宅等。起义军占领临清土城后,积极整顿军队,布置防务,做好进攻砖城和迎战来犯之敌的准备。王伦、孟灿、樊伟、王景隆等首领驻扎汪家大宅,将其作为起义军总指挥部。其他起义军分别占据杏园千户营、塔湾各村、花园等地。王伦下令在运河上建造三座浮桥,夹河聚守。用300辆车填塞街口,以拒来犯的敌人,双方展开大小战斗多次,最终清军兖州镇总兵惟一、德州城守尉格图肯大败而逃。

　　攻占临清砖城(又称新城)的战斗也非常激烈,为扫清攻城的后顾之忧,王伦派2000多人首先对驻扎在城外的兖州镇总兵惟一发起攻击。此地离临清城的北门仅有一里左右,可以清楚地看到两军的战况,守城兵士胆战心惊,不敢出城助战,又因两军短兵相接怕误伤,也不敢放炮助战。在气势上占据优势的起义军个个骁勇善战,清军大败,惟一只带着十几个随从落荒而逃。清除城外清兵后,起义军攻占砖城的战斗也打响了。起义军英勇攻城,清军束手无策。为破起义军,清军竟驱使妓女,披头散发,赤身裸体来充当替死鬼,甚至宰杀鸡、狗,将其血泼在城墙边上,企图以

农民反清战争

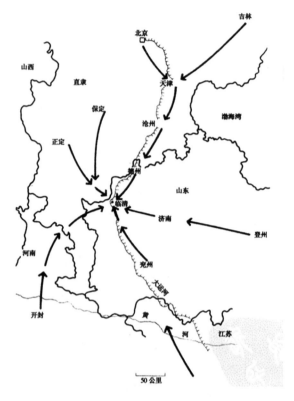

图 1.7　王伦反清起义

图片来源：《山东叛乱：1774 年王伦起义》，江苏人民出版社 2008 年版，第 110 页

迷信手段阻击起义军。①

　　起义军十天连克四城，占领了大运河中段的重镇——临清城，这就切断了清军的运输要道。清军连战连败，使得高宗日夜寝食不安，如坐针毡，命令舒赫德尽快剿平起义军。舒赫德由天津南下镇压起义军，于九月初十日到达德州后，立刻制定出三路合击起义军的战术：第一路为东北线，由他亲率大军与拉旺多尔济、阿思哈自德州由恩县、夏津至临清，路程约 200 里；第二路为南线，由徐绩率军从东昌直赶往临清，路程约 135 里；第三路为西北线，由督臣周元理率兵从景州经过故城、油坊到临清，

---

①　［美］韩书瑞：《山东叛乱：1774 年王伦起义》（中译本）第 110 页，江苏人民出版社，2008。

路程约 225 里。三路大军约定于九月二十四日会合后再一举占领临清。为了增强战力,舒赫德又调来吉林索伦部的神射手与京师火器营 5000 人,他还命各地乡勇配合作战。面对强敌,王伦认为众寡悬殊、武器落后,必须转攻为守,要与清军展开巷战——逐院坚守,逐屋争夺才有取胜的可能。舒赫德派乾清门侍卫伊林、委署翼长保伦、侍卫音济图带领满汉官兵与起义军展开激战。在激战中,王伦的弟弟及朴刀元帅杨五都相继战死。王伦见大势已去,为不让清军活捉自焚而死。其他起义军首领王景隆、阎吉仁、孟灿、樊伟和尚、吴清林、李旺等,均在被捕后身亡。

二、乾隆朝撒拉族、回族农民战争

二、乾隆朝撒拉族、回族农民战争

清军入关后,施行民族压迫政策,导致民族矛盾急剧上升。清廷为了维护统治,在陕甘地区采取"以汉制回"政策,因而激起了民众的反抗。由于对清廷政策不满,汉回民族冲突加剧,加上官府的腐败和欺压,久而久之,甘肃民间存在一股反清势力。为清除军中隐藏的反清势力,西宁分巡道林维造、总兵刘良臣"严治反侧",迫使一些降清的原明朝官员也起兵反清。

顺治五年(1648)三月,以米喇印、丁国栋为首的降清明将在甘州(今张掖)发动起义,甘肃巡抚张文衡、西宁分巡道林维造、总兵刘良臣、游击黄得功等清廷官员被射杀,甘州城内的其他重要官员被一网打尽。陕甘总督孟乔芳指挥清军分三路进攻,会师兰州。米喇印、丁国栋、黑承印等将领相继牺牲,最终起义失败。清政府镇压起义后,采取豁免陕、甘两省八府一州积年荒粮的措施,减轻税赋,有利于缓解尖锐的民族矛盾。

尽管民族矛盾得到一定程度缓解,但清政府对回民采取宗教歧视与民族压迫政策,规定了许多带有歧视色彩的律令条规,同时还对回民内部采取分而治之的统治政策,制造、挑拨伊斯兰教内的各派关系,以达到巩固皇权、控制西北回民的目的。

1. 苏四十三撒拉族反清起义

乾隆四十六年(1781),甘肃撒拉族、回族民众联合发动了反清起义。这次起义以撒拉族为主体。起义爆发的原因,是清廷利用伊斯兰教新、老两个教派内部矛盾,实行"赦剿一,以分其力"政策,偏袒老教,镇压新教,使矛盾激化。最终"教派之争"发展成为反清农民起义。

撒拉族自称"撒拉尔",信仰伊斯兰教,元朝时定居循化(今天的青海循化、化隆及甘肃临夏等地)。明初邓愈率大军西征,平定河湟地区,撒拉族第三代头领神宝(韩宝)归服,明廷册封其世袭百户,撒拉族实行土司制,一直沿袭到清康熙年间。清初,撒拉族接受"招抚",清廷曾数次征调撒拉土司带兵随征。雍正二年(1724)平定罗卜藏丹津的叛乱后,清廷开始加强对撒拉族的统治。雍正四年(1726),撒拉族正式成为向国家纳粮的"编户齐民"。雍正七年(1729),回族将领韩大勇、韩炳被授予"土千户号",驻循化街子。雍正八年(1730),清廷为加强管理在当地设循化营,驻兵800。乾隆二十七年(1762),又改置循化厅,隶属于兰州府。

蒙古西征期间,一批信仰伊斯兰教的中亚各族人以及波斯人、阿拉伯人迁入中国,他们主要以驻军屯牧的形式,以工匠、商人、学者、官吏、掌教等不同身份,散布在全国各地,成为回族的主体人群。伊斯兰教传播于青海、甘肃、宁夏、陕西、新疆等西北地区,通常以撒拉人、回民聚居生活的村落、集镇为教坊,互不隶属,被称作"旧派",即"阁的木"。

门宦制度,是中国伊斯兰教的一种教派形式和宗教制度,明末清初传入中国,与中国的封建家族制度相结合而形成。清初以来,在西北地区穆斯林先后出现了四大门宦,即虎夫耶、哲赫忍耶、噶德忍耶、库布忍耶。这四大门宦虽然都以《古兰经》《圣训》为根本经典,但在一些宗教礼仪等细枝末节问题上存在分歧。随着回族农业经济的发展,社会内部开始出现了分化,教坊内聘请的教长开始转化为世袭的地主教长,教长与教民之间的宗教等级差别,逐渐转化为地主与农民的阶级对立。土地高度集中,阁的木小教坊制逐渐被门宦制度取代。门宦教主世袭罔替,自成体系,封建化程度越来越深。

门宦制度的迅速发展,使回族社会内部分化加速,阶级斗争日益尖锐。甘肃的狄道(今临洮)、河州(今临夏)是西北门宦最先产生的地区,也是门宦势力强大的地区。马来迟所创立的虎夫耶花寺门宦(由于与另一大门宦哲赫忍耶曾经发生教派斗争,因此也被称为"老教")是四大门宦之首。雍正六年(1728),马来迟赴麦加朝觐并游学阿拉伯各地。雍正十二年(1734)回国后,马来迟在河州、西宁、循化等处宣讲虎夫耶教理,首创"前开",纂辑《明沙经》,其教义"简单节省,让人耳目一新"，受到教徒推崇，威望与日俱增。花寺门宦势力的发展引起了"阁的木"教派的不满，由此发生了第一次教争。乾隆十三年（1748），"后开"回民、河州阿訇马应焕向官府控告马来迟"邪教惑众"。此案转回甘肃审理，甘肃巡抚黄廷桂判马应焕"诬告"反坐，从重惩处，将其发配云南。下令无论"前开""后开"，两派各遵其俗，不许同时延请两造念经，滋生事端。马来迟派从此得到官府承认，其子马国宝继承教权，花寺门宦依附于地方官吏，形成利益共同体。循化的撒拉人分布于十二工（工相当于现在的乡），韩哈济作为总掌教，成为马来迟的信徒，撒拉族整体成为花寺门宦的教民。

乾隆时期，由马明心（也称马明新）传入中国的另一种新教，被称为"哲赫忍耶"，在教义上，主张教主传贤，反对花寺门宦的教主世袭制；倡导向教徒少收布施，给教徒施舍，周济穷人。马明心撰写的《卯路》，内容比《明沙经》更为简洁。

马明心雄心勃勃，言辞激烈，对花寺门宦的做法多有不满。其咄咄逼人的气势，令马来迟深感不安，对马明心在河州的传教百般阻挠。不久，马明心和他的追随者在循化白庄一带传播教理，撒拉回民中的贺麻路乎、苏四十三请他到家中讲经，均深深被折服，拜马明心为师。马明心深受当地撒拉人的欢迎，当时撒拉十二工中有九工穆斯林改奉哲赫忍耶，大批撒拉人加入新教，贺麻路乎和苏四十三、赛立麦、韩依卜拉、韩二哥等成为其得力信徒。

哲赫忍耶获得长足发展，其声势"反盛于马来迟之教"①，引起了花寺门宦的不满。乾隆二十七年（1762），马明心与马国宝在循化因讲经而发生争执。而清廷实行"赦剿一，以分其力"政策，偏袒老教，镇压新教，使矛盾激化。乾隆四十六年（1781）正月初八日，定匠庄、别列庄和乙麻工新老教之间再次发生激烈争斗。十二日，新教首领苏四十三率教徒千余人围攻清水工东庄，韩三十八等人被杀。教争事态扩大后，陕甘总督勒尔谨先委派兰州知府杨士玑、河州协副将新柱会同前往弹压办理。

三月十八日，新柱带兵前往循化，到北（白）庄，苏四十三等人乔装打扮成老教信徒探听消息。新柱以为他们是老教，便当众表态道，新教如

---

① 嘉庆《循化志》卷八。

不遵法令，就为老教做主，将新教教徒全部杀光。① 苏四十三等听了清廷官员的言论后，遂决心率部暴动，是日晚杀死新柱。第二天，赶往旗台堡斩杀杨士玑，夺取官府军械，当场击杀十多位官员，并乘胜攻占河州城，起义正式爆发。陕甘总督勒尔谨急调兵马前去围剿，并于狄道州驻守。

兰州战役

陕甘总督勒尔谨一面派兵扼守狄道、河州要道，一面调动各地清兵前往围剿。清军在安定、官川逮捕了马明心及其家人，并把他们关押在兰州。苏四十三为营救马明心，进军兰州，沿途有不少东乡穆斯林加入，起义队伍迅速扩大。三月二十五日，苏四十三部采取先取外围、再破城池的战术，锐意进攻内城西、南两关，控制了金城关，击杀清参将和泰、守备善德等人。兰州城内兵力单薄，无法抵挡苏四十三部的进攻。

二十六日，甘肃提督仁和带清军40多人，凉州总兵德宁、署副都统额尔恒额各带300人马一齐开向金城关。苏四十三派人截断黄河浮桥，仁和无法渡过黄河，只能在河北岸连放空炮。②

苏四十三率军进攻兰州的目的之一是搭救马明心。苏四十三起义爆发后，勒尔谨审出马明心为新教教主的信息，遂秘密饬令安定知县将马明心缉捕，押解兰州监禁。起义军获知消息后，在攻城时要求官府将马明心释放。三月二十七日，起义军聚集在西城门下，布政使王廷赞慑于起义军的猛烈攻势，想用缓兵之计挽救危城，他命皋兰知县蒋重熹将马明心推上城墙，企图以此来逼迫苏四十三退兵。王廷赞对起义军说，释放马明心，需要"禀明总督批办"，要起义军"静候"。王廷赞又诱使马明心"写字止贼"，但马明心不肯屈从，以不能书写婉拒，提出"欲令在旁二人前去告知"。王廷赞便将马明心的表弟张怀德与张汉缒下城墙，暂缓起义军的进攻。起义军望见马明心，便伏地跪拜，诵新教经。马明心俯身向下，用阿拉伯语向城外起义军讲了几句话后，将达斯达尔（缠头巾）扔到城下，起义军"怒啸而起，攻益急"。③ 王廷赞目睹马明心在新教教徒中的崇高威信及与教徒相见的惊心动魄一幕，胆战心惊。马明心刚走下城坡，就被清兵杀害。苏四十三等旧仇未报，又添新恨，单纯的教派之争从而发展成为

---

① 嘉庆《循化志》卷八。
② 吴万善：《清代西北回民起义研究》第29页，兰州大学出版社，1991年。
③ 道光《皋兰县续志》卷八。

二、乾隆朝撒拉族、回族农民战争

反清战争。

起义军围攻兰州的消息传到北京，高宗大为震惊，迅速从各省调集兵力，命大学士阿桂为钦差大臣，与户部尚书和珅率大军自河南西进，派海兰察、李侍尧等率部前往支援，又指示勒尔谨利用老教攻打新教起义军。勒尔谨命土司韩昱、韩光祖组织了一支回军，随同清军镇压起义军。不久，清军夺回河州，在循化拘捕起义军家属300多人。

三月下旬，陕甘各路清军陆续抵达兰州，起义军面对数十倍于己的清军，毫不胆怯，越战越勇，击杀大量清兵。

兰州一战，清军久战未克，令高宗极为不满，称"此时官兵已逾一万，贼匪仅只千余，何难一举歼灭"①，下令追究清军统帅勒尔谨的罪责，命李侍尧接替勒尔谨的职位，继续镇压起义军。李侍尧在久战不胜的不利情况下，调动了四川藏兵和阿拉善旗蒙古兵共计1700人，会同各地调来的大批援军围攻。经过一个多月的激战后，起义军由2000余人减少到1000余人，不得不暂避其锋，退到兰州城西南面的龙尾山、华林山、八蜡庙等处。清军望而生畏，即使出动，零星作战，也被起义军击败。四月十七日，和珅抵达兰州。他为了抢功，以便在阿桂到来之前击败起义军，匆忙部署兵力，发动进攻。然而，起义军早有准备，他们深藏壕沟窑洞，凭高据险，立誓死守，各自为战，勇悍异常。清军惨败，固原提督钦保等部被击杀近千人。

华林山之战

乾隆四十六年（1781）四月二十一日，钦差大臣、大学士阿桂抵达兰州，派兵在西关外自黄河河岸至山梁各处设置栅卡，以防备起义军逼近城垣。起义军为了集中力量抗敌，放弃了龙尾山，全力防守华林山。华林山东西两面壁立数丈，小路都被起义军截断。阿桂组织了几次进攻，都遭失败，令清军气馁。于是他请求调动能够"上山打仗"的四川驻屯"番兵"，并调阿拉善蒙古骑兵以备追捕。闰五月十五日，阿桂指挥清军强占起义军大卡前的一处山包，筑建炮台，并加紧从各个方向对华林山进行包围。起义军历经损耗，此时能作战的兵力仅有五六百人，没有援军，而且也无供给来源，尤其是华林山上没有水源，数百匹骡马牛驴干渴倒毙殆

---

① 《清高宗实录》一一二九卷，乾隆四十五年三月。

尽，即使华林山山梁陡峭，是易守难攻的绝佳之地，也是难以持久支持的。在极端困难的情况下，起义军仍然坚守在山上，打退清军的轮番进攻，并以惊人的毅力克服了缺水的困难。自清军围困以来，苏四十三几次组织突围，都因兵力不足而失败。六月十五日，清军乘起义军困苦已极，发起最后总攻，攻占了起义军设置的栅卡。苏四十三同马德明、海朝宗、张怀德、张汉等人率众迎战。战斗异常激烈，起义军虽负重伤，但仍全力抗拒，不肯束手就擒。

在相持中，清军内侍卫古尔坦保等阵亡，起义军则伤亡300余人，苏四十三阵亡。起义军寡不敌众，退入华林寺内做最后抵抗，虽然仅剩二三百人，却依然与清军鏖战了20天之久。清军见无法立即攻取，于是筑立木栅，架炮轰击，于七月初五日放火烧寺，起义军隐藏在殿后及两厢墙圈内，用枪石还击。次日，清军扑上寺内后墙，自上而下放枪抛石，起义军从西面直下石坎，被清军重重包围，经殊死搏斗，全部战死。清军分兵到洮河以南继续搜捕起义军余部，由撒拉族首领赛立麦率领的另一支队伍在金城关全部阵亡。事后阿桂对起义军的勇猛心有余悸："如果首逆及紧要头目被杀，自应溃乱，何以尚然死守？"[1] 高宗也惊叹："当此穷蹙垂毙之时，尚皆负隅死守，实是奇事，出于情理之外！""此时余党无多，且要犯首犯已皆歼毙，所余不过败残贼众，何以尚然如此死守，实不可解！"[2]

镇压起义后，清廷对参加起义的哲赫忍耶教徒，采取了斩尽杀绝的措施。阿桂根据高宗的指令，派员分别前往循化厅、河州、安定官川、伏羌、清水、西宁、碾伯等处，大肆搜捕马明心"余党"，包括平日与马明心结交往来的人，以及陕西临潼、山西蒲州等处尊马明心为师的回民及家眷，全部押解到兰州，严刑审讯后处死。家眷被分别发配遣送，前后被搜捕发配遣送的无辜百姓不下800人。参加起义的撒拉十二工，除查汗、孟达、夕厂三工外，其余九工加入新教的976户，成年男子一律被杀，妇女发配新疆伊犁，赏给索伦、察哈尔、厄鲁特等营兵丁为奴，未成年男子被押往云南普洱、广西百色充军。循化的撒拉人中，大部分居民被杀戮，房屋被毁，田地被占。清廷为永绝后患，制定了"办理兰州军务善后事宜"等规定，严令李侍尧将甘肃与起义相通的新教回民秘密查办，斩绝根诛；

---

[1] 《钦定兰州纪略》卷十一，第19页。
[2] 《钦定兰州纪略》卷十一，第26页。

对回民的宗教活动严格管控，不许教徒念经，不许外来回民学经、教经及容留居住设"乡约"，由乡民具结担保，彼此监视。为了防止再次出现回民大规模反抗事件，清廷将陕西提督从西安移驻固原，固原总兵移防河州，循化厅添设参将一员，中军守备一员，千总、把总、额外外委各一员，以加强对当地回民的控制。在华林山移驻重兵防守，保护兰州城隍，加固城垣，添置炮位，除满蒙居住游牧地方外，全国范围内收缴鸟枪，不准私贩销售硝磺。

2. 田五、张文庆回族反清战争

　　苏四十三起义被镇压后，清廷对伊斯兰教进行了严格的控制，采取"净绝根诛"之法。陕甘总督李侍尧查治新教余党，实行高压政策。地方官吏在执行过程中又横加罪名，滥捕滥杀，株连无辜。如河州官吏出示，不许回民习新教，若脱鞋念经，则要求当地百姓出具甘结。清廷对穆斯林的残酷压迫，激起了哲赫忍耶派的怒火，乾隆四十九年（1784）四月，田五起义爆发。

　　田五（又名田富），盐茶厅（今宁夏海原）阿訇、哲赫忍耶创始人马明心的弟子，他长期往来于盐茶厅、安定官川、固原州、渭源、靖远等地。苏四十三起义失败后，他便与张文庆、马四娃、李可魁、杨填四、马胡子等人秘密联络，制造武器、旗帜等物，并制作白布号褂，以示不忘马明心之意，积极准备。张文庆，通渭县草芽沟人，与田五都是马明心的徒弟，也是马明心的内侄，在起义军中地位仅次于田五。马四娃，西宁府大通县人，人称"大通阿訇"，早年出外游学时与张文庆相识，一同诵念回经。李可魁（又称李胡子），盐茶厅老鸦沟人。他们在甘肃通渭修筑石峰堡，贮蓄粮食，建立起义的根据地，决心为马明心复仇。

　　起义最初在盐茶厅城西15里处的小山一带发动。在小山一带各村庄回民聚居的地方，田五传教的进展非常迅速。乾隆四十九年二月，界牌庄、洪涝坝、马尾、中湾、老鸦沟、黄羊坪滩、白季村等处新教徒相互联络，民众渐渐聚集，于是田五与李自党、李可魁父子商定于五月初五日分头起事。他们推田五为首领，张文庆为副。在筹备起义期间，田五等人以"为马明心报仇""护教保族"，反对"剿洗回民"和"洗灭新教"为口号，分别屯驻在伏羌县的鹿庐山和静宁州的底店山、潘陇山，扼守险要，召唤各地民众响应。在事先与潜伏老鸦沟的新教教徒马化保等31人约集时，因走漏风声，于四月十五日，田五率领百余人（有说300余人）在小山提前发动起义。

田五率部起义后，立即攻占了盐茶万西安州营土堡（今海原西安州）。平庆道沈明皋、参将李良辅带兵前去镇压。起义军放弃营土堡向西至靖远县境，四月十七日攻打永安堡不克，便回到分水岭驻军，十九日，再次攻打靖远县城。早在几个月前，田五就到靖远与掌教哈得成及"头人"哈彦共同议定起义事宜，与他们约定攻打靖远时内外呼应。田五在攻城时，靖远县内起义者被抓获，经严刑拷打后，供出城内回民充当内应的情况，候补吏目朱尔汉当晚带兵按名册抓人。清军加强防守，起义军未能攻占县城，撤围前往冯家园（靖远县西北40里）。他们消灭了守备池清部的清军，占据了打拉喇池堡（今靖远县西70里处的共和）。清廷命甘肃提督刚塔率兵镇压，刚塔所部绿营兵见起义军沉着应战，未战先怯，全部溃退，刚塔在混战中中箭。游击高人杰带兵来援，起义军退往南山，后又退到马营水庄（今马饮水庄）山尖。四月二十五日，田五率部与清军大战于伏羌城外，清军攻势猛烈，起义军伤亡惨重，田介洪、吴二、韩二等首领战死，田五腹部中枪阵亡，起义军顿时大乱，纷纷溃散。李侍尧率清军屠戮了阵地附近的妇孺千余人。

田五死后，李可魁带领余部转移到马家堡。马家堡地处大山上，一面临河，其余两面经历年雨水冲刷，陡壁立坎，中间隔有深沟，旋绕迂折，路径非常复杂。五月初四日，刚塔先派800名兵丁，后又亲自率600人进攻马家堡山。起义军占据有利地形，奋勇抗击。这时恰逢天降瓢泼大雨，清军天时地利均不占优，只得退回营盘。第二日天晴，清军重新聚集2800人会攻马家堡，不料堡内空无一人，起义军早已于前夜悄然撤走。刚塔分兵朝距马家堡70里的马家湾追赶起义军，然而再次扑空。

起义军在马家堡采用"化整为零"的战略战术，不断与清军周旋。他们分成若干支队，分走安定官川、马营等处，忽聚忽散，出没无常，机智灵活地牵制清军，清军晕头转向，疲于奔命。田五死后，他们推张文庆为首,马四娃为副,将家属转移到山堡内,据险防守,互为联络。各地起义群众越聚越多,声势大张。

起义军以石峰堡(今通渭县北70里处)、鹿鹿山(今通渭县北40里处)为据点。五月初八日,张文庆派杨填四、马尚德、马廷海等率1000多人围攻通渭县城,烧毁城隍庙和知县大堂,打开监狱,释放罪囚,毁坏银库。知县将县衙后园仓库放火烧毁后藏在夹墙内,两天后才被衙役发现,狼狈不堪。

五月十二日,西安副都统明善统带清军由静宁前往石峰堡镇压起义军。抵达高庙山时,清军抢先占领山顶,起义军伪装力不能支,很快向石峰堡退却,清军乘势追赶,被起义军设置的伏兵包围,明善被击毙。石峰堡防守严密,清军望而生畏,不敢贸然进攻,便将主力转向鹿鹿山。刚塔在鹿鹿山对面的山顶扎营,五岱、傅玉、永安、俞金鳌、图桑阿等清军将领则绕山进攻。从五月十四日开始,鹿鹿山连续三天大雨瓢泼,雨过之后,大雾弥漫。起义军利用难得的天气,以少量兵力在山前牵制清军,大部从山后绕出,开往乌家坪。五月十七日大雾散后,刚塔才发现起义军已经不知所踪。五月十九日,起义军围攻伏羌县城,力攻三天不克,在关庙树林与清军交战后退往马家营。

杨填四在静宁底店一带发动900余户回民参加了起义。隆德蟠龙山(今隆德山河镇南)与底店仅相距几里路,这两处的起义军在五月二十五日与前来支援的石峰堡起义军一起进攻静宁州城,将关庙焚毁,占据了城外的翠屏山。他们截断大路,使东西两面清军的信息无法相通。平凉知府王立柱等官员督兵据守静宁,静宁城池坚固,起义军发动进攻受挫。与此同时,除盐茶、靖远、安定、通渭、伏羌、静宁、隆德等地外,会宁、秦安、固原、华亭甚至平凉崆峒山等地的回民也发动起义,均遭到了各地官绅的抵抗。此时,起义军人数已增加到近万人,声势日益浩大,清廷深受震动。

石峰堡决战

高宗派尚书福康安①与超勇侯、领侍卫内大臣海兰察带领京城健锐、火器两营清军前往甘肃。此后,又任命阿桂为钦差大臣,福康安代理陕甘

---

① 福康安(1754—1796),富察氏,字瑶林,号敬斋,满洲镶黄旗人。大学士傅桓之子。

总督，五岱署理甘州提督。针对起义军的弱点，福康安大量增兵，除甘凉、延绥、京兵外，他还调派阿拉善蒙古兵、四川屯兵、宁夏满兵、撒拉老教回兵，以及其他各族士兵，总数达万人。清军先将静宁、隆德两处的起义军歼灭，后分兵驻守，前往石峰堡设法堵剿。

福康安接任陕甘总督后，从静宁前往隆德，与海兰察共同部署。他们在各营挑选"奋勇兵""好枪手"共3100人作为先锋。向底店、蟠龙山发起进攻。起义军占据底店极高山梁，扎下大营一座，蟠龙山扎营三座，在周围的山梁又扎下十余座小营。六月十一日，清军到达底店，混入起义军中的武举马文熹派人向福康安投禀乞降，从而很大地削弱了起义力量。清军以优势兵力将底店、蟠龙山起义军营堡全部攻占，消灭了300多名起义军，李可魁在战斗中阵亡，张文庆退回石峰堡。

清军夺取底店后，士气高涨，乘胜向石峰堡进军。石峰堡是通往通渭、伏羌、会宁、秦州、安定、巩昌等州县的要隘总路，处于群山之中，四面多为悬崖峭壁，形势险峻，易守难攻。此前回民马正芳、马壮到堡内筑墙挖窑，几次修葺加固，将该堡视为坚守的总根据地。堡外有崎岖山路可以通行，沟坎交错，易守难攻。起义军在堡内储存了大量粮食、器械，决心死守。

福康安和海兰察统带清军进攻石峰堡，起义军拼死抵抗，奋勇冲杀，多次击退清军的进攻。六月二十三日，阿桂到达军营，下令各军设法截断石峰堡的水道，用大炮轰击石峰堡，制造火弹，抛掷到起义军军营，使其无处藏身。两天后，清军发动大规模进攻，但无法攻上山崖，只占了山下一隅之地。而起义军面对各路清军，奋勇冲杀，齐心协力，拼死抵抗。

清军进攻半月之久，迄未得手。在清军四面围困、层层封锁下，起义军锐减不过2000人，家眷却超出2000人，而水源日渐枯竭，遇到极大困难。起义军几次派人下山取水，均遭清军阻击。在此情况下，起义军不得不将家眷放出，以便最后突围。七月初四日，起义军先将1500余名妇女、儿童放出，阿桂竟然派兵将这些起义军家眷以十人为一组，一面点名，一面屠杀，当晚就杀害了500多人。深夜，张文庆、杨填四带起义军奋勇突围，马四娃率部在后掩护。爬越清军所挖深壕，奋力突围，却遭到了清军的埋伏，千余人战死在山下壕沟中。张文庆身受箭伤，与马四娃退回堡内。次日黎明时分，清军发起总攻，数千人蜂拥入石峰堡内，张文庆、马四娃、杨填四、黄明阿訇、马建成、马良茂、马金玉、杨存义、马保全等

二、乾隆朝撒拉族、回族农民战争

700余人被俘杀。至此,田五起义失败。

此次起义镇压,清军照例进行大屠杀,据阿桂奏报:"查此次石峰堡拿获正法人犯一千四百余名,底店先后投出正法人犯一千六百二十一名,李侍尧等拿获正法贼犯四百七十六名,又底店打仗杀贼三百四十余名,石峰堡打仗前后杀贼一千七百余名,各处搜山官兵拿获贼匪当即正法者一千余名;……又陆续擒获贼回即于军营正法者四百九十七名。通计拿获正法及打仗杀死贼回共八千余名;又李侍尧、刚塔等歼戮逆回妇女一千余名;此外尚有各州县拿获正法,并现在监禁候讯,应行正法人犯一千余名。"①清廷将石峰堡、底店妇女儿童4100余口,分别赏给满洲官兵、四川官弁;屯连降番1900余口,其余500余口,被分别发配遣送江宁、杭州、福州、广州,赏给各地官员兵丁为奴,并拆毁各地清真寺数十座。

撒拉回民激烈的反抗斗争迫使高宗不得不面对现实。在镇压起义的过程中,马明心被杀后,信奉新教的各地回民,仍有一半,甘肃新教回民如此众多,查不胜查,继续查办势必激起更大的反抗。高宗表示:"朕之屡谕阿桂、福康安办理善后事宜时,将贼党多家歼戮者,原以苏四十三甫经剿灭,田五等又胆敢聚众滋事,不可不趁此兵力铲绝根诛。但若辗转根究,伊于何底?亦非绥靖地方之道。"② 福康安也对阿桂、李侍尧炮制的"筹议甘肃善后事宜条款"不满,认为不切实际,因为他既不能继续株连搜捕,也无法强迫新教改从老教,倒不如承认新教的存在,遂放松了对新教的打压。哲赫忍耶则在清政府部分放松管控后,继续传播教义于宁夏、陇东、陇南及甘肃其他地区,甚至新疆、云南等地。

---

① 《清高宗实录》卷一二一一,乾隆四十九年七月癸未。
② 《钦定石峰堡纪略》卷十五,第18页。

三、嘉、道年间白莲教、天理教起义

三、嘉、道年间白莲教、天理教起义

嘉庆朝是清朝进入衰世、末世的重要阶段,经历了康、雍、乾盛世的清王朝,其传统小农经济模式无力解决因人口滋生所引发的生计问题,庞大的官僚体制在应对财政经济等一系列难题上表现的颟顸、腐败无能,引发统治者与被统治者间的尖锐冲突与对立。乾隆朝中期,江南地区出现了政治色彩浓厚的秘密结社——天地会,在黄河上下、大江南北重新活跃起来的更具宗教色彩的白莲教。

白莲教是唐、宋以来流传民间的秘密宗教,主要由摩尼教、弥勒教、佛教、道教等糅合而成,其教义中掺杂了佛教的"善忍轮回"说与道教的"养生术",迎合了贫苦无助民众的社会心理需求,而弥勒教的"千年太平"说和摩尼教的"光明将战胜黑暗"的教义更成了民众解除痛苦的心理渴望。元末,农民大起义就是由白莲教组织发动的。自明中期开始,白莲教教徒相继举行了几次起义,但均遭镇压。清初,白莲教又发展成反清秘密组织,但遭到清政府的多次镇压。乾隆初年,白莲教看似已经偃旗息鼓、销声匿迹,在民间却依然悄悄传播,并未消失。

1. 川、陕、楚白莲教起义

乾隆中期开始,因连年征战,民众中滋生着不满情绪。乾隆三十九年(1774)山东寿张王伦,通过白莲教的支派清水教组织发动起义,给清廷以沉重打击。王伦起义失败后,清廷加强了对白莲教的镇压。乾隆四十年(1775)捕杀了河南鹿邑县人樊明德,并镇压了他所创立的混元教(白莲教支派之一),他的再传弟子刘松被流放到甘肃隆德。乾隆五十三年

(1788)三月,刘松将混元教改名为"三阳教",称自己的儿子刘四儿是弥勒佛转世,凡入教者可免去水火刀兵之灾,又与其两大弟子刘之协和宋之清在陕、甘、川、楚地区广收教徒,社会影响越来越大。刘之协(1740—1800),安徽太和人,颇有号召力。

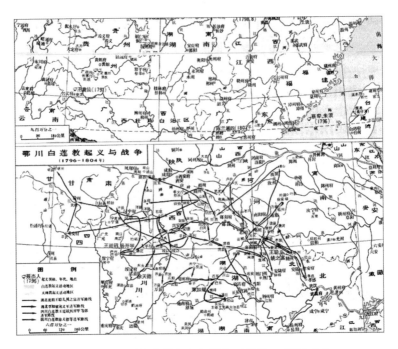

图3.1　鄂川白莲教起义与战争(1796—1804年)

图片来源:《中国战争史地图》,http://86814.net/wiki/zgzzsdt/

乾嘉之际,由于人口增长迅速,土地兼并严重,灾害频发,社会矛盾日益滋长,白莲教各地的活动日趋活跃起来。尤其是在川、陕、楚三省交界的广大地区,聚集了数百万逃荒避税的贫民在此开垦。他们原本求生无路,此时仍生计艰难,加上五方杂处,良莠不齐,一些差役、地痞等无事生非,敲诈勒索,贫民早已忍无可忍。悲惨的现实成为当地白莲教各支派传播的丰厚土壤。乾隆朝后期,信教群众中广为传布的所谓"真空家乡,无生父母"这八字真言,又宣称:"弥勒转世,当辅牛八(意为'朱'

姓，亦即'扶明'），入教者可免诸厄。"① 在教派首领的鼓动下，信教者的活动也趋于公开，反清、反压迫的倾向日渐明显，已形成一支强大的社会力量，直接威胁到清廷的统治。

另外，当时贵州东南部与湖南西部的苗民大起义还未完全平息，清廷除了对相邻数省严加控制外，还屡次增加湖北的人役和赋税，因而进一步激化了社会矛盾，起义的时机日渐成熟。

川、陕、楚白莲教起义大体可以分为三个阶段：第一阶段，从嘉庆元年（1796）正月起义开始到嘉庆三年（1798）三月，以襄阳起义为中心，以齐王氏（王聪儿）、姚之富为主力纵横数省，转战千里，清军首尾不能相顾，清廷屡换主帅，但仍无大的改观；第二阶段，从嘉庆三年王、姚战死至嘉庆五年（1800）初，以四川教民为主力，这一阶段双方伤亡都比较惨重，呈战略相持；第三阶段，嘉庆五年至起义后期，清军采用筑寨团练等措施，起义军被迫退守老林，被清军逐一击破，最终失败。

襄阳起义

乾隆五十八年（1793），刘之协等人推举王发生为领袖，称其为明朝皇帝后代，密谋发动起义。嘉庆五十九年（1794），湖北襄阳地区的白莲教首领齐林、齐王氏、宋之清、樊学明等商定于正月元宵灯节举行起义。为此他们派出了许多名骨干，到湖北各地串联教众，届时响应。但由于消息泄露，同年夏，清廷严酷镇压，齐林、宋之清、樊学明、谢添绣、刘松等100多名骨干被杀，王发生被发配新疆，各地教首及其家眷被关押，湖北、四川、陕西、河南、甘肃等省处在一片恐怖之中。高宗命各地官员须将白莲教教徒根除净尽、勿使漏网。地方官吏胥役乘机搜刮勒索钱财，肆意欺压民众，"不论习教不习教，仅论给钱不给钱"。官府搜捕白莲教教徒非常严酷，达州知州戴如煌，私设衙役5000名，武昌府同知常丹葵，任意敲诈迫害村民，连累无辜民众数千人，他们在荆州、宜昌地区的搜捕行动，完全是对广大民众的一场谋杀。

在这些酷吏的勒索盘剥下，乾隆六十年（1795），湖北各地白莲教教首商定以"官逼民反"为口号，于辰年辰月辰日［嘉庆元年（1796）三月初十日］同时发动起义。嘉庆元年正月初七日，湖北枝江、宜都两地的

---

① 《那文彦公奏议》卷四一。

白莲教教徒在准备过程中被当地官府察觉，张正谟、聂杰人被迫提前起事，揭开了大起义的序幕。随后，长阳、当阳、来凤、竹山、东湖、远安、保康、宣恩、咸丰、龙山等地相继爆发了起义。三月初十日，襄阳、樊城一带的民众在齐王氏、姚之富等领导下，按原定日期在郊区黄龙垱揭竿而起，将反清斗争推向了新的阶段。齐王氏，本名王聪儿，齐林之妻；姚之富（1737—1798），湖北襄阳人。襄阳起义军在湖北各路起义军中，人数最多、战斗力最强、声望最高，因此，是湖北各路起义军的主力，其对清廷的威胁也最大。起义第二天，为替被害的教友报仇，起义军猛攻襄阳府城。三月十六日，清四川总督孙士毅派镇压大、小金川时俘虏的藏民去围攻来凤县城的起义军，杨子敖赶到襄阳协守。三月二十八日，林之华、覃佳跃率领起义军攻打宜昌城，虽然未能攻破，但在秀峰桥的伏击战中杀死了守备张鼎。三月底，襄阳城仍未被起义军攻克，清军各路援军反而形成了对攻城起义军的包围之势。起义军决定跳出清军的反包围，向北转战，进入中原地区，一举攻占了湖北通往河南的要冲吕堰驿，击杀了巡检王翼孙部。清廷闻讯，急调已驻南阳的直隶提督庆成，率正定和顺德清军前去镇压。当庆成率部赶到吕堰驿时，起义军早已不知去向。在姚之富、齐王氏的率领下，起义军进入中原地区，在河南唐河、邓县、新野等地活动，河南巡抚景安大为惊恐，调集重兵严加防范。襄阳起义军无机可乘，便悄然南下，由枣阳返回湖北，于四月初七日围攻樊城。四月初八日，起义军攻克了樊城后，顺势东渡汉水，包围了襄阳府。从长门、东门、南门三个方向攻城。随后为避免被增援的清军包围而陷入腹背受敌的境地，起义军挥师南下，向宜城进军。几个月内，在南至四川酉阳、贵州青溪，北至河南邓州、新野，以及湖北西部五府（襄、郧、荆、宜、施）一州（荆州）等广大地区，起义队伍人数发展到四五万。

面对已成燎原之势的大起义，清廷惊恐万状，宣布武昌戒严。清廷为了迅速歼灭湖北白莲教起义军，除了调动大量索伦骑兵飞驰湖北外，仁宗还赦免了在湖北服刑的蒙古盗马贼，将他们全部编入清军，以镇压起义。同时，清廷又派明亮领兵前往襄阳增援。

在清军集结来攻之际，起义军主力依然占有战略主动权，他们挥戈北上，进逼孝感、汉阳一带。五月初，杨子敖率领起义军向游击童宁所部清军发起进攻，大获全胜，击杀把总刘荣。五月初四日，楚金贵、鲁维志在孝感厅也率众起义，杀死参将刘景龄，并占领了胡家寨。初六日，清廷集

三、嘉、道年间白莲教、天理教起义

结明亮、桓瑞、永保、鄂辉等部主力开往吕堰驿,重点围剿襄阳起义军。初七日,林之华、覃佳跃大败清军,乘胜夺回了风火山,巴东、归州因而宣布戒严。枣阳的起义军在宜城虚晃一枪后,便迅速北上,占领了吕堰驿附近的王家楼、刘家集和双沟等地。十二日黎明,驻扎在刘家集的起义军向围剿的清军强力反攻,王家楼和双沟两处起义军与清军展开激战。战至十三日深夜,起义军突然改变策略,除留下一部分起义军在唐河两岸的双沟、张家集和孟家集等处牵制清军主力外,其余迅速东撤,昼夜兼程,于十四日下午包围枣阳县城,并截断了城内的水源。在清军的强大攻击下,留守起义军也由双沟撤退到离枣阳更近的官庄。十七日,围攻枣阳县城的起义军主力撤围向官庄集结,准备正面迎战清军。十八日,枣阳起义军给前来追击的清军迎头痛击,在消灭了清军的先头部队后,又撤离官庄。二十五日,枣阳起义军在距枣阳30里的王家岗再一次与清军展开激战,消灭清军后南渡滚河而去。由于襄阳起义军牵制了湖北官军的主力,从而减轻了其他各路起义军的压力。杨启元所率领的起义军虽然被湖广总督毕沅所部的清军围攻,但仍然坚守在当阳城头。为统一指挥调度各部清军,六月,仁宗任命都统永保总统军务。令其先克靖襄阳,然后再分别攻克孝感、长阳。在围攻襄阳的同时,清廷还加"调湖南功疆兵二万前来"①助剿。

此时,湖北各地起义军与襄阳起义军相互配合,共同抗击清军。他们"出击分扰"钳制清军。"归州、巴东、安陆、京山、随州、咸丰皆贼垒……贼已分扰孝感,东距汉阳百余里",迫使清廷下令"武昌戒严"。清军"参将傅成明等击孝感贼,遇伏败死"。②经过五个多月的战斗,起义军撤出襄阳进入钟祥。"贼首姚之富、齐王氏等大集钟祥,老弱男妇啸聚四五万人,负隅山谷,各据险要。"③九月,襄阳起义军以唐县潭河镇为中心,与永保所率清军展开了游击战,起义军神出鬼没,永保只能紧随其后跟踪,因此,起义军给他取了一个"迎送伯"的称号。几个月以来,清军在湖北的围堵计划最后失败,仁宗震怒不已,另任命湖北巡抚惠龄总统军务。

---

① 《圣武纪》卷九,第4页。
② 《圣武纪》卷九,第3-4页。
③ 《湖北通志》卷六九,第29页。

嘉庆二年（1797），襄阳起义军行至河南边境，分成三路进入河南：北路王廷诏进入叶县围攻保安驿，将清军围困在裕州；西路李全经信阳折向应山、随州，沿楚、豫边境向淅川、卢氏出击，并由卢氏、内乡经武关、高雒、商南进入镇安；中路齐王氏、姚之富从南阳进入嵩县，又回军从陕、楚边境之山阳出击，由山阳进入郧西，再由郧西折回陕西。起义军战术灵活，"不整队，不迎战，不走平原，惟数百为群，忽分忽合，忽南忽北"① 以牵制清军，以此彻底摆脱了清军的追击。

襄阳起义军进入陕西后，在汉江北岸的镇安县会师，后又沿汉江"北岸直起汉阴、石泉渡上游以合川贼"。② 清军看出了襄阳起义军的意图，便严密监视起义军"汉江潜渡"的行动，但起义军直到五月才开始强渡汉江。襄阳起义军全部南渡后，又兵分三路入川：姚之富、齐王氏率队由西乡县的渔渡坝入川，并攻占通江县的竹峪关（今万源市境内）；张汉潮、王廷诏、李全率部攻占了太平县的大竹河，杀死城口厅主簿蒋曰纪；高天德则在月底率部进入城口厅的修溪坝。

达州起义

嘉庆元年（1796），湖北白莲教起义轰轰烈烈爆发，四川各路白莲教教首也在加紧筹备，组织教徒，锻制火器、刀枪，聚集粮食，缝绣旗帜等工作正在秘密进行。三月初，达州老教首徐天德和王学礼被知州戴如煌抓捕入狱。

徐天德（？—1801），四川达州亭子铺人。自幼跟随父亲徐文习武打猎，待人和气，仗义疏财，在达州一带颇有名气，被达州知州戴如煌招为捕头。戴如煌借"缉拿教案"敛财，抓、打、杀白莲教教徒，使得达州境内鸡飞狗跳。徐天德身为白莲教教首，便暗中向教友通风递信。戴如煌虽未抓住徐天德的把柄，但已对其产生怀疑。二月间，戴如煌与书办王国学、马贵商量，以"不全力办教就是通教"的罪名，将徐天德收监。徐天德深谋远虑，认为约定三省总起义的时日未到，为避免擅自提前起事招致全盘皆输，决定入狱暂时忍耐。六七月间，湖北白莲教起义的消息传到达州，达州白莲教信众以重金贿赂知州戴如煌，要求释放徐天德。八月初，徐天德被释放，以养伤为名，辞职回到亭子铺。

---

① 《圣武纪》卷九，第 8 页。
② 《圣武纪》卷九，第 6 页。

三、嘉、道年间白莲教、天理教起义

徐天德回到亭子铺后，为起义做最后准备。九月初十日，当地乡约李文槐与其侄李元德向达州官府告密徐天德谋反。知州戴如煌鉴于城内兵力不足，遂派杨成白赴成都和夔州调兵，同时命李文槐叔侄前去劝阻徐天德，并以加倍奉还银两2000两，提升其为州衙总管为条件，但遭到徐天德的拒绝。

九月十五日，达州白莲教教徒和穷苦民众上万人祭旗起义。这支起义军以徐天德、王学礼（军师）、徐天寿、王登廷、张永寿、汪瀛、熊翠、赵麻花、熊方青、陈侍学为首，称"达州起义军十大首领"。

徐天德祭旗之后，在达州城与亭子铺间的竹岭上设立雷音铺、土地垭及甘草垭三处关卡，作为前哨阵地，在后方与新宁县（今开江县）接壤的檀木场、葫芦潭、铁山沟等处也相应地设立关卡，建立了汪家山和袁家石坝两处老营。

十月初二日，太平县黄富才、郑学智、朱二空子等白莲教教首聚集3000人起义，以黄泥湾为老营；徐万富和卿有义、黄道士等率领4000多人起义，分别在鞍子坪和系马坪建立老营；潭大顺等也约集了上千群众起义，占领了光头山。川东北白莲教起义形成燎原之势。

十月初四日，英善调副都统勒礼善部八旗兵1000人驰赴达州；陕西巡抚秦承恩分兵1000人，进驻西乡；达州游击孙起龙、都司清福带兵驻达州与东乡之间毗连处，对达州起义军布下包围。清军兵分三路，先攻雷音铺，再攻甘草垭。起义军奋起抵抗，但未能守住雷音铺和甘草垭，只得退往亭子铺。但是这里无险可凭、无寨可守，起义军与清军展开巷战。深夜，清军将火弹从四面八方抛入民房，很快，亭子铺全镇起火。起义军冲出火海，向麻柳场方向撤退。

徐天德与众首领商议对策，均认为麻柳场地处达夔大道，交通方便，距达州仅90里，并非久留之地，起义军向东至新宁（今四川开江），或北入东乡，与冷天禄、王三槐领导的东乡起义军会合，然后联合行动，才有出路。徐天德亲率2000矛手（白莲教对精壮善战者的称呼），兵分三路，进攻地处山垭口的玉皇阁。玉皇阁俗称玉皇观，位于新宁与达州交界，是达州通往川东的必经之路，由孙玉章、张廷襄率领数百名乡勇驻守，但很快便被起义军攻占。

此时，为阻止达州清军来犯，王学礼命令徐天德之子徐大元和先锋熊翠率兵1000人，在麻柳场和亭子铺之间的风洞口阻击。在清军大炮的连番轰击下，徐大元、熊翠等因缺乏应对经验，很快丢掉风洞口。王学礼决定放弃麻柳场，转移到汪家山和袁家石坝，又向东乡冉家坝进军。清军主帅英山命尚维岳、范茂率2000清兵驻守东乡县城南娘娘庙，又命清福带兵2000驻东乡天星桥。徐天德了解清军布防情况后，乘清军立足未稳，在雪雾天气的掩护下，兵分两路：一路明攻天星桥；另一路由徐天德亲率主力，绕过天星桥，夜袭娘娘庙。这次起义军夜袭出奇顺利，致使驻守娘娘庙的清兵全军覆没。随后，乘天色刚刚微明，起义军又马不停蹄地回师奔袭天星桥，击杀尚维岳、范茂、清福、张大斌、周宽等多名清将。

清廷立刻调派袁国璜、何元卿两部由七里峡北进天星桥，勒里善、努赫棱一路由太地坪南下桐油坪，卢廷璋部从汪家山进击柏树场，佛住从东乡县城南移大垭口、东山庙一带防堵。徐天德指挥起义军各队分头撤退，亲率1000矛手夜袭袁国璜驻守的老营湾，5000清兵全部阵亡。达州起义军取得大胜。

在老营湾大捷后，徐天德为防范清军反扑率起义军返回张安观老营。派兵佯攻蒋家山，造成进军达州的假象。清军富明阿部中计，主力前往马鞍山，东乡县城暴露在达州起义军面前。

达州起义军清除东乡外围的清军直抵县城西门。东乡起义军也进抵县城北门，很快发起攻城战。清军居高临下，严防死守，但因在城内欺压民众而引起民愤，使得城内民众配合起义军攻破了城门。起义军将平日为非作歹的官员严惩后，两路大军返回张家观老营。

东乡会师

嘉庆二年（1797）春，清军主帅宜绵督师猛攻四川起义军。达州、东乡两支起义军联合巴州、通江、太平三地起义军，截断川东北清军钱粮物资运输线。由于连续取胜，四川起义军开始骄傲轻敌，想一举攻占清军的指挥中心——达州。起义军在进军沿途不断遭到清军的打击。清军欲毕其功于一役，向张家观起义军老营发动总攻，而起义军内部对如何用兵存在严重分歧：王三槐主张决一死战；徐天德主张弃守，分头引开清军；冷天禄主张将清军引向丰城一带；汪瀛主张南撤麻柳、大树、亭子一带。最后，他们议决分头东撤，将清军引入丰城山区。二月，清廷令陕甘总督宜绵入川主持军务。清军夹击达州、东乡、太平起义军联军。起义军力战不敌后突围转移，放弃北上丰城的计划，折向西面摆脱清军追击后，回到金鹅寺老营。宜绵、明亮、德楞泰、朱射斗等率清军向金鹅寺发起总攻，起

三、嘉、道年间白莲教、天理教起义

义军渐渐不支,决定突出重围。四月初,清军四路围攻清溪场、五路合击金鹅寺。徐天德、王三槐、冷天禄等起义军首领决定暂时分头行动,以减轻清军带来的压力。五月,清军兵分三路,对达州、东乡两支起义军所在重石子、香炉坪发起总攻。在清军的重炮攻击下,起义军伤亡惨重,被迫向南转移。经此大战,起义军损失达3/4,人数不足5000。清军紧追不舍,起义军且战且走,已失去主动。这时,四川起义军秘密和襄阳起义军联系,约请其入川,共同对付清军。湖北起义军为了摆脱蜂拥而至的数万清军主力,决定入川与四川起义军协同作战。大军在陕西紫阳县白马石、汉王城等水浅处抢渡汉江,向四川进发。

四川起义军在德楞泰、明亮、穆科登阿等部清军的追击下,连丢七里峡、莲花庵、小峨成山、大峨成山等地。徐天德、冷天禄、王三槐率仅存的两三千人北进丰城,欲与湖北起义军会师,却被包围在白秀山上。清军发起总攻,起义军坚守山顶。湖北起义军及时赶到,从德楞泰部背后发起猛攻。山顶的徐天德、冷天禄、王三槐部起义军也乘机夹击,清军大败。川鄂两省白莲教起义军主力实现了东乡会师。东乡会师后,起义军按地区分编为黄、蓝、白等号,在军中分别设置掌柜、元帅、先锋、总兵、千总等职务,确定各号以营为基层战斗单位。

襄阳起义军中,以齐王氏、姚之富为首的称"襄阳黄号",统领王光祖、樊人杰、伍金柱、辛聪、辛文、庞洪胜、曾芝秀、齐国谟、王廷诏等部;以高均德、张天伦为首的称"襄阳白号",统领宋国富、杨开甲、高二、高三、马五、魏学盛、高见秀、杨开第等部;以张汉潮为首的称"襄阳蓝号",统领李潮、李槐、冉学胜、胡明远等部。

四川起义军中,以徐天德为首的称"达州青号",统领徐天寿、赵麻花、汪瀛、熊翠、熊方青、陈侍学等各部;以冷天禄、王三槐为首的称"东乡白号",统领张子聪、庹向瑶、符曰明、刘朝选各部;以龙绍周为首的称"太平黄号",统领唐大信、龚健、徐万富、王国贤、唐明万等部;以罗其清为首的称"巴州白号",统领罗其书、鲜大川、苟文明等部;以冉文俦、冉天元①为首的称"通江蓝号",统领冉天泗、王士虎、陈朝观、李彬、杨步青、蒲天宝等部。

---

① 冉天元(1765—1800),四川通江人,其父文俦阵亡后,继任通江蓝号元帅。

东乡会师当晚,川楚起义军分头进入开县,分驻在温汤井、火焰坝、南天洞、白岩山等处。东乡会师,壮大了白莲教的声威,扩大了起义队伍,各地农夫、棚户、盐工、挑夫、纤夫及长江沿岸的流民,纷纷加入队伍。六月,云阳林亮功聚众起义称"月蓝号",奉节龚文玉起义称"线号"。起义军迅速控制了达州、东乡、开县、巴州、太平、通江、巫山、广元、昭化等20余州县。起义进入新的高潮时期。

夜战白帝城

东乡会师后,由于白莲教自身组织过于分散、支派繁多,加之流民习气严重,因此,"众股迭发,不相统率,残破各处,不据城池"成为起义军的弱点。川东山区较为贫瘠,给养不易筹集,此时清廷调集各路重兵,企图将起义军围堵在川东而聚歼之。嘉庆二年(1797)六月,惠龄率湖北清军追击齐王氏入川,与明亮、德楞泰、宜绵分路进击。这种情况,促使襄阳起义军做了错误的决策:决定除樊人杰、王光祖、李全所部随徐天德、王三槐等四川起义军北上大宁,以配合老木园陈崇德部行动外,齐王氏、姚之富率余部南下夔州,沿江而下,返回湖北,开始长期的流动作战。清军以逸待劳,逐步推进,坚壁清野,在湖北、陕西边境陈师以待。

明亮、德楞泰率劲旅赶赴夔州,达音泰、温春驰赴白帝城分设卡隘。七月,襄阳起义军顺长江东下,四川起义军首领徐天德、冷天禄为了确保齐王氏部安全转移,率领部众沿江护送,直至奉节。起义军所经之地,沿途民众纷纷响应,加入起义军。

白帝城下,达音泰部重兵驻防,扼山控水,挡住起义军出川孔道。明亮、德楞泰又率百战劲旅在后追逼,试图前后夹击,一举消灭齐王氏率领的起义军。齐王氏临危不惧,从容布阵,派300多名骑兵从草堂河抢占白帝城山梁,向清军营卡猛攻。明亮、德楞泰匆忙出城增援,起义军转攻城外清军大营,明亮、德楞泰慌忙回军护城。齐王氏跃马挥戈,身先士卒,清军死守夔州,不敢出城增援。经过三昼夜的鏖战,起义军攻克白帝城营卡,突破清军防线,打开了通往湖北的天险夔门、巫山顺利出川,回师湖北巴东、秭归。

喋血卸花坡

襄阳起义军主力回师湖北后,明亮、德楞泰部清军被引向湖北,使得四川起义军获得了发展的空间。在徐天德的带领下,四川起义军风驰电掣般转战川东、川北,势成燎原。嘉庆二年(1797)三月,却传来湖北起义

三、嘉、道年间白莲教、天理教起义

军郧西失利的噩耗。

齐王氏、姚之富于七月出川后,清军在汉江沿岸设防,并以重兵防守荆襄,坚壁清野,严阵以待。起义军见清军有备,只能采取避实就虚之策,由房县、竹山迂回入陕。十月,李全部移军陕西与齐王氏部会师于兴安(今安康)。勒保命明亮、德楞泰、额勒登保①等全力对付齐王氏、高均德部起义军。嘉庆三年(1798)春,齐王氏率2万步骑北上,经宝鸡、岐山而东,攻郿县,战周至前锋逼近西安近郊焦家镇圪子村。

李全部在焦家镇圪子村与清军遭遇被击败,于是决定不取西安,而由山阳回师湖北郧西。襄阳黄号起义军在鄠县、长安县之间受挫后,折向南面的大峪口,额勒登保、王文雄、兴肇率军分别从东西两面夹攻。起义军死伤大半,只好退入秦岭。齐王氏、姚之富所部起义军在蓝田境内活动,欲与李全部会师,却被额勒登保部骑兵所阻隔,只能南向山阳石河铺转移。石河铺地处出入豫楚要津,德楞泰调兵遣将,向齐王氏、姚之富部起义军出击。然而,大敌当前,齐王氏、姚之富在应对策略上存在失误,没有将起义军化整为零,采取游击战方式分散清军兵力,反而集中大队人马与清军硬拼,结果其实力不断受损。

齐王氏、姚之富兵分三路,在莲花池左右两翼及山脚大路列阵应战。清军也分三路进攻,由明亮带兵攻左面山梁,达音泰带兵攻右面山梁,德楞泰等率主力进攻山下大路,双方短兵相接,左面山梁起义军力战不敌,败下阵来。齐王氏、姚之富率部撤至尖河口,分别向两河口、漫川关两个方向转移却遭清军阻击,陷入三面作战的困境。齐王氏、姚之富等遂弃马退守卸花坡峰顶,顿时被清军围得水泄不通。起义军弹尽粮绝,依然拒绝投降,齐王氏、姚之富带领十多名女兵相继跳崖而亡。右面山梁的起义军首领齐国谟、齐国典指挥余部从林莽中杀出重围。

从嘉庆三年三月齐王氏、姚之富阵亡至嘉庆五年(1800)三月马蹄冈大战,白莲教起义军与清军作战进入相持阶段。以四川起义军为主力,冉天元挺进川西,徐天德转战三省边界,分兵两厢同清军拼搏争逐。清军鉴于八旗兵的衰微,开始重用汉族将领杨遇春②、杨芳等率领的绿营兵,并

---

① 额勒登保(1748—1805),瓜尔佳氏,字珠轩,满洲正黄旗人,行伍出身。
② 杨遇春(1761—1837),字时斋,四川崇庆人,武举出身,骁悍无匹。

充分利用罗思举①、桂涵等所统领的地方团练武装，开始推行寨堡政策，坚壁清野，严密布防。起义军则仍采取大规模流动作战的方式，不时重创清军。

苍溪之战

嘉庆四年（1799）正月初一日，冉文俦部在通江麻坝寨与清军展开激战，额勒登保、惠龄、朱射斗、阿穆勒塔等攻破寨门外的木城三座，冉文俦在突围中与其子天受、弟大元同时战死。冉天元继承父辈遗志，接过起义战旗，召集残部，继续战斗。

这时的局势分外险恶，在冉文俦身亡前一个月，清军攻陷了营山境内的大鹏山，巴州白号首领罗其清被俘身亡，东乡白号首领冷天禄被清将杨遇春射死，四川起义军中仅存主力的徐天德部又被德楞泰②苦追不舍，在川东、鄂西一带相持。

清廷方面，由于太上皇高宗病逝，仁宗从此独掌朝政，他迅速将高宗宠臣和珅处死，罚没其财产，并诏责统兵诸臣，劳师糜饷，久延岁月。遂任命勒保为经略大臣，明亮、额勒登保为参赞大臣，积极推进"整饬戎行、坚壁清野、筑寨团练"的既定策略。清廷采纳合州知府龚景瀚的奏议，并小村入大村，移平处就险处，深沟高垒，积谷缮兵，分派官吏组织团练，清查户口，"安民然后杀贼"。此外，更加重用汉族地主武装，擢升罗思举、桂涵等四川乡勇头目，在川东、川北等地推广寨堡政策。清廷决定将起义军逼至川北，聚而歼之。

徐天德坚持分散游击的战术，与众首领商定，将起义军兵分四路，徐天德率达州起义军赴垫江，冷天禄带东乡起义军下忠州，包正洪率蓝号起义军东趋奉节、大宁，王光祖率襄阳起义军去新宁。此举成功扭转了战略上的被动局面，打破了清军"围而歼之"的部署。

八月，仁宗令额勒登保代替勒保担任经略大臣。十一月，徐天德、樊

---

① 罗思举（1764—1840），字天鹏，四川东乡人。少有胆略，曾在秦、豫、川、楚间为盗。白莲教起义以来，他充乡勇，在丰城、安乐坪、箕山等地屡立军功，自成一队，号称"罗家军"。

② 德楞泰（1745—1809）蒙古正黄旗，伍弥特氏，字惇堂。在镇压白莲教起义中，姚之富、齐王氏、罗其清、冉文俦都死于他手，麾下赛冲阿、阿哈保、温春、杨春和等将领骁勇善战。

三、嘉、道年间白莲教、天理教起义

人杰、冉天元率起义军转移到苍溪境内的人头山,此处山势险峻,道路崎岖。额勒登保率杨遇春、阿哈保在距离人头山约十里处扎营进行布置,左翼长杨遇春;右翼长穆克登布,勇猛嗜杀。左右两翼像两把钳子,钳住人头山两侧,额勒登保准备三路合击,一举消灭据守山上的冉天元新败之师。

起义军不等清军部署完毕,就向山下杀来,杨遇春一面调兵阻击,一面在不远处扎营。两军激战至深夜,拂晓起义军在猫儿垭、青子垭一带,依山列阵,再次设伏,欲与清军再次决战。额勒登保仔细观察山势地形,决定远离猫儿垭扎营,以防起义军袭营;杨遇春、穆克登布分头扎营。

穆克登布不听杨遇春规劝,将队伍延伸到猫儿垭山脚,准备拂晓发起进攻,意欲抢夺头功。冉天元在山上观战,对王士虎等起义军将领说:"敌军右翼勇而不整,左翼稍存戒心,若凭高驰击,右翼必溃,溃则牵动左翼不能独存。"①

入夜,上万起义军奋勇冲阵,将穆克登布部清军四面围住,短兵相接,清军一片混乱。徐天德派骑兵直捣中军大营,额勒登保惊惶失措,起义军士气旺盛,攻势凌厉。天黑后,起义军在山上点燃万千火炬,将战场照得如同白昼,呐喊声伴随嗖嗖的箭声,终夜不绝。清军苦战不支,一败涂地,杨遇春拼死将额勒登保救出。

苍溪之战,起义军共击杀清军将领24名,额勒登保惊魂甫定,慌忙向清廷请罪。苍溪之战大胜后,徐天德所部起义军转攻湖北,冉天元率部迂回南下,转向川西,甩开了清军主力。

高院场大捷

嘉庆四年(1799)底,在分路粉碎清军围攻后,冉天元、张子聪、陈得俸、徐万富、赵麻花五部合兵一处,议定渡过嘉陵江,向川西进发。他们出其不意,经由合州转向定远,直扑石盘坨渡口。冉天元等派出前哨闯至东岸,转舵渡江。

新任四川总督魁仑原为福州将军,因参劾和珅而被仁宗委以重用,任吏部尚书。额勒登保接替勒保的经略大臣后,魁仑接任川督,仁宗希冀二人早定川局。

---

① 蒋维明:《川陕楚白莲教起义》第31页,四川人民出版社,1985。

嘉庆五年（1800）正月十四日，冉天元利用元宵节官兵防守松懈之机偷渡嘉陵江，五支起义军渡过嘉陵江后蓬溪县告急，成都、重庆大震，宣布戒严。魁仑绕道邻水，自顺庆（今南充）前往追击。魁仑调七十五率兵赴重庆，命川北镇总兵朱射斗急驰蓬溪解危，自带大兵后援。魁仑从达州经大竹、梁山、邻水、广安、岳池，在顺庆渡过嘉陵江，屯兵狮子山，令总兵李绍祖赴川西堵截。

正在围攻蓬溪县城的起义军，得悉朱射斗部清军前来的消息，决定放弃攻打蓬溪县城，先攻朱射斗部清军。起义军回军至西充县境内的高院场，设下埋伏，派出小队人马迎战朱射斗部清军，佯败向高院场方向逃去，将辎重留给了清军。朱射斗中计，进入起义军伏击圈，只得死战。他率近千名清军冲出重围后，且战且退，至牛头寨固守待援。然而，魁仑并未派兵前来增援，朱射斗残部被起义军团团围住，弹尽粮绝。起义军攻进寨内，朱射斗部全军覆没。阿哈保、百祥、桂涵等率部兼程赶来，再次被起义军设伏围攻。阿哈保、百祥等部死伤大半，冉天元、张子聪部起义军取得高院场大捷。

这次取得重大胜利，主要是由于起义军的机智勇敢，当然也有清军内部派系矛盾严重的原因。高院场惨败震惊了清廷，仁宗急调德楞泰入川，并重新起用勒保，赴川西协办军务。

马蹄冈大战

嘉庆五年（1800）二月，高院场大捷后，起义军继续向川西进发，清廷非常担心省城成都的防守。此时额勒登保远在甘肃，遏阻张汉潮部起义军，只有德楞泰统领的8000劲旅，在广元、昭化一带转战。

德楞泰奉令专门对付冉天元，深感责任重大，唯有依靠熟悉当地民情、地形的罗思举部乡勇，才能确保完成清廷的军令。于是，他调罗思举部3000乡勇赴江油参战。

德楞泰率骑兵衔枚疾进，由广元经竹园坝、小溪坝、两河口赶赴江油，扼守冉天元部经江油赴甘肃文县的必经之路。蓬溪高院场之战后，冉天元部攻克南部县，击杀县令王赞武。起义军进入盐亭、射洪，沿途民众纷纷参加起义军。冉天元部夺路向西，且战且走，但仍无法摆脱清军，只好折转剑州。抵达梓潼马蹄冈、火石垭一带时，见此处山高林密，适合伏击，决心与德楞泰部清军决一死战。

德楞泰一路追击起义军至梓潼马蹄冈、火石垭一带，见此地山势险

三、嘉、道年间白莲教、天理教起义

峻，料定必有埋伏，便命全军停止前进就地扎营。起义军伏击清军的希望落空。清军兵分四路，赛冲阿部攻包家沟，阿哈保、马瑜部攻火石垭，温春部攻龙子观，德楞泰率主力攻马蹄冈。清军发动全面进攻，德楞泰率兵进攻马蹄冈十分顺利，在冲进伏击圈后，其所率人马已被层层分割，身后人数已不到一半。此时，徐万富、汪瀛、杨步青等八路伏军一跃而起，两军士气相当，互不相让，拼死厮杀。两军激战三昼夜后，四路清军三路溃败，德楞泰被起义军围困在马蹄冈。冉天元见战局已稳操胜券，便飞马来攻，单取德楞泰。德楞泰也不甘示弱，与冉天元拼命厮杀。在这千钧一发之际，罗思举率乡勇疾驰而来，冉天元被擒。起义军失去统帅，战斗力大为削弱，退下马蹄岗，清军反败为胜。

马蹄冈大战，起义军先胜后败。此后，起义军在战略上转为被动，实力日益削弱，直至最终失败。

徐天德任河漂没

在冉天元等部挺进川西、血战江油的同时，徐天德等部在川东、鄂西、陕南的军事行动，牵制了清军。这也间接支援了冉天元部。

嘉庆四年（1799）初，清军实施将起义军逼向川北聚而歼之的计划。为打破清军计划，冉天元、徐天德两大起义军主力反其道而行之：冉天元部经川西伺机向陕甘发展，徐天德部由川东向湖北边境转移。

徐天德部数万人，乘凌晨大雾弥漫之机，偷渡渠河，击杀当地以廖元翰为首的团练武装等200余人。二月，在长寿云台铺，徐天德部围攻德楞泰，后撤退至平井铺设伏，消灭了清军前锋取得胜利。

徐天德率师东进，起义军经太平进入巴山老林，艰苦备尝，于是徐天德、王登廷等将领商定回师袭击夔州营的计划，后因起义军内意志动摇者变节叛逃而未能如愿。外有清军的追缴，内有叛徒的破坏，达州起义军依然坚持斗争。徐天德部于同年夏进入湖北，转战谷城、南漳、竹山、竹溪等地。

嘉庆五年（1800），徐天德部在川陕楚边界，采用游击战术牵制了大股清军。连斩王凯、李绍祖两位清军悍将。徐天德苦心撑持，力挽危局。嘉庆六年（1801）二月，仁宗诏令全国，悬赏重金擒杀徐天德等五位起义军首领。徐天德、樊人杰所部起义军在德楞泰部清军的穷追之下，已元气大伤，但仍坚持斗争。两河口一战，起义军伤亡惨重。徐天德之妻也被俘身亡，为保存实力，东山再起，徐天德提出与樊人杰分头行动。为吸引清军，起义军南下西乡。德楞泰率大军追击，此时起义军已走投无路。五月十六日，徐天德部在陕西紫阳县被德楞泰、赛冲阿、温春的重兵追逼。暴雨如注，大水横阻，徐天德冒险强渡任河，不幸在任河新滩漂没身亡。其弟徐天寿、徐天培率余部继续斗争。

嘉庆五年（1800）四月，襄阳起义军余部在高天德、马学礼率领下自甘肃折入四川龙安。勒保指挥贵州安义镇总兵施缙率部前来阻挠，至龙安竹子山南时，高天德、马学礼率起义军居高下压，施缙猝不及防，被斩于阵前，其部折损过半。高天德、马学礼又率部与张士龙部在甘肃秦州合兵，在徽县伏家镇夜袭清军，连斩17名清军将领。同年夏，高天德、马学礼又一举击杀清将富成，转战至西乡堰口，屯兵于法宝山。这时驻防西乡的清将是王文雄，他偕鲍贵兵分三路夜袭法宝山。起义军则一面与之正面对抗，一面派一队轻骑迂回，截断其后路。两军激战直至次日中午，王文雄被起义军乱刀砍死，清军大败。七月，白莲教老教主刘之协在河南叶县被俘。嘉庆六年（1801）二月，王廷诏战死，徐天德、冷天禄、高天德、李全、张汉潮等首领相继被俘身亡，只剩下苟朝九、苟文明、王国贤、王世贵、蒲天保、余佐斌等小股队伍，潜伏在南巴老林中继续坚持斗争。苟文明与仅存的几十名战士，在陕西佛坪县花石岩被围。他们宁死不降，跳崖身亡。嘉庆七年（1802）六月，德楞泰追击襄阳起义军樊人杰、曾芝秀部至房竹山，数千战士向花梨沟、孙家坝、龙坡岭方向行军，至白铁河，因山水骤涨，人不能渡。樊人杰、曾芝秀投河双双身亡。

嘉庆八年（1803），穆克登布升任甘肃提督，贸然深入老林，搜捕蒲天保、余佐斌、熊老八等起义军首领。熊老八等人借助熟悉的地形，设伏将穆克登布击杀。至五月，额勒登保在肃清陕西境内的起义军后，与勒保、德楞泰督诸将分路排搜老林。七月，三人再报三省起义军已经肃清，官兵归镇，乡勇遣撤。但发给的川资微薄，乡勇满腹积怨，节外生枝，酿成变乱。变乱的乡勇与白莲教起义军余部会合，由教首苟文明统领，声威复振。

嘉庆九年（1804）初，清廷悬赏追捕苟文明。同年暑夏，密林中暑雨时行，疠瘴熏蒸，额勒登保、德楞泰、杨遇春等清军统帅相继染疾生病。八月，起义军中叛徒赵洪周为求封赏，暗杀苟文明出降，起义军军心涣散。清军在搜捕了几名首领后，宣告三省肃清。历时九载，席卷五省的白莲教起义最终被清廷镇压。

三、嘉、道年间白莲教、天理教起义

清朝中叶,白莲教起义声势浩大,参加起义军的人数达数十万,斗争区域遍及川、陕、楚、豫、甘五省,足迹踏遍200余府、州、县、厅,清廷征调来自16省的十多万清军以及数倍于此的乡勇、团练,耗费军费总计白银2亿两,相当于四年的财政收入总和。被杀的清军高级将领20多人,副将、参将以下军官超过400人。此次起义给予清王朝以沉重打击,是清王朝由盛入衰的转折点。

2. 直隶、河南、山东天理教起义

白莲教起义虽然遭到镇压,但白莲教的反清斗争并未停止。在京畿附近,就出现了八卦、荣华、红阳、白阳等支流教派。尤其是八卦教,遍布于直隶、山西、河南、山东等地区,后改称"天理教"。

天理教已在民间流传许久,在白莲教大起义和东南沿海骚动的同时,京畿及中原地区的不安定已有所暴露。早在嘉庆八年(1803)闰二月二十日紫禁城内便发生了匪夷所思的"陈德行刺"事件。

陈德(或写作成德),父名陈良,原隶汉军镶黄旗,为山东青州府海防同知松年契买家奴。陈德一生跟差服役,被呼来喝去,积怨殊深,不满情绪由来已久。嘉庆八年(1803)初,他又被雇主辞退,一家人失去了生计。他想到"往后难过日子,心里气恼","实在穷苦难过,要寻死路"。① 但又不想毫无声息地自杀了事,发誓:"我将来总要一硬对儿,哪怕官员们。拿刀扎死了一个我与他抵偿,扎了两个,我抵偿了还便宜一个,若扎四五个,我就便宜好几个。我就在这几天内,总(要)闹事。"② 就这样,闰二月十六日他见街上垫道,并听得仁宗将于二十日回宫的消息,于是事先自东华门潜入紫禁城。

闰二月二十日,仁宗自圆明园入宫斋戒,乘舆进入神武门内将进顺贞

---

① 《军机处档·军机处奏片》,嘉庆八年闰二月二十二日。
② 《军机处档·军机处奏片》,嘉庆八年闰二月二十一日。

门时，陈德持小刀突然从西大房后向乘舆冲去。而各门护军、侍卫，竟无人上前拦阻捉拿。慌乱中，只有定亲王绵恩、喀尔喀亲王旺多尔济、喀喇沁公丹巴多尔济等六人上前围挡，陈德寡不敌众，终被擒拿。经严刑讯问，陈德只供认行刺纯属个人行动，并无人指使。这是清朝历史上第一次谋刺皇帝事件，影响很大。

陈德事件后仅过了十年，京师又发生了天理教起义，史称"禁门之变"。天理教原名荣华会或龙华会，属白莲教的一个支派，在河北、河南、山东、山西等省十分盛行。嘉庆十三年（1808），久居直隶大兴的小官吏林清（1770—1813），因素来轻财仗义，受到教民拥护，成为坎卦的掌门人。不久他控制了其他各卦的势力，将荣华会改名为天理教（由于教徒以八卦作为各分股的名称，因此又被称为八卦教）。天理教另一著名首领是河南滑县人李文成（1766—1813）。李原为木工出身，被教徒推戴为"震卦"掌门人。

嘉庆十六年（1811）春，李文成、林清、牛亮臣、冯克善等各地教首齐聚河南滑县，共商举事大计。议定"八卦九宫，林、李共掌；林清为天皇，冯克善为地皇，李文成为人皇。约定将来举事成功，林清取直隶，李文成据河南，冯克善得山东"①。次年（1812）正月，各地教首又于滑县道口镇举行大会，决定在酉年戌月寅日午时（嘉庆十八年九月十五日午时）起事。② 李文成赴大兴县约见林清，进一步商定行动计划：由李文成于滑县先行起事，各省齐动，得手后，直趋京师；林清则在京城内发动起义，然后里应外合夺取京师，推翻清朝。

就在天理教教徒们日夜赶制武器的紧张时刻，滑县的起事准备被发现。滑县知县强克捷在速报河南巡抚高杞和卫辉府知府郎锦骐的同时，于嘉庆十八年（1813）九月初二日派出衙役将李文成、牛亮臣逮狱严讯。这次意外事件破坏了原定的起义计划，天理教其他首领经过密商认为，原定十五日起事的日期，已刻不容缓，必须先发制人，立即举事。九月初七日，黄兴宰等率教徒 3000 余人，一举攻克滑县县城，从狱中救出李文成和牛亮臣，杀死知县强克捷。数日之间，周边数县纷纷响应，杀官围城，声势浩大。

---

① 《靖逆记》卷五，第 3 页。
② 《靖逆记》卷五，第 11 页。

三、嘉、道年间白莲教、天理教起义

仁宗在向东陵行进的途中，就已经接到直隶总督温承惠关于滑县失守、县官被杀的奏报。仁宗立即连发谕旨，调兵前往镇压，命温承惠为钦差大臣，直赴长垣、滑县。同时告诫涉事官员保持镇静，不要随便以"邪教"名之，妄行牵连，注意借鉴平息川陕楚白莲教的经验，不可使用乡勇，但可行坚壁清野、掘壕围困之法。这种办法，虽然不能立即攻灭李文成等起义队伍，却有效地阻止了其原定北上京城的计划。

在京师的林清对滑县等地被迫提前起义的消息一无所知，仍在按计划行事。九月十五日，林清将教徒分成两部分，乔装打扮后，由事先联络的太监数人接应，分头从紫禁城东华门、西华门攻入。与此同时，在西华门，由太监杨进忠和高广福为内应，起义者百余人全部拥入紫禁城，先攻尚衣监文颖馆，随即攻打隆宗门，一时人声喧腾。这时，冲入东华门的部分教徒，因人数少，路线不熟，加之侍卫的反击，终于寡不敌众，很快就被擒杀净尽。随后的战斗主要集中在隆宗门外。据魏源《圣武记》卷一〇载：皇次子绵宁（后改旻宁，即后来的宣宗）"急命进撒袋鸟铳腰刀，饬太监登垣以望。俄有手白旗攀垣将窬养心门入者，绵宁发鸟铳殪之，再发再殪。贝勒绵志亦以铳殪贼，贼乃不敢越垣而进"。当举事者准备放火焚烧隆宗门时，留守京师诸王大臣率领禁军从神武门冲入，将举事教徒压往中正门外，在武英殿御河前团团包围。起义军寡不敌众，全部被擒杀。此战起义军死31人，被俘40人。而皇宫护军死41人，伤60人，死伤过于起义军。九月十七日，林清与所有被俘者被一同磔死。这就是震动朝野的"癸酉之变"（嘉庆十八年是农历癸酉年）。封建王朝中，农民起义军变生肘腋，从京师内攻入皇宫，这是仅有的一次。

事变发生后二日，仁宗特颁《朱笔遇变罪己诏》，反映出他对清朝衰败难以振作的无奈和深忧：

> 朕以凉德，仰承皇考付托，兢兢业业，十有八年，不敢暇豫。即位初，白莲教煽乱四省，……命将出师，八年始定。方期与吾赤子永乐升平，忽于九月初六日，河南滑县又起天理教匪，……然此事究在千里之外。猝于九月十五日变生肘腋，祸起萧墙，天理教逆匪犯禁门、入大内。大内平定，实皇次子之力也。……我大清一百七十年以来，定鼎燕京，列祖列宗深仁厚泽，……朕虽未能仰绍爱民之实政，亦无害民之虐事，突遭此变，实不可解，总缘德凉愆积，惟自责耳。

然变起一时，祸积有日，当今大弊，在因循怠玩四字，实中外之所同。朕虽再三告诫，舌敝唇焦，奈诸臣未能领会，悠悠为政，以致酿成汉唐宋明未有之事，较之明季梃击一案，何啻倍蓰！思及此，实不忍再言矣。予惟返躬修省，改过正心，上答天慈，下释民怨。诸臣若愿为大清国之忠良，则当赤心为国，竭尽心力，匡朕之咎，移民之俗；若自甘卑鄙，则当挂冠致仕，了此残生，切勿尸禄保位，益增朕罪。笔随泪洒，通谕知之。①

仁宗回京后，立即任命那彦成代替温承惠为直隶总督、钦差大臣，节制山东、河南各路兵马。那彦成（1764—1833）字韶九，号绎堂，满洲正白旗人，时任陕甘总督。同时，调京师健锐营、火器营、八旗马队、陕西和徐州绿营，火速赶往河南、山东集中。

十月底，那彦成率重兵齐集河南卫辉一带。当时，滑县大伾山、道目一带天理教起义者声势正盛，清军未敢贸然出击，那彦成上书请求增派援兵，再作对策。十一月上旬，清军各部与起义者的战斗渐次展开，双方死伤惨重。

尽管李文成仍坚守滑县，但已孤立无援，陷入清军的重围之中。仁宗令那彦成务必将滑县四门围定，决不能让造反者逃脱，"若滑县之贼再行散窜，则惟那彦成是问"②。

那彦成在仁宗的严旨督催下不敢懈怠，时刻关注着起义者的动静。当李文成部刚一转移，便被侦知动向，那彦成派重兵抄近路直趋太行，双方在太行山隘口的司寨展开激战，司寨最终落入清军手中。十一月二十日，起义军首领与部下相继战死，李文成见大势已去，自报姓名后自焚而死。

西移太行计划的失败和起义首领的战死，不仅给固守滑县者带来了更大的防守困难，也带来了精神上的沉重打击。十二月上旬，2万清军日夜围攻，牛亮臣等起义首领拼死抵抗，初十日，清军用炸药炸坍县城西南角，大部分教徒战死，被俘的牛亮臣等首领被械送京师，"磔死枭首"。其他山东定陶、金乡、曹县等地的起义，在滑县陷落前已先后失败。天理教大起义坚持了四个月后最终失败。

---

① 《清仁宗实录》卷二七五，嘉庆十八年九月庚辰。
② 《清仁宗实录》卷二七八，嘉庆十八年十一月丙寅。

三、嘉、道年间白莲教、天理教起义

3．道光朝河南、安徽白莲教起义

　　河南、山东、京师地区的天理教起义被镇压后，对于民间的各种宗教活动清廷一律严禁。然而，白莲教等教派活动是无法禁绝的，他们仍暗中在民间继续活动和发展。河南一直是白莲教活跃的地区，并且与安徽的教徒多有往来。阜阳城西南160里处的艾亭集和马家店是白莲教活动最集中的地方。艾亭集是白莲教首领朱麻子的据点，马家店则是马姓教徒的大本营。

　　朱麻子，本名朱凤阁，河南汝宁府新蔡顿家冈人。家境贫寒，以租佃为生。道光初年，他与安徽阜阳白莲教徒邢名章商议，密谋欲复兴白莲教，准备起事。道光二年（1822）夏，因发生租佃纠纷，朱麻子一气之下，便在七月十三日与邢名章宣布起义。二人竖起白色帅旗，约定凡参加起义者均着白衣白帽。在朱、邢二人带领下，这支队伍直奔阜阳南面的艾亭集一带，招兵买马，准备攻打州县，占据阜阳一带，扩张势力，建立其根据地。但就在起义者屯驻岳家寨的当天，便被阜阳官兵包围，经过激烈交战，朱麻子和邢名章相继战死，这次起义仅数日便告失败。

　　与嘉庆朝以来所发生的大规模起义相比，朱麻子的起义简直不值一提。但宣宗已深感河南、安徽一带的民情浮动，不可轻视。而且河南地区靠近京畿，如不及时镇压起义者，将直接威胁清廷安全。

　　民间流传白莲教，不仅是一种单纯的宗教信仰，而且表明了广大农民及其他劳动者生计的艰难和对社会希望的破灭；受苦民众不甘于人生的黯淡，他们追求光明，追求幸福。而白莲教教义给人们提供了一种希望和精神寄托，即使内容荒诞不经，也比严酷的现实更能给人以慰藉，白莲教遂成为大众表达共同意愿的工具和组织。

　　当然对于贫苦大众的感受宣宗是无法理解的，他所关注的仅仅是维护自己的皇权不受威胁。白莲教等会党就是一种"异己"力量。因此，当宣宗得知朱麻子造反的消息后，立即命两江总督孙玉庭、河南巡抚程祖洛、署河南巡抚王鼎、安徽巡抚孙尔准等封疆大吏予以镇压。因此，起义还未形成规模，就被镇压。按照宣宗的旨意，要坚决取缔河南、安徽两地的白莲教，相关各州开始对白莲教徒实行大搜捕。从八月初开始，各级官员将搜缉捕获的名单陆续上报，涉及阜阳、息县、宿州、新蔡、正阳等州县，上百名平民被捕，其中有邢名章的妻儿和被称为"逃犯""要犯"的信教者。宣宗一面庆幸事情处理得及时，一面频繁督促要尽快、彻底铲除白莲教的势力，不能松懈。经过这次大搜捕，白莲教的活动遭到沉重打击。

4. 道光朝山西先天教起义

在林清领导的天理教起义同时，距京师不远的山西地区的农民起义也在酝酿之中。这就是先天教组织的在山西霍州及赵城县一带的起义。先天教是民间秘密宗教之一。其教义杂糅佛、道二教，与白莲教较接近。山西一直是北方民间秘密宗教盛行地区，受直隶、山东、河南的影响较大，河北巨鹿人傅济潜入山西赵城传教，与当地人王宁、叶生宽等创立先天教。嘉庆二十一年（1816），傅济、王宁、叶生宽等被官府处死。次年（1817），清廷在山西各地发布文告，严禁先天教，但该教在下层群众中仍然秘密开展活动。

道光初年，先天教在山西人韩鉴与山东人曹顺的组织下发展起来。韩鉴，山西霍州人，他是较早的参与者及组织者之一。曹顺自幼务农，在赵城县城外耿峪村做佣工期间，结识并拜韩鉴为师，开始在当地从事传教活动。道光十一年（1831），先天教创始者傅济之子傅邦凝继承父业进行传教，使先天教的影响进一步扩大，村庄的不少周围百姓都先后入教，甚至一些读书人和官府衙役也秘密加入。道光十四年（1834），韩鉴因年老多病，将先天教的领导权转交给曹顺。韩鉴之子韩奇及张文斌、苗赞廷、郭牌子、道洪和尚等其信徒，都是先天教的核心及骨干成员。

曹顺接掌先天教后，开始策划并准备发动武装起义。道光十五年（1835）春，他两次召聚众首领开会，进行组织准备工作，定于三月初四

三、嘉、道年间白莲教、天理教起义

日夜间发动起义。韩奇、张文斌各率一路人马,夹攻赵城。因有县衙内的先天教徒为内应,起义军得以顺利进城。他们烧毁县衙,杀死知县杨延亮及其家属、幕友等,占领捕厅、武营,打开监狱,放出囚犯。次日,在曹顺的指挥下,起义军又分两路,由赵城出发:一路南下攻打洪洞县城;另一路北上围攻霍州府城。同时,又派人往平阳城潜伏为内应。南下起义军抵达洪洞后,由于赵城失守的消息已传出,洪洞当地的清军已做好部署,起义军两次进攻都未得手。而北上的另一路起义军抵霍州城下,霍州的清军也早有防备,起义军进攻再次受挫。就在起义军进退两难之际,清军大队援军从四面八方赶来,起义军陷入重围之中。

赵城失守的消息传播开后,山西巡抚鄂顺安、大同镇总兵清安率兵前往围攻赵城。消息传到京师,宣宗迅速发布上谕,亲自部署,同时还要求有关各省督抚要员严阵以待,密切注意事态的变化。但这些上谕尚未送达地方,山西的起义已被镇压。三月初七日,太原镇总兵台费音率兵抵达霍州,起义军纷纷逃散。初八日,清军攻占赵城。初十日,巡抚鄂顺安抵达赵城,起义军先后被俘300多人。傅邦凝及其家属被捕于原籍巨鹿;苗赞廷与道洪和尚被捕于山西;曹顺、张文斌等被捕于山东观城县。清廷对被俘的起义军首领均施以酷刑,还有100多人被施以摘心、凌迟、斩首等死刑,其余起义军被流放到新疆伊犁。

四、咸、同年间太平天国农民战争

四、咸、同年间太平天国农民战争

太平天国农民战争,是鸦片战争后中国社会阶级矛盾激化的极端表现。作为中国封建社会有史以来最大规模的农民战争,在规模、斗争目标、兵力、武器、战法、后勤补给等方面均已突破历代农民战争的原有水平,值得重点关注。

1. 洪秀全的早期反清活动

道光二十二年(1842),清政府被迫签订了《南京条约》,战后的军费、赔款由各省摊派,成为压在百姓身上的沉重负担。广西地处南疆,也是反清团体天地会的重要活动地区。鸦片战争期间,广东招募的乡勇驻防沿海,《南京条约》签订后,乡勇大半被遣散,成为无业游民,随即流入广西,以打家劫舍为生。这些乡勇多半是天地会会员,道光末年以来,天地会广泛分布在广西,山堂林立。道光二十七年(1847)雷再浩、二十九年(1849)李沅发率众起义,各天地会山堂纷起响应。鸦片战争后的广西,官府横行,吏治黑暗,地主剥削加重,天灾频发,广大农民无法生存下去,纷纷加入起义的行列。

在众多起义组织中,洪秀全的拜上帝教独树一帜,他以改造过的基督教教义为蓝本,创立"拜上帝会",利用鸦片战争后广西境内社会矛盾尖锐的有利形势,积极发动民众加入拜上帝会,试图建立一个理想的人间天堂以取代清廷。

洪秀全(1814—1864),广东花县(今广州花都区)人,原名火秀,又名仁坤,其家世代务农。7岁入塾,16岁辍学居家,18岁起开始在本村和邻村充当蒙馆塾师。他也曾想通过科举考试走光耀门庭的晋升之路，然而屡试不中。道光十六年（1836），洪秀全赴广州应考，偶然得到一本梁发所写的《劝世良言》，书中宣传拜上帝、敬耶稣、反对崇拜偶像等基督教教义，这给落第后的洪秀全注入了一种崭新的意识。第二年（1837），洪秀全科考再次落第，返家后大病一场。重病时，在梦中恍恍惚惚神游了一次《劝世良言》中所描述的天堂，见到了传说中的上帝耶和华。道光二十三年（1843），洪秀全重读了《劝世良言》，把六年前的梦境与《劝世良言》的内容联系起来，觉得自己是上帝的次子，耶稣的兄弟，上帝赋予他提剑斩妖的神圣使命，洪秀全的反清思想已渐趋成熟。从此，洪秀全放弃了科举之路，开始了拜上帝的宗教宣传。

道光二十四年（1844）四月，洪秀全与同为塾师的同乡兼好友冯云山（约1815—1852）离开家乡，辗转前往广西贵县山区传教，在贵县的几个月里，洪、冯二人的宣传卓有成效，吸收了100多名信徒。十月，洪秀全返回广东花县，冯云山则到了广西桂平县的紫荆山区。

当时紫荆山区是广西境内土客矛盾、汉壮民族矛盾，以及阶级矛盾十分尖锐的地区。这里地瘠民穷，官府对民众的盘剥，造成农民、矿工、手工业者对清廷的痛恨，因此发动民众对抗统治者的条件得天独厚。经过两年多的努力，冯云山发展了3000多名信徒，正式成立"拜上帝会"。洪秀全回到故乡后，开始集中精力从事宗教理论方面的著述，写出了《原道救世歌》《原道醒世训》等作品。这些著述除了宣扬上帝是宇宙间的唯一真神、人人应该拜上帝，还把基督教教义与儒家思想糅合在一起，提倡"勿拜邪神，须作正人"[1]，主张"天下多男人，尽是兄弟之辈；天下多女子，尽是姊妹之群"，"天下一家，共享太平"[2]的平均主义思想。为了使拜上帝的思想理论更加系统，道光二十七年（1847）二月，洪秀全前往广州，全面学习美国传教士罗孝全的基督教教义。在此期间，罗孝全认为洪秀全的思想并不纯正，夹杂了许多迷信的思想，因而拒绝为他洗礼。洪秀全遂于七月前往广西紫荆山，与冯云山会合。

---

[1] 中国史学会主编：《中国近代史资料丛刊·太平天国》（一）第87页，上海人民出版社，2000。

[2] 中国史学会主编：《中国近代史资料丛刊·太平天国》（一）第91-92页，上海人民出版社，2000。

四、咸、同年间太平天国农民战争

洪秀全的到来，给予紫金山地区拜上帝会的会众很大鼓舞，因此他被尊为拜上帝会的领袖、教主，会众称他为"洪先生"，奉若神明。洪秀全和冯云山一起在广西大力发展拜上帝会，桂平县与邻近各县的汉、壮、瑶等群众纷纷参加，队伍不断壮大。此时，洪秀全、冯云山商议制定了《十款天条》以及宗教仪式。洪秀全还撰写了《原道觉世训》，除了继续宣传上帝主宰一切、人人拜上帝，还把皇帝称为"阎罗妖"，号召人民"攻击灭之"。在《太平天日》这部著作中，洪秀全公开宣称自己是上帝的次子，受命下凡"斩邪留正"。拜上帝会在下层民众间的影响越来越大，因而受紫荆山当地乡绅地主的排斥打压。道光二十七年（1847）十二月，冯云山被捕入狱，洪秀全营救未果返回广东。后来，冯云山被广西拜上帝会会众营救回到广东。

道光二十九年（1849）六月，洪秀全、冯云山再次结伴前往紫荆山，拜上帝会的力量迅速发展壮大。这时，广西拜上帝会会众已有上万人，且组织严密，已是一个力量不容小觑的武装集团，其会众基本为贫苦农民、矿工、烧炭工、挑夫、手工业者、小贩以及无业游民等，也有一些中、小地主及富农，这些人或是功名不就，或是社会地位不高，受当地士绅的欺凌和排挤，因此反抗意识较为明显。

经过多年传教，除洪秀全、冯云山外，杨秀清、萧朝贵、韦昌辉、石达开等成为拜上帝会的骨干成员，形成了以他们为核心的领导集团。拜上帝会的活动范围也扩展到广西的桂平、贵县、平南、武宣、香洲、博白、陆川等县，以及广东的高州、信宜一带。

2. 起义爆发与太平军的战略进攻

颁布"团营"令及《五大纪律诏》

拜上帝会发展迅速，与当地士绅地主及官府的矛盾越来越尖锐，促使洪秀全下定决心揭竿而起。道光三十年（1850）六月，洪秀全发布了"团营"总动员令，号令拜上帝会会众于十月到广西桂平金田村会合。各地会众接到通知后，纷纷变卖田产房屋，成群结队向金田进发。各地会众到达金田后，立即入营，编入军事组织，总数近2万人。在团营过程中，起义军与清军发生了两次战斗。第一次，洪秀全与冯云山前往平南县化州山村秘密布置起义事宜，被清军获知后落入重围，在金田指挥团营的杨秀清接到消息后，立刻派蒙得恩率援兵将围困清军消灭，斩清军将领张镛，洪秀全等人得以安全返回金田村，这也被称为"思旺之役"或"迎主之战"。第二次，署镇远镇总兵周凤岐派贵州清江协副将伊克坦布于十一月二十六日渡江进攻金田。次日，在距离金田村只有五六里的蔡村江桥，伊克坦布遭起义军伏兵包围，坠桥后被杀。这两次战斗取胜，为金田起义提供了保障。

洪秀全因建国号"太平天国"，故起义军被称为"太平军"。为严明纪律，洪秀全颁布了《五大纪律诏》：一、遵条命（遵守天条和命令）；二、别男行女行（男女分开为营）；三、秋毫莫犯；四、公心和傩各遵守头目约束；五、同心合力，不得临阵退缩。

道光三十年（1850）十二月初十日洪秀全生日当天，拜上帝会在金田村正式宣告起义。次日，太平军全体将士蓄发易服，头裹红巾，离开金田村，进占江口墟及其附近地区，开启了轰轰烈烈的太平天国农民战争。

江口墟之役

江口墟位于大湟江入浔江之口，距金田村以东28里，此地南可下浔江、北可上桂林、东可进广东的交通要道。随即，天地会罗大纲、苏三娘等人率数千人来会，他们的加入，使队伍迅速扩大到3万多人，进一步壮大了太平军的声势。

太平军进占江口墟后，广西巡抚李星沅意识到太平军绝非以往所面对的小股"草寇"，他向清廷奏报，要求调贵州提督秦钟英或总兵秦定三前来，新任广西提督向荣（约1788—1856）四川大宁人，也从庆远赶到横州（今横县），主张抢先打击太平军。咸丰元年（1851）正月十八日，向荣率李能臣、周凤岐等分三路扑向江口墟、牛排岭。太平军则在沿路预设伏兵，埋置地雷，诱敌深入。清军骄兵冒进，进入伏击地点，被太平军击败，守备王崇山等十多名清军将领被杀，太平军乘清军溃乱之际，分两路包抄，斩杀多名清军。同时，太平军又在大湟江上游屈甲地方与清军发生

四、咸、同年间太平天国农民战争

战斗,杀清兵数百人。① 向荣不敢再战,深沟高垒,以阻止太平军向东挺近。

太平军先后两次向东进击,均遭清军还击,而未能达到目的。因军中缺乏给养,于是改变计划,向武宣进发,意欲通过象州北上桂林,遂进入湖南。二月初八日夜,太平军从江口墟撤退,经新墟、金田,至古林社,进入紫荆山。初十日,太平军进入武宣东乡。二月二十一日,洪秀全在东乡称"天王",初步建立了太平天国前期的五军主将制度,确立了行营座次:杨秀清(1823—1856)为左辅正军师,领中军主将;萧朝贵(约1820—1852)为右弼又正军师,领前军主将;冯云山为前导副军师,领后军主将;韦昌辉(1826—1856)为后护又副军师,领右军主将;石达开(1831—1863)为左军主将。

太平天国建制初步确立,引起了清廷的惊慌。二月十七日,向荣率军与太平军在东岭村激战,清军一战即溃。太平军击伤邓绍良、郑魁士、吴贻书,将向荣围困。周天爵率张敬修驰援,才将向荣救出。② 不久,秦定三率领贵州兵勇 2200 名赶往武宣。三月初二日,清军分四路向武宣三里圩进攻。太平军得知清军的布置,连夜从东乡调来大队人马迎战。洪秀全与冯云山亲自督战,太平军将士奋勇杀敌,清军溃退。三月初八日,清廷以大学士赛尚阿③为钦差大臣,赴广西任清军统帅,以乌兰泰④、向荣为大将,从各省调集重兵,全力对付太平军。

咸丰元年(1851)二月至六月,太平军转战武宣、象州、桂平、平南等地,经过多次激烈战斗,特别是武宣三里圩之战、象州中坪墟之战、桂平双髻山之战和平南官村之战,均沉重打击了清军,同时也提升了太平军的作战能力,壮大了其军事实力。中坪墟之战,乌兰泰仅以身免,官村之战使向荣全军覆没,面对太平军声势之盛,向荣哀叹:"生长兵间数年,

---

① 东路江口墟之战,见〔清〕杜文澜纂《平定粤匪纪略》卷一,第6页;〔清〕谢山居士:《粤氛纪事》卷一,第6页。
② 潘颐福:《东华录》咸丰卷八,第10页;〔清〕谢山居士:《粤氛纪事》卷一,第8页。
③ 赛尚阿(?—1875),阿鲁特氏,字鹤汀,蒙古正蓝旗人。
④ 乌兰泰(1792—1852),索佳氏,字远芳,满洲正红旗人。

未尝见此贼;自办此贼,大小亦数十战,未尝有此败。"①

攻占永安

太平军在中坪前后数战,胜多败少,但未能冲破清军的围困。八月十六日夜,太平军在官村大败向荣后分水陆两路挺进到永安城下。清军对太平军的作战意图茫然无知,仅有乌兰泰率军尾随而来。太平军派罗大纲为前锋,于闰八月初一日攻克永安城,这是太平军第一次占领城市。太平军进入永安城后,开始掘壕攻营,修建炮台,构建严密的防守体系。洪秀全派人四处张贴安居告示,严格纪律,制定官制,并于十月二十五日封杨秀清为东王、萧朝贵为西王、冯云山为南王、韦昌辉为北王、石达开为翼王,各王俱受东王节制。又封秦日纲②为天官丞相、胡以晃③为春官丞相,其余将士均依功晋升。清军乌兰泰部和向荣部随即赶到,将永安团团围住,因刚遭到太平军重创,迟迟不敢攻城。赛尚阿、邹鸣鹤受清廷督责,于十月初三日、十月十八日、十一月初五日、十一月初六日组织了多次攻击,太平军则以逸待劳,并不急于接仗。双方隔水为营,处于休战状态。

直到咸丰二年(1852)正月双方休战局面才出现变化,清军统帅赛尚阿亲赴前线,督令北路向荣军和南路乌兰泰率部大举进攻。太平军为形势所迫,多次出击,与清军激战。此时,太平军占领永安已达半年,永安并非粮草充裕的富庶大埠,被清军围困后物资日渐枯竭。二月十六日夜晚,太平军向东南方向撤离永安,前锋直趋古苏冲。古苏冲距永安州城19里,北面有玉龙关,两边削壁深渊,形势险峻。东北方向是龙寮坳,整个古苏冲长七里,高山夹峙,中临一溪,是展开伏击战的绝佳场地。秦日纲率军于二十七日抢占龙寮坳,清军数千人开进平冲,抢先登上冲外的高地。秦日纲部不及过冲,被清军居高临下攻击,太平军损失上千人。洪秀全、杨秀清等得知消息,立即动员全军,在龙寮坳经平冲,沿昭平县旱冲、崩冲至黄草岭一带,布置长袋型阵地,静候清军。乌兰泰贪功冒进,向荣担心

---

① 转引自太平天国历史博物馆《太平天国史料丛编简辑》第6册第11页,中华书局,1961。

② 秦日纲(约1821—1856),原名日昌,广西贵县人。

③ 胡以晃(1816—1856),广西南平人,地主出身,太平天国初期著名军事统帅,唯一的武秀才,早年加入拜上帝会,金田团营时,洪秀全、冯云山藏身其家,布置起义,胡以晃协助带领会众抗拒思旺圩清军围困,并派人向金田告急,与援军内外配合击败清军,护送洪秀全到金田举行起义,累功被封为春官正丞相。

四、咸、同年间太平天国农民战争

乌兰泰独享军功,随即也进入峡谷,太平军突然从两侧冲出,清军毫无防备,数千清军被消灭。清军天津镇总兵长瑞、凉州镇总兵长寿、河北镇总兵董光甲、郧阳镇总兵邹鸣鹤等均阵亡,乌兰泰坠崖,向荣只身逃出。太平军取得古苏冲大捷,从此,开始向长江流域进军。

太平军永安突围后,随即北上。二月二十九日,太平军抄小路直接奔袭桂林。但由于向荣早在半天前赶回桂林,佯装向荣军队的一股清军也抵达桂林,这些人被向荣当场戳穿。因此,太平军偷袭未能成功。于是太平军在城外扎营,准备强攻,赛尚阿调署临元镇总兵王锦绣、署徐州镇总兵松安、镇远镇总兵秦定三、泗城府知府李孟群、右江道张敬修、侍卫开隆阿等带兵勇2万多人北上,余万清带上千兵马南下,游击傅振邦、江忠源带兵助战。桂林城内外清军总数约有3万人。向荣、刘长清守城,王锦绣、松安、余万清、李孟群等驻扎北门外,张金秀驻扎北门西飞鸾桥,秦定三、常禄等驻扎东门外对河上关。徐祥光驻扎城南六塘,广西布政使劳崇光率军充实南路,以防太平军南下。江忠源驻扎在城东北面的鸬鹚洲。

太平军则在城外东、西、南三面扎营,占领文昌门外象鼻山及西门外古牛山,架起大炮,轰击城内各衙署。从三月初一日起,连日攻城,清军浇泼滚油,用大炮还击,太平军被迫撤退。初七日,太平军由南门绕到北门猛攻,清军枪炮齐发,太平军未能攻破城门。十九日,太平军与张敬修部在福山脚、狮子岩等地展开激战。太平军想开掘地道攻城,但被山河湖泊所阻。二十七日,太平军大举攻城,被清军击退。随后两天,再次向秦定三、常禄、开隆阿等部进攻,均未能取得实质进展。

自此,在围攻桂林的33天里,清军援兵不断增加,太平军无法攻破桂林,于是主动撤军,沿漓江北上,经灵川、兴安北抵全州。

四月初三日,太平军占领兴安县,于初五日抵达全州。清军紧闭城门,招募民团,登城守备。太平军本无意攻城,但在沿城外湘江北上时,遭到守城清军的炮击。南王冯云山中炮受伤,太平军非常愤慨,因而会师攻城。全州知州曹燮培下令还击,太平军伤亡不少,仍发起猛攻。在西门外江西会馆内挖掘地道,用棺材装火药放置在城下。十六日,太平军占领了全州城,曹燮培、杨映河、瑞麟、武昌显等当地官吏及兵勇千余人阵亡。在全州,洪秀全召集主要将领会议,讨论进军方向。一种意见是东向折回广东,杨秀清则力主继续北上,进军两湖方向。其时,驻守湖南的清军多调赴广东,留守兵力单薄,洪秀全接受北上湖南的建议。两日后,太平军继续向北进军,但遭到湘江西岸清军的伏击。太平军仓促应战,经过两昼夜的殊死搏斗,伤亡较大,于是太平军改从陆路进入湖南。

太平军转向湖南永州行军途中,于四月二十三日在全州以北15里处的蓑衣渡,遭到清军江忠源部伏击,损失七八百人,南王冯云山伤重而亡。太平军鏖战两昼夜,乘夜弃舟登岸,进入湖南境内。五月初九日,占领道州。此时,太平军的队伍已由永安突围时的3万余人增至5万余人,为进一步扩大影响,东王杨秀清和西王萧朝贵联名发表了三篇檄文,即《奉天诛妖救世安民谕》《奉天讨胡檄布四方谕》《救一切天生天养中国人民谕》,揭露清政府的民族压迫政策和腐败,号召群众积极参加反清斗争。在湘南扩军时,特别值得注意的是,太平军在耒阳招募了一批挖煤工人,组建"土营","专以穴地攻城为事"①,使太平军如虎添翼。屯兵道州后,太平军首领们就进军方向再次产生了重大分歧。有部分太平军将士怀念故土,又想从道州越过都庞岭到灌阳,返回广西老家。杨秀清则认为,太平军此时面临的形势已经形同骑虎,不能顾恋故土,他适时提出建议,"今日上策,莫如舍粤不顾,直前冲击,循江而东,略城堡,舍要害,专意金陵(今南京),据为根本,然后遣将四出,分扰南北,即不成事,黄河以南,我可有已〔矣〕"②。这一战略决策被天王洪秀全所采纳,对太平军未来发展起到重要作用。

长沙战役

咸丰二年(1852),太平军攻克郴州后,得知清军集中衡州,水陆设防,而长沙兵力单薄。西王萧朝贵率御林侍卫曾水源、林凤祥及金一总制李开芳等统兵千余人,以新加入天地会的会众数百人为向导,迅速向长沙府挺进。一路攻占永兴、安仁、攸县、茶陵州、醴陵等地。七月二十七日,西王轻骑突进长沙城南十里的石马铺,在这里击溃清军2000人,斩杀西安镇总兵福诚、潼关协副将尹培立、参将萨保、都司塔勒等将领。次日,萧朝贵兵临长沙城下,随即对长沙城展开猛攻,攻占南门外妙高峰、鳌山庙等处,但在激战中,西王萧朝贵于二十九日阵亡。洪秀全、杨秀清得到西王萧朝贵阵亡的消息,当即率领大队人马围攻长沙。洪秀全、杨秀

---

① 杜文澜:《平定粤寇纪略》附记卷三,第6页。
② 中国史学会主编:《中国近代史资料丛刊·太平天国》(三)第290-291页,上海人民出版社,2000。

四、咸、同年间太平天国农民战争

清派出太平军从妙高峰绕到浏阳门外校场，分三路与和春、秦定三、江忠源等部清军交战，但未能取胜。又接连派出大队人马袭击清军，均未得手。这时清军分别驻扎在妙高峰东北的天心阁到南面的新开铺，堡垒犬牙交错，从东南两面对太平军形成反包围之势。九月十九日，清军向荣与总兵王家琳率3000人马，从西岸渡过湘江进攻水陆洲。太平军在水陆洲南的丛林中预设埋伏，诱使清军深入，致使清军千余人阵亡。游击萧逢春、都司姬圣脉被斩杀，向荣与王家琳逃脱，但太平军无法将城外的清军全部驱逐。于是掘地三尺，用火药轰城数十日，仍未能攻破长沙于十月十九日主动撤围北上。

攻占武汉三镇

太平军撤离长沙后，向洞庭湖南资水岸边的益阳进军，于十月二十日一举攻克益阳城。附近的数千民船船户加入太平军，从此太平军拥有了一支水师。随即太平军出资口，越洞庭湖，攻下湘楚重镇岳州（今岳阳），又获得5000多条民船和大批军械。杨秀清从船户中挑选湖南祁阳人唐正才任典水匠（职同将军），正式成立水营。水营的成立，对太平军日后的军事行动起到了重要的作用。在岳州太平军还收获了康熙年间吴三桂所藏的大批军事物资，大幅提高了战斗力，改变了没有重型武器的劣势。

十一月十二日，太平军抵达武昌江面，转向汉阳府，占领了汉口镇，随后又占领汉阳城，与武昌城隔江相望。十二月初四日黎明，太平军经过充分准备，用地雷炸毁武昌文昌门的城墙，殿前左一检点林凤祥、殿前右二检点李开芳、殿左一指挥罗大纲等率领太平军扬旗先登，首先冲入武昌城，余众四面乘梯攻入，清军纷纷溃退。进城后，太平军斩杀提督双福及总兵常禄、王锦绣等多名清朝官员，巡抚常大淳、学政冯培元等自杀。

武昌是太平军金田起义后所占领的第一座省城，军威由此大振。杨秀清传令勿伤百姓，开狱释囚，安抚居民，整洁街道。城内百姓欢欣鼓舞，踊跃加入太平军，出现了又一次扩军高潮。据统计，此时太平天国的总人数达50万人①（实际作战人数应该在10万以下，已远超向荣部）。面对这样庞大的起义队伍，清廷惊恐万状，对太平军是"北走信阳，东下九

---

① 中国史学会主编：《中国近代史资料丛刊·太平天国》（三）第296页，上海人民出版社，2000。

江",还是"西上荆襄,南回岳州",全然无数。① 清廷只能处处设防,并将钦差大臣署湖广总督徐广缙治罪。以湖南巡抚张亮基署湖广总督;以署湖北提督向荣为钦差大臣,专办两湖军务;以云贵总督罗绕典专防荆襄;以两江总督陆建瀛为钦差大臣进防江、皖;以署河南巡抚琦善为钦差大臣驻防楚豫。

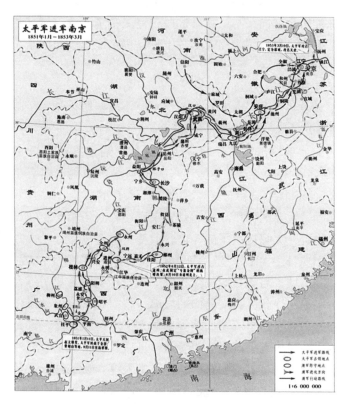

图 4.1　太平军进军南京(1851 年 1 月—1853 年 3 月)

图片来源:《中国战争史地图》,http://86814.net/wiki/zgzzsdt/

定都天京

太平军在武昌进行整军和扩军之后,接下来的重要问题是下一阶段的进军方向。面对这一重要战略决策,太平天国领导集团内部意见分歧莫衷

---

① 中国史学会主编:《中国近代史资料丛刊·太平天国》(七)第 26 页,上海人民出版社,2000。

四、咸、同年间太平天国农民战争

一是。有人主张定都武昌，取道襄樊，北进中原；有人主张经襄樊，取河南，据中原腹地；也有人主张沿长江东下，径取江宁，据为根本；还有人主张西向入川，再图发展。最后，根据清军重北路、轻东路的兵力部署，杨秀清假托"天父下凡"，做出沿江东下直取江宁的战略决策。咸丰三年（1853）正月初二日，太平军主动放弃武昌，以胡以晃、李开芳、林凤祥带陆路之兵，东王杨秀清、北王韦昌辉、翼王石达开、天官丞相秦日纲以及罗大纲、赖汉英①等带领水军。水陆总计男女老幼50余万人顺流而下，势如破竹，"其由武汉下江南也，帆幔蔽江，衔尾数十里……行则帆如迷雪，住则樯若丛芦，炮声遥震。沿江州邑，无兵尤船，莫不望风披靡"②。太平军水师"半多湖南炭船，名曰小拨，其舟身长而窄"，"首尾木板斜耸，高与棚齐，冲风破浪，驶迅如矢"，虽大炮轰击，不能得力，是以由岳州直下，所向无前。③

正月初八日，太平军大败两江总督陆建瀛的江防军，占领湖北东部的咽喉武穴镇以南的下巢湖老鼠峡一带。消息传到九江，城内清兵惊惶失措，"文武弃城远避，兵勇闻风先散"④。九江是安徽、江西、湖北三省的门户。正月十一日，九江被石达开率部顺利占领。三日后，向荣率部尾随太平军到九江时，太平军已扬帆东下，进入安徽省境。十七日，太平军攻占万余清兵驻守的安庆城，斩杀安徽巡抚蒋文庆，安庆城内所有藩库饷银30余万两、总局饷银4万余两、府仓米万余石、太湖仓米2万余石及常平仓谷，以及城上大炮（自数百斤至2500斤共189位）均被太平军所获。太平军连克池州、铜陵、芜湖、太平府（今安徽当涂）、历阳州（今安徽和县）等沿江重镇，直逼江宁（今南京）。正月二十九日，太平军兵临江

---

① 赖汉英（1813—1909），广东花县人，洪秀全妻赖莲英弟，读诗书，通文墨，兼习医学，知医理，长期在广西经商。金田起义时，被授内医职，职同军帅。咸丰二年（1852）十一月，升殿右四指挥，独领一军。咸丰三年太平军自武汉沿江东下，他率先攻入江宁，被升为夏官副丞相。

② 中国史学会主编：《中国近代史资料丛刊·太平天国》（三）第141–142页，上海人民出版社，2000。

③ 中国史学会主编：《中国近代史资料丛刊·太平天国》（七）第35页，上海人民出版社，2000。

④ 中国史学会主编：《中国近代史资料丛刊·太平天国》（七）第46页，上海人民出版社，2000。

宁城下时，水营"自新洲戴胜关，游夹江泊起，至七里洲下游必江，船只密排夹江之中"；陆营有"二十四座，每营多者二三百人，少者五六十人"① 连绵数十里。太平军如此强大的阵营，为目击者所惊叹："其众难敌也！破江宁日，口称二百万，七八十万足数也。……故或登二山门望之，自城外至江东门，一望无际，横广十余里。直望无际，皆红头人。……既众且整，吾人望之夺气。"② 二月初十日黎明，太平军开始攻打江宁城，先用地雷轰塌北城仪凤门，再攻破外城，两江总督陆建瀛阵亡。十一日，太平军分别从南城聚宝门及水西门、旱西门攻入城内，斩杀江宁将军祥厚、副都统霍隆武等，江宁全城被太平军占领，改称"天京"，定为都城，太平天国随即进入一个新的发展阶段。

占领江宁后，太平天国采取四项巩固天京的军事工作。

第一，设望楼。在天京城内大建瞭望塔楼，通城大街小巷无处不有，其楼高五丈，计三层，楼上设大鼓一面，每楼派五人看守，遇敌来犯则击鼓报警。

第二，建立营垒。太平军在天京各城门外都建有营垒二座，营内设有望楼，营外则建壕沟，沟中遍插竹签，沟营门口和营墙上则设枪炮门。

第三，组织民众，将城内分为男行、女行。男入男馆，女入女馆，每馆人数均为25人。男馆又分为牌面馆与牌尾馆，"城中凡男子十六岁至五十岁，谓之牌面，余为牌尾"，牌尾馆中，"使残废者守馆，老病使扫街道、拾字纸，亦不打仗"。③ 牌面馆者，多半都参加太平军。

第四，加强水营。在下关大王庙附近设水营总部，庙前设船厂，水府祠前江口，用木城遮拦，开枪炮小口，内设望楼两处。于汉西门外设疏附衙，负责文书投递。递送文书主要分为水路与陆路。水路用船，船行规定，下水顺风日行240里，上水顺风日行百余里，逆风不行等，制度极为严密。陆路用马，寻常文书日行百余里，紧急军情每时辰驶50里。太平军将天京变成一座守备森严的军事要塞。同时，还派天官副丞相林凤祥、

---

① 中国史学会主编：《中国近代史资料丛刊·太平天国》（四）第650页，上海人民出版社，2000。
② 〔清〕汪士铎：《汪悔翁（士铎）乙丙日记》卷一，第16－17页。
③ 中国史学会主编：《中国近代史资料丛刊·太平天国》（四）第653页，上海人民出版社，2000。

四、咸、同年间太平天国农民战争

地官正丞相李开芳、殿左一指挥罗大纲、木一总制吴如孝等率军攻占了天京外围的军事要地镇江、扬州等地,形成拱卫天京的一个完整严密的军事防御体系。

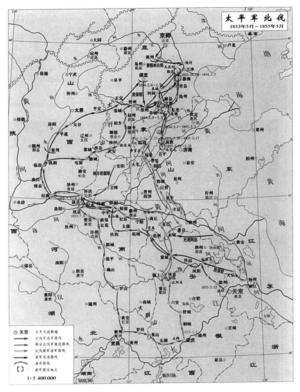

图 4.2　太平军北伐（1853 年 5 月—1855 年 5 月）

图片来源：《中国战争史地图》, http://86814.net/wiki/zgzzsdt/

经过近两个月的整顿和部署之后,太平军采取了第一个重大军事行动,即出师北伐。建都天京是太平天国预定的战略目标之一,但这一决策使太平军凌厉的攻势几乎停滞了,其未能集中力量北伐,直捣黄龙,给清廷以雷霆一击,使之最后覆灭。反而分兵四出,孤军深入,陷于被动。咸丰三年（1853）四月初一日,天官副丞相林凤祥、地官正丞相李开芳、春官正丞相吉文元等率太平军 2 万人,自扬州经仪征,出师北伐。先占领天京北面的浦口,然后进入安徽境内,一路连克滁州、临淮关、凤阳、怀远、蒙城、亳州等地,顺势进入河南攻下归德府城（今河南商丘）。此地是渡过黄河取道山东的捷径,但清军已将渡口封锁,太平军无法渡河,只好沿黄河向西进军,沿途经过朱仙镇、中牟、郑州、荥阳,到达汜水、巩县,巩县的煤矿工人发动起义,响应太平军。六七月间,太平军在巩县乘运煤船渡过黄河,进逼包围怀庆(今河南沁阳)。清廷调动大批军队,双方展开激烈的争夺战,太平军三次攻城而不可得。相持两个月后,太平军撤围怀庆,经济源县封门山口进入山西。在山西境内,经垣曲、曲沃、平阳(今临汾)、洪洞,再折而向东,由沁源、屯留、潞城、黎城,经涉县(时属河南)、武安(今属河北)进入直隶境内。八月,太平军一举攻克临洺关,直隶总督讷尔经额所部万余清兵大半被消灭。随后,太平军长驱直入,乘胜北上,连克沙河、任县、隆平、柏乡、赵州、栾城、藁城、晋州、深州等城镇,于九月十一日进军张登镇,离保定仅60里。北伐的太平军自天京出发,不到半年时间进入直隶,横扫江苏、安徽、河南、山西、直隶等省。由于清廷调集重兵防堵太平军进京路线,太平军改从藁城东进,经深州、献县、沧州等地进取天津。天津士绅富商闻讯后,主动捐输巨款,组织团练,又挖开运河堤岸放水,把天津周围变成泽国,借以凭险据守。九月二十日,太平军占领天津附近的静海、独流。此时,北方已进入冬季,太平军将士大多是南方人,不习惯北方冬季的严寒。太平军在静海、独流一带坚持了三个多月,"虽所到以威勇取胜,究系孤军深入"①,既缺少粮食、棉衣,又无援兵,为避免陷入清军的包围,太平军主动从静海突围南下。在阜城战役中,骁将吉文元战死。咸丰四年(1854)四月,林凤祥、李开芳率部到东光、连镇等地等待天京派出的援军。是年正月,天京派出以夏官又副丞相曾立昌、夏官副丞相陈仕保、冬官副丞相许宗扬为首的援军7500人自安庆出发,经河南东北进到山东临清,遇阻退回,途中遭到清军僧格林沁②等部的袭击。太平军大部分溃散,曾立昌、陈仕保战死,只剩许宗扬一人遁归天京。李开芳分兵南下,接应援军,又被围困在山东高唐州。自此,林凤祥在连镇坚守11个月,与僧格林沁相持;李开芳在高唐州坚守一年多,与胜保③相持。咸丰五年

---

① 中国史学会主编:《中国近代史资料丛刊·太平天国》(二)第851页,上海人民出版社,2000。

② 僧格林沁(1811—1865),薄尔济吉特氏,科尔沁旗(今属内蒙古)人。

③ 胜保(?—1563),字克斋,苏完瓜尔佳氏,满洲镶白旗人。

四、咸、同年间太平天国农民战争

(1855)正月,连镇失守,林凤祥战败被俘,大义凛然,在酷刑面前,"所及处,眼光犹视之,终未尝出一声"①。此后,僧格林沁集中力量进攻高唐州,李开芳率部奋勇突围,至茌平冯官屯再次被围。清军引水灌入冯官屯,北伐军营垒被攻破,大部分将士战死,李开芳亲自去清营,意图用诈降计里应外合,但被清军识破,后被执送北京被杀。至此,太平军北伐以失败告终。太平军北伐历时两年,转战六省,深入清政府统治的心脏地区,给清政府以极大的打击。

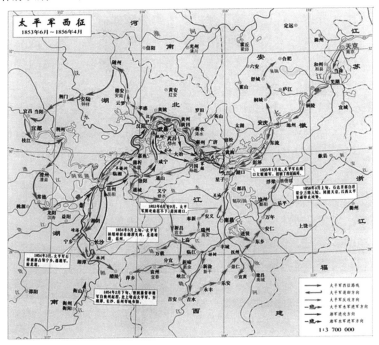

图 4.3　太平军西征（1853 年 6 月—1856 年 4 月）

图片来源:《中国战争史地图》,http://86814.net/wiki/zgzzsdt/

太平天国定都天京后,采取的第二个重大军事行动是出师西征。太平军的进军路线虽然是由南向北,顺江东下。而清军一路尾随,有些重要城市如九江、安庆、池州、和州等都是随占随失。为巩固天京西面的安全,夺取粮饷器械来源,就须向安徽、江西和两湖地区发展,扩大长江中游地

---

① 潘王安:《玉珍河钓徒见闻杂记》。

区控制范围，进一步连接两广。① 咸丰三年（1853）四月十二日，即出师北伐后的第 11 天，春官正丞相胡以晃、夏官副丞相赖汉英等率千余艘战船，溯长江西上。

胡以晃、赖汉英率西征军出征当日即攻占和州，于五月初四日占领安庆。当时，江面上太平军"千艘往来，飘忽莫测"，清军则没有一舟一筏可以应对。② 清军江防瓦解，太平军水营完全控制了安徽江面。随后，胡以晃和赖汉英分兵两路：赖汉英率军西进江西，胡以晃则在皖北发展。赖汉英率太平军攻取了江西彭泽、湖口、南康等城池，沿途受到民众的热烈欢迎。五月十五日，太平军围攻南昌，双方均派出重兵增援，战斗十分激烈，相持三个月之久。天京派石祥贞、韦俊③、石镇仑、石凤魁等率军增援。清军一面抵抗，一面由曾国藩④派知州朱孙诒⑤、训导罗泽南⑥率湘勇 2600 人前来增援。七月十五日，双方开始争夺南昌城，这是太平军与湘军第一次交锋。太平军大败湘军，占领南昌周边许多州县，眼看南昌指日可下，但八月十五日，太平军却接到东王杨秀清的命令——撤围南昌，北上占领九。随即石祥贞、韦俊等部太平军从九江出发，进攻清军水陆军集结地田家镇，大败清军，乘胜攻克蕲州、黄州，第二次占领汉口、汉阳。同时，春官正丞相胡以晃、检点曾天养等也统兵向皖北挺进，连克集贤关、桐城、舒城，围攻清廷的安徽临时省城庐州（今合肥）。庐州之战，寿春镇总兵玉珊阵亡，太平军打败陕甘总督舒兴阿等援兵，最后太平军用地雷轰破城墙，安徽巡抚江忠源投入金斗门内的关潭而死，庐州城破。同时，石达开也占领了祁门、黟县、宿松等地，据统计，咸丰三年（1853）太平天国在安徽省共攻克了 22 个州县。⑦

---

① 张玉田、陈崇桥、王献中等：《中国近代军事史》第 151 页，辽宁人民出版社，1983。
② 〔清〕曾国藩：《曾国藩全集》第 4 册第 86 页，岳麓书社，2011。
③ 韦俊（1827—1884），字志俊，广西桂平人，北王韦昌辉之弟。早年参加金田起义，定都天京后，随秦日纲、石达开西征，参加过武昌、岳州、田家镇等战役。天京事变后，被封为右军主将，转战于安徽、江西一带。
④ 曾国藩（1811—1872），字伯涵，号涤生，湖南湘乡人。当时为在籍侍郎。
⑤ 朱孙诒（1807—1866），字石翘，江西清江人。
⑥ 罗泽南（1807—1856），湖南双峰人，道咸年间湖南经世派代表。
⑦ 罗尔纲：《太平天国史事考》第 201 页，生活·读书·新知三联书店，1985。

四、咸、同年间太平天国农民战争

咸丰四年（1854）正月，太平军西征队伍的攻势在湖北、湖南继续展开。太平军进入湖北，破清军黄州堵城大营，杀湖广总督吴文镕，并乘胜西进，于正月十九日第三次进占汉口、汉阳。随后向北抵达随州，向西攻克武昌。与此同时，石祥贞、林绍璋、曾天养所部太平军进入湖南，占领岳州、湘阴及长沙北面的靖港，他们奇袭湘潭，准备夹攻长沙。恰在此时，由曾国藩编练的湘军，开始投入战场，与太平军正面对抗。咸丰二年（1852），太平军从广西向湖南进军时，文宗十分震惊，屡次颁发命令，号召各地官绅筹办团练。咸丰三年正月，曾国藩在湖南办理团练。他一到长沙，就想从戚继光、傅鼐的练兵经验中博采众长操练一支新军。曾国藩以各级将领为中心组建私属军队，以营为单位，每营360人（后扩充到500人），设营官一人，营官下辖四哨，最基层的单位是队，总计一营正额将官弁勇共505人。曾国藩最初编练的湘军只有6000人的规模，以后随战事进展，不断扩充。除陆营外，湘军还设有水师，也以营为单位，由快蟹、长龙、三板三种类型的船只组成，共21条船（湖口战败后裁撤快蟹，增为30条船）。曾国藩的战略计划是争上游，争要地，由上而下，步步进逼，故不求速成，并把湖北看成"各路用兵枢纽"，"湖北但有重兵，则是制贼死命"，在战术上主张"以主代客"，不喜"先发制人"，并主张因时、因地制宜，灵活多变。但没想到他的湘军组建不久，西征太平军已进取湖南。咸丰四年（1854）四月上旬，曾国藩统率湘军在靖港、湘潭与太平军展开激战，靖港湘军水师几乎全军覆没。但在湘潭、岳州战役中，太平军却遭失利，林绍璋溃败于湘潭，曾天养阵亡于岳州。曾国藩遂率水陆军自金口沿长江三路齐下，占领汉阳、汉口。八月，湘军夺取武昌，太平军船只被焚达千余艘。不久，太平军又在田家镇战败，其在长江中游的水上优势很快遭逆转。

年末，太平军在西线战场发动进攻，通过湖口之战和九江之战扭转了不利形势，掌握了西线战场的主动权。十一月，曾国藩的湘军在田家镇、黄梅获胜后，陈兵九江、湖口，几乎投入了湘军全部的悍兵强将，其中包括陆师提督塔齐布①、湖北按察使胡林翼②、道员罗泽南、知府李续宾③、知府彭玉麟④、副将杨载福⑤、道员李孟群⑥等。曾国藩亲自督战。太平军方面由检点林启荣⑦固守九江，以冬官丞相罗大纲守湖口西岸梅家洲。十二月十二日，湘军水、陆两军进攻湖口梅家洲，水师舢板轻舟120余只，精兵2000人，冲入鄱阳湖。太平军乘机封锁湖口水卡，将湘军水师分割为两部分，轻便善战的舢板被堵在湖内，笨重的大船长龙、快蟹等被挡在外江。入夜，太平军用小艇驶入外江围攻湘军的大船，清军难以防御，被焚毁大战船及各种坐船40余艘。湘军水师被迫退回九江城外大营。罗大纲随即赶到对岸小池口扎营，石达开亲自前往九江督战。曾国藩见势不妙，急忙命湖北按察使胡林翼和道员罗泽南部回援九江。清军在江西的部署不够合理，罗泽南建议进占湖北通城、崇阳，以解武昌之围，曾国藩即派他去湖北征战。但在十二月二十五日夜，九江和小池口的太平军乘夜色昏黑，驾舟突袭湘军水师，火弹喷筒一齐施放，烧毁湘军战船百余只，捕获曾国藩的座船，曾国藩因当时在另一舢板船中而逃过一劫。此役湘军大败，湖口、九江之战取得大捷，改变了太平军在西线战场上的被动局面。

---

① 塔齐布（1817—1855），字智亭，托尔佳（一作陶佳）氏，满洲镶黄旗人。

② 胡林翼（1812—1861），字贶生，湖南益阳人，道光十六年（1836）进士，任贵州镇远、黎平知府、贵东道员。后奉调带勇赴湖南、湖北抗击太平军，曾国藩命他自领一军，随同作战。

③ 李续宾（1818—1858），湖南湘乡人，咸丰二年（1852）在籍协助老师罗泽南办团练，对抗太平军。

④ 彭玉麟（1816—1890），字雪琴，湖南衡阳人，咸丰三年（1853）冬，受曾国藩之邀加入湘军，在衡州与曾国藩创办湘军水师。在湘潭大败太平军水营，取得首胜。后在岳州、武昌、田家镇等战役中均取胜。

⑤ 杨载福（1822—1890），后改名杨岳斌，湖南善化人，咸丰三年（1853）调任曾国藩所创湘军水师右营营官。骁勇善战，攻湘潭，取岳阳，掠武昌，为湘军水师统领。

⑥ 李孟群（1830—1859），字鹤人，河南光州（今潢川县）人，道光进士。初为广西临川县知县，对抗太平军。

⑦ 林启荣（约1821—1858），也作林启容，广西人，参加金田起义，隶属杨秀清部，咸丰三年（1853）授土官正将军，随赖汉英、胡以晃西征，七月升殿右八指挥。西征军攻克九江后，咸丰四年擢殿右十二检点。

四、咸、同年间太平天国农民战争

九江大捷的同时，秦日纲、陈玉成①等部太平军向湖北黄梅、广济猛攻，湖广总督杨霈大营全军溃败，秦日纲、陈玉成向西突进追击，第三次攻克武昌，打败进攻武昌的清军胡林翼部。陈玉成当时只有17岁，曾在左四军主管军粮，咸丰四年（1854），太平军西征武昌，陈玉成在奇袭武昌的战斗中表现勇敢，被授予殿右三十检点，统领后十三军及水营前四军。石达开见清军大部队增援湖北，江西清军守备空虚，于是从湖北转战江西，在天地会的配合下，攻城略地，迅速控制了江西八府50多个州县，迫使清军回援。

太平天国从定都天京，到咸丰六年（1856）上半年，历时三年。虽然北伐失败，但西征获胜，湖北东部和江西、安徽的大部分控制在太平军手中。

咸丰三年（1853）春，从广西一路尾随太平军的向荣被任命为钦差大臣，在天京城郊孝陵卫建江南大营以围困天京，阻挡太平军向东南挺进；约一个月后，清廷又以琦善②为钦差大臣，驻扬州，扼江北，为江北大营。咸丰五年（1855）春，太平军北伐失败，西征军与湘军在江西、湖北两省大江南北对峙，天京外围的清军实力大增。为了消除天京的威胁，太平军发动了打破江南、江北大营的天京解围之战。

是年冬，北伐太平军全军覆没于黄河以北，西征军又在两湖地区遭遇强劲对手——湘军，而向荣与张国梁部已增兵至两三万人，江苏巡抚吉尔杭阿围攻镇江，镇江是天京下游的咽喉要地，太平军守将吴如孝向天京告急。十二月十九日，东王杨秀清将安徽东西梁山、金柱关、庐州（今合肥）、三合镇的太平军召回，决定对清军江南、江北两座大营予以歼灭性打击，以解除清军对天京的威胁。

十二月二十五日，燕王秦日纲受命率陈玉成、涂镇兴、李秀成③、陈仕章、周胜坤等将领救援镇江。至汤头与清总兵张国梁部开战，吉尔杭阿

---

① 陈玉成（1837—1862），原名陈丕成，洪秀全赐名玉成。广西藤县客家人，出身贫农，15岁即参加金田起义，在童子军中很快脱颖而出，是太平军后期主要军事将领，被封为英王。

② 琦善（约1790—1854），博尔济吉特氏，字静庵，满洲正黄旗人。

③ 李秀成（1823—1864），广西藤县人，太平天国后期著名将领。"天京事变"后，封副长率、合天侯，与又正掌率陈玉成（正掌率为蒙得恩，总理国事）共同负责军事，后又升后军主将，被封为"忠王"。

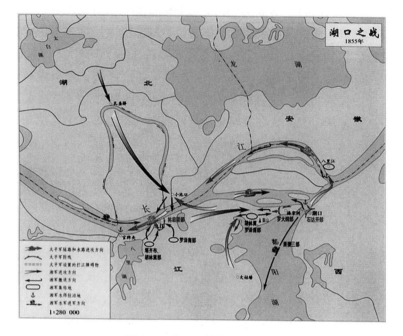

图 4.4　湖口之战（1855 年）

图片来源：中国战争史地图 http://86814.net/wiki/zgzzsdt/

率部从九华山西援张国梁。陈玉成、李秀成共议作战计划，由陈玉成亲乘小船，由水面舍死直冲入镇江城内，与镇江守将吴如孝联系，里应外合夹击清军。

咸丰六年（1856）二月二十六日，陈玉成、李秀成依计行事，清军大败，失去营垒 16 座，太平军进驻镇江外围金山、金鸡岭、九华山麓一线，与江苏巡抚吉尔杭阿大营对峙。二十九日夜，陈玉成、李秀成率部由金山渡江到瓜州。次日，向江北大营猛攻，连破营寨 120 多座，占领扬州。太平军将扬州粮秣运回镇江，吉尔杭阿率兵来援，在高资镇被太平军包围，吉尔杭阿自杀，使清军军心大乱陷入混乱中。镇江外围的七八十座清军营垒均被太平军攻占，江北大营由此被太平军扫平。向荣部张国梁由六合来援，屯丹徒，亦被击败。

东王杨秀清见江北大营已破，下令向孝陵卫的清军江南大营进攻。五月十八日，各路太平军发起总攻。次日，张国梁由孝陵卫大营前来增援，但被太平军击败，尧化门清军陷入太平军重围。这时，石达开率曾锦谦、

四、咸、同年间太平天国农民战争

张瑞谋等自江西、皖南来援天京之大军亦到，东西夹攻，清军溃败，尧化门及孝陵卫江南大营几十个营寨都被攻破，陈明志、扎拉芬、李发荣、凌保等清军将领阵亡，向荣与张国梁逃到淳化镇，退往丹阳。二十五日，陈玉成、李秀成等率部占领句容，随即向丹阳追击。七月初九日，清朝钦差大臣、督办江南军务向荣战败后自缢而死（一说忧愤而卒）。江南、江北大营被击溃，解除了清军对天京的威胁，使太平天国达至全盛。

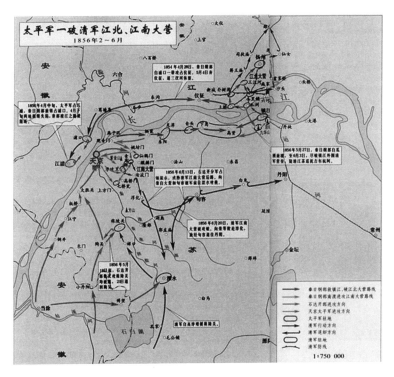

图 4.5　太平军一破清军江北、江南大营（1856 年 2 月—6 月）

图片来源：《中国战争史地图》，http://86814.net/wiki/zgzzsdt/

农民反清战争

3. 太平军的战略防御与失败

咸丰六年（1856）太平军军事至全盛后，东王杨秀清权倾朝野，其部下在天京足有2万之众，杨秀清取天王而代之的野心日甚一日。这时，诸王分赴各地，北王韦昌辉到江西主持军政，燕王秦日纲赴丹阳、金坛扫荡张国梁残部，翼王返鄂增援武汉。杨秀清逼迫天王洪秀全前往东王府封其"万岁"尊号。洪秀全密诏韦昌辉、石达开、秦日纲等诸王返回天京诛杀杨秀清。韦昌辉接令后，立即率兵返回天京，包围了东王府，诛杀了杨秀清及其家眷。东王余部不甘束手待毙，奋起抵抗，北王"不分清白，乱杀文武大小、男女"① 天京陷入混乱中。石达开赶回天京后，责备韦昌辉滥杀无辜，韦昌辉又欲加害石达开。石达开被迫连夜逃出天京，其家眷皆被韦昌辉杀害。石达开调动太平军以"清君侧"，韦昌辉为自保，指挥部下进行抵抗。洪秀全因韦昌辉在天京杀戮过多，已心存不满，派兵包围北王府，诛杀了韦昌辉。随后，秦日纲、胡以晃也被诛杀。史称"天京事变"。由于杨、韦内讧，太平天国元气大伤，陷入"国中无人、朝中无将"的险境。

九江保卫战

"天京事变"后，洪秀全虽命石达开总理朝政，但因事变时诸王仇杀，已对异性诸王极不信任，便命胞兄洪仁发、洪仁达对石达开进行牵制。石达开治国理政处处受到掣肘，迫于无奈，负气出走。离开天京后，率部转战南北，虽然起到了调动、牵制清军的作用，在一定程度上减轻了太平天国面临的军事压力，但毕竟大大削弱了太平军的实力，使太平天国陷入被动的局面。此时，湘军迅速崛起，占据武汉上游，分兵江西、安徽，与太平军展开争夺。同时，清军又在天京外围重建了江北、江南大营，继续围

---

① 《李秀成自述》，中国史学会主编《中国近代史资料丛刊·太平天国》（二）第792页，上海人民出版社，2000。

四、咸、同年间太平天国农民战争

困天京。由于石达开的撤退,清军趁机攻占武昌,控制了通往长江下游的交通要地。武昌失守对太平天国的打击是沉重的。曾国藩就曾指出:"论天下之大局,则武昌为必争之地。何也?能保武昌,则能扼金陵之上游,能固荆、襄之门户,能通两广、四川之饷道。若武昌不保,则恐成割据之势,此最可忧者也。"① 咸丰七年(1857),曾国藩指挥湘军进攻九江,九江西连武昌、东接安庆,位居长江下游的咽喉,与湖口、对岸的小池口互为犄角。太平军在与湖口县对峙的段窑及宿松县的枫树坳、独山镇、陶家岭等处,依山砌石,修筑了数十个堡垒,来屏蔽小池口。江宁将军都兴阿②派总兵萨林率马队200名,会同石清吉的步兵到小池口东路埋伏,副都统多隆阿③则率兵直扑段窑,小池口太平军守军迎战都兴阿,但未获胜;太平军分兵救援段窑,被萨林等伏兵截击,段窑守军兵力单薄,最后被多隆阿大军先后攻毁。三月十三日,多隆阿、王国才、巴依尔呼兰及提督孔广顺等统兵自黄梅县向枫林坳发动进攻,太平军守军迎战失利,十五日,多隆阿等进攻独山镇、陶家岭,遭太平军顽强抵抗,多隆阿从太平军背面攻入,被清军攻破。

湘军占领武昌后,署湖北提督杨载福、记名按察使李续宾,率水陆师进逼九江。李续宾监督开挖一道长壕,自官牌峡迤南而东,至白水湖尾,计长30余里,深二丈,宽三丈五尺,以期截断守军接济之路,达到夺取九江的目的。咸丰七年二月初九日,太平军守将贞天侯林启荣派兵数千人分东西两路出击,鏖战后回城。安庆太平军派军数千人增援九江。二月十六日,林启荣率军约2万人出战,自城东南以至新坝,蜿蜒数里,旗帜如林,接战多时始回城,斩清军守备陈德华等人。此后多日,闭城不出。三月初,成天豫④陈玉成等率大军自安徽往攻鄂东,李续宾分军1500人到北

---

① 《曾国藩全集》第1册第115页,岳麓书社,2011。

② 都兴阿(1818—1975),满洲正白旗人,官宦世家,咸丰二年(1852)随僧格林沁赴天津阻击太平军,咸丰五年被调往湖北,因功晋升江宁将军。

③ 多隆阿(1817—1864),字雯溪,舒穆录氏,满洲正白旗人。咸丰三年(1853)随胜保对抗太平军,咸丰五年(1855)调往湖北,驻防川沙口,咸丰六年(1856)正月,太平军弃守武汉,多隆阿奉湖广总督官文之命,顺长江北岸东下,与湘军杨载福部联合,在黄州击败太平军。

④ 豫,是太平天国后期的一种封爵,当时设立了新的官爵,在王爵之下又设立了义、安、福、燕、豫、侯六级世爵。

岸陆家嘴，后又拨 2500 人往蕲州，乃于九江增募 1000 人，其援北岸之军也增募 400 人。九江守军为配合北岸攻势，多次出城击敌。五月初二日，杨载福亲自前往蕲州。是日晨刻，有太平军船数十只向上游驶来，李成谋、易景照督船出击，太平军船见机撤退，李成谋等紧追不舍，直达湖口。而在湖口太平军 200 多艘船只由梅家洲两岸抄出，又从扁担峡包抄清军。这时西南风大起，清军水师船只败退到小池口，岸上的太平军枪炮齐发，清军水师逆风逆水，舟行不快，被击毁长龙五只，舢板 13 只，击杀易景照等营哨官 21 人、兵士 148 人。初四日，清水师再次出战，被李成谋等夺回舢板四只。① 五月初十日，林启荣再次亲率大军出战，阵亡检点、指挥各一人。清军提督衔郧阳镇总兵杨载福派水师至蕲州停泊，饬令副将李成谋、都司衔守备易景照移扎官牌峡港内。

  此时，署湖北巡抚的胡林翼成为清军进攻九江的主角。陈玉成率大军在鄂东与胡林翼、都兴阿等部清军转战于黄梅、广济、蕲水一带，至九月间陆续退回安徽宿松、太湖、桐城等处。太平军返回皖南，胡林翼命令杨载福的水师，李续宾的陆军进攻小池口，太平军守军被迫撤退，小池口宣告失守。清军占据小池口后，胡林翼立刻前往九江驻守，于九月初一日返回武昌府。

  湖口是长江中游的军事重镇，为江西全省门户。当时九江西南两路郡县均落入清军之手，北路黄梅、小池口又告失守，若守九江须从湖口下手，湖口若失，则九江接济必然断绝。太平军将湖口旧城拆毁，在石钟山自山麓到山巅，累石筑城如带；又在对岸梅家洲筑坚城，掘濠植树，并增加几百只战船，准备援助九江。李续宾、杨载福、彭玉麟商定，于九月初八日攻打湖口。李续宾于九月初七日下令，由其弟候补知府李续宜率营官何绍彩等进攻梅家洲，李续宾亲自率军渡江，向宿松、太湖进攻，暗中埋伏在湖口的后山。次日，彭玉麟率湘军内湖水师分三队依次冲出重围，出鄱阳湖，杨载福率外江水师到湖口，发炮声援。太平军一边抗击李续宾等陆路的进攻，一边力拒清军内湖水师。九月初九日凌晨，清军架梯攻城，火箭飞入，恰好击中太平军的火药库，墙垒破裂，守将黄文金等人见势已

---

① 《胡林翼集》第 1 册第 261－262 页，岳麓书社，2008。

四、咸、同年间太平天国农民战争

难坚守,遂开门撤退,湖口被清军攻占。这场战役,清军死伤900多人。①梅家洲守军见湖口失守,弃堡垒而逃,但归路已断,中途遇伏全部被杀。

太平军国宗韦俊、检点黄文金从浮梁、建德(旧治在今东至县之东)、都昌、鄱阳等地集合军队,进抵湖口附近,准备反攻。李续宾派候选道李续宜带兵5000人,驻扎在三家市。十月十九日,韦俊派军与清军副将周宽世、赵克彰等接战于马影桥、流澌桥、堰战山等地,失利,退屯彭泽县秦坪关。二十八日李续宜带兵再次进攻,韦俊等军又被打败,反攻不成。此后,韦俊与陈玉成约定渡江后合军向河南固始县发动进攻。

李续宾等部则围攻九江,百计并施,自咸丰八年(1858)二月十六日起,昼夜环攻,地道云梯,数路并扑,城垣屡次被轰塌。清军在两个月内,用去火药、炮子各50余万斤,战事异常激烈。林启荣督率太平军及时修补城墙,并用大桶火药向清军掷焚以拒。自湖口失守后,九江太平军本已断绝清军增援。清军又添募勇丁,修筑六条长壕,宽、深均达二丈,企图三面合围,用水师十余营驻守江岸。林启荣下令在壕沟缝隙处种植小麦,以维持军队粮食供应。李续宾率领已革道州知州王揆一等人在大东门外磨盘洲开掘地道三处,二月二十八日至三月二十五日,东门地道被轰塌城墙数丈;二十九日,南门城墙又被轰塌十余丈,林启荣下令抛掷大桶火药,补塞缺口,阻敌登城。四月初六日,清军选择从东向南的地道已经挖通。李续宾会商杨载福、彭玉麟,定于次日,用陆军进攻东、南、西三面,水师进攻北门临江一带。初七日寅刻点火,轰塌了九江城东面与东南面的城墙100多丈,清军蜂拥登城,太平军未能杀退。林启荣及元戎李兴隆率众展开巷战,全军近2万人阵亡,九江最终失守,其中一部分出城撤逃的太平军,也全部被杀。②

自湖口陷落,九江便处于四面受围,无望解围的困境。战前清军所掘的战壕多达六道,即使太平军想撤退,也是非常困难,已经呈现坐困的形势。在天京事变后,曾国藩曾以林启荣为杨秀清的部属,杨秀清死后,恐其被太平天国高层排挤为理由,致书诱降,但林启荣毫不动摇。③湖口失

---

① 死伤清军人数是根据《胡林翼集》中《起夏水师统将以一事权并密陈进剿机宜疏》计算。
② 〔清〕王先谦:《东华录》咸丰卷七十九,咸丰八年四月壬戌。
③ 《曾国藩全集》第14册第391页,岳麓书社,2011。

守后，九江的处境非常艰难，林启荣却依然能坚守半年以上，湘军统帅曾国藩也钦佩其坚忍的意志"实不可及"。① 九江失守后，太平天国在长江中下游的要隘，仅剩下安庆一座城池。

浦口之战

咸丰七年（1857）闰五月下旬，清军张国梁、傅振邦部乘天京防备空虚，攻入句容，击败周胜富部太平军，重建江南大营。他们猛攻镇江，太平军李秀成率部由皖东赶来营救吴如孝回到天京，镇江于十一月十二日被清军攻占。而此时，天京外围在和春、张国梁等部清军的围困下，形势日渐严峻。清军在天京附近四面挖壕筑墙，修建营垒，至咸丰八年（1858）二月中旬，经过20多天激战，清军占领了城南秣陵关。李秀成冒死冲出天京，调度外部援军，以求解围。李秀成则赶往芜湖，与李世贤商定，两人一人守南岸，一人守北岸。此时，陈玉成刚从罗田、麻城一线作战失利，退回潜山、太湖一带集结。李秀成率5000精兵，在北岸含山集结，向和州方向发起进攻，击破清军营垒20多座。随即挥军北进，占领全椒、滁州、来安等地，以牵制分散浦口、江浦清军兵力。在陆路方面，清军已断绝了天京的接济，完成大军合围之势；在水路方面，长江九洑洲和浦口依然掌握在太平军手中。二月下旬，清江北大营统帅德兴阿率胜保、鞠殿华等万余清兵向李秀成所在的全椒县大刘村发起攻击，摧毁太平军十余座营盘，李秀成只得率余部退守县城。六月下旬，李秀成、陈玉成、李世贤、黄文金在枞阳镇（位于安庆东北30里处）召开军事会议，决定兵分两路，陈玉成率部经潜山、庐州、梁圆镇向滁州进军，攻定远，李秀成从全椒向乌衣镇进军。德兴阿率清军由两浦北上，胜保率马队由水口南下，两军在乌衣镇展开大战，清军受陈玉成、李秀成两路太平军夹攻而败，战死三四千人；张国梁率清军赶来增援，在小店被击溃。陈玉成、李秀成两路太平军乘势南下浦口，德兴阿部大乱，战死者万余人。天京之围，由北岸浦口突破。随后，太平军分两路向东进军，江浦、天长、六合、扬州被太平军一一攻占，清军江北大营再次被摧毁。德兴阿被革职，江南大营统帅和春统一节制江北大营军务。浦口之战，以太平军大获全胜而告终。

三河大捷

三河镇在庐州府城（今合肥）南80里，位于巢湖西岸，为水陆冲途，

---

① 《曾国藩全集》第20册第337页，岳麓书社，2011。

四、咸、同年间太平天国农民战争

是进攻庐州的必争之地，也是豫东南漕运中转地，北岸上游的重要粮道，清军很早就想切断这个粮道。太平军在此筑城一座，砖垒九座，凭河设险。三河在"天京事变"后半个月，即被和春攻占，但很快被太平军夺回，由吴定规镇守。咸丰八年（1858）九月，陈玉成在下游用兵时，湘军悍将李续宾、李续宜、赵克彰、周宽世等进占黄梅、宿松、太湖、潜山、石牌（属怀宁县）、桐城、舒城，安徽告急。李秀成、陈玉成等只好放弃攻打扬州，留黄门安守六合，大军则进入安徽境内。九月二十八日，李续宾军队开始向三河太平军营垒发起进攻，太平军守军顽强抵抗，尽管九垒均被攻破，但也射杀清兵千余人。三河的战局十分危急。前军主将陈玉成于十月二十四日攻占六合后，奏调李秀成率军同往。陈玉成亲率大军，经巢县增援，到庐江县西20里的白石山、三河镇南30里的金牛镇，连营数十里包抄李续宾部后路，掐断围攻三河与舒城清军的联系，同时下令庐州守将吴如孝会同捻军首领龚得树，从庐州城冲出。李秀成应约率大军随后赶到距白石山十余里处驻扎。这样，李续宾部清军被太平军包围，李续宾发觉后，于十一月初十日率部折回，猛扑金牛镇太平军大营。次日黎明，李续宾率军在樊家渡、王家祠堂与太平军接战。恰遇大雾弥漫，咫尺莫辨，李续宾部追过金牛镇，超越陈玉成军。陈玉成利用大雾，率军从左路忽然杀出，李续宾收军回击，但已来不及，清军自乱阵脚，被击杀千余人。陈玉成初战告捷。此时，李秀成率部及时赶到，吴定规也率守军从城内冲出，李续宾陷入太平军的包围中，清军大败，近6000人阵亡，李续宾自缢而死，曾国藩之弟曾国华也战死于此。陈玉成、李秀成乘胜收复舒城、桐城等城邑，太平军取得了"三河大捷"。陈玉成、李秀成乘胜，分兵两路攻占桐城。都兴阿、多隆阿、鲍超等部得悉三河战败，便从安庆外围自动撤离，由石牌退往宿松、太湖。陈玉成部跟踪追击，李秀成也攻占潜山、太湖。

三河之役的胜利，使天京转危为安。陈玉成、李秀成等重振太平军军威，湘军受此打击，元气大伤，不复昔日之锋锐，连湘军统帅曾国藩也承认："三河之败，歼我湘人殆近六千，不特大局顿坏，而吾邑士气亦为不扬。"①

---

① 《曾文正公全集》书札卷七，《复刘霞仙》。

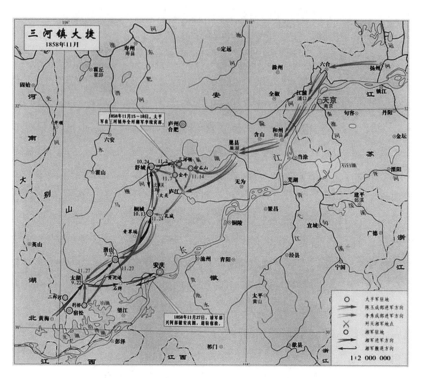

图4.6 三河镇大捷（1858年11月）

图片来源：《中国战争史地图》，http://86814.net/wiki/zgzzsdt/

三河大捷，是太平军各军联合作战的结果。而清军因消息不灵而延缓了战机，湘军分兵驻守各地，兵力分散，终遭败绩。三河大捷是太平军集中优势兵力围歼清军的典型战例，也是太平天国反清战争后期战局的关键一役，此役使"天京事变"后太平军的形势转危为安，由全面防御进入局部反攻阶段。

安庆保卫战

三河大捷后，前军主将陈玉成、后军主将李秀成联军攻占舒城、桐城、潜山、太湖等四县，围攻安庆的清军都兴阿、多隆阿、鲍超等部不战而撤退到宿松，陈、李联军与都兴阿等军在宿松、太湖的激战失利，便停止进攻，李秀成东归，陈玉成守潜山、太湖两县以及石牌镇，以拱卫安庆。不久，陈玉成统军进攻六安，由庐州南下攻克来安、滁州，与李秀成会师进攻两浦（今南京浦口）。听闻三河败讯，正在丁母忧的胡林翼立即

四、咸、同年间太平天国农民战争

赶回武昌,准备全面进攻安徽,他首先进驻黄州(今黄冈),积极部署反攻。

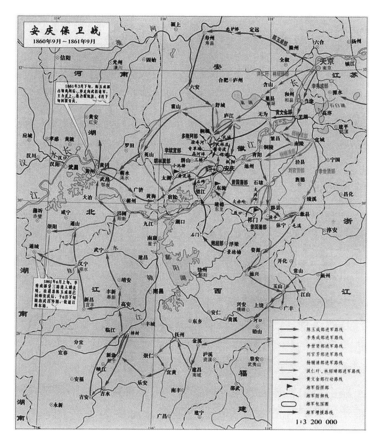

图 4.7 安庆保卫战(1860年9月—1861年9月)

图片来源:《中国战争史地图》,http://86814.net/wiki/zgzzsdt/

在三河镇失利后,清廷开始重用曾国藩。咸丰九年(1859)八月十一日,曾国藩从抚州经过南昌、湖口抵达黄州,与胡林翼会商军务,于八月二十三日抵达武昌,与官文商谈,他认为,按照当时的形势,应该全力争夺安徽。欲得安徽当首占安庆,欲占安庆当先占石牌。石牌镇(今属怀宁县)位于安庆西面,与宿松、望江、潜山、太湖等县接壤,是进入安庆的要隘。太平军在此建造了一座坚固的城池,上下均开有炮眼,周围深壕三道,外面设护木城六道,桩签密布,驻有几千人马固守,与太湖互为援应。清军要进兵图谋安徽南部，必先攻克这座要隘，总兵鲍超严守太湖外围各营，福州副都统多隆阿统领马步军，于八月二十六日进驻茶婆岭察看地势。二十八日夜里，清军参将杨朗林、雷正纳、穆正春等分路直扑石牌城东、南、北各门，因太平军守军疏于戒备，待清军越过壕沟攀爬城墙，施放喷筒火箭时，才开炮出击。潜山、安庆太平军派军前来增援，被清军马队所阻遏。两军相持到第二天清晨，城内火光四起，清军毁炮涌入，守军数千人全部战死，守将霍天燕、石廷玉被俘。石牌失守，安庆便暴露在清军面前，清军则乘机进攻太湖。

陈玉成未能挟"三河大捷"之势将湘军赶出安徽，而是与其角逐于鄂中。他仅守住皖西的两城一镇，安庆拱卫的形势不够稳定，因此他当时应该考虑的是如何凭借这四座城池的严密防御，一城有难、三城来援，既打击清军主力，又骚扰清军后路，使清军有所顾忌，不敢贸然入侵。也应该竭力部署部队，以便随时击退清军，这样安庆才能高枕无忧。从石牌之战的情况观察，陈玉成对此部署疏忽大意，一遇到清军反攻便顾此失彼，难以挽回。胡林翼说："石牌坚抵忽以不意而得之，盖乘网龙之睡而摘其项下珠也。"① 这句话用来评价陈玉成安庆之战部署的失误，是准确的。

而九月初三日，曾国藩回驻黄州下游40里的巴河。在这里，曾国藩制订了进兵安徽的详细计划，决定分兵四路，向南沿江而下：一路从宿松、石牌方向收复安庆；一路从太湖、潜山方向夺取桐城，并向北依山势前进；一路由英山、霍山方向夺取舒城；一路则由商城、六安方向进攻庐州。南面清军驻扎在石牌，可与杨载福的水师联为一气，北面清军到六安，可以和翁同书的寿州清军联为一气。当时曾国藩所部不足万人，仅能自当一路，如果将增援湖南的萧启江一军调回，可分为两路，同时将张运兰一军调回，则可分三路，专任皖南一路。曾国藩计划留张运兰部协防湖南，奏请清廷调萧启江一军5000人赶赴湖北。署漕运总督袁甲三、南河总督庚长则认为，楚军入皖，必须从安庆、潜山、太湖一带入手，担心曾国藩的计划将使太平军向北进军，胜保、傅振邦两军兵力单弱，万难支持。他们奏请清廷，令曾国藩取得道光州（今河南潢川）、固始、颍州（今安徽阜阳）一带去北路。文宗批复：萧启江一军已经进入广西攻击石

---

① 《胡林翼集》第2册第334页，岳麓书社，2008。

达开部太平军，难以调回，可商调张运兰返回湖北。关于袁甲三等人的建议，令曾国藩、官文、胡林翼共同商定。曾国藩等人奏复，认为要攻破江宁，必须先驻扎重兵于滁州、和州，去除江宁的外部屏障，截断芜湖的粮路。要想驻兵滁、和两地，必须先围安庆，捣庐州。袁甲三等人请求由光州、固始、颍州绕道北路，以防备太平军北上，因湘军久战江滨，对于淮北情势不甚熟悉，能否绕出怀（远）、蒙（城），应等李续宜军到达固始，察看情形后再进行办理。李续宜因母病重，请假省视，曾国藩令其所部先行回鄂。文宗回复谕令，萧启江一军已难暂留广西，张运兰派往郴州驻防，均难调回，曾国藩须另筹兵勇。四路之中，仍须派出一军取道光州、固始、颍州，绕出怀、蒙。都察院左副都御史钱宝青启奏，认为胡林翼既然担任地方官，应该将筹措全军粮饷作为最重要的事情，如果由英山、霍山深入万山之中，对全局形势不能兼顾，其英、霍一路应由李续宜担任，胡林翼仍然驻黄州，筹措军饷军需，同时也成为各路声援。文宗同意，但绕出怀、蒙一军仍令官文等筹办。曾国藩于十月二十四日由巴河拔营，十一月初三日抵达黄梅县，十一月十三日到宿松县，扎营于宿松县城北门外。

胡林翼攻占石牌后，以副都统多隆阿、总兵鲍超、道员唐训方、蒋凝学四支清军共1.5万余人围攻太湖县，太平军守军仅有三四千人，其兵力不足可想而知。胡林翼命多隆阿统率鲍超等部，主持太、潜战事。多、鲍二人向来不和，曾国藩对此也不以为然，但胡林翼依然坚持己见。

胡林翼认为"潜山县属之天堂，雄踞山中，实为舒、桐、英、霍之总要，守此不失，可扼城吭"。从天堂东南出水吼岭则能威胁潜山，从东出龙井关则能威胁桐城，从东而稍北出晓天则能威胁舒城，再往北则能威胁霍山。"山中有重兵……则舒、桐、潜、霍之贼皆如冻虫，如槛兽，蛰伏而不得逞"，"得潜山山内之天堂，与潜山山外附近之要道，实捫援贼之背而扼其吭。除却潜山城外十五里骡队与天堂山内一路，即十万贼来，无隙可入太湖地界"。[①] 胡林翼派余际昌等统领九营进据天堂镇。起初太平军不知天堂镇为天险。天堂既为清军所据，陈玉成部将镇天侯刘某统军于十一月初三日由主簿园等处进军，试图攻击清军，进夺天堂。次日两军接

---

① 《胡林翼集》第 2 册第 370 页，岳麓书社，2008。

战，太平军败退。而另外一支太平军到距天堂镇清军营盘 70 多里的搓水畈，从天堂镇的背面袭攻。余际昌、丁华先商同潜山知县叶兆兰以本地练勇分别埋伏在鸡子河等地，余际昌、丁华先统军于十一月二十日从山径暗渡，次日到达搓水畈后，分军首尾夹击太平军，使得太平军再次败退，汉天侯、拱天豫等太平军将领阵亡。胡林翼于十月二十八日自黄州移营到蕲州陈德园，距离太湖只有百里。十二月初六日又移营到英山县城南，距黄州 200 余里，距罗田、蕲水在百里之内。

天京会议与东征苏常

咸丰九年（1859）正月，太平军江北守将李昭寿策动江浦守将薛之元献城投降，浦口等地被清军完全控制。李秀成闻讯赶到浦口，维持浦口通往天京之通道。二月初四日，前军主将陈玉成再度占领六安，攻庐州官亭，大败安徽布政使李孟群部。同年八月，右军主将韦俊与韦以琳在安徽和州与英王陈玉成因争权发生冲突，于是率部下投降清军，被封为参将，驻守安徽池州。十月底，四路湘军反攻安徽，曾国藩亲率大军从宿松、石牌反攻安庆，多隆阿与鲍超从太湖、潜山攻桐城，胡林翼从英山、霍山攻舒城，李续宜从商城、固始攻庐州。太平军陷入苦战，损失惨重。李秀成返回天京时，与干王洪仁玕共商解围天京之策略，此时天京因受和春、张国梁等部清军大举围困，难以力攻，必须从湖州、杭州等清军兵力空虚之处入手，力攻其背，堵截江南大营粮饷之源，清军必定遣兵回援，待其撤兵远去，天京面临的压力才能减轻。咸丰十年（1860）正月初六日，李秀成率陈坤书、谭绍光、陆顺德从芜湖进军浙江，与李世贤合军进入湖州，经安吉、长兴、武康，于二月十九日抵达杭州外围，进攻武林、钱塘等城门。二十七日，李秀成大军攻入杭州城，清军分别向嘉兴、海宁、富阳撤退。清廷听闻杭州危急的消息，令张玉良部驰援杭州。李秀成认为减轻天京压力的战略目的已经达到，便放弃攻打杭州满城的计划，率军经余杭、临安于三月十三日返回广德。战局主动权开始转向太平军。十八日，李秀成召集杨辅清、李世贤、刘官芳、黄文金、吴定彩、陈坤书、李远继、赖文鸿诸将，在安徽建平（郎溪）召开军事会议，会商打破江南大营的计划。会后，杨辅清进占高淳县东坝，击败浙江提督郑魁士部后，向溧水、秣陵关前进。李秀成进占溧阳，击败徐龙魁部后，向淳化镇进攻。李世贤进逼常州，牵制东路清军，围攻金坛。陈玉成从安徽全椒向天京进军，渡过长江后由江宁镇向善化桥、雨花台进攻。闰三月初八日，李秀成率李世贤、吴定彩等将领大败清军张国梁部,攻破淳化镇。十一日,天京城内太平军自上方门、安德门等地分路出击,占领紫金山、燕子矶、高桥门、雨花台、善桥、三汊,清军在太平军内外夹击下大败,和春率江南大营残部退回镇江,张国梁部殿后,二十一日,天京解围。

闰三月二十一日,干王洪仁玕、英王陈玉成、忠王李秀成、侍王李世贤、辅王杨辅清等将领,在天京举行军事会议,共商今后的作战方略,史称"天京会议"。会上,陈玉成主张西救安庆,李世贤主张南取浙闽,李秀成与洪仁玕力主先取长江下游。洪秀全综合了各种意见,制定了一个两步走的战略计划,先派李秀成东征苏、常,限一个月肃清,随即命大部分兵力溯江而上,合取武汉三镇,直捣湘军老巢。

"天京会议"后,李秀成率李世贤、杨辅清各军向东追击清军残部,二十九日猛攻丹阳城,张国梁落水溺死,其部将王军、熊天喜、蔡其荣等阵亡。清军败退到常州,李秀成紧追不舍,向常州发动进攻。和春负伤,退守无锡浒墅关自杀。四月初十日,李秀成击败张玉良部,占领无锡,随即进军苏州,城内候补道员李文炳、候补知府何信义等人充当内应,杀江苏巡抚徐有壬等,占领了苏州,收编清军五六万。李秀成又分兵占领江苏江阴、浙江嘉兴两府。至此,清江南大营全部被太平军攻破,张玉良率残部逃往杭州。

咸丰十年(1860)春,苏、常既定,四月下旬,侍王李世贤攻占吴江、平望,昆山、阳山、太仓、嘉定、青浦、松江府先后为李秀成部所占据,上海成为李秀成经略苏南地区最后的目标。

五月初,江苏巡抚薛焕、布政使吴煦、松江知府刘郇膏等官员向列强请求派兵防守县城,于初六日颁布公告,谓上海系通商口岸,英法联军将共同防守,以维护商业,阻止一切妨碍上海的"作乱"行为。英法联军虽然防卫上海,但目的仅为自守,不欲主动攻击。上海当局雇佣美国人华尔组织洋枪队,华尔招募一批外国水手、逃兵、流氓等,在美国军人法尔思德、白齐文的协助下,于五月中旬出征松江府。但是遭到太平军的痛击,败退回上海。五月二十八日,在清军7000人的配合下,再攻松江府。经过激烈战斗,华尔洋枪队攻破城门,清军大队涌进,太平军弃城而走,洋枪队遂以松江为大本营。

李秀成于五月连克昆山、太仓、常熟、嘉兴、江阴等地后,曾致书上海英国全权公使,申明攻取松江、上海的必要,希望能当面商谈,以敦盟好，却并未获得任何回应。五月十二日，李秀成分兵两路，进军青浦、松江，夹攻上海。

华尔洋枪队立刻补充兵员，购置枪炮，计划扼守松江，南拒杭州，西进青浦，东拒苏州。六月十六日，华尔率洋枪队进攻青浦，清军派李恒嵩部与一队炮船随后接应。洋枪队在青浦遭到太平军的猛烈还击，死伤100人，华尔亦受伤。太平军乘胜追击，十日后再次占领松江。七月初二日，李秀成率大军来到徐家汇，太平军前锋前进到上海西南的七堡、虹桥、法华镇及闸北一带。蔡元隆、郜永宽两部太平军在九里桥与清军激战，摧毁其营垒，李秀成督军进逼县城西南门，遭到英法联军炮火轰击，但李秀成下令不准还击，导致太平军损失很大。次日，太平军在大、小南门向上海进军，因奉令不得开火，再次被英军击退。初四日，太平军出现在西门外及跑马场附近，再遭英军攻击，于是下令撤往徐家汇。七月初八日，太平军撤离上海。李秀成返回苏州。

八月中旬，李秀成奉天王严旨，回师上游，再行北伐。陈玉成到苏州，与李秀成会商作战方略，计划会师武汉，以保卫安庆。具体安排：南路，李秀成率大军经皖南西入江西、湖北攻南岸；北路，陈玉成自皖北入鄂，西攻北岸；中路，杨辅清沿南岸趋赣北；李世贤经徽州入赣东，接应李秀成部大军；刘官芳力攻湘军祁门大营，以牵制曾国藩。

安庆争夺战

安庆是天京上游的重要门户，其得失关系到太平天国后期战争的全局。咸丰十年（1860）闰三月的"天京会议"决定，太平军东取苏、常是为"合取湖北"准备条件，"合取湖北"又以保卫安庆为目的。从全局来看，"安庆者，金陵之门户也"①，"安庆一日无恙，则天京一日无险"②。所以安庆争夺战是整个战局的重点所在。

江南大营再次被攻破后，清廷将镇压太平天国的希望寄托在曾国藩统率的湘军身上。早在咸丰十年春，湘军就在楚勇的配合下大举入皖，推进到宿松、太湖、潜山、霍山一线。太平军二破江南大营时，湘军积极准备东进，围攻安庆。李秀成于四月东征苏常时，清廷就令曾国藩进军东南，

---

① 顾祖禹：《读史方舆纪要》卷二六。
② 《洪仁玕自述》，中国史学会主编《中国近代史资料丛刊·太平天国》（二）第852页，上海人民出版社，2000。

四、咸、同年间太平天国农民战争

保全江南。曾国藩则认为，欲保江南，必须控制上游，安庆则是控制上游的必争之地，因而敷衍拖延。五月初，在文宗的一再催促下，曾国藩仍令曾国荃进逼集贤关，围困安庆。

咸丰十年（1860）四月，曾国藩令曾国荃率万人进攻安庆，六月逼近集贤关，开始围城。曾国藩也已南渡到祁门调度指挥，胡林翼、多隆阿、李续宜在皖北舒城、霍山，向桐城进攻。

对太平天国来说，安庆同样是生死攸关的必争之地。在咸丰三年（1853）正月，太平军自武汉进军金陵时，曾攻克安庆，旋即弃守。四月，太平军自天京开始西征，于五月初四日再占安庆，即设西征军大本营于此。从那时起，安庆成为仅次于天京的政治、军事中心。自咸丰八年（1858）夏九江失陷之后，安庆成为天京上游唯一的屏障。安庆一旦有失，湘军便可直趋天京，严重威胁太平天国统治中心的安全。由于安庆已为湘军所困，太平军当务之急是救援安庆。同年八月中旬，天京最高当局决定再次采用"围魏救赵"之计，即按原定方针进军湖北，以期安庆不救自安。根据这一目标确定兵分五路，江南江北并进：陈玉成率军从长江北岸西进，经皖北入鄂东；李秀成率军从长江南岸西进，经皖南、江西进入鄂东南；杨辅清、黄文金率军沿长江南岸趋赣北；李世贤率军经徽州入赣东；刘官芳率军攻祁门曾国藩大营。以上五路中，李秀成和陈玉成两路取大钳形攻势，预定次年春会师武汉，占领湘、鄂军的后方基地，以调动围攻安庆之敌；后三路主要是牵制皖南和江西湘军，并伺机歼敌。每路兵力少者数万，多者十余万。

咸丰八年八月二十四日，陈玉成率军自天京北渡，九月初四日即占领皖北定远之炉桥，初八日西围寿州（今寿县），次日又分兵进攻六安。十四日从寿州撤围南走，一方面加强进攻六安的兵力，另一方面进攻舒城，但均未奏效。十月二十一日，陈玉成联合捻军龚得树、孙葵心等部十余万人，进至桐城西南的挂车河一带，扎营40余座，试图直接救援安庆。十一月初一日，陈玉成部遭到多隆阿部万余人的进攻，稍有损失。此后，连续数日闭垒不战。初六日，多隆阿部与新任安徽按察使李续宜所部湘军近万人（屯于新安渡）联合向陈玉成部发起进攻。正酣战间，都司雷正缙率领的步队七营、副都统温德勒克西率领的马队由后路抄出并进，枪箭齐施，陈玉成部遭围攻，伤亡惨重，不得不北走庐江进行休整。咸丰十年九月，李秀成率部从太平府（今安徽当涂）出发，经芜湖、繁昌、石埭，于十月十九日攻破羊栈岭，逼近曾国藩的祁门大营"仅八十里，朝发夕至，毫无遮阻"，曾国藩兵力单薄，自认必死，故写下遗嘱。但李秀成错判了形势，认为敌有大军屯于祁门，竟绕道进入江西。咸丰十年（1860）十二月初，陈玉成又派兵一部进攻枞阳，被湘军水师总兵李成谋和游击韦俊所部击退。至此，陈玉成企图直接救援安庆的计划完全失败。皖北清军主帅胡林翼遂自英山移营太湖，全力围攻安庆。

鉴于安庆被围形势日急，陈玉成自鄂北返回安徽，直接救援安庆。咸丰十一年（1861）二月初八日，太平军向集贤关清军发动进攻，在关外形成更大的包围，与城内太平军形成内外夹攻之势。湘军曾国荃、曾贞幹、朱洪章及杨载福的水师固守营地抵抗，陈玉成调留守天长、六合的吴定彩、黄金爱、朱兴隆等西援助战，吴定彩冲入城内协守。

二月十二日，洪仁玕、林绍章自天京西上，增援安庆解围作战。他们会合桐城、庐江太平军守将吴如孝部2万人，从新安渡江，至横山铺、练谭一带，欲与陈玉成合军共解安庆之围，但受挫于多隆阿部。皖南太平军主将黄文金也率7000精兵，由芜湖渡江北来，参加解围安庆之战。曾国藩眼见太平军几路大军增援，亲率鲍超等部湘军增援安庆。胡林翼则派成大吉部向东增援。双方大军云集安庆，相持不下。陈玉成亲赴桐城，会晤洪仁玕，共商作战计划。四月下旬，湘军鲍超与成大吉部大破集贤关太平军，守军李仕福、贾仁富等3000余人战死，千人被俘，被称为"战守可恃"的刘玱琳阵亡。

七月初二日，太平军三路反攻安庆：陈玉成、杨辅清等部由太湖县黄泥铺向东面的清河、三桥头、高楼岭、高河铺、马鞍山方向进发；林绍章、吴如孝自桐城进军到挂车河与蒋家山，黄文金自东面绕到鸡公庙与麻子岭。

三路太平军攻破多隆阿部的阻挠，再入集贤关。在灌口、毛岭、十里铺建营垒固守。城内的吴定彩、叶芸来、张朝爵等，在四座城门接应。陈玉成、杨辅清等督率十个纵队，从集贤关反攻安庆，双方伤亡惨重，曾国荃率部死战。陈玉成家眷自焚，张朝爵乘坐小船逃走，陈玉成部败退，向桐城逃去，杨辅清部渡江赴皖南。八月初一日被围困两年之久的安庆城，终被清军占领，守将叶芸来率将士2万人全部战死。

安庆失陷，标志着太平军"五路救皖之策"彻底失败，太平天国后期战争形势更加恶化。太平军几次救援安庆没有成功，主要是在战略上存在

四、咸、同年间太平天国农民战争

重大失误,一是东征太平军未能即时回师西进;二是未能坚决攻取武汉,打乱敌军部署;三是李秀成未能与陈玉成密切配合。

江浙反包围之战

李秀成从湖北回师苏杭时,安庆已被曾国荃攻陷。咸丰十一年(1861)十一月,李秀成指挥大军攻克杭州城,十二月上旬,乘胜分兵五路进军上海。同治元年(1862)正月,上海官绅在英国参赞巴夏礼的主持下成立"中外会防局",筹措饷械,督调军队策划防守事宜,同时英法联军也从天津陆续调往上海,组织了一支1700多人的干涉军,由英国驻华海军司令何伯、法国海军上将卜罗德指挥,成为太平军强劲的对手。何伯、卜罗德率英法干涉军,华尔率洋枪队凭借精良武器,于正月二十六日与太平军谭绍光、郜永宽等部在高桥激战,太平军战力不支而退,英法联军又向南桥、萧塘发起猛攻,太平军再次战败。

三月初,英法联军向太平军发起进攻,太平军退往周浦,泗泾、七堡被列强控制,松江、上海之围遂解,李秀成围攻上海的计划受阻。随后,联军向周浦、川沙、嘉定等地猛攻,李鸿章①率淮军自安庆乘船抵上海,也加入了进攻太平军的行列,太平军力不能当,损失惨重。咸丰十一年冬,奉曾国藩之命李鸿章在安庆编练"淮军"6500人,曾国藩应江苏官绅之清,将其部调往上海。李秀成于此时接到洪秀全、洪仁玕的密令,天京形势危急,催促他西援天京,并以北伐中原作为日后的战略重心。李秀成被迫撤离上海,回师天京。

淞沪一带的清军在接连取胜后,意欲乘胜追击。十一月,太平军常熟守将骆国忠降清,太仓守将钱寿仁也密谋内应清军,因消息走漏,遂弃城赴上海投奔李鸿章。太平军反攻常熟,清军分守嘉定、青浦,黄翼升统水师向太平军侧背面的昆山、太仓方向发起进攻,以支援常熟。李秀成得知后,命蔡元隆率兵驰援。蔡元隆部用计击败李鸿章的淮军攻克太仓。

同治元年(1862)十二月,李鸿章派"常胜军"(洋枪队改名)和淮军进攻太仓,被太平军击退,常胜军伤亡百余人。同治二年(1863)二月十八日,新任常胜军统领戈登会同淮军近万人攻占福山港,于三月十五日,攻占太仓。蔡元隆经顽强抵抗后撤出。四月十五日,太平军全部西撤

---

① 李鸿章(1823—1901),字少荃,安徽合肥人、曾以翰林院编修身份回籍办团练,后入曾国藩幕府。

苏州，昆山遂陷。李鸿章又拟定了攻取苏州、常熟的作战计划：程学启自昆山向苏州发起进攻，李鸿章亲率淮军刘铭传部由常熟进攻无锡，截断苏州太平军后援，黄翼升的水师沿江与陆路清军齐头并进，负责运输补给；李朝斌的水师向吴江、太湖进军；戈登率常胜军驻扎昆山，作为总预备队；刘秉璋、潘鼎新、杨鼎勋等部分驻淞沪外围，防备浙江杭嘉湖地区的太平军北进。

淮军大军压境，苏州的形势危急。八月十一日，李秀成从天京经溧阳赶至苏州，声言援江阴，攻常熟。刘铭传、郭松林等部淮军分路出击，黄翼升率水师相助，清军连战连胜，李秀成大败。程学启打败苏州太平军援军后，攻破吴江。十月上旬，清军夺取浒墅关，苏州太平军的外援断绝。李鸿章见苏州久攻不下，亲自督师，李秀成也从下路进入城内，指挥太平军坚守。清军用炸药轰坍城外太平军筑起的石垒，水师逼近护城河。李秀成乘夜离开苏州，由慕王谭绍光负责守城，纳王郜永宽等早有降清想法。十月中旬，程学启指挥淮军开始向各城门进攻。十月底，郜永宽等八将领设计诱杀谭绍光，并开城投降。而程学启入城后，又将郜永宽等八位太平军降将设计诱杀。

苏州落入淮军之手，李鸿章命程学启等率部进军平湖、乍浦、海盐、澉浦。刘铭传率部占领无锡后，进逼常州，奔牛镇太平军守将投降，刘铭传乘势连破宜兴、溧阳各城。护王陈坤书坚守常州，李鸿章于同治三年（1864）三月督军包围常州城，冯子材由镇江进军丹阳，鲍超由句容攻克金坛，常州太平军更显孤立。清军再次分路攻城，戈登率常胜军参战，常州城墙被淮军炮火轰坍，太平军奋力封堵缺口。李鸿章亲自指挥淮军登城，击溃了太平军，陈坤书战败被俘，常州被淮军攻陷。江苏境内，除天京外，其余各城均被清军占领。

咸丰十一年（1861）八月，李秀成先是进军江西受挫后，即以浙江为重点，全力进取，希冀挽救丢失安庆后的不利战局。在占领常山后，李秀成与李世贤合军攻打金华、汤溪、建德等地。而后兵分两路，李秀成率童海容进攻绍兴府，李世贤进攻处州（丽水）、温州（永嘉）、台州（临海）、宁波（鄞州区）等地，所到之处，清军皆献城投降。九月，侍王李世贤到达宁波，李秀成也抵达杭州。太平军已相继控制浙江全省，杭州成为孤城。浙江巡抚王有龄据城坚守。李秀成于十一月二十八日，率谭绍光、陈炳文、童容海等部，由凤山、候潮、望江、清波四处城门攻占杭

四、咸、同年间太平天国农民战争

州。王有龄以下杭州主要官员均自杀或被俘。由于杭州满城的八旗军负隅顽抗,遭太平军猛烈攻击,十二月初一日满城被攻破,瑞昌、杰纯、关福等八旗将领自杀身亡。李秀成安抚杭州居民,留邓光明、童海容、汪安钧等守城,率大军返回苏州。

十二月,左宗棠①任浙江巡抚,率部全力争夺浙江各地。同治元年(1862)五月,太平军从衢州退回金华。六月,李世贤率军攻遂安,被左宗棠击退。随后,天京战事吃紧,洪秀全力促李秀成、李世贤增援。不久,清军攻破遂昌,左宗棠筑长壕围困龙游,令蒋益澧攻寿昌。九月,清军自寿昌进逼严州(今浙江建德),太平军战败。同治二年(1863)正月,汤溪太平军守将彭禹兰降清,兰溪遭刘典部猛攻,金华太平军弃城而走,龙游太平军也连夜撤往诸暨。金华府属的武义、永康、东阳、义乌各县,先后落入清军之手。李世贤率精锐增援天京,留守金、衢各地的太平军不足以承担战守重任,遂使浙江战局倒向清军。

同治二年正月,清军从东面攻破上虞、台州(临海),又攻占绍兴府,二月占萧山,逼近杭州。西面魏喻义部占领严州后,乘胜顺江东下取桐庐攻富阳,到达杭州西郊。蒋益澧部由临浦、义桥、萧山北进杭州南郊,两军对杭州完成包围。左宗棠为防太平军突围,令刘典守徽州,新来湘勇驻广信(江西上饶),扼浙赣咽喉。湘军水师杨正谟部与陆勇、魏喻义、蒋益澧部会师杭州城下,太平军出城交战,双方互有胜负,清军水师烧太平军战船,沿钱塘江直抵望江门,杭城震动。七月,左宗棠征调常胜军会攻,夺取富阳后,大举向杭城、余杭进攻。太平军康王汪海洋自杭州出击,被左军康国器部所败。蒋益澧部攻占六和塔,占据高处,俯瞰整个杭城。九月,太平军出城猛攻六和塔又败。十月,嘉兴守将荣王廖发寿大举援杭,被高连升部及常胜军所败。十一月,清军攻破平湖、海盐,左宗棠从严州移驻富阳,亲赴余杭督战。十二月,高连升等部几路围攻,杭城外围太平军营垒全被摧毁,清军水师冲破滨江石垒,杭州城内形势愈发困窘。同治三年(1864)正月,清军破桐乡,太平军守将蔡元隆出降,杭州、嘉兴间的交通被截断。随后,淮军程学启、刘树元等部攻破嘉兴,廖发寿阵亡,程学启负伤身死。左宗棠下令对杭城发起总攻,常胜军猛轰凤

---

① 左宗棠(1812—1885),字季高,湖南湘阳人。曾入张亮基、骆秉章幕府,后经曾国藩举荐,募5000人组成楚军,赴赣、浙作战。

山门，太平军拼死抵抗，清军仍不能登城。二月下旬，听王陈炳文出击，与清军激战，但力不能支，连夜撤退。二十五日杭州终被清军攻占。余杭守将汪海洋弃城北走，与陈炳文据守德清。左宗棠遂从富阳移驻杭州，派蒋益澧部继续追击太平军。陈炳文、汪海洋经徽州撤往江西，黄文金、杨辅清坚守湖州（浙江吴兴），直至天京陷落。

宁波自咸丰十一年（1861）十一月被太平军范汝增、黄呈忠部未费一兵一卒占据后，即与列强办理交涉，双方暂时和平相处。同治元年（1862）四月初，清军照会英法领事，希望能够助战。于是英法联军配合清军，于四月十二日向宁波进攻，太平军撤出宁波。八月中旬，太平军自慈溪反攻宁波，李鸿章命华尔率常胜军自上海到宁波，攻占慈溪。至此，浙江全境被左宗棠部攻取。

江浙反包围之战的先后失利，太平军已丢失大部分根据地，只剩下天京孤城陷入湘军的重重围困之中。

天京保卫战

"天京事变"后，太平天国在政治、军事上的衰败，为清军大举反攻创造了便利条件。清军攻取安庆后，由曾国藩坐镇安庆指挥全局。长江南北两岸的名城重镇巢县、和州、石埭、庐州、当涂、芜湖等接连被浙江布政使曾国荃、同知曾贞斡、浙江提督鲍超及湘军水师攻陷，天京外围已无屏障，暴露于清军面前。曾国荃于同治元年四月二十八日率所部进占天京郊外的周村，驻军板桥，五月初一日进逼秣陵关。秣陵关北屏天京，西辅大胜关，是天京南面非常重要的雄镇。按常理，太平军必然布置重兵，然而，在秣陵关太平军守备松懈，清军一到，守关的太平军将领汪伍登、尚彪、周兰壁等率众投降。次日，清军进攻大胜关、三汊河，太平军守军乘夜纵火弃垒而走。彭玉麟派提督王明山、总兵成发翔等率湘军水师由烈山驶近头关。五月初三日，曾国荃也率军赶到，湘军水陆夹攻，攻占头关。随后湘军沿长江直下，太平天国在江心洲筑有坚固的两座大石垒，彭玉麟督率王明山等水师飞炮来攻，守军从墙洞内还击但仍然失守。清军进夺蒲包洲，停泊在天京城的护城河口。曾国荃统带1万多湘军步兵直入雨花台扎营，距天京城不到四里。

当曾国荃驻营雨花台，湘军水陆东下进逼天京时，同治元年（1862）四月十五日庐州被清军多隆阿攻破，陈玉成北走寿州，被俘身亡。此时，李秀成正东攻松江、上海，为挽救天京危亡，天王一日三诏，严令李秀成

四、咸、同年间太平天国农民战争

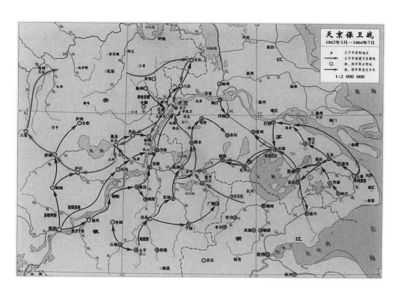

图4.8 天京保卫战（1862年3月—1864年7月）

图片来源：《中国战争史地图》，http://86814.net/wiki/zgzzsdt/

率师回援。面对湘、淮军的重重包围，李秀成从东线返回苏州，于五月二十六日约集听王陈炳文、慕王谭绍光、纳王郜永宽、孝王胡鼎文、航王唐正财、相王陈潘武、天将刘肇钧、主将蔡元隆及汪、吉等会议援救天京，计划备足粮米、火药等军事物资回天京，待清军久驻而惰，战斗意志薄弱时，再班师与之交战，俾可一鼓解围。天王再次颁布诏令催促李秀成率军回援，严厉警告他"若不遵诏，国法难容"①，并对外宣称李秀成有独立的意图，派补王莫仕睽前往苏州坐催。李秀成不得已，于七月十一日再次召集补王莫仕睽、襄王刘官芳、奉王古隆贤、堵王黄文金、来王陆顺德在苏州讨论作战计划。李秀成命人刊刻《会议辑略》，亲自作序，自述其三解天京之围的经过，呼吁太平军团结一心，鼓励士气，道出"如欲奋一战而胜万战，须先联万心而作一心"的心声。② 李秀成等人商定，兵分三路，南路由辅王杨辅清、堵王黄文金等攻宁国府，牵制清军援军；中路由护王陈坤书等人进攻金柱关，截断清军粮道；中路由李秀成、李世贤率13

---

① 罗尔纲：《李秀成自述原稿注》第284页，中华书局，1982。
② 中国史学会主编：《中国近代史资料丛刊·太平天国》（六）第594页，上海人民出版社，2000。

王号称60万大军（实际兵力十余万）进援天京。

曾国荃曾计划调多隆阿一军会攻天京东，清廷之前已经将多隆阿调往陕西，多隆阿除了留下部分清军驻守庐州外，已经统军离开庐州赶赴陕西。

同时，吴全美、陈国泰等率水师攻毁了观音门、燕子矶的太平军营垒。① 李世忠又派军于五月初四日攻占距天京东面20里的石土埠桥，次日攻占龙潭。五月初七日，东阳也被占领，太平军守军向句容县撤退。五月二十五日，护王陈坤书等率太平军夺回东阳、龙潭两座要隘。

李秀成率太平军于六月初六日、初十日两次向湘军发起进攻，枪伤提督衔总兵张胜禄，几天后张胜禄身亡。六月十六日天京城里派出大军，会同李秀成的援军，分成20余支小股部队攻击曾国荃部湘军，双方激战，太平军伤亡颇众。自安徽宁国府于六月十七日落入清军之手，屯集在皖南雄黄镇的太平军大约有2万人，他们会同城中守军，于六月二十五日晨，又一度猛攻清军，未能取胜。水路方面，湘军水师统领杨载福回到皖南后，于六月十三日到江宁，与侍郎彭玉麟观察地势。

李秀成统率大军于八月二十一日从苏州出发，经溧阳、溧水，抵天京城南。他分兵两路，一支由秣陵关前往雨花台，另一支由板桥、善桥进攻天京西南的清军大营。自闰八月二十日起，李秀成约集天京守军连日猛攻，特别是天京城西、南两个角落。八月二十五日以后，李秀成更全力猛攻东路，"洋枪弹炮，骤若飞蝗"，并暗中开掘地道，想方设法从四面八方向曾国荃部进攻。战斗中，太平军用大炮猛攻，清军勇将倪桂阵亡，流弹击伤了曾国荃的面颊，使其几乎丧命。九月初一日，李世贤由浙江率军三四万人赶到，也加入了战斗。但太平军人心不齐，将领骄佚畏死，各路太平军的战略目标均未达到。十月，李秀成下令撤出围攻清军雨花台大营的战斗，这场规模空前的大会战以太平军的失败而告终。

从交战双方的兵力来看，太平军握有绝对优势的数量，但在45天的连续战斗中，各路太平军的战略目标均未达到，最后竟无功而退，原因何在？其中的关键，应该是太平军的组织指挥出现了重大失误。李秀成指挥的太平军对湘军曾国荃等部的情况一无所知，而攻坚战是兵家自古以来面

---

① 〔清〕王先谦：《东华录》同治九，同治元年五月壬寅。

四、咸、同年间太平天国农民战争

临的难题，一向为兵家所忌。李秀成虽然从四面八方向围困天京的湘军发起进攻，但对敌我双方的战斗力缺乏清醒认识，李秀成所率领的太平军数量优于曾国荃部湘军，且火器优于湘军，其不足是无水师与湘军水师对抗，又未攻击湘军西面的薄弱环节。战场实际说明要打破围困，本可采用多种战术方法来调动湘军，不应一味攻坚，而应该作持久打算。但李秀成迫于严命，急于求成，在战术上也只采取单一的硬攻一法，终至无功而返。

李秀成撤兵后进入天京，洪秀全严责其过，革去爵位，命令他统军反攻，渡江经略皖北，以分清军之势。李世贤建议李秀成渡江北攻，以牵制清军，则天京之围自解。李秀成接受了建议，拨出数万部队，回援太仓州（今太仓）。他先派章王林绍璋、对王洪春元、纳王郜永宽及忠二殿下李容发（李秀成之子），于十月十七日、十八日统兵过九洑洲，一面包围李世忠所部军营，一面日夜不舍，冲过浦口、江浦。

曾国荃抽调周惠堂等两营清军抢先驻扎在西梁山，又商令李昭庆带张树声新募的五营淮军从芜湖北渡，救援无为州（今江苏无为），以保证粮道通畅。曾国藩调遣李续宜部下萧庆衍的八营湘军移扎庐州府，又截留李鸿章新募的吴长庆部四营淮军守庐江县，唐训方新募的何有能等三营淮军协助石清吉守庐州，曾国藩还奏请清廷调遣署贵州提督江忠义统率所部3000人驰赴皖北，与安徽布政使江忠濬同驻庐州境内，但店埠、运漕等处都没有清军扼守。这时，毛有铭部湘军还在河南固始，萧庆衍部湘军还在霍邱，曾国藩命令他们一同前往舒城县，再行进兵。

洪春元部太平军冲过李世忠各营后，从和州的青甸庙斜向西进，于十月二十七日攻克含山县（今安徽含山县）运漕镇，次日占领巢县。十一月初一日占领和州（今安徽和县）。十一月二十四日洪春元统军至无为州北门外，与清军同知李昭庆、张树声、按察使刘连捷、水师总兵曾泗美等交战后退回。

彭玉麟水师驻扎裕溪口，曾国荃派周惠堂等两营分守裕溪口及西梁山，水陆倚护。又派三营分驻龙山桥及东梁山。十二月初九日，彭玉麟派水师到运漕镇上游、将萧庆衍军摆渡过河筑营，太平军对其实施围攻，毛有铭率军来救，太平军退却。初十日，彭玉麟派曾泗美等水师掩护陆军向运漕镇自上游向下游进攻，亲自督促成发翔等营向三汊河自下游向上游进攻，运漕镇太平军守军不敌，向铜城闸撤退，运漕镇落入清军之手。毛有铭回驻石涧埠，往东关方向进攻，太平军东关守军凭垒坚拒。毛有铭遂在十二月二十日转攻巢县，他们刚翻越过芙蓉岭，太平军就立即出战，包围了毛军两营，总兵彭星占等将领阵亡。二十二日、二十三日两天，萧庆衍率军进攻铜城闸，太平军堡垒被毁。

同治二年（1862）春，李秀成渡江占领江浦，李世忠义子李显爵弃城而逃，李秀成乘胜进攻庐江，数日不下，又北攻六安，欲与张乐行捻军协同作战，捻军进攻上游，迨李秀成抵达六安才听说捻军失败的消息。李秀成指挥军队东进通、泰，与苏、杭相呼应，迫使镇江清军不战自退。李秀成占领镇江后，通往燕子矶的粮道被打通，李秀成屯重兵于高桥凤仪，欲移师东行。

李秀成再调护王陈坤书等于同治二年（1863）正月初十日继续渡江入皖。爱王黄崇发、顾王吴如孝等统军于正月二十七日陆续渡江，进攻李世忠军陈自明大营，二月初三日占领浦口，即分别攻打江浦、桥林等处。李秀成率忠二殿下李容发、纳王郜永宽、养王吉庆元、纪王黄金爱、维（武）王汪有维、顺王李春发、相王陈潘武等于二月十三日到达巢县，欲进攻皖北，以解天京之围。二月十六日太平军占领江浦。

曾国荃在李秀成北渡后，愈发急迫地进攻天京。天京城外西南方向的太平军营垒被全部摧毁，李秀成在江北的天长、六合、来安之间与湘军相持不下，闻天京告急，立刻南渡。

在李秀成率军力争上游，经略江北之时，清廷对曾国荃孤军深入，议论纷纷，曾国藩也担心曾国荃孤注一掷，恐遭不测，决定亲自视察沿江各营。正月二十八日，曾国藩自安庆乘船朝东向下游巡行，于二月二十八日返回。他沿途察看军情形势，认为太平军有必灭之理，湘军有必胜之势，决定继续增兵围困天京。

太平军在江北与湘军鏖战，李秀成分军全力猛攻驻无为州石涧埠道员毛有铭、记名按察使刘连捷的营盘。自三月初七日以后，增加100多座堡垒，层层围绕，截断清军的粮道汲道，断绝他们的文报渠道。曾国荃则派道员彭毓橘率马步八营，急速前来支援。彭玉麟也派周万倬、刘祥胜等部水师渡江前往，与提督萧庆衍军在黄雒河会合。十六日，彭玉麟督率水师到海子口，牵制东关一路。他派人混入石涧埠营中，与守军密约第二天的会战。十七日，清军内外夹击，李秀成力战不支，只好分别向小岭、开成桥撤去。鲍超部湘军渡江援救皖北，于三月十六日抵达无为州。十九日，

四、咸、同年间太平天国农民战争

李秀成统带大军进攻庐江，曾国藩令鲍超转而援救庐江，李秀成军于十九日、二十日解围，向西面的悔心驿转进。这时，捻军梁王张宗禹偕太平军天将马融和从河南进入湖北，并于十八日赶到安徽宿松，进达桐城与清军在三里街展开激战。张宗禹等与李秀成军会合。二十三日，李秀成军前队到达六安州（今六安市），次日大队接踵而至。驻守六安州的清军是蒋凝学部王临祥、袁秀林两营及粮台道员曾广翼、知州何家聪。二十五日，李秀成从三面发起进攻，未能破城。二十七日再次猛攻，仍然没有攻破。曾国藩调动鲍超由庐江，刘连捷、彭毓橘、毛有铭由无为州往援。李秀成率军到六安州的目的，是想与扶王陈得才（陈玉成堂叔）等军会合，而陈得才等早已进入陕西，此时正值青黄不接的季节，六安当地没有粮食供应，军粮更加艰难，于是李秀成撤围，由寿州边界而回。

李秀成军从六安州南撤后，曾国藩立刻令鲍超从柘皋进兵，攻击巢县以北，按察使刘连捷、道员彭毓橘、提督萧庆衍等从迎珠塔进兵，进攻巢县以东。欲攻巢县，必先夺东关、铜城闸，彭玉麟于四月初五日命令萧庆衍、彭毓橘专攻铜城闸，又派水师曾泗美会合刘连捷、毛有铭专攻东关。初六日夜间，刘连捷等从水陆两路进军，五更时攻占东关。黎明，太平军反攻未果。萧庆衍、彭毓橘会同喻俊明、成发翔等水师自初六日起进扑铜城闸，至初十日攻占该地，随后进军巢县（欲取巢县，必先进兵望城岗）。十六日，刘连捷部会合彭毓橘、成发翔部水陆湘军，分道出发，他们得知太平军在霄箕山麓设有伏兵，遂驻军不前，太平军分两路前来攻击，双方互有损折，太平军很快退去。十八日，萧庆衍率军前来会合。二十日，萧庆衍、刘连捷两军到望城岗，太平军首先渡河发起进攻，被成发翔部水师抄了后路，主将阵亡，全军败退，清军在望城岗扎营。二十二日，清军水陆猛扑巢县，太平军在窑庙沿河的六座堡垒被刘连捷攻毁。太平军守军竞相从东门进城，清军尾随冲入，成发翔部水师也从南门进攻。巢县在当夜被攻占。二十四日，鲍超、刘连捷、彭毓橘等各路清军会师含山，含山太平军守军已于凌晨撤走。鲍超、萧庆衍、成发翔等部星夜前往和州，围攻堡垒，其中一部分太平军守军撤退不及，走出堡垒投降。

曾国荃担心李秀成南渡后将会救援苏州，并进攻扬州、里下河，乃力攻雨花台石城及聚宝门石垒，以达牵制之效。二十七日，曾国荃命记名总兵李臣典、副将赵三元等部湘军专攻雨花台石城，副将赵清河、黄东南等部进攻聚宝门外南卡石垒，总兵晏礼周等部进攻西卡石垒，副将何玉贵等部进攻东卡石垒，道员陈湜、提督萧孚泗等部分别策应。次日，雨花台石城及聚宝门外东西南九石垒都被湘军攻下，城内太平军出城主动进攻，但未能取胜，只好撤退。

四月十六日，李秀成部一支太平军进抵天长县境。李秀成于二十四日至天长县。捻军梁王张宗禹也赶到盱眙、天长一带。不久，天王洪秀全以雨花台石城及聚宝门外石垒失守，急召李秀成统军回援。

李秀成由仪征、六合赶往浦口、江浦、九洑洲，渡江南回。桥林、小店的太平军也于五月初五日冒雨渡江。提督萧庆衍部清军袭击浦口，浦口太平军守军于初十日撤退。江浦守军致书清军诈降，鲍超、刘连捷拒不接受，初九日指挥清军疾行前进。初十日，总兵李朝斌统领太湖水师赶赴上海，先驻扎在浦口，以阻扼还未渡江的太平军。彭玉麟、杨岳斌各自率水师进入内河，突袭江浦，江浦太平军守军于同日撤退。至此，江北最后两座城池均落入清军之手。而此时长江突发洪水，道路被淹没，太平军饿死不少。未渡江的太平军并入九洑洲，九洑洲早已经一片汪洋，洲上太平军守军因有顾虑，没有接纳。而清军水师已截江围攻，进入九洑洲的太平军无法南渡，于是争先恐后地向芦苇丛中逃去。在芦苇密集之处，水深均在一丈以上，而且里面沟港纵横，一触即溺毙。据清军奏报，太平军死亡以数万计。到十一日仍有一部分太平军在长江边忍饥挨饿，北面被新开河所隔，不能再回到二浦，南面被长江所阻，同样无法渡江返回天京。而清军水师分队登陆，全天轮番攻击，太平军或战死，或自沉，无一生还。曾国荃在夜间与彭玉麟、杨岳斌视察九洑洲，见九洑洲在惊流急湍之中，石城高峙，巨炮层列，防御严密，与南岸下关、草地夹等石垒互为犄角，决定先攻南岸。曾国荃派总兵丁泗滨等四营湘军为头队，从下关进军；总兵喻俊明等六营湘军为二队，从草鞋夹进军；记名总兵彭楚汉等部湘军为三队，相互策应。杨岳斌、李朝斌往来督战，彭玉麟率成发翔等部水师据九洑洲上流，以牵制九洑洲的太平军守军。十三日，清军分队来攻，下关、草鞋夹的太平军守军以炮轰之，湘军无法接近堡垒。随后，湘军预先用枯荻灌油，在长江上纵火，数百艘太平军船只被焚毁，清军乘势攻垒，下关、草鞋夹的八座堡垒相继被毁。接着湘军进扑中关，此处水流湍急，湘军船只不能向上游行驶只得退回。十四日，太平军进扑燕子矶，反被湘军攻破。十五日清晨，杨岳斌、李朝斌督促总兵喻俊明、丁泗滨、成发翔、彭楚汉、张锦芳，副将杨占鳌、颜海仙等数路湘军猛扑九洑洲。太平军守

四、咸、同年间太平天国农民战争

军奋勇抗击,战争持续到夜半二更时分,清军最终攻破城池,城内的太平军全部战死,九洑洲失守。自此,清军水师往来天京上下游间没有任何阻碍。

李秀成此次军事行动的目的是扯动曾国荃包围天京的军队,以解天京之围,但李秀成此时面临的局面,与咸丰十一年(1861)统大军进入湖北时完全不同。当时,李秀成已控制了湖北东南部各州县,距武昌仅数十里,而武昌城内清军已乱成一团,仅有总督官文及司道各员而已。如今,天京以西,均落入湘军之手,李秀成悬军深入,处处受阻,最后也只进军到六安就掉头回师了。此次出征失利,太平军损失不小。据李秀成说,前后损失数万人,自九洑洲南归者,仅剩不足5万,渡江北攻的计划非但徒劳无功,而且还丧失了主动权。从此,太平天国再也无力组织较大规模的反攻,天京城深陷湘军重围,难以挽回其败局。至此,洪秀全出击敌后,挽救天京危局的计划归于失败。李秀成回到天京后,曾国荃正督兵猛攻天京东南的七瓮桥。李秀成命杨辅清、陈坤书筑长墙、掘深沟以坚拒,以打通苏、常粮道。杨辅清战败,李秀成屡次征召浙、苏太平军增援,但均因自顾不暇而不能至。这时,杭州、无锡、温州、台州、衢州、海宁局势危急,洪秀全生怕天京难守,不准李秀成赴苏、杭指挥反击。李秀成再三乞求,洪秀全才肯放行。李秀成赶到苏州,见大势已去,便赶往丹阳,与格王陈时永商议迁都,李世贤邀他赴浙,待来年开春共解天京之围。同治二年(1863)十一月,随着苏州失守,太平军在苏、浙战场全面瓦解,天京已经变成一座四面受敌的孤城,十座城门中仅有太平、神策二门可与外界相通,天京城势在必失。李秀成向洪秀全提出"让城别走",却遭到洪秀全的痛斥:"朕奉上帝圣旨,天兄耶稣圣旨,下凡作天下万国第一真主,何惧之有!不用尔奏,政事不用尔理,尔欲外去,欲在京,任由于尔。朕铁桶江山,尔不扶,有人扶,尔说无兵,朕之天兵多过于水,何惧曾妖者乎!"① 李秀成知大势已去,只好留在天京城内,与众人共存亡。

同治三年(1864)四月二十七日,洪秀全在饥饿中病逝于天京,五月初三日,幼主洪天贵福继位。时干王洪仁玕于同治二年十一月奉命出京催粮未归,一切军政事务均归李秀成执掌。当时天京城内不足万人,守城将

---

① 罗尔纲:《李秀成自述原稿注》第307页,中华书局,1982。

士能作战的不超4000人，但面对汹涌而来的5万湘军却毫不畏惧。曾国荃自六月起，连续猛攻天京。十五日、十六日两天，湘军通过地道用炸药轰塌太平门东侧城垣20余丈，蜂拥而入。

湘军破城后，进行疯狂屠杀和掠夺，诸王府火光冲天，昔日繁华的天京城化为一片瓦砾废墟。

天京失陷之时，洪仁发死于乱军之中，洪仁达被俘身亡。幼天王在李秀成的护送下逃出天京，不幸与之走散，后来辗转在安徽广德与洪仁玕会合。洪仁玕辅佐幼天王继续战斗，于八月进入江西，准备与侍王李世贤会合。九月，洪仁玕、幼天王在江西石城被俘，先后在南昌被杀。洪仁玕实践了生前"宁捐躯以殉国，不隐忍以偷生"的誓言。[①] 而李秀成在突围时，被湘军俘获。他在囚笼中写下几万字的供词，详细记述太平天国的发展情况，总结败亡原因，同时也表达有招降太平军余部的愿望。曾国藩在他写完"供词"的当天，即将其杀死。天京的陷落和太平天国的主要领导人的阵亡，标志着轰轰烈烈的太平天国农民运动基本结束。

---

① 扬州师范学院中文系编：《洪仁玕选集》第28页，中华书局，1978。

五、会党反清战争

五、会党反清战争

"会"是清代民间秘密结社组织。清代民间秘密结社中最主要的就是天地会。天地会因"拜天为父,拜地为母"故称"天地会"又称"三合会""三点会"。以"反清复明"为宗旨,因明太祖年号洪武,对内称"洪门"。会党是以孙中山为代表的资产阶级革命党人对鸦片战争后,以反清复明为宗旨的民间秘密团体的总称。鸦片战争以来,中国在外国列强的侵略下,民生凋敝,百业衰败;在封建官府的压榨下,民不聊生,会党组织蓬勃发展。在中外民族矛盾和国内阶级矛盾的日益尖锐、渐趋激化中,会党组织先后发动了若干次大规模的反清战争,沉重地打击了中外反动势力,迫使清政府调整统治政策,缓和社会矛盾。

1. 捻军反清战争

天京陷落,标志着太平天国运动的失败。但是,遍及大江南北的农民武装并没有被完全扑灭,仍有数万农民武装继续同清政府展开斗争。

天京失守后,长江以南的太平军余部,由李世贤、汪海洋等驻守皖赣边境,由黄文金驻守浙江湖州。同治三年(1864)春,侍王李世贤奉命率太平军到江西运粮,以解天京饥荒。当他获悉天京陷落的消息,即与康王汪海洋等分路由江西转至福建。八月,攻克汀州、漳州等城池,并以漳州为根据地,建立政权,整军习武,坚持战斗。同治四年(1865)左宗棠率重兵分路围攻,太平军被迫撤出漳州。本当同心抗敌之际,但处于困境中的李世贤、汪海洋之间却发生内讧,汪海洋将李世贤杀害,带领部队占领嘉应州(今梅州)。而左宗棠率部尾随追击至嘉应州,双方展开激战,汪海洋战死，后由谭体元接替主持军事。谭体元率部退出嘉应州，进入附近山区。但其驻地被清军包围，至同治五年（1866）初，谭体元部全军覆没。与李世贤部相比，驻守湖州的黄文金部距离天京较近，幼天王洪天贵福逃出天京后，到安徽广德与洪仁玕会合，并一同前往湖州。但此时湖州已被清军包围。为保护幼天王，洪仁玕、黄文金决定离开湖州，北渡长江，另辟根据地。然而，黄文金病死在前往宁国的途中，洪仁玕和幼王因失去护卫先后被俘身亡。至此，江南太平军的活动宣告结束。

太平天国运动失败后，太平军余部加入江北地区的捻军，继续坚持与清廷斗争。

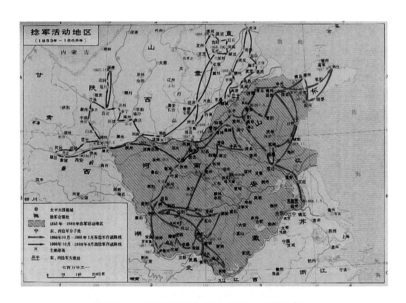

图 5.1　捻军活动地区（1853—1868 年）

图片来源：《中国战争史地图》，http://86814.net/wiki/zgzzsdt/

捻军是由捻党演变而来的。捻党的起源可追溯到康熙年间，而在官书中的正式记载则为嘉庆十三年（1808），俗称"红胡子"（"涂面执械"）。

捻党早期活跃在皖北的淝水、涡河流域，当时称"捻"（皖北方言，意为"股"，一捻也就是一股、一批、一伙的意思），何以为"捻"？有多种说法：其一"群聚为捻"；其二"聚众打降为捻"；其三"拈纸然脂，毁皇劫财为捻"；其四"裹纸燃膏为龙戏，谓之捻"。总之，是一部分人聚集起来反抗现行统治秩序的就称为"捻"。邻近的江苏、山东、河南等

五、会党反清战争

省都先后出现了捻党的秘密组织。到嘉庆朝中期,安徽的颍州、亳州,江苏的徐州,河南的归德,山东的兖州、曹州等地区,均有捻党组织的秘密活动。

捻党的早期活动主要以打家劫舍、贩卖私盐为主。他们"日则市场姿(恣)横,夜则乡村行窃"①,或据险扼隘,突起抢夺。由于安徽等地所食淮盐价高质次,不少捻党还参与贩卖私盐。另外,"打哨"是捻党较为重要的活动。他们手执武器,外出打劫官吏豪绅,劫夺当铺、钱铺、酒坊、盐店和金库等,所得货财大家均分享用。显然,捻党初期的打家劫舍活动,主要是为解决自身面临的衣食困难。他们集中成捻,分散回家,相互联络,以致村村有捻,庄庄有捻,使一些地区的捻党形成了势力范围,但各地区捻党相互间却少有联系。

鸦片战争后,捻党由早期的贩运私盐、打劫地主豪绅转向反抗地方官府和清政府的半武装斗争。捻党活动的逐渐扩大和发展,引起了清廷的恐惧,清廷调派兵力进行围剿。在斗争过程中,涌现出张乐行②、龚得树、冯金标等有影响力的"捻首"。

道光三十年(1850),张乐行在涡阳与当地宋姓豪绅械斗,被告到官府后,聚众与官府对峙。咸丰元年(1851),淮北一带各州府县捻党纷纷起义,张乐行和龚得树等人首次结捻聚义,攻破河南永城,破仓分粮,劫牢释囚,揭开了捻军起义的序幕。次年(1852),张乐行率众在蒙城、亳州地区树黄旗起义抗清,同时起义的还有永城、亳州、蒙城、凤台、宿州等地18股,张乐行被推举为"大汉盟主",史称"十八铺聚义"。各路捻军统一编制,以张乐行领黄旗,龚得树领白旗,韩奇峰领蓝旗,苏天福(一作添福)领黑旗,侯士伟领红旗,形成了捻军初期的领导集团。会议颁布行军条例,确定军事纪律。除了五大旗以外,河南夏邑籍捻首王冠三率其黑旗捻军来会,是捻军主力之外又一支具有相当实力的部队。③ "十

---

① 中国史学会主编:《中国近代史资料丛刊·捻军》(一)第309页,神州国光社出版社,1953。

② 张乐行,即张洛行(1810—1862),出生于安徽亳州雉河集(今涡阳西北)一个富裕家庭,在当地颇有威信。他开糟坊、粮行、赌局,又结党贩运私盐,为当地著名的"盐趟主",常与官府发生矛盾,遂集众成捻,支持农民抗粮、抗差、吃大户,是官府追捕的对象。

③ 李治亭:《中国断代史·清史》第1678页,上海人民出版社,2002。

"八铺聚义"标志着捻党脱离秘密结社状态,公开武装抗清,使捻军从分散走向联合,有了统一的组织、共同的信条和领袖,并以雉河集为根据地。咸丰三年(1853)初,太平军东进,连克武汉、安庆等地,经安徽、河南时,皖北捻党纷纷响应。

咸丰五年(1855)八月,张乐行、苏天福占领会亭驿,攻克夏邑城,人数发展到五六万人。后来又东到江苏砀山,西扑商丘马牧集,南下包围亳州、占领蒙城,并分兵攻打鹿邑和颍上。清廷调派苏皖豫三省清军进行围剿,湖南提督武隆阿负责指挥调度,张乐行、苏天福等再攻夏邑,击败了武隆阿部。

捻军在斗争中迅速发展,人数扩大到十余万人。咸丰六年(1856)三月,在张乐行、苏天福的率领下,捻军分兵五路,进攻河南。他们围永城,占夏邑,又围归德,把河南巡抚英桂困在城中。此时,清廷增派兵力,分进合击捻军,捻军失利,从归德撤回雉河集。很快,捻军再次挥师东进,向怀远和宿州发起进攻,进入砀山、萧县,直逼临淮,使驻守苏北重镇清江浦的清军大为震动,宣布戒严。捻军被清总兵傅振邦部阻挡,南下袭取怀远。在怀远,大败郑魁士部清军,参将福坤阵亡,郑魁士受伤。五月,捻军回师雉河集,围攻亳州,与袁甲三、邱联恩、西凌阿等部清军展开争夺,雉河集最终多次易手。由于捻军"居则为民,出则为捻",组织松弛,缺乏必要的战备,雉河集被清军攻占。

捻军撤出雉河集后,龚得树在宿州临涣集大败清军崇安部,崇安西逃至亳州城内。捻军主力在张乐行率领下,渡过颍河,到达三河尖,这里地处豫、皖两省边界,是商贾辐辏的重镇,他们在这里多方经营,一时间竟然扩大到十几万之众,声势日渐雄壮。

"天京事变"后,太平军在淮南地区的防务相对脆弱。这种形势下,洪秀全力主采取联合捻军的战略方针。此时,张乐行正向淮南地区发展。李秀成奉命通过李昭寿与张乐行、龚德树的旧日交谊,邀请张乐行加入太平天国,张乐行复文表示同意。咸丰七年(1857)二月,太平军李秀成部和捻军于霍邱城外会师,联合攻占了霍邱。张乐行接受了太平天国"征北主将"的封号,苏天福为"立天侯",张元隆(即张龙)为"钟天福",张宗禹为"石天燕"。捻军成员一律蓄发,受印信,易太平天国的旗帜。捻军与太平天国虽然联合,但仅限于有事联合作战,无事则各自独立行动,捻军仍保有独立的制度和领导系统。

五、会党反清战争

此后,张乐行部与陈玉成部在河南固始、安徽颍上等地联合作战,五月,捻军在三河尖战斗中失利。张乐行率部撤退到正阳关,遭到清军胜保部围攻,捻军与太平军在正阳关击败清军,但捻军的处境依然相当危急。张乐行派人向太平军六安驻军求援,李秀成遂派李昭寿前往增援,捻军得以顺利南下。十月,在六安与太平军会师,打败清军李孟群部,占领旗山镇。

十一月间,捻军发生内讧。以刘永敬(即刘饿狼)和刘天台(即小白龙)为首的蓝旗将领认为留在淮南是给别人打天下,而淮北老家正在被清军洗劫,故反对与太平军联合,并率部返淮北。张乐行劝说无效,遂疑刘永敬易帜,便与龚德树合谋以叛变罪名处死了刘永敬和刘天台,蓝旗余众受惊溃散,刘天福、刘天祥等率部逃往淮北。这样,捻军分裂为淮北和淮南两部分,淮北捻军向山东、河南方向远征,独立进行反清斗争;淮南捻军则继续与太平天国联合作战。

咸丰八年(1858)三月,胜保、袁甲三移营到六安城外,配合李孟群部围攻六安捻军。但此时捻军孤立无援,城内许原如、杨邦本等太平军将领被清军收买充当内应,六安最后失守。张乐行率捻军沿淠河北上,再沿正阳关淮河水路东下,占领怀远、临淮等地。此后,怀远成为捻军主力驻地。六月,捻军黑旗张元隆、任乾等击败黄元吉部,占领临淮关,旋即占领凤阳府。自霍山、和州、滁州东西两面近2000里,均被捻军占领。

捻军从咸丰八年(1858)冬开始,分别在鲁、鄂、陕、豫四省展开流动作战,清军狼奔豕突,疲于奔命。

山东方面,苏天福、刘天祥两部攻占丰县,进入山东西南单县、金乡、巨野、嘉祥等地,直抵黄河南岸。为防止捻军北渡黄河,咸丰九年(1859),清廷派僧格林沁部沿黄河北岸择要防守。咸丰十年(1860)夏,捻军姜台凌、刘老渊、刘天福、张敏行等在苏北战败,转向山东攻占济阳,威胁泰安,占领蒙阴县城。十月,僧格林沁抵达济宁,与刘老渊等部捻军激战于巨野县境内的阳山集。僧格林沁兵败,副都统格鹏额、侍卫德成父子阵亡,瑞麟负伤败走汶上,僧格林沁退守济宁州。十月底,刘老渊率部撤出山东,向河南虞城、夏邑方向退回。

十二月,捻军赵浩然部再入山东,进据金乡、巨野一带。咸丰十一年(1861)正月,在菏泽附近击败僧格林沁、贵成部,察哈尔总管伊什旺布阵亡,僧格林沁退到唐家口。捻军迅速渡过汶水进入东平州。在汶上杨柳集，僧格林沁再次被击败，副都统西凌阿、参将伊兴额、徐州镇总兵滕永胜等阵亡。捻军乘胜前进至长清张夏，逼近济南，后向东迁回进攻青州府（益都），副都统恩夔溃败。捻军占领安丘，旋即弃城东进高密，南逼邹县，僧格林沁则退入县城，以避锋芒。捻军又转而向济宁州进军，到七月，赵浩然、赵欣然、李加英、李大个子、魏怀元、宋喜元等部捻军，即以鲁西南的单县、鱼台、金乡、巨野等县为根据地，而僧格林沁回军扼守济宁、东平，以防备捻军北上。

鲁西南捻军分路出击，七月末，刘天福自邳州入郯城、峄县，北趋邹县、曲阜。八月初，张敏行、赵浩然、李加英等自东平渡过运河，向宁阳、莱芜进军。八月中旬，两军在蒙阴附近会师，并进军济南。山东巡抚谭廷襄闭城自守，拒不出战。捻军东走章丘，进入鲁东的登州、烟台。清政府被迫向英法水师乞援。赵浩然、张敏行等部，回师向章丘、邹平、寿光，清军紧随其后一路追到郯城，因此赵浩然、张敏行率部退入江苏。

海州李成部捻军向北出击，经莒州、诸城、安丘，逼近烟台，法国海军司令卜罗德、英国海军帕森斯中尉出兵干预，李成部撤回。

鄂豫边界方面，咸丰十年（1860）七月，刘狗、宋喜元、苏天才、福兴才等部捻军远征河南。在柘城高辛集捻军击败清军承惠部，随即围攻陈州府、周家口不克。于是捻军向上蔡、汝阳等方向进发，清军承惠率部在后追击。八月两军在汝阳（今汝南）附近激战，清军大败，承惠等多名清军将领战死。

咸丰十一年（1861）正月，豫中、豫西姜台凌、张敏行、王怀义、董朝选等部捻军攻破河南朱仙镇，威胁开封。他们西至中牟、新郑，随即进抵长葛，围攻许州，西占唐河，并进攻南阳府，又从邓州进入湖北，攻占光化、老河口。三月，从裕州（今方城）北经舞阳，又折而向东，进入太康、柘城，回到亳州。

豫西南地区，孙葵心、陈大喜、张凤林、王殿书等部捻军也非常活跃。咸丰十一年正月，他们西攻固始、汝阳，进攻光州。三月初，北出息县，向上蔡、商水进军，随即回师进攻汝宁州，破汝宁埠。这时，沈丘、项城、张蔡、汝阳，都奉陈大喜白旗号令；确山、遂平、桐柏、泌阳、罗山，则奉张凤林黄旗号令。

皖中一带的捻军随陈玉成部太平军南下，于咸丰十一年二月初二日，自霍山经松子关进入湖北罗田，被清军大败，龚德树战死。龚德树，担任

五、会党反清战争

张乐行的军师,是捻军中仅次于张乐行的主要领袖,他的身亡是捻军的重大损失。九月,姜台凌从泌阳、唐河进入湖北,随即向枣阳、樊城一带发展。十月中旬,他们进至老河口,经河南淅川、内乡、南召、鲁山、郏县、禹州、许州、扶沟、太康、柘城等地,返回亳州。另一路捻军,王怀义、孙老威等自亳州进入豫南,经沈丘、西华、舞阳、南阳、唐河,向湖北枣阳进攻,但没能如愿。十一月末,折回河南,经新野、裕州、舞阳、鄢城、西华、太康回到亳州。

陕豫边区方面,刘狗、王怀义、宋喜元等部捻军向西进军,于咸丰十一年八月中旬进逼洛阳。遭黑石关清军阻遏,转向东进军,攻占巩县,试图攻占郑州,但未能如愿,于是分路返回亳州。

同治元年(1862)春,张宗禹、孙葵心,经周家口、商水,进抵舞阳、叶县,占领卸甲店。北攻汝州(临汝),并分路围攻洛阳。知府安奎依托城池固守待援,捻军向西攻击新安,占宜阳、永宁(洛宁)。五月,清军攻陷安徽太平天国重镇安庆和庐州(今合肥)后,捻军失去太平军的依托,处境困难,张宗禹等向西南方向疾驰,进入陕西,进攻洛南,与远征西北的太平军陈得才部会师。旋进入孝义厅,抵达西安东南的尹家卫。其后,张宗禹与陈得才在陕鄂豫三省联合作战。后因为天京战事吃紧,他们计划经鄂东前去增援。九月,张宗禹、陈得才进抵黄安,遭到清军阻截,于是分别回归亳州、汝南。

捻军进入陕西时,同治元年五月,清廷重新规划镇压捻军的部署,命荆州将军多隆阿督办陕西军务,石清吉部清军驻守庐州。安徽巡抚李续宜为钦差大臣,督办安徽全省军务,袁甲三免职。照麟任陕甘总督。八月,再命钦差大臣胜保赴陕西督办军务。山东、河南两省军务由钦差大臣僧格林沁统辖,并调度直隶、山西及蒙、亳、徐、宿各地防兵前来,捻军在战场上开始陷入被动。

此前,清军对捻军起事的亳、柘、蒙一带进行重点进攻。咸丰十年(1860)一月,捻军在张宗禹、陈大喜等人的率领下,以蓝、黑两旗为主力约3万人,向苏北地区进军,一举攻占的苏北重镇清江浦,淮海道员吴葆晋阵亡,河运总督庚长、漕运总督联英等清军将领狼狈逃往淮安。张乐行积功,被太平天国封为"沃王"。

咸丰十一年八月,安庆失守,陈玉成退守庐州。这是太平军联合捻军在江北抗清斗争由盛转衰的转折点,此后捻军抗清的局势急剧恶化。在淮南，长江北岸的太平天国辖区纷纷沦陷，桐城、舒城、庐江、无为等地均被清军占领。这时张乐行被困在定远，唯一的出路是杀回皖北，重整旗鼓。面对不利局面，陈玉成先派马融和北上寿州，再命张乐行北归，又命陈得才、赖文光向西北远征。时袁甲三部清军进攻定远，张乐行率捻军从苗沛霖的团练区渡过淮河，北归颍上。十一月十四日，定远失陷，张乐行、马融和联合淮北捻军姜台凌及寿州团练苗沛霖于十二月十五日进攻颍州（治今安徽阜阳），但因苗沛霖叛变，颍州城役失败，张乐行退往雉河集孤军坚守。

同治元年（1862）秋，僧格林沁代替袁甲三，统辖山东、河南战场的"剿捻"事务。他为攻占捻军亳州根据地，先镇压了鲁西北白莲教起义，接着移驻归德，督军由北向南进击，饬黄开榜军由宿州向西进击，吴棠派兵防截亳州东北面，再咨调皖军蒋凝学部沿沙河向东北进击，以防截捻军西逃，清军形成四面围攻之势。九月初，捻军内部陷入分裂，投降接应清军者甚多，首先攻破邢大庄及附近各小寨，中旬李廷彦再破捻军苏天福根据地刘寨，肃清亳州以北及涡河北岸捻军，在亳北战役中，捻军损失甚重。僧格林沁剿抚并举，涡河南岸及各地捻军纷纷投降，各路清军逐渐合围，先后在张桥及雉河集，给予张乐行部重创，年底再破亳州韩楼捻圩，捻军再受重创。同治二年（1863）正月，僧格林沁击败永城马村桥捻军，赵浩然投降，张乐行部被击退。清军向亳州核心地带挺进，张乐行向宿州溃逃，遭清军英翰部堵截，遂再回尹家沟，僧格林沁部攻占了尹家沟，王怀义、杨德英投降。随后在蒙城附近清军擒获捻首刘老渊、苏天才等多人，这次战役中，捻军损失了2万多人。二月，清军进逼雉河集，以张乐行为首的捻军退往宿州，受阻后折回雉河集。各路捻军集结20万大军与清军展开激烈战斗，捻军战败，雉河集等地相继失守。初五日，张乐行携子张闹（张喜）乘夜东逃西阳集，投奔蓝旗捻首李四一。李四一是蓝旗刘天台的部下，但这时已被宿州知州英翰属下牛斐然收买，他假意殷勤招待，暗中却向清军密报，张乐行父子被英翰派人解往僧格林沁大营，后张乐行死于亳州义门集附近的周家营。姜台凌、孙葵心、刘老渊见大势已去，纷纷投降，但均被杀。三月九日，僧格林沁回军山东。张乐行余部归其侄张宗禹领导。张宗禹，安徽亳州人，张乐行族侄，绰号"小阎王"，捻军后期重要领袖。

前期捻军失败后不久，赖文光和张宗禹领导的后期捻军继续抗清。同

五、会党反清战争

治元年(1862),太平天国为缓解危局,英王陈玉成派扶王陈得才率领赖文光、梁成富、蓝成春等出征河南、陕西,以分散清军在江南的兵力,在西北地区建立根据地,伺机东归。在河南新蔡,由张宗禹和陈大喜率领的两支捻军加入西征太平军行列,张宗禹后被代封为"梁王"。同治三年(1864)六月,湘军攻破天京,太平天国覆灭。其时陈得才、赖文光正回军增援,进入皖西、鄂东等地,当得知天京已失的消息后,就在豫鄂边界兵分两路,陈得才率一路太平军拟从麻城攻罗田,另一路由遵王赖文光、梁王张宗禹率领,进攻黄安。九月,先后在罗山、信阳一带击败宋庆、陈国瑞等部,陈得才与蓝成春在罗田击败张曜、成大吉部。两路人马合并后,在黄州开展游击战。十月,赖文光、鲁王任柱(任化邦)等部逼近汉口,总兵阁凤山阻截,赖文光北走孝感,转向德安府后,西进枣阳、襄阳一带,大败僧格林沁,僧格林沁率部退入邓州。

陈得才、张宗禹部北进霍山、英山。十月初七日,在霍山黑石渡遭到僧格林沁、郭宝昌等部清军突击。此时,太平军因天京失守,军心涣散,部将汪持第、黄中庸、马融和、范立川等部大约10万人先后投降。十月十九日,陈得才愤而自杀,张宗禹、陈大喜等率捻军进入河南。随后,赖文光率太平军余部与张宗禹部捻军重新集结,共推赖文光为统帅。从此,捻军完全接受太平军的领导。赖文光按照太平军的兵制重新组织捻军,改变捻军以往忽分忽合,互不统属的松散状态,采用太平军的兵法训练、部署,增强了战斗力。为适应北方平原作战的特点,他采取了"易步为骑"的措施,扩大骑兵队伍,在战略战术上以骑兵运动战为主,整编后的捻军由遵王赖文光和梁王张宗禹的领导,史称"新捻军"。

在捻军重新整编期间,连续取得四次胜利:一败僧格林沁所部于湖北罗田滕家铺,杀清将徐连升等;二败清将成保部于河南罗山苏家河;三败僧格林沁部于罗山永寨,杀都统舒通额等;四败僧格林沁部于光山人和寨,杀清将巴扬阿等。连续数次大胜使捻军人心稳定下来,并打开了新局面。

同治三年(1864)十一月,赖文光在湖北襄阳大败僧格林沁,又在河南邓州唐陂击败清军。

僧格林沁于同治四年(1865)正月,由邓州北上,在宝丰击败赖文光、张宗禹,追击到临汝。赖文光、张宗禹突然率捻军从河洛地区折回,正月初二日,在鲁山击败僧格林沁部,翼长恒龄、副都统舒伦保先后战死。捻军取胜后东进襄县、新郑、尉氏，逼近开封，很快又南下进攻信阳，转向遂平、郾城，再向东北方向的扶沟、睢州进军。三月初，赖文光、张宗禹、任柱等部从河南考城转往山东曹州、定陶、城武，在肥城、张夏、宁阳、兖州一带活动。而僧格林沁贪功心切，对捻军穷追不舍。

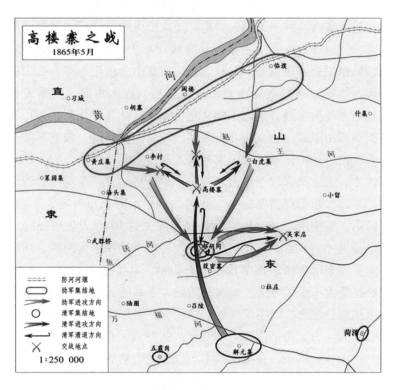

图 5.2　高楼寨之战（1865 年 5 月）

图片来源：《中国战争史地图》，http://86814.net/wiki/zgzzsdt/

　　四月二十四日，僧格林沁率部追击捻军至曹州（今菏泽）高楼寨附近遭到捻军赖文光、邱远才、范汝增、赖侍龙、张宗禹、任柱、李允、牛宏升、陈大喜、宋景诗等部的伏击，僧格林沁突围不成，战死在菏泽西北吴家店，内阁学士全顺及总兵何建鳌、额尔经厄等战死，总兵陈国瑞重伤，清廷仅存的嫡系精锐骑兵全军覆没。此役清军损失 1.1 万余人。但此时，捻军在进军方向上发生了分歧：有主张先攻济南；有主张北趋直隶；也有主张渡黄河，由豫入陕。由于方向不明，捻军失去了乘胜进攻的良机。赖

五、会党反清战争

文光率部渡运河东进;张宗禹南下亳州,竖旗聚众,欲恢复以前的基地。后来,赖文光、任柱也相继率部南下。

僧格林沁战死,清廷大为惊骇,急调曾国藩为钦差大臣,率湘、淮军北上,李鸿章代署两江总督,直隶总督刘长佑扼守大名,崇厚率常胜军开往景州(今河北景县)固守河防,山东巡抚阎敬铭守备黄河、运河间,防备捻军向东发展,河南巡抚吴昌寿防归德,安徽巡抚乔延年布防颍、亳,漕运总督吴棠防守徐、宿,李鸿章、彭玉麟分派水陆兵勇进驻扬州、清江一带,防备捻军向南进攻。再命醇亲王奕譞负责京城防卫。

曾国藩以徐州为大营针对捻军流动作战的特点,提出"以静制动",施行"重点设防""布置河防""查圩"三大策略。他以河南周家口、山东济南、江苏徐州、安徽临淮为老营,屯驻重兵,广储粮秣,一处有急,多处驰援,是为"重点设防";又东沿运河,西沿沙河、贾鲁河,构筑河防工事,北面则在黄河北岸重点驻兵,是为"布置河防";以地方团练在农村实行坚壁清野,进行登记和清查,实行连坐法,以切断捻军和当地农民的联系,是为"查圩"。

同治四年(1865)五月,张宗禹和赖文光等会师围攻雉河集。围攻40余日不克,粮药将尽,遂于六月初三日撤围西走,活动在山东、河南、安徽一带。同治五年(1866)春,赖文光率部进入湖北,先后在麻城击溃清军提督成大吉部,在黄州斩提督梁洪胜,进逼武汉。与此同时,张宗禹由豫西南冲破清军沙河、贾鲁河防线,奔袭鲁西,在郓城击败全副火器装备的淮军潘鼎新部,夺获大批枪炮。八月,张宗禹、赖文光又合力突沙洲防线,击溃河南巡抚李鹤年的河防军,捻军顺利进入山东河套地区。

捻军取得的这些胜利,使曾国藩的战略计划彻底失败。清廷任命李鸿章为钦差大臣,调左宗棠为陕甘总督,九月初九日,李鸿章从江宁赴徐州。清军重新部署围攻计划,以直隶提督刘铭传、山东臬司潘鼎新、总兵张树珊等负责追击东捻军,浙江提督鲍超、江苏臬司刘秉璋、总兵杨鼎勋、刘松山等负责追击西捻军。

十月初三日,李鸿章抵达徐州,办理东路军务。十九日,曾国藩上奏辞职,清廷撤去其钦差大臣职务,留任两江总督。李鸿章代署钦差大臣,负责镇压捻军的军务。李鸿章接手后,仍然沿袭曾国藩的四面围困策略:加强河防,使捻军失去活动的空间,分进合击,剿堵并施。

十月,李鸿章一改僧格林沁和曾国藩的策略,采取"用谋设间,徐图制贼，或蹙之于山深水复之地，弃之以诱其人，然后各省之军合力，三四面围困之；或阴扼其饥疲裹胁之众，使其内乱残杀"。① 李鸿章力主以军事手段、政治手段两手并用，从内部瓦解捻军，同时，实施"划河圈地""以静制动"的作战方略。

同治五年（1866），清军大军压境，迫于形势，为摆脱"独立难持，孤立难共"的局面，赖文光、张宗禹等九月十五日在河南许州（许昌）举行军事会议，将所部捻军分为两支：一支由遵王赖文光、首王范汝增、秦王赖侍龙、德王唐日荣与捻军鲁王任柱、魏王李允及牛宏升等率领，向东北方向出击，是为东捻军；另一支由淮王邱远才与梁王张宗禹、幼沃王张禹爵（张洛行之侄）等率领，向西出击，联络陕、甘回军，是为西捻军。当时，陕西一带的回民起义正在蓬勃发展，东捻军拟由湖北入川，西捻军拟由陕甘入川，彼此互相呼应，"以为掎角之势"。

东捻军在分军以后，直奔鲁西，抢渡运河。力战月余，见大批清军集中过来，遂于十一月折回河南，南下湖北，占领麻城，由黄安、黄陂进至滠口，向西面的孝感、云梦进军，占领天门，准备渡汉水，循宜昌方向进入四川。时屯聚河南唐县的提督郭松林部，闻讯即星夜南援。十二月，东捻军在安陆府（今钟祥）臼口镇附近的罗家集，将追击的郭松林部新湘勇（"新湘勇"系时任湖北巡抚曾国荃于四个月前招募而成）四营全数击杀，郭松林被活捉（后又逃脱）。接着，全歼淮军总兵张树珊部在德安府（今安陆）杨家河全军覆没。东捻军的连战连胜使清军大挫。同治六年（1867）正月，湘军将领鲍超、淮军将领刘铭传在郢城商定分路进击，刘铭传由东路下洋港前进，鲍超部沿汉水直向旧口进发。这时，东捻集结于杨家泽、拖船埠、尹隆河一带决定各个击破，先诱使刘铭传部深入，在尹隆河（今永隆河）附近将其包围。但东捻军对鲍超部警惕不够，被其从背后分路猛攻，东捻军猝不及防，大胜转为大败，折损2万余人。经此挫折，东捻军被迫北走河南，也放弃了入川的战略计划，仍以流动作战的方式应战清军。赖文光等经枣阳、桐柏、罗山、光山，突进到黄陂、黄安一带，虽然攻占黄梅，却被淮军截住，李鸿章率大军在后追击，赖文光等由叶县、襄城转往山东郓城、梁山一带休整。李鸿章在胶莱间布防，企图将

---

① 中国史学会主编：《中国近代史资料丛刊·捻军》（二）第141页，神州国光社，1953。

五、会党反清战争

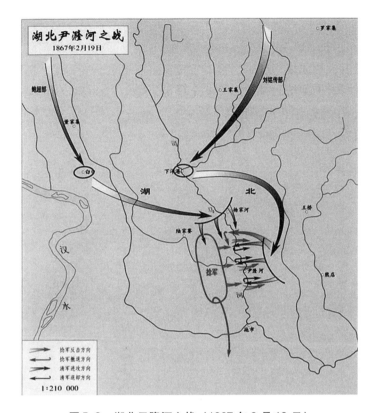

图 5.3 湖北尹隆河之战（1867 年 2 月 19 日）

图片来源：《中国战争史地图》，http://86814.net/wiki/zgzzsdt/

东捻军围困在胶莱半岛。然而，东捻军冲破运河东岸长堤，遂进驻东平。刘铭传率军尾随至单县，捻军由邹平进入潍县、平度，随即在即墨、莱阳、招远间，往返折冲，期望冲破清军包围。

当东捻军打算冲破运河防线再入河南时，清军在运河西岸的长墙防线已构筑成功，时值雨季，黄河和运河水位突涨，清军四面围击，将东捻军困于北有黄河、六塘河，西有运河，东有胶莱河的方形地带，处境日益艰难。东捻军在邹县、曲阜、宁阳、泰安大汶口一带活动。此时唯一可能支援的西捻军远在陕北，呼应不灵。十月间，东捻军入青州，中旬，刘铭传追击而来。东捻军败于潍县松树山，精锐损失殆尽。下旬，再败于日照及苏北赣榆地区，鲁王任柱被部下潘贵升所杀，任三应及任定率余部返回日照后，向北面高密冲去。十一月下旬，在寿光南北洋河、弥河之间，东捻军与清军又展开一场决战,大败,主力损失殆尽,荆王牛宏升、首王范汝增等陆续战死,残部仅千余人在赖文光的率领下,突破北塘河防线,沿途欲抢渡运河,均未成功。十二月十一日到达扬州东北湾头瓦窑铺,被淮军吴毓兰部击败而溃散,任三应、李允身死,赖文光被俘,死于扬州,时年41岁。死前,他写下千余字的《赖文光自述》,《自述》中写道:"唯一死以报国家,以全臣节!"

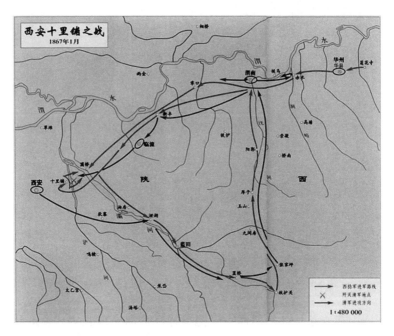

图5.4　西安十里铺之战(1867年1月)

图片来源:《中国战争史地图》,http://86814.net/wiki/zgzzsdt/

　　以梁王张宗禹、淮王邱远才、幼沃王张禹爵为首的西捻军,在河南许州与东捻军分军以后,就西趋陕西,去联络西北境内的回民起义军。他们避开守在潼关的清军,绕道商州,越过秦岭,直入华阴。西进华州(今华县)、渭南,这时,陕西回民起义军已退往陇东,正在陕甘边境镇压回民起义的刘蓉部湘军,闻讯后匆忙东下,于同治五年(1866)十月下旬赶至华阴。捻军设伏于华州敷水东,阵斩湘军七八百人。西捻军前锋于十一月初八日进抵灞桥,逼近西安,又佯趋商洛,北走渭南,吸引敌人追击。刘蓉遂率所部30余营湘军回师西安,十二月十八日行至灞桥十里铺,被埋

五、会党反清战争

伏的捻军精兵包围。时值冬日,风雪交加,湘军又冻又饿,无心恋战,捻军则士气倍增,勇猛冲杀。这场战役,捻军阵斩汉中镇总兵萧德扬等湘军将领3000余人,收降数千人。

灞桥之役后,清廷命湘军刘松山部,解救被西捻军、回民起义军围困的西安,接着又任命左宗棠为钦差大臣,督率各路援陕清军。左宗棠在入陕之前,就与同僚商定了战略计划,即"先秦后陇,先捻后回"。左宗棠分兵三路入陕北路由潼关入陕,阻止西捻军东走河南;中路由紫荆关进屯蓝田,防备捻军走鄂豫边境;南路由蜀河口入陕,防捻军南奔四川。三路军由南向北合围捻军。清军步步紧逼,西捻军撤离西安渭水北岸,八月间更北退至蒲城一带。左宗棠欲将捻军围困于渭水以北,泾、洛两河东,北山以南,黄河以北的狭长区域内,命令陕西各府州县坚壁清野,前后夹击。西捻军为摆脱困境,于九月间由蒲城北趋白水突破包围,进军陕北,拟克延川,攻绥德。

当西捻军进入陕北时,东捻军正被困于山东、苏北,战斗日益严重,他们切盼西捻军来援。由于路途遥远,又遭封锁,联系非常困难。张宗禹在陕北绥德接到赖文光的求援信后,决计采用"围魏救赵"之策,渡河而东,直插北京。十一月二十三日,捻军在宜川、壶口踏过冰封的黄河,突破清军的河防,全师东下山西驰援。西捻军穿越晋南的垣曲,绕过王屋山进入河南怀庆、新乡,再向北挺进直隶,越过保定,逼近易州,其"边马"(前哨部队)直抵京师外围的房山、卢沟桥。消息传来,京师震动,清廷命恭亲王奕䜣负责京师防卫。张宗禹为了实践"誓同生死,万苦不辞"的诺言,冒着极大的危险,深入京师畿辅地区,以调动清军回援京师,解救被围的东捻军。但东捻军早在一个月前已被清军消灭。张宗禹的这个战略没有达到目的,但各路"勤王"的清军却纷至沓来。清军与西捻军在满城一带展开激战,邱远才受伤。由于孤军深入,又遭到优势清军的四面包围,西捻军不得不折向南走。此时清军援兵大集,李鸿章和左宗棠的淮、湘军,山东巡抚丁宝桢的鲁军,河南巡抚李鹤年的豫军,安徽巡抚英翰的皖军,都集中在冀中一带,欲一举围歼西捻军于滹沱河以北。张宗禹率部退往祁州(安国),在冀中一带展开游击战。左宗棠率刘松山、郭宝昌等追击。同治七年(1868)二月,河北饶阳一战,幼沃王张禹爵和淮王邱远才在战斗中身亡。接着,西捻军突破滹沱河防线,神速南下,先后在河南封丘、滑县等地屡败清军,阵斩提督周盈瑞、陈振邦等。三月,张宗禹自河南内黄渡过卫河，向北进入山东境内，又转向东北方向进军，攻静海，逼天津，被崇厚率领的洋枪队击退，就在运河以东的滨海地区暂时休整。李鸿章即刻用围攻东捻军的方式对付西捻军，清军在运河西岸天津以南的减河构筑长墙工事，把黄河北岸的船只一律南调，以淮军、鲁军和洋枪队分别把守河防，又以游击方式与西捻军周旋。从此，西捻军被围困在天津以南、黄河以北、运河以东的滨海地区。在直隶东部的海丰、吴桥、杨丁庄，西捻军连遭败绩，随军家属多被俘虏，战士伤亡很大。

至六月，西捻军与清军在商河和济阳玉林镇大战，这两次战役终使西捻军主力覆没。张宗禹负伤后，率残部做最后的苦斗。六月二十八日，西捻军残部退往茌平南镇，突遭清军阻击。南镇战役是捻军的最后一战，此战西捻军被击溃，梁王张宗禹率18骑突围，据《涡阳县志》称，张宗禹"穿秫凫水，不知所终"①。

捻军作为北方兴起的一支反清力量，几乎与太平天国反清战争相始终。捻军在斗争中形成独有的流动作战和奔袭作战的方式，以少胜多，沉重打击了清王朝的统治。然而，这支军事武装始终没有同太平天国真正统一为一个整体，他们受封不听调遣，独立行动，流动作战，没有根据地，没有明确的政治目标和斗争方向，斗争方式还停留在"劫富济贫"的初级阶段，一旦清廷集中力量，对其实施围攻战略，其失败也是必然的。

2．小刀会反清起义

道光二十三年（1843）上海开埠通商后，随着外国资本主义在上海开辟租界，设立商行，兴建教堂，外国商品如潮般进入中国市场倾销，自给自足的小农经济受到严重冲击。上海及其附近厅县，传统的棉花种植与纺纱织布行业日渐凋敝。1846年以后，松江、太仓的土布市场大半被洋布

---

① 也有一说称张宗禹在茌平投徒骇河自杀，李鸿章、丁宝桢的奏稿均持此说，而左宗棠给李鸿章的信函则称，张宗禹"实在下落尚无确探"。

五、会党反清战争

所侵占,某些以纺织为业的农村,陷入无纱可纺的境地。"中国的纺织业在外国的这种竞争之下受到很大的伤害,结果就使社会生活受到了相当的破坏。"① 外国轮船的穿梭往返,无情地排挤了长江和东南沿海中国木帆船的航运。上海航运业迅速萎缩,加之清廷对航运业敲诈勒索、横征暴敛,大量农户、手工业者、航运水手破产失业,境况凄凉。

上海县城原本聚集大量广东水手和福建水手,他们失业后衣食无着,为了生存铤而走险,相继展开反抗行动。殴官、拒差、焚毁仓衙等反抗斗争,在青浦、嘉定、太仓、松江、南汇及上海等县不断爆发,日益高涨。百姓与外国侵略者的矛盾斗争集中反映在当地民众与天主教会的冲突上,出现了徐家汇教案、青浦教案、崇明教案等反侵略斗争以及反对列强霸占上海土地的斗争。连续不断的反侵略斗争,反映了开埠后上海地区民众与列强间的矛盾日渐激化。尽管一次又一次斗争被清政府和列强联合镇压,仍为日后上海小刀会起义做了政治和思想准备。

咸丰三年(1853)太平军攻占江宁,改名"天京",引起东南地区形势骤变,给上海带来新的压力。清政府为包围太平军,建立江南、江北两座大营,除调动驻守上海的兵力外,还大肆招募兵勇。福建、广东一带失业贫民相继赶来应募,上海一时间成为闽粤贫民聚集之地。按清朝惯例,这些人员向来由各省会馆董事设法抚恤安置,稽查约束,于是会馆董事乘机广结徒众,培植自己的帮派势力。因此,聚集在上海的闽粤等地无业游民,形成一股不可忽视的会党帮派力量。

上海一向五方杂处,聚集着闽、粤、浙、苏等省破产失业农民、手工业工人,在这些人群中很容易产生民间秘密团体,其中,天地会、小刀会最为活跃。

天地会创立于明末清初,尊崇天地,其活动范围遍及闽、台、浙、粤、桂、鄂、湘、赣、苏、川、晋、滇、贵等省,亦称为"三点会""三合会"。

天地会来源有两支,一支由北方白莲教分支大刀会演变而来,另一支为天地会分支小刀会。小刀会最早可追溯到乾隆七年(1742),流传于福建漳浦。乾隆五十九年(1794),台湾凤山盐浦庄郑光彩等人在台湾首建

---

① 马克思:《中国革命和欧洲革命》,《马克思恩格斯选集》第二卷第3页,人民出版社,1972。

小刀会。淡水的杨肇、嘉义的徐章也相继成立组织。台湾小刀会与厦门的闽南小刀会关系密切，陈庆真于道光三十年（1850）夏，在厦门成立小刀会，亦称"双刀会"。闽南小刀会成立后不久，随着上海开埠后闽沪间频繁的海上交通及贸易联系，便由福建人传到上海。福建水手纷纷参加小刀会，使小刀会迅速发展壮大。上海天地会是通过广东人刘丽川①传播而来。道光二十九年（1849），刘丽川前往上海，以抄录医书，替人医病为业。对贫苦百姓布医施药，不收诊费，颇有侠义之风，且豁达大度，和蔼可亲，深受广东同乡推崇，享有很高威信。在行医的同时，他还积极开展宣传组织工作，大力动员闽粤水手加入天地会，并被推为首领。除了天地会、小刀会这两大团体外，上海当地还存在着塘桥帮、庙帮、白龙党、青巾会、编钱会、宁波帮、福建帮、南京帮、江北帮、底作帮、蓝线党等形形色色的帮派组织。咸丰三年（1853）春，太平军占领南京，上海及周边地区清军防御力量减弱，五月下旬闽南小刀会爆发起义，占领漳州、厦门及漳浦、云霄厅（今云霄）等地。消息传来，上海原来互不统属的会党帮派跃跃欲试，统一组成上海小刀会（又称匕首党），意图反清。

　　上海小刀会成立后，对外以"义兴公司"为代号，以刘丽川、李仙云、李咸池、林阿福、陈阿林、潘起亮等人为首。他们将原来各自分散、相互独立的各会党帮派组织联合起来，集中领导，形成一股强大的力量，在上海县城及附近农村着手发展会员，扩大组织，逐渐成为以航运水手、农民为主体，包括手工业者、城市贫民、商人、华侨与游民在内的强大团体。

　　咸丰三年（1853）七月十三日，嘉定县南翔农民在当地小刀会首领徐耀的领导下发动起义，并与青浦会首周立春、王国初联络，他们事先派人贿赂守城兵卒，谎称延请医师，让其夜间城门不下键。徐耀率头包白巾的会众，王国初等人率头扎红巾的会众两三千人，于八月初二日夜间，从青浦黄渡出发，绕道向嘉定进发。次日，起义军突入西门，冲进县衙，知县郑扬旌等大小官吏闻风而逃。起义军在城门上竖起写有"顺天行道"的黑

---

① 刘丽川（1820—1855），原名阿源，小字阿混，广东香山（今中山市）人[《刘丽川上天王奏》（两江总督怡良、署江苏巡抚许乃钊奏片附件，军机处录副奏折），也有人称他为广东潮州人，显系误说]。最初在家务农，后赴香港谋生。于道光二十五年（1845）加入天地会。

五、会党反清战争

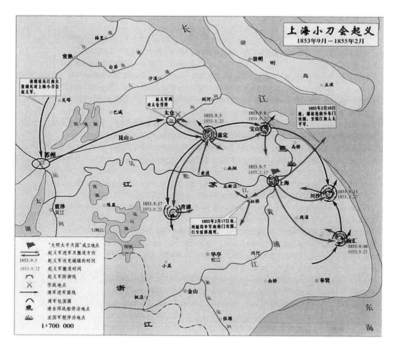

图 5.5　上海小刀会起义（1853 年 9 月—1855 年 2 月）

图片来源：《中国战争史地图》，http://86814.net/wiki/zgzzsdt/

旗。王国初自封"元帅"，杜文藻为"军师"。

八月初四日，嘉定起义的消息传到上海，全城为之震动。为稳定局势，当晚，上海官员登城防守，兵勇严整，彻夜不眠。转瞬间，暴风雨的到来打破了短暂的寂静。在得知苏淞道员吴健彰企图把 40 万两白银运走，作为进攻太平军的军饷的消息后，刘丽川等人当机立断，毅然改变原定的起义计划，决定于次日乘上海城内祭孔大典之际，提前发动起义。当晚，起义的消息便在县城传开，地主豪绅连夜逃离。吴健彰联系法租界当局，希望能得到法国巡捕的帮助，以压制小刀会起义，但已无济于事。

八月初五日凌晨时分，在刘丽川的指挥下，小刀会起义军 600 人，头扎红巾，手持枪械旗号，从县城南门外的秘密集结地三连塘出发，埋伏在小东门与北门附近，在小东门内驻扎的新募的广东壮勇 700 多人作为内应，与之会合。在北门附近的会众猛扑守门兵丁，进入上海县城。很快，起义军队伍迅速增加到千余人，开始向县衙发起进攻。县衙中的广东兵勇中原有的 40 名小刀会成员,也加入起义行列。小刀会起义军令署理知县袁祖德交出印信,但其抗拒不交。起义者潘起亮挥刀将其砍倒,其他人一拥而上,刀矛相加,袁祖德身受 40 余处刀伤而死。

起义军随即打开监牢,释放被捕百姓,夺取仓库,继而转攻道台衙门。消息传到文庙,参加祭孔大典的士绅慌忙逃散,庙门关闭。起义军占据县署后,向道台衙门进发时,沿街居民不断抛出一捆捆红布,表示热烈支持。

抵达道台衙门后,吴健彰坐在大堂上向起义军示威,未能如愿,即命兵勇点燃大炮向起义军轰击。而兵勇中的小刀会成员却将大炮对准道台衙门,吴健彰大惊失色,被左右亲信拖入内署。起义军冲入内署,活捉了吴健彰,并将其囚禁。起义军占领道署,缴获存银 60 余万两。

起义军以道署为大本营,派部队向海防署和参镇署等衙门进攻。海防同知、署理松江知府蓝蔚雯、右营参将周震豫得知起义的消息后,连忙换穿百姓衣服,从西门逃往松江,其余防守官员大多闻风逃遁藏匿,起义军控制了全城。小刀会占领上海县城后,广东帮驻扎在城北,福建帮驻扎在小东门,又将全城六处城门,每门分派十余人防守,城内街道也有人巡逻。

小刀会起义军推翻了清政府在上海的统治,随即以文庙为总指挥部,着手建立政权。根据"反清复明"的宗旨,将新政权称为"大明国"。刘丽川称大明国统理政教招讨大元帅,李咸池称平胡大都督,陈阿林为左元帅总理军务,林阿福为右元帅兼署上海县事,陈芝伯为护理副元帅,徐耀为常胜将军,蔡永良为扫北将军,张汉宾为征东将军,朱月峰为征南将军,周秀为正印将军,刘海、曾七、吴进为将军,李绍熙掌一切军机,李绍轩筹办大军务主持总府,谢静轩为总办军务,沈国华为参赞大臣,徐星怡为随营参赞,陈晓湖为参赞,吴兰台为参谋,沈纪明为筹办粮务,曹子房为筹备军械,潘清泉为游击,夏祖望为筹防局主,陈阿明、林阿周、刘进、谢秀、刘宽、刘阿安、张谓川、黄炳、林阿宜、陈阿仲、谭伏生、林阿鸣、包得胜为先锋,萧奎为太医院等组成新政权的领导集团。①

起义军在嘉定、上海相继获胜后,主动分兵出击,分别向附近的宝

---

① 上海社会科学院历史研究所:《上海小刀会起义史料汇编》第 148 页,上海人民出版社,1980。

五、会党反清战争

山、南汇、川沙和青浦等县厅发动进攻。金山、苏州、宁波等地人民纷纷采取行动,响应小刀会的起义。

金山与上海相隔不远,金山当地的天地会首领孙双喜、沈掌德等同小刀会暗中取得联系,聚众准备响应起义。但事机不密,消息走漏,被署理知县路保获悉,后带领乡勇前往抓捕,天地会40余人被杀,搜出刀械百余件。起义还未发动,就遭到血腥镇压。

苏州此时与上海的情况类似,不但聚有大批失业水手,而且住有许多流寓的闽、粤人士,他们中不少人是天地会或小刀会成员。上海小刀会起义后,他们随即密谋响应,于咸丰三年(1853)八月十三日,通过盟誓表示反清决心。

为了取得太平天国的领导与支持,起义当天,刘丽川就对外界宣布,他们隶属于太平天国天王并受其指挥,且已通款。不久,刘丽川直接向洪秀全上奏,自称"未受职臣",请求天王"早命差官莅任,暨颁赐滕黄,以顺天心,以慰民望"。刘丽川还将大明国正式改称太平天国。而已故南王冯云山的幼子冯癸华及侄冯亚树于咸丰二年(1852)欲从上海前往江宁,遭美国拒绝后,冯癸华滞留沪上,此事被刘丽川得知后,以盛礼迎接冯癸华入城,并披红戴绿,乘坐高头大马,游街三天。通过这些举动,积极向太平天国表明心迹,希望能获太平天国承认。

而太平天国对上海小刀会起义军也敞开怀抱,曾专门拟定军事支援计划。在咸丰三年十月,镇江守将冬官罗大纲在江苏仪征各码头造600只小船,准备冲过清军江南大营水师,直向上海驶去,接应小刀会起义军①,终因遭到清军水师的火力轰击而无从实施。十月初四日,太平军也曾经出兵江苏高淳东坝镇,谋求东进策应上海小刀会。咸丰四年(1854)三月间,罗大纲又将上海小刀会要求太平天国进军苏州、常州的情况报告东王杨秀清。杨秀清专门发出檄文,表示对小刀会的赞赏。但因西征、北伐各战场均陷入苦斗,无力从各战场抽调兵力,进攻苏州、常州,开辟东征战场。

不过,上海与南京两地,小刀会与太平天国东西相对,遥相呼应,形成夹击江南大营的局面,使清军限于两面作战的不利境地,向荣顾此失

---

① 太平天国历史博物馆:《太平天国史料丛刊简辑》第5册第473页,中华书局,1961。

彼，难以招架。

小刀会在短短的12天内，攻占嘉定、上海、宝山、南汇、川沙等地后，除了南取青浦外，就是西进太仓州，以实现前往松江、苏州，与镇江太平军会师的原战略计划。面对小刀会起义的迅速发展，清军与太仓当地的团练武装极力反扑。起义军却未对太仓予以足够的重视，只采取消极防御的方针，非但没有主动夺取太仓州，反而接连丢失了嘉定、宝山、青浦、南汇以及川沙等地，不得不在战略上退守上海，陷入孤立无援的困难境地。

太仓东连嘉定、西接昆山、苏州，是上海、嘉定通往昆山、苏州的必经之地。按照既定战略计划，小刀会起义军应当西进太仓，攻取苏州，与太平军会师，进而从东西两面夹击江南大营，以消灭集结在长江南岸的清军主力，太仓是必须占领的战略要地。

太仓知州蔡映斗到任后，设立保卫局，发动城内士绅富商，共同出资捐输以保障守城的壮勇；但绅商拒不出资，太仓的守卫力量非常虚弱。嘉定、上海两地接连起义后，太仓的官绅地主惊恐异常，城内防兵只有2000多名，蔡映斗会同绅董招募的壮勇不满100人，从柳河营调来的兵丁也不足100人，蔡映斗无兵无饷，不知如何是好，殚精竭虑，处在惶恐之中。无奈之下，蔡映斗一面向省城苏州告急，请求巡抚多拨派兵勇，选派文武官员星夜赶来，以救燃眉之急；一面加紧招募乡勇，抵挡小刀会起义军的大举进攻。

在此期间，上海小刀会秘密派人前往应募，混入乡勇队伍，以便在小刀会起义军攻城时，在城内响应，内外配合，夺取太仓。

八月十二日中午，潘起亮率上海起义军，王国初率领嘉定起义军2000余人，向太仓发起进攻。在潜伏于城内乡勇中的小刀会成员接应下，很快从大南门冲进城内，前锋部队400多人进攻州署，蔡映斗带270多名乡勇赶来应战，寡不敌众，无法抵挡，蔡映斗身负重伤。起义军占领州署后，打开监牢，放出被关押的百姓。从东门进入城内的起义军，也将镇洋（今太仓）县衙门关押的百姓全部释放。起义军夺取了仓库。整个太仓州城被起义军所掌握。

然而，前一天途经太仓的1600余名苏州兵勇，此时已驻扎在州城西门外。听闻起义军攻入城内后，在吴县知县丁国恩、社坛营守备葛同华的率领下，从城外杀进城里，在州前街，夹攻起义军。以为已手握胜券的起

五、会党反清战争

义军遭遇这支清军的生力军,一时间措手不及。双方激战到黄昏,因力不能支,起义军只好撤出州城,分别退回嘉定、上海。在这次战斗中,小刀会忠勇将军王桂荣等300多人阵亡,30多人被俘,枪炮、刀械、马匹损失不少。小刀会首次进攻太仓受挫。

此战后,王国初亲赴上海、宝山,请求派遣增援部队来嘉定,准备向太仓发起第二次进攻。八月十四日上午,他率领起义军千余人,从嘉定再次出发,分水、陆两路进攻太仓。

自起义军撤退后,太仓清军加紧实施守卫州城的措施:严加戒备,兵勇巡逻日夜不休,丁国恩要求省城增派援兵,蔡映斗命都司周建勋从刘河调200名兵勇前来参加守城。至十六日晨,清军在人力、物力、财力等各方面,均得到了充分的补给。

王国初率起义军再次发起进攻,他们先攻州城东门,在炮火的掩护下,头顶木楗,用门扇护住身体,爬上梯子,奋勇登城,前仆后继,片刻不停。蔡映斗同周建勋在城头指挥清军,施放枪炮,抛掷砖石,拼死抵抗。双方激战三四个时辰,起义军始终未能攻进东门,便调整方向,转向朝阳门进攻,他们架起大炮,向城内轰击,城门中炮起火。丁国恩立刻前往救援,进行堵截。起义军顽强作战,直至傍晚仍无法破城,被迫撤退。第二次进攻太仓又告失败。

两次进攻失利的原因,主要是起义军进展缓慢,贻误战机。原定在八月初四日(即嘉定起义成功的次日)攻占太仓的计划,却没能如期进行。打入清军乡勇充当内应的小刀会成员曾约定初八日夜进攻,但未出兵。再约十一日发起进攻,仍未实现。直至十二日,才发起进攻。清军早已有所防备,起义军显然丧失战机。起义军虽然事前派人打入清军内部,但对近在咫尺的清军丁国恩部却一无所知。因此,在战斗中,起义军陷入不利境地,也没有预备队作为后手,只能从主动进攻转为被动退却。在第二次攻城的筹划方面,缺乏对敌情的充分了解,对清军完全有可能加强戒备,增添兵力的情况并未充分考虑,原来的内应也已失去联系,对再次攻城面临的可能困难估计不足,只想以硬拼蛮干侥幸取胜,从而在策略上犯了大忌。

两次进攻太仓均受挫,起义军被迫放弃了西进太仓、苏州,与镇江太平军配合夹攻江南大营的战略计划,也完全失去了捍卫嘉定等上海周边各县的重要屏障,不仅嘉定暴露于清军面前,宝山、青浦等地形势也危急起来。尽管起义军夺取了青浦，但在战略上已从进攻开始转为防御。进攻太仓接连受挫，对起义军的士气也造成沉重打击。清军得胜后，反扑欲望陡然高涨，开始对上海附近各厅县进行反攻。

丁国恩贴出布告，打出招抚的旗号宣称："设有被胁头名，速宜早为省悟，若能反戈助击，剿贼成功，即当重赏；倘力有不逮，亦惟自首免死。"①

八月十八日，清军向嘉定扑来。田涛率千余名兵勇，从六渡桥直逼嘉定县城北门，开炮轰城；周闲领兵200名，自葛陇镇前往嘉定，丁国恩则率大队人马随后前来，在外冈镇会合后，开始向彩仙庙推进。清军来势汹汹，装备精良，嘉定的2000多名起义军奋起阻击，与他们展开了激烈战斗，但力战不支，只得后撤。起义军筹议对策，决定派王国初向上海请求援兵同时加强防守。

次日，丁国恩、周闲等率兵攻至嘉定县城西门。嘉定守城起义军在城墙上架起大炮，轰击进攻的清军，双方陷入苦战。丁国恩急忙向省城苏州请求续派兵勇增援。但赶来的并非苏州兵勇，而是嘉定当地的团练。城内的地主豪绅也在城内发动骚乱，配合城外清军进攻：他们将东门、南门起义军防守薄弱的信息传递给清军；还在城内纵火，焚烧火药库，制造混乱。

城外的清军久攻不下，开始改变战法。在获悉起义军守城的兵力部署情况后，丁国恩命周闲带大队兵勇继续包围西、北两处城门，派前任邳州知州段洪恩、守备葛同华进攻东门，自己指挥攻打南门。八月二十日，东门外的清军冲入城内，南门被团练及丁国恩部清军攻破，西、北两处城门也相继失守。城内地主豪绅协助清军攻入城内，周立春率领一部分起义顽强抵抗，展开巷战，以掩护起义军主力撤退，徐耀和周立春之女周秀英率领的一部分起义军杀出重围，退往南翔镇；一部分起义军撤往西乡、黄渡等地，继续进行斗争。

巷战进行得异常激烈，国师僧百胜与飞霞等战死，金祺、朱阿坤、葛成、葛茂、陈一秋、高惠、金秀坪、杨木金、胡凤等数十人被俘身亡，杜文藻被杀。此战，起义军战死500多人，失去大炮12门，器械与旗帜数

---

① 上海社会科学院历史研究所：《上海小刀会起义史料汇编》第194页，上海人民出版社，1980。

五、会党反清战争

百件。周立春撤退到西隐寺北面的芦苇丛中,最后被清军捕获,解往苏州,于二十二日受尽酷刑而死。

嘉定城被攻破时,数百名上海起义军赶到南门外,但救援不及,被丁国恩部清军阻隔在城外,只得退回上海。徐耀和周秀英等起义军撤退到南翔镇后,集结起五六千人,计划东山再起。丁国恩在二十四日进攻南翔,周锦堂、徐耀、周洽等人的亲族被杀,其祖屋被焚毁。徐耀和周秀英被迫退往上海,请求上海起义军出兵援助。两天后,上海起义军派出潘起亮率领2000多名起义军,从上海前进到真如镇,计划从南翔进攻嘉定。次日,在野鸡墩同清江南大营参将秦如虎所部清军600人展开遭遇战。起义军施放火炮、火箭,向清军轰击未能取胜。在伤亡数百人后,再次退回上海。这样,起义军在丢失嘉定后,无力夺回,不得不采取守势,徐耀和周秀英留在上海继续战斗。

嘉定城破后,清军展开了屠杀。清军和团练搜捕城内起义军,押往城郊汇龙潭被杀。顾维馨、郑扬旌等地主豪绅在城外西北的护国寺和高义桥一带,到处捕杀起义军,上千人被杀。

嘉定被攻破的当天,清军也猛扑宝山、青浦。在宝山,典史曹锡燨与南汇都司景又春策划各乡地主豪绅反攻。组织了清军及乡勇共1000多人,直逼城壕,由南门攻入城内,并占据了县城。宝山县城内的起义军与清军进行殊死搏斗,张容等44人被俘身亡。起义军退出县城,王小山等撤到上海。

在青浦,刑部主事刘存厚带兵勇1000名,由淀山湖港汊扑向青浦。八月二十二日深夜抵达,绕开防守严密的近城港汊,从西面赵屯港赶往距城三里的八字桥驻扎休息,于二十三日凌晨,向青浦县城发起突然袭击。朱济川率起义军英勇抵抗,刘存厚带一部分兵勇从小西门民房登城。清军奋勇争先,爬上了城墙,城下的清军用堆积的柴火焚烧城门,一拥而入。起义军在付出战死100多人,被俘83人的代价后,被迫从东、南、北三个城门撤离,在朱济川的带领下,退往上海。二十七日,刘存厚与青浦知县刘郁膏率军到周立春的家乡塘湾大肆破坏,铲除周立春祖先之墓。次日,署江苏按察使吉尔杭阿(奇特拉氏,满洲镶黄旗)抵达县城,逮捕并杀了曾为周立春谋士的生员孙大钧(孙小川)。

青浦丢失后,起义军也没能守住南汇、川沙。在起义军占领南汇期间,当地官绅地主在暗中招集兵勇,向苏州请求援兵。署理川沙厅同知窦塾认为，川沙、南汇唇齿相依，必须乘其守备未固，先克南汇，川沙即可不攻自破，这就可以截断起义军与上海联络进攻松江的道路。于是他与南汇团练顾祖金、严桂馨、陶友华等官绅地主出资，纠集胡庆全、王茂贤等2000多人反攻县城。他们先派心腹120余人，装扮成卖芦柴者，将枪刀等武器藏在芦柴担内，偷运入城，埋在空屋里面，用盐卤浇湿城内炮眼，破坏起义军的防卫设施；一面约清军守备樊定邦预先混入城，作为内应。二十五日深夜，顾祖金等人与窦塾、白浩卿等串通，进攻城东门与南门，城内樊定邦等官绅敲落了城门大锁，准备里应外合迎接清军入城。起义军惊醒后，顽强抵抗，在知止庵、关帝庙、县署等地给清军以沉重打击，清军兵勇死伤不少，严桂馨伤重而亡。在清军兵勇的凶狠猛扑下，起义军损失不小，290多名起义军在被袭后或战死，或落水而死，赵茂贞等四名领导人被俘身亡，朱月峰、沈绍昌等率部队退往上海，祝月廉逃走，不久也被捕身亡。

南汇失守后的第二天，清署川沙同知窦塾来到川沙，密令当地士绅庄行忠所部千余名练勇与守备徐绍裘等部清军向厅城进军，攻破了城池。守城起义军阵亡200多人，落水而死的起义军不计其数，曹德华、张茂椿、潘桂山等首领受伤被俘，张汉宾等撤退到上海。二十八日，80多名起义军被俘身亡。清军分别在厅城四门及城外西北各处要隘巡防。

短短六天之内，嘉定、宝山、青浦、南汇、川沙四县一厅先后被清军和团练攻陷，一方面是由于清军与团练不断反扑。起义军面对内外串通的对手，防不胜防，处于被动的地步。另一方面，起义军在守城时力量分散，未能形成战斗整体；未能及时掌握敌情，陷入分散作战、孤立无援的境地，以致被清军各个击破。上海起义军实力较其他各县厅雄厚，但救援不力，虽然也曾向嘉定派出援兵，但因未全力以赴而错过时机。对于其他各厅县则根本未派兵救援，使嘉定等四县一厅连续落入清军之手。不但嘉定等厅县起义军力量损失惨重，也使上海的起义军陷入孤立无援的困境。清军占据嘉定等厅县后，上海租界内的列强也蠢蠢欲动。外敌当前，内部形势不稳，小刀会起义面临着极为不利的局面。

吴健彰被起义军俘虏后，暂时被关押在道台衙门内的曦园。起义军内部闽粤两大派系就如何处置吴健彰而产生了严重的意见分歧。福建帮主张处死吴健彰，而刘丽川身为广东帮首领，则希望吴健彰投降，其他帮中的骨干也赞同刘丽川的意见。

五、会党反清战争

列强驻上海的外交官们对吴健彰的命运也态度不一,美国副领事金能亨极力主张营救,最初他想直接派军舰进行武装干涉,公开劫走吴健彰,但又担心这会激起上海民众的公愤,于是改派霍尔和史密斯两位代表去探望吴健彰,共商逃脱办法。

八月初七日,在霍尔和史密斯的精心策划下,吴健彰安然脱险,逃往租界的旗昌洋行。当天,英国牧师雒魏林和外侨韦伯进城,经刘丽川默许,携吴健彰家属逃到租界的宝顺洋行,由英国邮船护送回广东。吴健彰被救送往租界后,小刀会起义军特别是福建帮怒火中烧,决定向租界进攻,连夜猛攻十多次,迫使英美等国租界当局不得不加强防守。

吴健彰脱险后,马上策划反扑。他曾向英美法等国领事借兵,但遭拒绝,随即传令各乡绅董召乡勇,进攻县城,又相继派人前往苏州、镇江求援,并命原计划调往镇江的 32 艘拖船北上至沪。各地清军开始向上海集中,准备进攻上海。两江总督怡良派副将伍定菁带兵 250 名,参将和顺带兵 300 名以及浙江驻平望防堵兵 100 名至苏州,由署江苏按察使吉尔杭阿统领赴沪镇压起义军。接着,署江南提督和春从镇江派游击长桂领兵 600 名来沪,刑部主事刘存厚和参将秦如虎带兵勇 1600 名、丁国恩部清军千余人,也相继赶往上海。总计在上海集结的清军有 4000 多人。进攻上海的清军统帅是江南大营帮办、署江苏巡抚许乃钊(字信臣,浙江钱塘人)。他会同总兵虎嵩林,督率四川、贵州兵勇千人,从南京启程,抵达上海,驻扎在上海县城西北面苏州河畔新闸一带,称为"北营",是围攻上海的主力部队。二十一日,逃往松江的海防同知兼署松江知府蓝蔚雯与右营参将周震豫回师上海,浙江候补同知仲孙樊和防剿局统带李恒嵩率兵勇 1500 多人也赶往上海。后续至沪的还有浙江台州协副将豫祺和署绍兴知府缪梓,他们驻扎在县城南面的龙华、高昌庙、罗家湾和校马桥等地,称为"南营"。此外,还有吴健彰的部队。这样,陆续抵达上海城郊的清军和乡勇增加到 2 万人。清军查看地势,赶筑炮台,意图将小刀会起义军一网打尽。许乃钊、仲孙樊、蓝蔚雯、刘存厚等还先后对民众开出优厚条件,试图孤立瓦解起义军,并强令靠近城墙的铺户居民迁移,防止居民协助起义军反对清军。

面对大军压境的不利局面,起义军决心固守上海,尽管人数不足万人,但依然抓紧布置城防在城墙上四面扎营,日夜巡查,灯火不绝。他们一面利用储存于上海城内的洋枪洋炮和火药,一面向外国人购买军火,甚至自己动手制造弹药,保证武器供给。除了加强防御外,起义军还委派孙渭前往松江查探清军军情,但孙渭不幸于九月十三日被捕身亡。

二十六日,双方就已开始了前哨战。5000多名清兵至距县城西北12里的曹家渡驻扎。起义军得到信息,出动2000多人劫营。清军发觉后,施放枪炮,起义军被迫退回。次日,4000名清兵在蓝蔚雯和仲孙樊等统领下,乘80余艘战船,从龙华开到黄浦江下游,在县城大东门外的王家码头和城南江边停靠,开始连续不断地炮轰城内,清军围攻上海县城之战打响。

二十八日晨,刘存厚等部清军发动进攻,塔恩从西北面新闸逼近上海县城,前锋部队穿过陈家木桥,从小路到北门大街,向城门发起进攻。起义军没料到清军会选择进攻北门,在一阵慌乱后,北门的士兵开始还击。清军用火箭射入城内,起义军开枪还击,一部分清军阵前倒戈,双方停火谈判。三四百名兵勇投降起义军,清军大队撤退。

翌日清晨,刘存厚、伍定菁、秦如虎、蓝蔚雯及仲孙樊等将领督率所部兵勇从西门、南门和北门三路进攻上海县城,在北门外美国教会房屋周边发生激烈战斗。清军依托房屋的掩护,猛攻北门,起义军奋力还击,在西门、南门,起义军也用密集的枪炮轰击清军。在起义军的奋勇抗击下,各处清军相继败退。接着,起义军乘胜追击,而停泊在小东门外黄浦江中的清军战船则开炮猛轰县城。九月初一日清军援兵赶到。初二日,清军再次发起猛攻。北门、小南门及大、小东门外一带的清军船队相继开炮,但因失火而损失战船一艘,清军被迫收兵。

九月初三日晨卯时,刘存厚率兵勇直攻北门,吉尔杭阿率兵攻打西门,均被击退。大约巳时,蓝蔚雯率川军赶到,从东南方向发炮,起义军还击。激战中,起义军击中小东门外清军战船上的火药桶,引起燃烧,迫使清军再次败退。

此后,起义军主动出击,巧妙利用陷阱,杀敌25人。在九月上旬,起义军用计故意敞开东门,并在城门上安排一位乐师奏乐,清军中计入城,起义军关闭城门,用大炮对着街道猛轰,入城清军全军覆灭。

为防止清军依托民房作为掩体,起义军于九月初六日拆掉北门外和晏玛太住宅附近一带的民房。初七日至初十日,清军先后三次进攻北门未果。十一日寅时,从北门至西门一带发起进攻,但屡屡受挫。起义军则针锋相对,正面回击,清军死伤数十名。当晚,起义军乘夜出城袭击,防剿

五、会党反清战争

局的乡勇溃散。两天后,清军轰塌大东门城墙三垛,烧毁两座起义军军营。以后,清军连续攻城,都被守城的起义军打败。

二十二日,刘存厚率兵勇夜袭,即将登上城墙,因后续部队没有接应而被击退。此后清军夜间偷袭的次数增多。二十八日夜间,大雾弥漫,刘存厚督率兵勇用云梯爬向城墙,已有30多名清军登上了城头,但因云梯折断,又后继乏人,加上起义军的竭力抵抗,这次偷袭失败。次日夜间,清军再次用云梯攻城,被起义军发炮轰退。三十日凌晨,蓝蔚雯所部兵勇攻打南门,20多名清军爬上城头。起义军发炮还击,吓阻了清军后续兵勇,进攻中辍。十月初六日,许乃钊、吉尔杭阿下令攻城,刘存厚打头阵,丁国恩部为二队,秦如虎部为三队,分别进攻南、北两座城门。起义军出城迎击,枪炮轰鸣声不绝于耳。清军奋力抗拒,起义军退回城中,清军反击,一些兵勇登城。不料阴雨天忽至,道路泥滑,清军只好收队回营。

在一个多月里,清军从陆路不断进攻上海县城,由于战法不力,作战能力也不及起义军,终连遭败仗,锐气大挫。既然无法从陆路获胜,清军便改变战法,试图加强水路进攻。吴健彰于十月初二日命令从广东来沪的船队进入吴淞口。之前派往镇江的船队也折回上海。南汇士绅雇募的数百名乡勇也前往上海,他们与吴健彰的船队南北呼应,清军在水路的进攻开始活跃。

初五日晚,清军开始攻击县城炮台,守城起义军立刻还击,双方炮击多时,终清军退走。初七日晨,四五百名城内的起义军出小东门,想到南门扎营,遭到吴健彰战船的拦截。起义军多人阵亡,落水者百余人,被俘80多人,还被清军劫走了一船火药,损失惨重。

吴健彰于初九日清晨,派遣暗探入城,向起义军谎报军情,谓清军船队准备立即开往镇江。初十日,吴健彰与泊承陞率36艘船只,向黄浦江下游方向行驶,在航行一段距离后很快调头向上海县城驶来。第一队战船故意混在外国轮船之间,向炮台开炮轰击。起义军沉着应战,待清军船队驶过外国轮船逼近炮台时,立刻从城外海关、小东门炮台和"司奈皮"号、"格兰里昂"号两艘战船上发炮还击。清军"克隆"号战船被重创后,不得不驶往黄浦江东面停泊,才幸免沉没,但另有两只小艇被击沉。第二队战船驶过"格兰里昂"号时,清军一艘战船向其甲板投掷了大批火罐,"格兰里昂"号顿时燃起熊熊烈火,"司奈皮"号和其他三艘船只也相继被烧。清军抓紧时机，连续向炮台发起猛攻，试图占领起义军的这个重要军事据点，却遭到了起义军的顽强抵抗，清军被迫退回。清军派出一支部队上岸后，在城郊到处放火，从江边到城厢附近，被烧成一片废墟。此战，起义军损失战船五艘、大炮三尊、枪械多件，阵亡200多人，被俘91人（一说13人），财产损失无法统计。

在北门和西门外，吉尔杭阿与虎嵩林率3000清军，意图突袭起义军后方，夺取县城。清军先头部队认为机不可失，放胆攀登城墙，不料刚刚爬上城头，就被起义军砍杀。起义军消灭了300多名清军，其中包括一名外国人。战斗结束后，起义军在小东门外砌起七座高台，台上排列外国火炮，加强防守。

夜间，清军改变战术，分派几批兵勇，轮流前往骚扰。十一日清晨，清军待起义军疲惫不堪之际发起进攻。虎嵩林、刘存厚、秦如虎部清军从四明公所向县城西北进攻，向起义军抛掷大量的火球，架起云梯向城墙攀爬，数百名清军发出震耳欲聋的呐喊声，并不断向城墙射击。起义军则枪炮齐发，对攻城的清军投掷火罐、火弹、巨石、灰包，双方激战正酣。在起义军的奋力抗击下，清军兵勇死伤惨重，向后撤退，起义军则立即追击。南面的清军听闻西北面响起枪声后，开炮轰塌十多处城垛，并施放火箭，烧毁城墙上的帐房和黄旗，起义军当即予以还击。吴健彰和泊承陞所率战船分为四队，沿县城东郊外驶往小东门码头，向起义军的炮台发起进攻。双方炮战持续了几个小时，炮声隆隆，不绝于耳，最后清军船队退往苏州河口。

第二天，清军向大、小东门进攻，起义军还击。城内的豪绅许耀等人站在南门城上，招引清军入城，但屡屡受挫的清军，已成惊弓之鸟不敢跟进，城内士绅长叹而散。五日后，数十名起义军突然冲出大东门，冲击清军营盘，前娄县知县刘郇膏组织清军迎战，刘存厚闻讯，亦派援军接应，起义军退回城内。

上海县城久未攻下，文宗十分焦急。他连发上谕，催促许乃钊、吉尔杭阿、吴健彰、怡良等人迅速占领上海。鉴于上海城墙坚固，起义军武器精良，强攻的效果并不显著。清军统帅决定改变战法，在城西四明公所内修建炮台。十一月初一日，炮台堆砌完竣，重达1000斤、800斤、500斤三种规格的大炮被运上炮台排列妥当；在军营内建造许多高台，台顶为斜面，高度与城墙相等，作战时清军可直接登上高台和城墙。经过这番筹

五、会党反清战争

划,清军发动了连续七昼夜的持续进攻。

大炮刚刚安设完毕,清军便从炮台发炮轰击,同时还在北门和南门外发动猛攻,并用云梯登城。起义军顽强抵抗,打退了这次进攻,吴健彰命船队向炮台开炮,但在起义军的还击下,也遭受重大损失。十一月初二日,清军继续分水陆两路进攻,但也被击退。

初三日清晨,雾气弥漫,能见度很低。刘存厚、鲁占鳌率兵勇准备偷袭县城,刚到战壕边,就与装扮成清军模样前来偷袭的起义军相遇。刘存厚命令枪炮齐发,虎嵩林、秦如虎派兵赶来相助。起义军且战且退,分兵绕道暗袭炮台,随后向清军营盘的东、北两门冲去,直到日出雾散,才退回城内。驻守小东门炮台的起义军也与吴健彰、泊承陞船队对射。

初四日、初五日,清军依然不分昼夜轮流轰击县城。起义军在城垣穿洞,添加火炮回击。初六日,清军水陆两路发动全面进攻,两小时内耗尽全部弹药后撤退。起义军一直追到四明公所,截断了尚留在城外西北的800名清军的去路,由于援兵赶到,被截清军才得以逃命。从大南门冲出的起义军,经激战后,退回城中。初七日午后,东北风起,吴健彰、泊承陞督率船队再次发起进攻。三队船只向小东门、海关以及天后宫各处炮台开炮轰击,起义军亦开炮拒敌。清军由林福成等指挥,直扑岸边,从东、南两面各处登陆后,向江边附近的民房抛掷火罐、火弹,沿江附近民房完全陷入火海,死难者不计其数。清军一艘船被大风刮近炮台,在滩岸搁浅,清军拼命向起义军炮台抛掷火罐。起义军认清目标后,对准搁浅的清军战船抛出火罐,猛烈进行轰击,前来救援的战船也被炮台发射的炮火击中甲板,大火延烧,两艘战船发生爆炸。

清军采用水陆结合的战法,连续七天发动进攻,除在东面从水路轰击炮台外,又在西、北、南三面从陆路围攻县城,起义军防不胜防。在将近一个月的激战中,清廷为占据县城,连续不断增兵,从水陆两路发动进攻,并在县城东西南北四个方向轮番攻击,还一再使用极其残暴的手段纵火焚掠城郊。这使郊区的百姓生命财产受到威胁,迫使他们流离失所,苦不堪言!

清军在向上海县城进攻的同时,在策略上又采取招抚手段。还在吴健彰刚到上海县城时,就通过混入起义队伍里的徐渭仁,对小刀会领导人刘丽川等进行招抚,双方在广安会馆谈判。吴健彰提出交出击杀袁祖德的"首逆",缴还已被没收的道库银两,缴出器械听候遣散这三个条件,均遭到刘丽川等人的拒绝。徐渭仁无功而返。

十月下旬,清军在城外无端迫害百姓,为免除百姓蒙受灾难,起义军采用诈降的策略,迷惑清军,进行回击。他们对外宣告,计划交出上海县城,要求清军派全权代表前来谈判。吴健彰信以为真,指派九位官员随带侍从进城被俘。

十一月初十日,已革候选知府谢继超从江南大营前往上海,专门从事招降活动。谢继超,四川资阳人,是提督向荣的心腹,曾多次在清军与太平军交战结束,渐次收队之际,上马绕营数圈以显示自己的战功,数月间被保举为候补知府,后被钦差大臣赛尚阿参革,发往军台效力。他托向荣向湖广总督张亮基保举自己留任湖北,带领炮船防堵太平军。向荣任钦差大臣后,将谢继超调到江南大营,他尽心竭力为向荣效力。上海小刀会起义后,谢继超又自告奋勇,想通过其族侄谢安邦招降小刀会起义军。谢安邦本是江南大营军官,屡次参加攻打太平军,对谢继超揽权专断的做法非常不满,他调到秦如虎标下后,即带领同伴投向小刀会起义军。随后,谢安邦托广东会馆董事寄信给谢继超,诱使谢继超来沪。向荣贪功,不辨真伪,未与许乃钊会商,即特派谢继超前往纳降。

谢继超途经苏州时,先派粤商李华等四人到上海县城内联络谢安邦。抵达上海后,又于十二月十三日派张登贵、谢洪泽等人与谢安邦入城联络。十四日,谢继超与谢安邦在北门外见面。谢继超限令谢安邦六天内回复,或率众来投,或做内应。

谢继超返回军营,按照谢安邦的要求,传令虎嵩林等清军将领暂时停止进攻。小刀会起义军则利用这段时间,整修战备,连夜修补被击损的城墙、炮台,同时还派人到城外,凿坍清军准备埋地雷轰城的坑道。许乃钊以此诘问谢继超。谢继超再次派人进城,向小刀会提出不准再修城垣。

六天的期限已到,谢安邦并未回信,于是谢继超传令各营准备攻城,当天傍晚,接到城内要求他到西门见面的消息后,谢继超登上城头,被起义军控制。第二天中午,张登贵出城,带来谢继超的禀告,称小刀会的头目已答应投降,但须发给免死牌照才可证信。许乃钊考虑良久,最后答应了小刀会首领所提的要求,发给张登贵300多张免死牌照带回。

十二月二十二日午后,张登贵又带出谢继超的消息,希望能派虎嵩林到西门见面,缴出洋枪、大炮、火药及道库银若干,虎嵩林见事已至此,便准其归降。但要求必须与谢继超见面才可以商办投诚之事。虎嵩林随后

五、会党反清战争

来到西门附近,但等到日暮时分,也没见到谢继超。谢安邦在城上说,谢继超明日可以见面,虎嵩林怅然而归。

事实上,谢继超在张登贵出城后,便被逼令投降,谢继超见招抚已经失败,破口大骂,被起义军杀死。当张登贵拿了免死牌照和相关印据回到城内时,便被起义军杀死,清军这次招降意图被粉碎了。

尽管谢继超的招降计策失败,但招降活动却使城内的起义军内部产生了动摇,李绍熙等人加紧了投降步伐。在小刀会起义爆发时,李绍然因来不及逃出上海,被迫参加了起义军,表面上为起义军出谋划策,深得刘丽川等首领信任,暗地里却与蓝蔚雯约定充当内应,通过詹承恩秘密联络,向吉尔杭阿献内外夹攻的计策,并与起义军将领陈尚相约投降。谢继超入城招降,他认为可以利用这个千载难逢的机会,便与300多名同伙大肆煽动,刘丽川得知消息,准备搜捕他们。李绍熙见消息走漏,遂于十二月初一日潜逃出城,向蓝蔚雯投诚,并表示愿意联系城内嘉应帮同伙充当内应。李绍熙被清廷封赏六品衔。

李绍熙叛逃投降使与李绍熙过从甚密的陈尚(又名陈六或陈阿六)蠢蠢欲动。他负责看守南门,便与李绍熙通信,愿为内应。陈尚又劝降潘起亮,但潘起亮将此事告知了刘丽川。而十二月初三日,李绍熙回复陈尚的密信也被截获,刘丽川大为震怒,杀了李绍熙的家属,又派人搜捕陈尚等人,捕获了八九十人全部处死。次日,清军攻城,起义军内的嘉应帮先后从东南城角跳下,随清军一起进攻。陈尚也跳下城墙,逃到松江后改名李涛,但仍被清军捕获押往苏州后斩首。之后,布兴、朱月峰、沈绍昌先后投降。李绍熙的叛降,在起义军内部引起了分裂,给随后的斗争带来极大影响。

还在十一月时,清军水师曾攻击东门外炮台被击退,同时,陆师又攻击北门,也伤亡惨重,清军烧毁民房不下1500余幢。此后,清军不断向县城进攻。

十二月十五日,清军采取引诱城内起义军出击,并趁机围攻的计策。许乃钊命各营将领齐集新闸军营誓师,举行祭告仪式,暗中在营垒左右埋伏人马。起义军立即派出精锐千余人,从北门冲出,直攻四明公所炮台,分兵袭击各营。虎嵩林、秦如虎、刘存厚各带兵勇,分头抗拒。双方展开鏖战,薛焕、虎嵩林、秦如虎与起义军反复厮杀,来到城隅。最终起义军击杀卢铭扬、罗坤、张天陞等17人,击伤近百人,取得胜利。当夜,清军火攻大小南门，起义军施放喷桶，予以还击，清军再次败退。

在县城东南面，清军四面环攻。十六日，清军进攻南城，利用四明公所炮台连续轰击县城。起义军在潘起亮的带领下，多次主动出击，清军随后几天连续攻城。二十三日凌晨，清军在西南城下发动进攻，次日凌晨，吉尔杭阿、虎嵩林、刘存厚等部清军突然冲到城下，竖起云梯登城，城内的起义军还以密集的枪炮，打退了清军的进攻。

此后，清军多次采用偷袭战术，起义军也多次反袭清军。咸丰四年（1854）正月初一日，起义军乘过节、吉尔杭阿在南营查看炮台之际，从小东门冲出数百人，袭击清军营盘。

上海县城久攻不下，许乃钊、吉尔杭阿、虎嵩林、泊承陞会商后，决定改变战术：采用火药轰城，选派精兵强将，在城脚处暗地里开挖墙孔，填满炸药。许乃钊命秦如虎，派兵勇在西面城根挖了一条坑道，埋下2000余斤火药。正月初九日清晨，秦如虎点燃引火线，引爆了火药，城墙顿时被轰出了一段三四丈宽的缺口。许乃钊当即命2000多名清兵发动进攻，城内的起义军鸣锣报警，点燃火药袋向炸开的缺口扔去，阻挡清兵冲入，又向缺口施放枪炮、火箭，并把砖头、石头、火药袋、火罐等扔向清兵，冲入缺口的清兵被火海包围，四散逃走。林阿福、潘起亮率200人，与少数冲入缺口的清兵展开肉搏战。秦如虎、罗熙贤等把十倍于己的清军赶出了缺口。虎嵩林率部前来增援被击伤。清军向后撤退，千余名起义军乘胜直攻四明公所炮台，炸毁炮位。清军营地被起义军占领，缴获了12门大炮、大批抬枪等军火。另有千余名起义军从北门冲出，打败了吉尔杭阿、薛焕、刘存厚等部清军。最后，起义军退回城内，并将被轰坍的缺口修复。

水路方面，吴健彰与泊承陞的船队攻击小东门外炮台，没有进展。此次战役，起义军阵亡十人，受伤30人，但缴获了大批清军军火，击杀常万里、蔡致胜等15名清军将领，打伤180多名清兵，取得胜利。

遭受这次挫败后，二三月间清军基本没有发动大规模攻势。吴健彰、泊承陞的船队继续轰击小东门外炮台，也被起义军予以重创。

起义军受此次大捷鼓舞，从咸丰四年（1854）正月十五日至十八日连续出击，与清军展开激战。清军进行一番部署，加紧围攻县城。起义军为改变长期被困的局面，于二月初五日、初七日、初九日、十二日，多次主动与清军展开激战，并取得胜利。而清军连遭失败，风声鹤唳，草木

五、会党反清战争

皆兵。

文宗对清军未能攻克上海县城非常恼火,发出上谕,痛斥许乃钊、怡良,并问责水路各营清军,严令加紧进攻。许乃钊等清军将领不敢怠慢,于二月二十二日开始攻城,但再遭起义军痛击。三月初三日,起义军从东门出发,前往董家渡,将清军完全包围。清军伤亡惨重,溃不成军。

正当清军久攻不下、士气低落时,英、美、法等国开始改变"中立"政策,明目张胆地开始帮助清军,对起义军发动进攻。列强对战事旷日持久,而影响上海进出口贸易渐渐不满。在得到清政府的保证后,明里暗里对清军提供各种帮助。外国商人乘小刀会起义军被困孤城,军火、米粮奇缺的机会,将这些货物运进城,大发其财。清军不但从列强手中买到更多的军火,而且还雇用外国人制造火器,充当炮手。列强还在起义爆发后,出兵占领了海关,并图谋攫取租借特权,甚至不惜诉诸武力。三月初六日,列强借口挑起泥城之战。英美两国军队正面进攻清军,清军惨败被迫奉上海关主权,听任列强攫取租借权益。许乃钊被革职,吉尔杭阿继任江苏巡抚。列强开始与清政府联盟,开始全面帮助清军镇压起义军。

列强伙同清军对起义军进行招抚,试图瓦解、消灭起义军。天主教传教士赵方济、梅德尔直接参加了招抚活动。他们与布尔布隆、麦莲等英美外交使臣一起,应清军的要求,展开对小刀会起义军的招降工作,甚至不惜诱骗小刀会领导人接受清军的条件,但在刘丽川等人的坚决抵制下,未能成功。

泥城之战后,上海县城的局面越来越艰难。起义军开始谋求突围,日益频繁地出击清军。列强与清军一道,切断外界对上海县城的接济,并诱降被起义军雇佣的外国人,形势对起义军越来越不利。

从三月初十日起,起义军乘机不断出城袭击清军。二十六日黎明,陈阿林率2000余名起义军从西门出发,趁两广兵勇移营未定向县城以西刚建成的清军营盘发起进攻,将三座军营全部烧毁。虎嵩林来救,吉尔杭阿、刘存厚、薛焕等也率军接应,起义军撤回城内。

两天后,3000多名起义军从西门、南门杀出,虎嵩林、清长督兵相拒,富安等领兵夹攻,起义军分成数队往来冲杀。吉尔杭阿见北门守备力量薄弱,密令刘存厚、薛焕率兵偷袭,却被千余名起义军从北门冲出阻击。刘存厚等连忙撤回,与虎嵩林部会师后,支撑到傍晚后撤退。

许乃钊与吉尔杭阿、虎嵩林、刘存厚等筹划,在南门西面一带城根开挖坑道，在坑道内填满1200多斤火药，封闭坑门，安放引火线。四月二十九日凌晨，火药爆炸，轰坍城墙二丈多，城内几幢民房也被炸毁。刘存厚部百余名清军，冲进城内，起义军立刻施放枪炮，清军阵亡40名被迫后退。刘存厚、清长指挥兵勇旋即再次冲进城中，城上起义军的枪炮子弹与砖石齐下，十多名清军又被击伤，吉尔杭阿挥刀断后，不许兵勇后撤半步，并许以3万两白银重赏，逼迫兵勇再度向前。起义军在城上全力防御，在雨中清军枪炮被淋湿，无力再进一步，只得收兵。西南、西北面的清军，远远望见城南火力迸发，虎嵩林就督令清军攻城不克，起义军乘胜出击。吴健彰所带"甘普敦"号战船，不断向城东炮台猛轰。守卫炮台的起义军猛烈回击，将"甘普敦"号战船打得稀烂，23颗炮弹先后击中它，旁边的两船只也被击中。清军第二次轰城又以全面败退而告终。五月十四日、二十二日、二十六日，从西、南、北三面冲出起义军千余人，进攻清军营垒，被虎嵩林、清长、刘存厚、丁国恩、石景芬、豫祺等部清军阻拦。二十六日，起义军第三次出击时，清军追到破木桥，想经过泥城浜，被维护租界的英军哨兵阻拦。起义军得知消息，集中力量出击。六月二十八日晨，起义军3000多人从西门、北门冲出，虎嵩林、清长、刘存厚率兵分路抵挡，吉尔杭阿命富安、世铭助战，北门内冲出数百名起义军，重创世铭，还击伤41名其他兵勇，再获大捷。

吉尔杭阿鉴于攻城之法，惟穴垣最为妥速，力主仍用地雷轰城。清军选择在西南门以西一带，继续挖掘坑道，各支清军配合开挖坑道，继续围攻上海县城。清军于六月三十日发动第三次轰城之役。火药炸开城墙，在南门到西门一带炸开了三处缺口。清军蚁附而上，虎嵩林、刘存厚等督令兵勇向前，起义军展开巷战，在两边空屋内，用枪炮对外施放。起义军冲过第一处缺口，在城垒上进行突击，向清军发起猛烈进攻，守住了阵地。战斗进行到中午，最终清军败退而回。此次战役，清军阵亡百名，受伤300多名，起义军方面阵亡约50人。

在接下来的两个多月里，起义军多次出城袭击清军，不断消耗清军的力量，打击了清军的气焰。清军连续三次轰城，但均未能攻破县城。面对起义军的不断出击，清军改变战法，对上海围而不攻。起义军不断出击，但因力量弱小，无法突围，战局处于胶着状态。清军将希望寄托在外国列强的武装干涉上。在清政府的努力下，法国公然出兵干涉。

十月二十日晨，法国舰队司令、海军上将拉厄尔派出40名水兵，以

五、会党反清战争

保护200名雇工,强行拆毁洋泾浜陈家木桥以南的炮台,并向县城及小东门炮台发炮轰击,清军配合开炮,而起义军进行还击。两天后,法方要求起义军撤离县城,否则动用武力进攻。面对法方无理的要求,刘丽川没有屈服。不久,法国陆战队150人,在浓雾中向小东门炮台发起进攻,击杀了15名起义军守军,起义军闻讯赶来,法军撤走。二十三日,拉厄尔悍然向起义军发出开战的宣言。

十一月初六日,清军第四次轰城。同时,法军也参与了攻城。起义军勇猛还击,守住了县城。起义军面临中外敌人联合进攻的不利局势。虽然多次打退清军的进攻,顶住了法军的挑衅,但孤军作战,起义军已陷入苦战中。

清军第四次轰城失败后,加快了与法军合作的步伐。十一月十九日,法军开始向县城北门开炮轰击,清军也从四面发动总攻。次日早晨,法军轰开了城墙后,派遣军队冲进缺口,计划夺取北门、小东门,但在起义军的顽强抵抗下没能成功。1500名清兵随法军冲入城内,展开大肆劫掠,双方展开了巷战。清军在城内烧毁房屋,被起义军一一肃清,随即发起反击。潘起亮率兵从隐蔽处一直冲杀到城垣,清军全体溃退,法军也被迫返回法租界。至下午未时,战斗结束。此次战斗,起义军阵亡约40人,法军阵亡13人,受伤30多人,清军阵亡约400人,受伤近千人。然而,清军强化了对县城的封锁,起义军的处境更加艰难。

外国列强为了攫取上海海关的主权,使用武力迫使清政府就范,于是借故挑衅,引发泥城之战。随后,又公开支持清政府镇压起义军。他们不但禁止租界中的外国侨民向起义军出卖军火和粮食,还切断县城对外的联系。凡是曾在城中为起义军所用的三国侨民,不准他们返回洋泾浜一带租界居住,也不准他们入城帮助起义军。同时,外国列强还在洋泾浜一带租界的通衢要道添设木栅,派兵守卫,不许起义军任意出入。起义军经过小东门外码头必须揭去头巾,不许持械到洋泾桥畔。此外,清军与外国列强串通,挖掘壕沟,以断绝租界与上海县城的联系。吉尔杭阿还征得英美两国的赞同与支持,在上海县城西北三茅阁一带,随地形开挖一道壕沟,后又修筑了一道界墙,切断城里的供应渠道;又在县城小东门、北门一带筑起围墙,使起义军既不能得到郊区的粮食供应与兵员补充,也无法取得来自租界的粮食、武器接济。

法国在洋泾浜一带,美国在三茅阁一带,英国在陈家木桥一带纷纷筑墙。十二月初五日，这道高一丈多、厚约三尺的界墙建造完毕，耗资1.2916万银圆。界墙的修筑，县城内的起义军无法得到外界的任何接济，使之处于弹尽粮绝的极端困难境地，无法继续坚持斗争。

当时，留在城内的百姓有两三万人，大多数是妇女和儿童，被饥饿所迫，成群结队地挤在文庙和城隍庙，哭喊着要米。从初八日开始，刘丽川等命令接济城中百姓，起义军吃草根。但随着时间的流逝，存米越来越少，起义军只得杀牛宰马，民间罗雀掘鼠，将所有猫、狗、昆虫吃光后，开始吃草根树皮，弹药也所剩无几。

尽管如此危急，起义将士的斗志却并未消沉，仍以坚韧毅力，抱着"宁为玉碎，不为瓦全"的决心，继续斗争。清军利用界墙筑成、接济断绝的时机，加紧进攻县城。自十二月十八日开始，吉尔杭阿督率清军开始连日进攻，二十日晨，清军水陆并进，齐攻各门。起义军奋勇抗击清军。二十三日中午，起义军突然向斜桥杀去，想冲击三官堂清军营盘。张修府、景又春、虎嵩林等部兵勇应战，双方鏖战四个小时，起义军撤退回城。

二十四日中午，起义军假扮难民，由大、小东门冲出2000余人，分路直攻南营清军荷花池、小九华山、王家码头、王家屋四处炮台。丁国恩会同金安清等部清军拦阻，起义军被俘五人，阵亡百余人。史翼久率清军继续进逼，起义军又从城中派出几百人，直冲浦滩，进行牵制。丁国恩领兵抄起义军后路，进行夹攻；清军水师也连续开炮轰击，吉尔杭阿与虎嵩林调派兵勇先后前来救应。起义军与清军鏖战了两昼夜，俘获了十多名清兵，自身也损失了近200人。

二十八日，起义军从西面、西北面两路出击，进攻新筑界墙。清军刘存厚、郑济美、许宝书、和顺、富安等部开枪射击，外国列强同清军联手对付起义军。连攻几次，起义军都无法突破界墙，于是又折向西面，攻击向奎盘，以抄袭陈家木桥清军营盘后路。虎嵩林命鲁占鳌、吴世斌前往救援，汪镛部出营阻击，向奎部放炮轰击。起义军勇往直前，重伤清军李凤林、张顺等将领，随后收队回城。林阿朋被俘身亡。

二十九日，起义军夺取了一艘外国船只上的货物、现金和枪炮。晚上，又夺取了一艘英国船上的枪炮、货物。英海军指挥官赐德龄要求起义军归还财物，并引渡"肇事者"，否则将采取武力措施。起义军被迫交还了财物和几名士兵，但否认对此事知情及参与。

五、会党反清战争

同一天,刘存厚派兵挖掘的小南门地道告成,吉尔杭阿下令水陆各营准备六门环攻。次日清晨,清军将城垣轰塌后,立即发动猛烈攻势,清军登上城墙,砍开城上木栅,抢夺炮位、旗帜、器械。法军从界墙方向开炮,支持清军进攻。陈阿林率起义军从民房冲向城墙,用喷筒、火箭拼命抵抗,打伤清兵100多名,击杀金殿邦等30多名清军军官,终于守住县城,但起义军也阵亡了40多人。

在坚决抵抗清军进攻的同时,起义军积极谋求突围转移。为摆脱困境,陈阿林计划率一支起义军冲出县城,进袭松江,以此为基地继续斗争。清军在传教士通报这一消息后,立即向县城开炮轰击,将通往松江的徐家汇、龙华一带道路严密封锁起来,使这一突围计划无法实现。

接着,起义军又同租界内的小刀会成员联系,商议突围。租界内小刀会广东、宁波及其他各帮,购买红布,准备发动武装起义,配合县城的起义军冲破了清军与外国列强对县城的包围。租界当局得知消息后,逮捕了两名主要策划起义者。小刀会冲进租界的计划未能如愿。

同时,起义军还在清军内部展开秘密联络工作,以协助突围。他们与清军中的代表在陆家嘴的桂花厅秘密商议,相约在正月初一日春节这一天采取行动,先劫夺法国商行,后进攻苏州。但消息泄露,当局发动了突然袭击,起义军20多人被杀。这次里应外合的突围计划也失败了。

外国列强极力阻止起义军进入租界。英法两国军队除在租界边缘地带防守外,美舰"范达利亚"号舰长还派遣部队登陆守卫清军营盘,防止县城的炮火殃及租界。小刀会在外国列强的严防下,无法通过租界实现突围。

城内的形势更加危急,陈阿林致函斯嘉兹(英国来华间谍,1847—1859年间在华从事间谍活动,他与列强在华军政当局关系密切,时常向其汇报,接受任务,提出主张)告知城内起义军的困难,请求救援。斯嘉兹劝陈阿林投降,陈阿林接受了斯嘉兹的建议,放出了几百名妇孺。起义军在城墙上竖起红旗,接受调停。在这最后关头,起义军内部已经呈现不稳的状态,一些起义军跳下城墙向法军投降,但法军将他们交给清军,先后被杀。在县城内与起义军并肩作战的外国人,大多也离开了县城。

起义军只剩下突围转移一条路可走。他们于咸丰五年(1855)正月初一日开会商议,但意见分歧严重,最后刘丽川和陈阿林商定,各领一支队伍在西门外集合,突围后一道前往镇江。这一消息被传教士转告清军,后吉尔杭阿立即派兵追捕。

当天深夜，刘丽川和陈阿林分别率领一支起义军，秩序井然地出城突围。刘丽川经清军中向导引路，穿过军营后至小闸桥，被蒲汇塘阻隔，他们冒充"松江兵"呼唤渡船，但守渡者不肯摆渡。起义军只得开火，乡民听到枪声鸣锣聚众，刘丽川率军逃走。次日黎明，刘丽川等200多人抵达虹桥，恰遇虎嵩林部兵勇，双方展开激战，起义军由于长期饥饿、连夜行军，身体疲惫不堪，但依然奋勇抵抗。除30多人被俘外，刘丽川被杀，其印信也被清军缴获，其余将士阵亡。

另外200多名起义军，向松江进发，行至龙华、七宝、娄县泗泾等处时，被虎嵩林、刘存厚、郑济美、许宝书、向奎等部清兵追踪而来，双方激战，起义军战死130多人。松江知府薛焕带兵勇与团练堵截，分头搜捕，起义军又有几十人身亡。

陈阿林所率起义军，由于天黑迷路，未能到达预定地点，只好涌入租界，美军允许他们剃发易服，躲避搜捕，但大多数仍被查获斩首。冯云山幼子冯癸华经陈阿林派人保护冲过军营，后在混乱中失踪。陈阿林侥幸逃生，藏匿在一个乡民家里，被友人华记洋行行主士夒送出上海，流亡香港、新加坡等地。

此外，徐耀率160多名起义军由小东门、北门冲出，与吴熙、蒋铨部兵勇展开激战，被俘身亡，惨遭杀害。袁玉山、蔡三冬、周龙林、马阿永等人离城后，也被俘身亡。

刘丽川、陈阿林等将士撤出上海后不久，清军进入上海，他们到处搜捕屠杀城内的起义军，李仙云、陈芝伯、谢安邦、夏祖望、吴进、周秀英、吴燮堂、谭伏生、林阿鸣、包得胜、余得顺、萧奎、潘兴、潘松元等300多人先后身亡，总计死难2000多人。外国列强也趁机进入上海县城，扩张势力。

小刀会起义军撤出上海时，大部分在突围中身亡，只有潘起亮率部突围后，历尽艰辛，抵达镇江，参加了太平军，编入侍王李世贤部，转战安徽、江西、浙江等地，继续开展反清斗争。咸丰十一年（1861）十一月初八日，潘起亮引领太平军占领宁波，以功封为"衡天安"，并任海关主官。天京陷落后，他随李世贤转战江西、广东、福建，同治五年（1866）在广东被俘身亡。

检讨小刀会起义失败的原因：首先，内部派系林立，其帮派矛盾很难消除，不能团结一致对敌。小刀会内分为七大帮派，广东帮三派、福建帮两派占据主流，力量相当，彼此间时常发生内讧，无法长期遵守严明的纪律，加强自身力量。其次，起义军首领目光短浅，没有明确的斗争纲领、口号来发动群众。再次，在军事策略上存在着失误，早期没有乘胜追击，扩大战果对太仓之战的重要性也认识不足，贻误战机，部署失当，给了清军反扑的机会。在防御阶段，又不能及时拟定突围策略，撤到农村，或设法西进，靠拢太平天国。最后，他们在对外关系上，没有认清外国列强的侵略实质，对其抱有幻想，终于自尝苦果。

3．两广天地会起义

天地会在地处西南边陲的广西发展迅猛，咸同年间曾爆发过两次反清起义。

升平天国政权

升平天国由咸丰年间天地会头领朱洪英①、胡有禄②所建。受太平天国金田起义的影响，咸丰二年（1852）八月，朱洪英、胡有禄在广西南宁起义。咸丰三年（1853）十一月，胡有禄在宁远击败清军安长泰部，朱洪英率部进攻道州四眼桥，被清军储玫躬部阻遏，返回广西。

咸丰四年（1854）闰七月，朱洪英、胡有禄攻占广西灌阳，建立"升平天国"政权，年号"太平天德"，朱洪英称"镇南王"，胡有禄称"定南王"，随即北攻全州、永明，规模一度达三四万人。咸丰五年

---

① 朱洪英（？—1874），又名朱洪胜、朱世雄、朱声洪，湖南东安人，木匠，擅长技击，因经商关系，在广西灌阳、全州等地游历，设立天地会公义堂，聚众数百人。

② 胡有禄（？—1865），又名吴有禄，广西武宣人。道光二十六年（1846），与其兄胡有福、罗大纲在湖南宁远柏家坪聚众数千人发动起义，遭清军镇压，退往广西。次年，率部直扑阳朔，被清军击溃，胡有禄逃脱。

（1855），朱、胡接到太平天国天官丞相罗大纲邀其前往会合的信件，遂率部自广西攻湖南道州、嘉禾、江华等地，克东安。后遭湘军王鑫部围攻，被迫弃东安走新宁。胡有禄在新宁被俘身亡。朱洪英则率起义军回师广西，占领恭城、富川。咸丰七年（1857）二月攻克柳州。次年（1858）夏，败走贵州古州，转战湘、桂、黔三省边区。同治十三年（1874）在湖南宜章被捕身亡，余部重返广西，继续坚持斗争。

大成国政权

第一次鸦片战争以后，随着五口通商，英法等国商品进入广东行销，冲击了自给自足的小农经济，贩夫走卒纷纷失业，贫苦农民、失业的手工业者、小商贩、船民、无业游民等纷纷参加天地会组织，走上反清道路。广东在战争中首当其冲，受害最深，战后分摊的战争赔款份额最多，清政府平日鱼肉百姓，故民众所受盘剥更为残酷，反抗日益激烈，社会危机更为严重。

太平天国起义爆发，推动了两广地区反清斗争的迅猛发展，在广西天地会发动起义的同时，广东天地会也响应太平天国，揭竿而起。咸丰四年五月十五日（一说五月十三日），广东天地会首领何禄率众起义，二十二日攻克东莞县城，揭开了广东省城附近天地会起义的序幕。起义军迅速增加到3万多人，拥有各类船只600余艘。很快，全省各地天地会纷纷竖旗响应，影响最大的是陈开①、李文茂②领导的起义。太平天国定都天京后，派人来广东联络反清义士，咸丰四年（1854）六月十一日陈开在佛山石湾附近的大雾冈发动起义，随即占领南海县佛山镇（今佛山），建号"大宁"。李文茂、甘先、周春等人在广州北郊的佛岭市（今广州北郊新市之东），陈显良等人在广州城东的燕塘，林洸隆等在珠江南岸，关巨、何博奋等在珠江船户群起而响应，起义军蓄发易服，头裹红巾，自称"洪兵"，世称"红巾军"。

起义的烽火迅速在广东全境形成燎原之势，数月间，各地起义军攻克府州县城40余座。广州附近，除陈开、李文茂外，陈金刚、练四虎、侯陈带、林大年、陈吉、梁棓、刘观秀、陈松年、吕萃晋、冯坤等人分别领导花县、三水、清远、顺德、龙门、新会、鹤山等地的天地会起义。七月

---

① 陈开（1822—1861），广东佛山三水人，世代驾船为业。
② 李文茂（？—1859），广东鹤山人，原为粤剧艺人。

五、会党反清战争

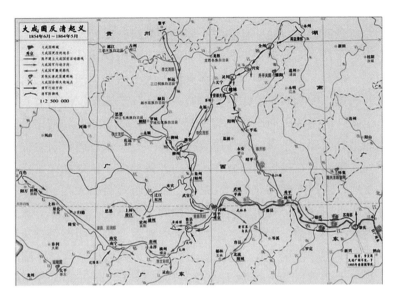

图 5.6　大成国反清起义

图片来源：《中国战争史地图》，http://86814.net/wiki/zgzzsdt/

十二日，由于水勇积极充作内应，陈荣、伍百吉率部一举攻占了粤西重镇肇庆。在粤北的韶州地区，陈义和在英德、葛耀明在乐昌分别发动起义，并在其他起义军的配合下，三次围攻韶州府城（今韶关）。在粤东的潮州、惠州地区，陈娘康、郑游春、吴忠恕、翟火姑等部起义军，在惠来、潮阳、澄海、普宁、揭阳、归善（今惠阳）、博罗一带展开斗争。此外，嘉应州、高州、廉州等地也都有规模不等的起义发生。各地起义军，规模在数百以至数万人不等，因缺乏统一领导和作战经验，多被清军及地方团练各个击败。周春、翟火姑、葛耀明等领导的少数起义军，转战至湘、赣两省，参加了太平军。陈金刚部则在湘、粤、桂边境地区辗转坚持斗争。

广州之战

顺德、香山、东莞相继被起义军攻克，省城广州势孤援绝，陈开、李文茂遂率众十余万乘势围攻广州。起义军分为五路：陈开部以佛山镇为据点，自南向北进攻；李文茂部以佛岭市为主，以萧冈、龙潭观为辅，直逼广州北门；陈显良部以燕塘为据点，以三宝墟为后应，负责进攻东门；林洸隆部驻省河南岸，以牵制清军；关巨、何博奋统率水军负责截击清军内河水师，以断绝水上交通。

两广总督叶名琛①、广东巡抚柏贵②等鉴于城内兵力空虚,立即关闭城门,并急令调往湘、赣、桂三省交界地区的绿营军回城,与城内八旗军共同防守炮台及水陆要隘;令各地豪绅地主迅速组建团练,并从省城、香山、新安、东莞、新会、潮州等地募勇数万人,增加内河战船数百只,选拔水勇、炮勇,配合八旗、绿营军守城;向清廷奏调闽、湘等省兵力来粤会剿;由豪绅伍崇曜出面组建"筹饷局",后又向港英当局请援。随着兵力的增加,叶名琛、柏贵、穆特恩及托恩东额等广东军政要员会商,进行了一系列防御部署:卫佐邦部驻守小北门外各要隘;曾廷相、济山部驻守城北各要地;陈定邦部分守耆定、拱极、保极等炮台;来存、王镇雄、格绷额等率八旗军守北门外永康炮台;陈国辉、王显等率绿营军守城西的西山寺、泥城;托云全、太承恩、国荫等部八旗军及部分团练分守老城;怀塔布率绿营军防守新城。叶名琛则每日在越秀山镇海楼亲自指挥调度。

六月二十四日,为先发制人,叶名琛派出崔大同、洪大顺率绿营军3000余人主动出击,向北路起义军发起进攻,意图占领江村。李文茂闻讯后,决定利用佛岭的有利地形打一场伏击战。清军刚到佛岭前,天降暴雨,火药、火绳均被淋湿,只得在山坡扎营,埋伏在周围的起义军突然发起进攻,清军猝不及防,仓促迎战,崔大同、洪大顺被杀,其余溃散。起义军初战告捷,缴获了大批军械物资。

二十六日,起义军兵分三路,从东、西、北三面向广州发起进攻,但被清军击退。七月初二日,叶名琛再派5000名清兵,对起义军北路据点牛栏冈发起进攻。李文茂一面组织正面阻击,一面派千余人绕到清军背后进行袭击。牛栏冈大战,起义军再次将清军击退,一路追赶到距离广州城仅十里的三元里,再获大捷。

此后,起义军乘胜进攻,兵锋直逼广州城。叶名琛两次主动出击均遭惨败,已失去主动权,不得不采取"以守为攻,严密设防"的方针,依托广州的城垣和炮台进行防御作战。

从1854年8月初到9月初,北路、东路和西路起义军连续发起攻城战,企图先夺占炮台,再攻入城内。清军严防死守,起义军的进攻一再受挫。七月初十日,北路起义军冒着狂风暴雨,从三元里绕道飞鹅岭,进攻

---

① 叶名琛(1807—1859),字昆臣,湖北汉阳人。
② 柏贵(?—1859),额哲咸氏,字雨田,蒙古正黄旗人。

五、会党反清战争

永康、耆定炮台。守台清军发炮拦阻,熊应荣率部正面迎战。陈国辉、黄大荣率部从三元里侧面出击,迫使起义军后撤。二十四日,东路起义军猛扑距东门五里的保厘炮台。清军采取同样战术,以一部分兵力正面迎战,其余兵力从侧面出击进行前后夹击,将起义军击退。闰七月初六日,起义军再次从东、北两个防线同时发起进攻,也未能攻入城内。闰七月初十日,北路起义军又分两路出击:一路由三家店至飞鹤岭进攻白云庵,另一路向三元里发起进攻。结果,进攻白云庵的起义军遭到两路清兵的截击,前进方向受阻;进攻三元里的起义军,在流化桥遭到永康、耆定、保极、拱极及越秀山各炮台的轰击,再次后撤。起义军连续攻城均遭失利,损兵折将,其战略主动权已易手,开始转为战略控制。

清军方面,虽然击败起义军的多次进攻,但叶名琛深感兵力不敷,决定采取集中兵力,专攻一处,再各个击破的作战策略。清军首先向东路起义军进攻。卫邦佐部为中路,出东门直扑燕塘;马超亮率城东团练乘船至东涌登岸,占领簸箕村后,从右攻燕塘;黄镛、郑锡琦统兵左攻燕塘;赖永清率安邑团练为后应。各路清军突然向燕塘发起攻击,东路起义军仓促迎战,力不能支被迫突围。陈显良率一部分起义军撤至新造,另一部分撤至佛岭。

东路起义军被击溃后,李文茂的北路起义军被迫由进攻转入防御。为了加强各据点间的联系,更好地协同配合作战,起义军在主要据点周围深挖沟壕,筑起堡垒,配置火炮、抬枪等,在山坡、田埂及交通要道遍插竹签、撒布蒺藜,布置伏击阵地。

叶名琛命东、北两个方向的清军集中进攻北路起义军。鉴于北路起义军数量众多,据点密布的情况,叶名琛采取先弱后强,逐一清剿的战术。首先派兵围攻靠近广州的几个较小据点,然后再逐一拔除起义军主要据点。清军先后攻占棠下、沙涌、三家店、瑶台等起义军据点。随后,叶名琛又向义勇祠发起进攻,但遭到附近各据点起义军的截击,被迫后撤。叶名琛决定先分路清除东北、西北各据点。至八月三十日,起义军十三乡据点均被攻破。此时,北路起义军仅剩佛岭、萧冈、龙潭观、牛栏冈等重要据点。至九月十三日,这些据点也被清军攻占,起义军伤亡惨重,余部向石井、石门等地退却。

清军水陆夹攻,向西路起义军发起最后进攻。至十一月下旬,石井、石门及附近各股起义军相继战败。何六、周春、甘先等率部北上,参加围攻韶州的战斗，后退往湖南，李文茂率部转移到南海县的九江。

叶名琛除督率清军对各路起义军发起进攻外，还派人向英、美、法三国政府请求支援。英国于十月二十四日派舰队闯入珠江。叶名琛派兵向省河以南的起义军发起进攻。起义军水军熟悉省河交通，多次击败清军水师。起义军以统领水路兵马大元帅陈显良的名义照会三国驻广州公使，斥责他们派兵船用米盖住火药进入广州。其携带火炮名为防贼，而实际上却卖给奸官，殊非正理，要求三国停止类似行动。英、美、法列强不顾起义军抗议，继续协助清军守城。

叶名琛见水路攻势受挫，接受沈棣辉先破佛山的建议。清军以水陆兵勇近1.5万人、战船百余只的兵力，向佛山发动猛攻。佛山起义军陈开部受南海96个乡的团练牵制，在佛山未能打开局面，亦未能挺军北进，掌握战略主动。沈棣辉决定先攻破桥头、谢遥村等据点，后占领佛山外围全部据点。十二月初十日，13路清军同时向佛山发起猛攻。起义军首尾互不相连，只得各自为战，纷纷突围。陈开率部向南海县的九江退却，与李文茂部会合后进攻三水县城不克，遂西进肇庆，与伍百吉部及由广西东下肇庆的梁培友部会师。咸丰五年（1855）正月，南路起义军的主要据点全部失守，长达半年之久的广州之战最终失败。

广州解围后，叶名琛下令对广东各地百姓进行血腥镇压，仅广州一地先后有10万余人惨遭屠杀，全省被害者百万以上。英国军舰也参与围捕起义军余部，几乎将所有北里湾和石浦港的起义军船只击沉，并与清军一同捕杀起义军。

广州之战之所以失败，与起义军在战场上的冒进有密切关系。广州城墙高厚，四周炮台环列，防御体系极为坚固。尽管起义军一呼百应，人数众多，但组织松散，武器装备落后，战斗力不强，且城内也没有百姓做内应，在这种情况下，起义军贸然强攻，显然无法顺利达到目的。起义军包围广州城，但实际上是围而未死——城内清军依然能够通过水、陆路，在英、美、法列强的帮助下，将各类物资运进城内，支持其持久作战。半年之久的围攻不但消耗了起义军的力量，而且使之错过向清廷统治力量薄弱地区发展的有利时机，最终功亏一篑，全面溃散。

占领浔州府，建号大成国

陈开、李文茂率部到达肇庆不久，清军即从西江的上、下游对其夹击。咸丰五年（1855）二月下旬，广西按察使张敬修率部占领德庆。四月

五、会党反清战争

初,广东盐运使沈棣辉率部攻占九江、三洲等地,并抢占起义军羚羊峡阵地,其水师战船直逼肇庆而去。

陈开、李文茂等接受熟悉广西情况的梁培友的建议,决定放弃肇庆,西进广西。此时,广东各地起义军均遭清军的血腥镇压,武装起义已转入低潮。然而,广西的天地会起义却依然十分活跃。当时,广西境内的起义武装,西南以吴凌云为首,东南以黄鼎凤、范亚音为首,东北以张高友为首,永淳(今栾城)、横州(今横县)一带以李文彩为首,苍梧县以罗华观为首,湘、桂边以陈永秀、黄金亮为首,尚有遍及全境的小股起义军。自太平军兴起并向湘鄂地区进军后,清军主力便离开了广西,而留在广西境内的清军势力比较薄弱。因此,陈开、李文茂率部进入广西,以图发展,事实证明在战略选择上他们是非常正确的。

四月初,陈开、李文茂、梁培友、区润、梁昌等首领率战船千余艘,从西江溯流直上,冲破德庆张敬修部水师的阻截后,进入广西。先攻梧州不克,后西走藤县,过平南,于四月二十一日直扑浔州府城(今桂平)。浔州城三面临水,起义军分水陆两路,向浔州城发起进攻。浔州知府刘体舒令清军坚守待援。起义军屡攻不克,便切断城内粮饷接济,以做长期围城打算。与此同时,六月初十日和七月十一日,起义军两次采用地道攻城法轰塌南门城墙,但缺口很快被清军封堵,起义军未能攻入城内。

广西巡抚劳崇光①因手中无兵可调,只好把希望寄托在张敬修身上。而此时张敬修已进抵梧州,但其兵力有限,且士气低落,粮饷不足,因而进展非常缓慢。叶名琛不得不增派尹达章率部援助张敬修,以解浔州之围。八月十一日,清军水师进抵石咀时,被防守大黄江口的起义军击败,纷纷逃回梧州。此时,浔州城内清军已弹尽粮绝,一片哀鸿。起义军乘机于十七日发起总攻,由南城破门而入,占领浔州城。刘体舒等清朝官员被杀。

占领浔州城后,陈开等宣布建立"大成国",自称"镇南王",改元"洪德",浔州改为"秀京",又蓄发易服,颁发制度,分官设守,铸"洪德通宝"钱,进行政权建设。并任李文茂为陆路总管同时为了加强秀京的防御,在城外加筑两道土城、东门外挖三角咀修筑炮台、沿江两岸分别筑

---

① 劳崇光(1802—1867),字辛阶,湖南善化(今长沙)人。

垒设营。

清军失去浔州城后,广西巡抚劳崇光苦于兵单饷竭,被迫消极防堵,命提督惠庆与右江道黄辅相率部分驻武宣、蒙墟,防堵起义军北上柳州;新任浔州知府张鹏万与署知县李载文率团练防堵东路起义军;左江镇总兵色克精阿率部驰赴横州,防堵起义军西进。意图将大成国围困扼杀。

大成国建立后,广西各地起义军士气高涨,为打破清军的围困,在战略上掌握主动,立即向周边发动进攻。八月下旬,李文茂、梁培友率军攻占浔州西南方向的贵县,当地起义军首领黄金亮、黄鼎凤、李文彩率部加入大成国政权。随后,李文茂挥军向浔州东北方向的平南县,清军防守坚固,起义军久攻近四个月不克。清军乘机反攻,占据了平南以西沿江的一些据点,此时,广东援兵陆续赶来,向浔州推进。在此情况下,李文茂、梁培友一面以部分兵力依托有利地形,在大黄江口阻遏广东清军援兵;一面率部北上,于咸丰六年(1856)三月十一日一举攻占武宣,击杀福格、朱锦兰等清军将领。起义军占领武宣,不仅威胁象州、柳州,还对蒙墟清军造成直接威胁,打乱了清军的部署。梁培友率水军南返,李文茂率部继续北上,于四月初四日攻占象州。李文茂联络荔浦张高友部起义军,于六月进攻柳州。劳崇光见形势危急,急调桂林、浔州附近的清军驰援。起义军进攻柳州受挫,张高友部退守象州,李文茂遂于七月南返浔州。

梁培友南下后,再度向平南发动进攻。五月十五日至二十一日,因连降大雨,江水猛涨,清军在大黄江口下游的拦河铁链被冲断,岸边的炮台也多被淹没,陆上各军营被洪水阻隔,彼此无法应援。梁培友抓住这一时机,遂于二十四日分为水陆两路一面围攻清军营垒,一面顺江而下,数百艘战船向清军水师发动火攻。清军水师被焚毁殆尽,张敬修、尹达章、谢邦瑞、柯维和等清军将领被击杀。随后,起义军水陆并进,于七月二十九日攻克平南县城,并在围城打援的过程中,在藤县白沙击毁广东水师苏海部30余艘战船,缴获百余艘米船,一度抵达梧州城外。起义军又于九月初拔除了威胁秀京的清军蒙墟据点,广西提督惠庆败走石陇。至此,起义军进入广西境内的一年间,以浔州为根据地,初步在广西站稳脚跟。

九月初,陈开召集各起义军将领召开会议,分封王、公、侯、元帅等职官。李文茂为"平靖王"兼陆路总管,梁培友为"平东王"兼水路总管,区润为"平西王",梁昌为"定北王"。陈开改称"平浔王"。会议还确定了大成国向外发展的战略部署:由李文茂率部北攻柳州,梁培友率部

五、会党反清战争

向东发展,区润、梁昌率部向西发展,陈开则坐镇秀京。会后,各路起义军分别向北、东、西三个方向进军,以便进一步扩大巩固大成国。

十月,平靖王李文茂率部由象州北上,再次从东、西、南三面进攻柳州。十月十四日,起义军水路直抵城下,陆路占领铜鼓、长塘、欧阳等外围据点。翌日,起义军向东、北城门外的清军发起进攻,清军退回城内,起义军占据了城外各要隘关口,包围了柳州城。

柳州城内仅有清军韩凤、孙蒙、汤遇珍等部2000余人,兵力严重不敷,只能固守待援。而此时陈永秀、黄金亮、张高友部起义军正在兴安、灵川、永福地区四处攻城略地,威胁省城桂林。劳崇光一面调兵防御,一面催令张凯嵩率部由庆远(今宜山)驰援柳州。

张凯嵩率部于十一月初六日进驻柳州城外隔江相望的二都。二十四日,提督惠庆也率余部赶到,但清军兵力有限,只能滞留于此,不敢主动渡江作战。这时,起义军的围城激战正酣,在劳崇光的严令下,十二月十三日,惠庆率部渡江,他与城内韩凤约定,内外夹攻,以解柳州之围。但在城内已弹尽粮绝,韩凤拒不出战。起义军一面阻击惠庆援军,一面加紧攻城。二月十九日,韩凤率亲兵试图突围,但刚出城门即被击散,韩凤率亲随逃往桂林。李文茂乘机挥师攻入城中,占领了柳州,孙蒙、汤遇珍等阵亡。惠庆慌忙撤往桂林。

起义军乘胜追击攻占了柳城(今柳城南)、罗城、庆远、融县(今融水),控制了柳州、庆远全境,打开了通往贵州的道路,并与贵州苗民起义军取得联系。李文茂坐镇柳州,改称"龙城府",建立平靖王府,设丞相、都督、将军等职,派部下分任各知州、知县。军事上,将起义军编为五营,还建有御林军、常胜军、长生军、祷天军等;经济上,恢复生产,发展商业,自铸钱币("平靖胜宝"),已自成一统。

平东王梁培友拟在肃清平南地方团练后,再东取梧州。咸丰七年(1857)三月初九日,梁培友率部从大乌墟出发,计划消灭廖洞村团练,却遭炮击身亡。陈开亲自统率梁部东进,于五月初八日占领藤县。随后率战舰顺流东下,直抵梧州,与罗华观部起义军相互配合,进攻梧州城。闰五月初一日,起义军抢占了梧州城外浔江、桂江两江汇合处的三角咀,取得了地理优势。起义军居高临下,炮击梧州城,其水师控制了广东封川至德庆间的西江,从而封锁了水陆交通,使得梧州城被团团包围。

叶名琛一面命肇庆地方当局加强防御,一面派提督昆寿率水陆各营,增援梧州。梧州城内，按察使黄钟音、知府陈瑞芝、副将蒋福长等组织潮勇、香山勇及当地团练约3000人守城。而起义军水军具有优势，一面在城外游弋发炮，一面主动进攻清广东援军。六月初八日，起义军水军在广东都城（今郁南县）突袭前来增援的清军水师，陆路清军也遭到沉重打击，被迫向肇庆溃退。梧州城内已陷入弹尽粮绝、孤立无援的境地。劳崇光想方设法向梧州运送粮饷补给，但在水陆要隘被起义军控制的局面下，粒米片薪未能进入城内。至七月下旬，城内已断粮，每日饿死者达数百人。陈开乘机指挥起义军攻城，于八月初十日一举攻入北门，占领梧州城，并改名为"秀江府"。

定北王梁昌、平西王区润、定国公李文彩等部起义军向西进军，先后占领永淳、横州，受到当地各族民众的欢迎。五月初五日，西路起义军4万余人水陆并进，向南宁进军。左江镇总兵色克精阿等慑于起义军的声威，率文武官员出城逃避，起义军不战而得南宁城。

占领南宁后，梁昌、区润率部西攻百色不克，折回南宁；李文彩率部东进灵山，后折回横州、永淳。黄鼎凤率部攻占了宾州（今宾阳东北）、上林，范亚音率部攻占北流，进逼郁林（今玉林）。起义军经过两年的四处征战，已据大半个广西，保持着战略上的主动。起义军经过围城攻坚，克服了初期不顾敌我力量等主客观条件，一味强攻蛮干的缺点，开始懂得知己知彼，充分利用广西清军机动力量有限的缺点，改用长期围困的战术，以较小的代价取得较大胜利，反映了其作战指挥水平有所提高。

柳州、梧州争夺战

咸丰六年（1856）天京事变后，太平天国元气大伤，使清政府得以腾出力量去镇压各地起义。湖南巡抚骆秉章应劳崇光的请求，派蒋益澧部湘军、段莹器部祁勇、江忠浚部楚勇共计3600人，于咸丰七年（1857）五月下旬进入广西，配合广西清军进攻陈永秀、黄金亮部起义军。在七月下旬至八月上旬间，占领了全州、兴安、灵川等地进入桂林。陈永秀、黄金亮部被迫转投陈金刚、李文茂部。在梧州被克后清廷加紧战备，抽调兵力，预收复梧州、浔州。由于梁昌、区润的大意，南宁城在八月十六日被色克精阿所率团练攻占，仓促间梁、区二人率部东撤至灵山。大成国起义军在取得战略胜利后的短短数月内，已被迫转入战略防御，逐渐丧失了主动权，最终失败。

五、会党反清战争

会攻桂林受挫

咸丰七年十月至十一月间,蒋益澧所率湘军在平乐、贺县等地进攻陈金刚、陈永秀部起义军时,陈开、李文茂没有主动支援,而将主攻方向对准省城,兵分东西两路,会攻桂林。

十一月中旬,李文茂部由柳州北进,占领永福。十二月,李文茂督军进驻桂林西南60里处的苏桥镇,以待陈开大军前来。陈开率部于咸丰八年(1858)二三月间抵达平乐,而此时昆寿指挥的粤军已由肇庆西进梧州。三四月间,陈开部遭到蒋益澧部湘军的攻击,前进受阻。梧州地处两广交界,是出入两广的咽喉要地,粤军一旦进逼梧州,则可以直接威胁秀京,同时对陈开部主力也会造成极大的威胁。陈开北进受阻,只得率部南返,回援梧州。这样,会攻桂林变成李文茂部独攻,难度极大。

李文茂屯兵苏桥,威胁桂林,时蒋益澧部湘军兵力虽已增至5000余人,但要四处追击各地起义军,桂林城内仅有2000余人。蒋益澧遂不断调防、布设疑兵,以迷惑李文茂。右江道张凯嵩指挥团练向庆远进攻,以牵制李文茂部。李文茂未做周密侦查,不知对手虚实,不敢主动进攻,滞留苏桥,因此丧失了消灭对手的有利时机。陈开率部南返后,蒋益澧于四月中旬调平乐湘军折回桂林,还派出1500名生力军,在苏桥背后发起进攻。在清军的前后夹击下,李文茂负伤,只得退守柳州。起义军进攻桂林的计划宣告失败。

梧州、柳州失守

江国霖、昆寿率粤军进逼梧州,总结了之前与起义军作战失利的教训。他们采取水陆并进、步步为营的方针,抽调外海、内河水师组成精锐,陆路兵力增至万余人,一半掩护水师西进,一半专攻沿途据点。在各地团练的配合下,咸丰八年三月初六日由肇庆西攻梧州。

守城的起义军对来势汹汹的清军未能充分侦知情况,仍然沿用旧战术,在封川江面集中水师力量,顺流东下,直冲敌阵。在粤军水师炮火优势面前,起义军接连受挫,撤回封川江面。他们在封川添筑炮台,由梧州增兵四五千人,并联络广宁、怀集等地起义军南下,以作应对。但水陆两路都被清军击败,粤军水师直向梧州进军。四月十八日,起义军的主要据点戎墟被苍梧、西宁的团练占领。梧州城已两面受敌,形势非常不利,起义军当天深夜撤出,昆寿指挥清军占领了梧州。

蒋益澧部湘军击败李文茂部后,乘胜逼近柳州。李文茂派其弟李文辉率部驻守白沙江口，白沙江口在洛清江与柳江汇合处。李文茂认为，只要守住白沙江口，湘军水师便难以攻取柳州。然而，蒋益澧早已摸清李文茂的部署，湘军由桂林抵达雒容（今鹿寨西南），拖船登陆，由陆路将船只运抵柳州附近后下水，直逼柳州。五月十四日，李文茂以为白沙江口已经失守，便仓皇从柳州撤退。蒋益澧在占领柳州后，分兵两路，分别追击李文茂、李文辉。驻守白沙江口的李文辉部此时孤立无援，大部溃散。李文茂则指挥所部起义军在柳城、融县反击湘军失利，后转入贵州，与黔东起义军配合作战。六七月间，在围攻黎平失败后，再次折回融县。九十月间，李文茂在怀远（今融安北）山中病故，其余部在陈戊养的指挥下，仍归陈开指挥。

秀京陷落

龙城府、秀江府相继失守，使得大成国起义军遭受了沉重打击，根据地急剧缩小，形势已非常不利。然而，大成国政权还据有十多个州、县，拥有水陆两军达十余万人。陈金刚、罗华观等起义军分别在贺县、苍梧下郢一带活动，与大成国互为犄角。此时，石达开在天京事变后率部离开，也进入广西开展活动，对大成国的军事发展非常有利。蒋益澧部湘军占据柳州后，因受酷暑及水土影响，病患日益增多；粤军攻占梧州后，因受地理条件限制，所以两军不得不暂停进攻。此时，陈开若能乘此机会补充休整队伍，加紧准备防御未必不能战胜清军；但攻占柳州等地后，陈开在指导思想上犯了严重错误——并没有立即挥师东进，反而率主力南下秀京，并进攻梧州。而梧州城已有粤军万余人驻守，战船300只，同时还得到杨超所率船只的援助，水陆防御较为坚固。咸丰九年（1859）二月二十九日，陈开率战船300余只，在罗华观部的配合下对梧州发动了进攻。三月十二日至十四日，陈开部连续攻击梧州外围的三角咀、白云寺等据点不克，不得不退回秀京。

六月，石达开部将石镇吉率部由广东进入广西，围攻桂林未果转向宾州。九月下旬，石达开部主力20余万人进入广西，并占领庆远城。湖南巡抚骆秉章仓促间调集广西布政使刘长佑部18营8000人同萧启江部九营4500人也进入广西。此时，陈开如能与石达开部太平军联合作战，则有可能夺回战场主动权，但他们却陷入领导权的纷争中，给湘军创造了各个击破的机会。

石镇吉撤围桂林并转至宾州后，刘长佑一面命蒋益澧重新对付贺县的

五、会党反清战争

陈金刚部起义军,以保障湘军的侧翼安全;一面亲自率湘军主力,于十一月进攻柳州。面对湘军和团练的围攻,守柳州的义军顽强抵抗,固守待援。陈开几次从秀京派水军北上援救,但水浅滩多,沿途又遭受团练的截击,始终未能抵达柳州城下。咸丰十年(1860)正月初九日,湘军炸开东北城墙攻入城内,柳州再次失守。

二月中旬,在刘长佑部清军进攻柳州城之时,陈开并没有配合柳州守军侧击,以夺回柳州城,反而率主力正面进攻柳州城。刘长佑率部及时回援,陈开与湘军苦战月余,没能再次攻克柳州城,不得不退守秀京。这时,石镇吉部太平军已在百色一带被消灭。石达开部太平军因不断分裂而大量减员,迫不得已,石达开放弃庆远,率余部进入广西西南部的宾州、武缘(今武鸣)一带。

在这种情况下,湘军、粤军则加紧进攻浔州的准备。刘长佑、蒋益澧等率清军首先占据贺县、怀集、下郢等地。贺县、怀集失守,陈金刚率余部向开建(怀集西南)、苍梧而去。蒋益澧率部围攻下郢,罗华观、陈金刚部因迟迟得不到陈开的配合,一败再败。九十月间,罗华观部退入浔州,陈金刚南走广东。这样,大成国起义军仅剩陈开部,而湘军则打通了桂林至梧州间的水陆交通,与粤军连成一气,为攻破浔州创造了有利条件。

咸丰十一年(1861)底,劳崇光、蒋益澧、昆寿等清军将领在广州会商进攻浔州的计划,决定裁撤红单船,另行添置扒船、巡船、舢板船等各类船只130只。劳崇光吸取了粤军水师四次惨败的教训,确定水陆两军互相配合的基本原则,具体部署:李扬升率水师溯浔江而上;蒋益澧沿浔江西岸西进,作为进攻浔州的主力部队;刘坤一从柳州出象州、武宣,自北向南,配合进攻浔州;邹德淳与吴德征率团练,防备起义军南下和西走;平南、桂平两县团练随时策应水路葛军,并充当向导。此外,还命刘士恕守卫梧州城,防备起义军偏师绕袭。至二月下旬,清军基本做好进攻浔州的各项准备工作。陈开在多次进攻失利后,也进行了一番准备,但因仓促从事,为时已晚。

三月初八日,蒋益澧开始陆续派出湘军夹江西行。至六月末,湘军攻占了藤县至平南的所有起义军据点,在平南城东安营扎寨。七月初七日,起义军主动袭击湘军营垒。十三日下午,起义军400余艘战船顺流而下,支援步兵作战。面对起义军如潮般的强大攻势,蒋益澧惊恐不安,下令连夜后退，与水师靠拢。十四日，李扬升率水师驶抵平南城东 20 里的丹竹，得悉起义军战船急驶，立即传令各船准备迎战。起义军开战后便结队而下，纵横满江，炮声震动山谷。李扬升急调部分扒船在南岸，两面环攻。激战中，东风大作，起义军战船瞬时处于逆风顺流、进退维谷的境地。李扬升则趁机火攻，起义军大败，烧死淹死者不计其数。起义军除水军惨败外，陆路也被湘军和团练击败，伤亡惨重。

丹竹之战，起义军水陆主力大部分被消灭。浔州城内外起义军士气低落。蒋益澧、李扬升率部乘胜直逼浔州，桂平县的团练也直抵浔州城下，与之配合作战。浔州城内守军数千人此时已无坚守的决心，城门被团练攻破。湘军大队人马也随之攻入，起义军展开巷战，英勇抵抗，但大势已去。七月十六日，陈开率部撤出浔州城，退往贵县，准备投奔石达开，而石达开此时已退到横州。七月二十八日，陈开在横州东北大滩停泊时，突遭赖联桂等团练袭击，陈开被俘获，后押往浔州城处死。

浔州失守后，李文彩及部分起义军投奔石达开，随后撤离广西；黄鼎凤率余部以覃塘为根据地，高举恢复大成国的旗号，坚决抗击湘军，试图重占浔州。同治元年（1862）广西巡抚刘长佑亲赴浔州督战。黄鼎凤部在浔州附近的岭头铺与刘长佑部湘军展开争夺。黄鼎凤退守贵县，在太墟、龙岩、登龙桥、覃塘、平天寨等据点分兵坚守。同治二年（1863），张凯嵩、刘坤一等率部进占起义军各据点，黄鼎凤只得退守最后的据点小天平寨。

同治三年（1864）元月至三月，刘坤一指挥清军多次进攻地势险要的小天平寨，与黄鼎凤部起义军展开激烈攻防战。刘坤一分兵四路发动总攻，最终攻破小天平寨，黄鼎凤等被杀。在广西坚持了十年之久的大成国起义以失败告终。

光绪朝广西天地会起义

在镇压了太平天国及同期的天地会起义后，清廷短暂复苏，但经过中法战争的巨大消耗，财政日渐支绌。北海、龙州、梧州三口相继开埠，外国商品涌入广西。这瓦解了男耕女织的小农经济基础，土地兼并日益严重，买卖盛行，一田数易其主，或者数人同为一田争讼，地权纠纷日多，甚至闹出命案。商品经济的畸形发展，导致大批手工业者破产，丧失土地的农民被迫离开家乡，从事长途贩运，从而使得社会流动人口大大增加。光绪末年，经济衰退，政局动荡，社会秩序混乱，自然灾害频发，比鸦片

五、会党反清战争

战争时的情形更为严重。挣扎在死亡线上的广大贫民,不但生活无着落,还饱受官府的欺压,被迫揭竿而起,加入"乱民"的行列,为天地会等民间秘密结社在广西各地滋生、发展提供了适宜条件。

光绪年间,广西"岁入地丁、杂税、厂税、货厘、盐厘、子口半税等各项税赋一百二十余万两"①,地方收支尚能基本平衡。中法战争后,各种摊派负担日益沉重,边防经费每年筹措43万两;甲午战争后,广西每年摊还汇丰银行镑款4万两,俄法借款8.7万两,英德借款10万两,合计摊还22.7万两;庚子赔款每年需摊还30万两,加上补平、补色、汇费各项合计34万两;此外,1903年起,清政府编练新军,向各省摊款,广西应拨解20万两。这四项合计广西每年应筹各种摊款119.7万两,与全年财政收入几乎相抵。广西各地财政亏空,搜刮罗掘已尽,各级官府便巧立名目,或加收房费,或科重小户,进行勒索敲诈,甚至公开倡行卖身、卖官、赌博和贩毒,以收取花捐、官捐、赌捐和烟捐。严重腐败的社会风气,是广西当地官府政纪松弛,政风败坏的缩影。官场吏治腐败,敷衍蒙蔽,上下欺罔,谎报军情,蔚然成风;官府以残害百姓、滥杀无辜为能事。

19世纪末20世纪初,广西连年遭受自然灾害。水、旱、虫、雹、瘟等灾难交替发生,把民众推向死亡的边缘。据地方志书记载,从光绪二十一年(1895)起,广西各地的自然灾害逐渐多起来。1895年,南宁"秋大旱,晚稻杂粮仅得十分之一"②;象州"大旱灾",次年又"大饥荒"。③光绪二十四年(1898),庆远"雹下如注,打坏民房、牲畜不计其数",光绪二十五年(1899)"蝗虫四起,蚀尽禾心,喷喷有声"。④据《岭东日报》报道,广西在1902—1903年间由于水旱疾疫肆虐。柳州、庆远各地霍乱流行,"死无人枪"⑤,"灭绝烟火者,不计其数"⑥,到处都是一片凄惨的景象。

---

① 《辛亥革命前十年民变档案史料》下册第491页。
② 《同正县志·灾异》,民国二十二年版。
③ 《象县志·灾异》,民国二十七年版。
④ 《宣北县志·灾异》,民国二十六年版。
⑤ 《三江县志·大事记》,民国三十五年版。
⑥ 《宣北县志·灾异》,民国二十六年版。

南宁地区大旱，颗粒无收，米价飞涨。"由十几文钱卖到一百多文一斤。"① 由于无米下锅，有的全家饿死，数日无人知晓；卖儿卖女比比皆是，但一个小孩只能换回十几斤米。南宁街上"饿殍遍地，小孩摆卖成行"。② 严重的天灾破坏了农业生产和农民生活，大多数农民陷入极端困苦和无以为生的境地，他们失去了最基本的生存条件，被迫铤而走险，揭竿起义，也正是在这两年，广西会党大起义走向高潮。

光绪二十二年至二十四年（1896—1898），广西天地会发动反清武装斗争，有24个州县参与武装斗争，广西呈现出兵荒马乱、局面动荡之势。

光绪二十三年（1897）四月，桂林府属兴安县哥老会首领唐燕亭等被捕，"据兴安县知府卜永春禀称，该县地方谣传匪党声言替唐燕亭等复仇起事……当提讯生擒犯匪王绍青是唐燕亭手下正先锋，本拟集党径赴兴安复仇，因惧兴安、全州兵力甚厚，故先于灌阳试逞，选派人四处密约各弟兄定期。五月二十一日夜聚齐灌阳城外，乘暗扑城，是夜正在渐集渐多，前进扑城，不料城中已经有备，又遇伏兵，致被拿获"③，事后清廷将广西巡抚史念祖、藩司游智开、臬司蔡希、桂林知府孙钦晃交由吏部处置，兴安知县卜永春、灌阳知县吴良菜被革职。④

同年，在广西柳州府马平县（今柳江）另一会党在刘三金、韦四、梁才等领导下创立金底会，第一次就聚众2000人。几个月内，周围各村圩90%以上的农户都入了会。刘三金以马平县土博、里高为中心，势力遍布于柳州、庆远、桂林、思恩四府，在马平、雒容、融县、来宾、宜山、永宁、迁江等七个州县交界之地发展迅猛。清军派兵围剿，会党竖旗抵抗，在马平三都圩、双桥圩分别击退清军，取得两次战斗的胜利。刘三金决定乘胜攻打柳州。在进军柳州途中，官府调集大军围堵，刘三金率部三战三败，被清军截杀6000多人。光绪二十四年（1898）正月初九日，刘三金在柳州被剐刑处死。

---

① 黄玉球：《南宁的自然灾害》，广西通志馆藏。
② 黄玉球：《南宁的自然灾害》，广西通志馆藏。
③ 庚裕良、陈仁华等：《广西会党资料汇编》第379页，广西人民出版社，1995。
④ 庚裕良、陈仁华等：《广西会党资料汇编》第376页，广西人民出版社，1995。

五、会党反清战争

郁林起义

以光绪二十四年郁林起义为标志,天地会的武装反清迅速发展壮大。在起义爆发前,郁林天地会众已经羽翼丰满,实力雄厚,他们尊奉李立廷①为会首。

是年春,陆川县一带发生旱灾,百姓惨遭地方官吏和豪绅的剥削压迫,百姓不堪陶姓豪强欺压,向李立廷寻求庇护。李立廷挺身而出率会众与陶有芳做抗租斗争,而陶有芳仗着自己家族有官方背景横行乡里,见李立廷组织天地会会众抗租便向郁林知州黄桂丹告状,称李立廷在陆川平乐圩聚众谋反。黄桂丹得知李立廷是郁林天地会的首领,命州判胡绍瑗带兵千余人会同陆川乡勇搜捕李立廷。于是,李立廷与各地会众商议对策,决定于五月初十日发动起义。计划同时攻取陆川、北流、博白、兴业和容县五座县城,然后会攻郁林州城。

初十日凌晨,李立廷在陆川的平乐圩揭竿而起,他与廖十八率领会众2000人围攻陶姓聚居的石狗寨。陶有芳令族人固寨坚垒,奋力抵御。李立廷围寨两天,断其水源。寨中因无水可汲,人心恐慌。第三天石狗寨被攻破,陶有芳及全寨所有陶姓男丁,无论老幼,共131人全部被杀。② 随后,李立廷联合北流、陆川和郁林等会众16帮数万人,于十五日开始进攻郁林州城。与此同时,周围各县会党起义军分别向所在县城发起进攻,郁林各属天地会的大起义全面爆发。

在北流东华圩,天地会首领谢华轩率数千人,于五月初九日晚进逼陆川县城下。城内会党首领吕士松、吕秀川等人筹划内应。当夜三更时分,吕士松在城内起事,县城不攻而破。起义军占据县城后,杀死典史王锡章父子,俘获知县史从焕全家,纵火焚烧了县署衙门。陆川各处会党听闻县城已被攻占的消息,纷纷起义响应。大桥的王秉南率众打败地主团练,将"巨丰""恒昌"两家当铺的钱财全部抢走,焚毁了周埇口地主吕臣勋的

---

① 李立廷(1863—1935),一称李立亭,陆川县中塘堡(今平乐)大园村人。祖父李见山,曾任广东高要知县。父李秀南,曾参加太平天国起义,被捕拘禁于陆川县监狱5年,获释后生李立廷。李立廷少入私塾,粗通笔墨。青壮年时,体格魁梧,精通武艺,为人豪爽仗义,嗜赌好胜。曾在平乐圩开"宝铺"(赌馆)数年,广交各方人士,从事会党活动。

② 陆川平乐大园村陶姓大坟"封诰"碑文。

宅院，米场的邱大刀五等率众焚毁了泗里堡豪绅庞展诚的宅院，大袄的梁育之则率众截杀挈子外逃的附生戴统材，乌石的农民群众纷纷"归洪"，豪绅惊惧，纷纷远避外乡。

　　指挥进攻容县县城的天地会首领是秀才封禄阶父子以及团练头目、武职官员甘木（甘沛棠）。他们密谋在五月初九日晚发起进攻，志在将全县的土豪劣绅一网打尽。因为五月初十日是公祭宾兴馆的日子，全县土豪士绅于前一天都齐集到了县城。甘木原为太平天国时期广西天地会首领范亚音的部下，后叛变降清，成为容县大户。但由于他出身"土匪"，又目不识丁，容县的土豪都瞧不起他，县政大权操于宾兴馆的一班士绅手里。甘木对此一直耿耿于怀，决心乘此机会，杀尽容县士绅豪强，以泄心头之愤。不料，事机泄漏。会党要在深夜攻城的消息在下午就传了出去，集中在县城的士绅纷纷逃散。五月初九日晚子时，封禄阶在守城团总杨美君的配合下，攻进县城，但只杀了黄姓土豪一人。在家里静观事态变化的甘木眼看计划失败，便见风转舵，会同知县王永贞，率领他的亲兵和乡团，于五月初十日又去收复县城。容县城于初九日夜间被攻破，初十日晨就被清军重新占领，即所谓的"旋失旋复"。

　　天地会首领陈建庭、刘风云等率起义军3000多人，联络革职副将田福志、田亟大父子谋攻北流县城。五月初十日北流被围后，由于城池坚固，天地会战斗力不足，久攻不下。陈建庭等派遣守城清军将领黎仁保的弟弟暗中运动黎为内应。黎仁保应允后，一面让士兵用铁钉封了大炮，一面打开城门，欢迎天地会起义军入城。在五月十二日夜间，起义军冲进城内，占领了北流县城，杀死知县金佐基。

　　兴业沙塘的天地会首领谢三妹、李平龙率众谋攻兴业城（旧县名，县治在今玉林和贵县之间）。他们于五月初十日围城，五月二十一日才将县城攻破。

　　天地会首领李大广、刘老八（刘龙骨木）等负责攻取博白的战斗，他们事先与在籍侍卫秦永年约为内应。秦永年为人粗鲁，与当地士绅多有不睦。尤其与拔贡李羲年积怨最深，誓不两立，欲借天地会之手除掉李羲年，因此，甘为内应。事起之初，城内有人向知县告密，指证秦永年充当会党内应。这时，数万起义军已兵逼城厢。官府便先将秦永年扣下，但秘而不宣。然后采取"调兵不调旗"的策略，将城东守兵调往城西，城南守兵调过城北，城门口所竖旗帜不动。会党军误以为仍有秦永年策应，毫无

五、会党反清战争

防备,放胆攻城,死伤惨重。起义军虽攻城不果,仍将博白县城四面围住,达半月之久。

五月中旬,天地会起义军先攻破坡塘,后攻克了桥头、新地,占领十甲、吴屋寨,城外数十里均被起义军控制,他们在旗帜上大书"官逼民反""劫富济贫"。"官"字作"冐",表示要砍下贪官污吏的头;"民"字出头,表示贫苦农民要有出头的日子;"富"字下面的"田"写得很大,表示农民要夺取土地;"贫"字中间的"刀"向上伸出,表示人民已经拿起武器。① 各路起义军大概集中在三个方向:北方和西北方向,北路起义军由梁桂芳指挥,其中高山牟树晋所部号称"北马",器械精利,快枪最多,是各起义军中最强的一支。他们于五月十五日晚抵达郁林城下,首先进攻城外的州背村,经过一天激战,守军武标营败退到福棉,州背村被起义军占领。同时,西北路起义军经塘够岭,先向砂粒坡、长琪、新定等地发起进攻,再冲过西望桥,直扑麒麟甲而去。东方和东南方向,起义军由梁育之、刘云阶等指挥,其中一路过大水、坑口岭、名山等地,另一路进入东墟、东街、南街。南路和西南路方面,由李立廷、田福志率领,其主力由陆川平乐墟经过马坡,与号称"南马"的黄银笋等部汇合。田福志曾在光绪六年至十一年(1880—1885)间随清军赴越南剿办游勇,抗击法军,历任清军把总、哨长、营官。在郁林起义中,田福志因官阶较大,被起义军推为首领。田福志的加入对攻打郁林城发挥了重要作用,有了他的督阵攻城,郁林的起义军才能与清军周旋。

郁林自雍正年间改为直隶州,其墙堡屡有加修,城防堪称坚实。内城呈方形,四周筑砌有一丈多高的城墙,城墙以长方大青石为基脚,用长方大熟砖砌到顶,面上敷以三合土,可以跑马晒谷。沿着城墙建有12个炮楼和东、西、南、北四大城门。环绕城墙脚下的是护城壕。城郭外的村庄,如北面的州背,西南面的十甲、吴屋寨等,都有三合土的围墙,形成州治严实的外卫。虽城外村庄几乎全都落入起义军之手,但要攻破内城,也非轻而易举能成功。起义军虽然人数众多,但枪械不精,组织松散,很难形成强大的攻城力量。守城的清军防守森严,还强迫商户编队日夜轮番守御。计划中的内应防营管带蒋锡魁之前已被调出城外,更增加了起义军

---

① 李家金:《洪门会桂东南戊戌起义》,《玉林文史资料》第一辑。

攻城的困难。①

为了攻破城墙，起义军便把州背村中咸丰年间所铸重3000多斤的生铁大炮，架在接龙门蒋家楼上，对准北门城墙轰击。第一炮因装药不足，城墙破坏不大。施放第二炮时，装药又过量，弹飞炮炸，反而炸死了不少起义军，也毁掉了仅有的一尊大炮。李立廷见状，便计划挖地道到城墙脚，再通过地道运送炸药，去炸开城墙。正当这一战术实施之时，清军各路援军已到起义军只好作罢。起义军原定各路得手后会攻郁林，但各地攻城进展并不顺利。博白围城半月，呈胶着态势；兴业发生叛乱，已自顾不暇；容县得而复失，起义已经失败；陆川谢华轩和吕士松互争"大馆"，内部不和，均无力增援郁林。围攻郁林的起义军实际上只有北流和郁林周围的会党武装，实力大大削弱。②

郁林五属及容县的天地会反清斗争，还扩展到了周边地区。由于梁亚庚八突然叛变，驻守兴业沙塘的天地会首领赵狩大力战不支，便北渡郁江，进入贵县。与贵县天地会首领杨章林、梁国臣等联合起来，占据了大墟、定光、庆封等地，声势复振。他们计划进攻贵县，被清军团练击败。③ 五月中旬，北流天地会首领李兆卿几百人东进广东，联合当地天地会众进攻信宜县城，清军急调三个营防剿，才保住信宜县。五月十二日，郁林五属起义，梧州的藤县、岑溪等地也被天地会包围，频频告急。迫使清廷"当即分调十营，以四营援梧，六营援郁"。④ 二十日，蔡珠、朱国安两营清军分别进攻藤县、岑溪，并驱散了围攻藤县、岑溪两城的天地会武装。

郁林、梧州两地天地会会党起义与同年发生的四川大足余栋臣第二次起义使德宗感到极大忧虑。光绪二十四年（1898）五月十五日，清廷电令两广总督谭钟麟等地方官员，"饬令派出各营，至速剿办，毋任蔓延"⑤。

---

① 朱俊强：《清末广西天地会风云录》第64页，广西师范大学出版社，2000。
② 朱俊强：《清末广西天地会风云录》第64、65页，广西师范大学出版社，2000。
③ 高瑶光：《李立廷在玉林五属的反清斗争》，广西通志馆藏。
④ 中国第一历史档案馆：《清代军机处电报档汇编》2047卷（六）第19页，中国人民大学出版社，2005。
⑤ 中国第一历史档案馆：《清代军机处电报档汇编》2047卷（六）第18页，中国人民大学出版社，2005。

五、会党反清战争

二十四日,又电令广西巡抚黄槐森,"督饬各军分途并进,并激励乡团,联络一气,从速相机截剿,勿任连成一片"①。两广督、抚不敢怠慢,迅速调集广东高州镇总兵潘瀛、北海镇总兵刘邦盛、广西署左江镇总兵马盛治等,统率18营清军紧急开赴郁、梧地区,南北合击郁、梧两地的天地会起义军。北路经藤县、容县南下,进逼北流,南路由北海、廉州出击博白。清军来势汹汹,起义军被迫应对。五月十六日到十八日,天地会起义军先撤博白之围。十七日失去兴业,使围攻郁林的李立廷起义军失去了西面的屏障;次日再失北流,郁林所属各县都已被清军控制。北流被清军攻陷后,六月十四日,田福志在北流陇里被清军俘获被杀。各路清军合围郁林,因"贼众万余,悍党多游勇,颇死战"②,清军进攻受挫。这时,正值风雨交加,起义军手中多为土枪,遭雨淋后火媒受潮而不能击发;而清军手持新式快枪,下雨不会影响其击发。天地会起义军因手中枪械不能击发,军心已经畏怯,又常听清军阵营发出"嗵穷"之声(快枪击发之声),全线阵营被牵动惊扰,败退州背。七月初二日,陆川会党见大势已去,开北门出走,清军攻入被天地会会党占领的最后一座县城,郁林起义失败。

检讨郁林起义失败,原因是起义军各自为战。天地会郁林地区人数超过10万,分为郁林、北流一股,容县、兴业、博白各为一股,无法集中力量攻占由清军重兵把守且坚固防御工事的重要城镇。尽管李立廷是发起人,但实际上并没有形成统一的指挥发动中心,各县武装起义部队各不统属,缺乏协同作战的意识,故大大削弱了郁林地区天地会的力量,也缩短了起义的进程。

清军镇压起义的战略是分路进剿,各个击破。郁林地近广东,两广军队会剿,待广西清军赶到时,广东军队已将起义镇压。边防军统领马盛治为抢军功,纵兵杀戮。他们将李立廷、廖十八、庐三所居住之村全部剿洗,房屋都被焚毁,大园村被踏为平地。马坡墟被杀村民不下两三千人,几百家房屋被焚毁,其中真正参加起义的人寥寥无几。马盛治、陈桂林的

---

① 中国第一历史档案馆:《清代军机处电报档汇编》2047卷(六)第18页,中国人民大学出版社,2005。

② 中国第一历史档案馆:《清代军机处电报档汇编》2047卷(六)第18页,中国人民大学出版社,2005。

滥杀，被巡抚黄槐森查知，于是着手"纠偏"，善后事宜由地方官办理。各地天地会会党为躲避捕杀，逃离家乡，分散前往广西南宁、柳州等地。他们成为之后广西其他地区爆发起义的火种。

南宁起义

南宁地区的天地会会党、游勇在光绪二十年（1894）开始武装斗争，在光绪二十八年至二十九年（1902—1903）间形成时人所称"壬寅、癸卯之乱"的高潮，最后于光绪三十一年（1905），武缘县平定"周三之乱"宣告结束。光绪二十年，越北天地会打回国内，他们"流散为匪，当时称为游勇，蔓延到红水河一带劫船抢村，捉人勒赎，拜红会乘间复起"①，即王和顺②、黄五肥③、闭运培④等武装起义的反清斗争。南宁地区的天地会会党起义，最初都是由外地流入的天地会会党游勇到城乡各地，招入拜台发动而成。在外地天地会会党的发动下，本地破产农民和流民群起响应。光绪二十三年（1897）游勇欧恒山劫掠武缘县商船，本地天地会会党起义自此开始滋长蔓延。马山县天地会会党起义也始于当年杀官劫署。武缘三塘人苏贞松，与外地游勇在本地抢劫土豪劣绅，游勇武装麦痣二在马山县境开台，定罗人农致祥⑤率众入会。随着南宁各地天地会党的发动，本地天地会会党的势力越来越强，甚至超过了外地游勇，成为斗争的主力，推动各地起义走向高潮。

南宁各地天地会会党起义后，迅速成为一支强大的武装力量。他们分股众多，各帮股没有统一的指挥中心和能号令各帮股的领袖人物，根据斗

---

① 《民国龙山县志·大事记》，民国二十七年版。

② 王和顺（1868—1934），广西邕宁人，出生在一个贫苦农民家庭，勤奋好学，性情豪爽。16 岁在宣化县衙署充役，后调至捕盗营。在此期间，王和顺利用工作之便，组织许多贫苦失业的民众建立会党。之后，王和顺参加黑旗军，入越南抗击法国侵略者。

③ 黄五肥（？—1904），永淳县（今横县）人，以木匠为业，时常在隆安一带活动。

④ 闭运培（1875—1903），今隆安县古潭乡育英村百龙屯人。其父闭才晃家境贫穷，后继承叔伯辈家业，渐成小康之家。闭运培少时在村中私塾念书，粗识文字。他长得高大魁伟，膂力过人，好结交，性豪爽。13 岁时，闭运培父母双亡，他渐渐放荡不羁，时常出入赌场。

⑤ 农致祥（1881—1906）是思恩府定罗土司（今马山县州圩乡平山村南生屯人），出身于富裕农户，少时入村塾读书，稍大升入邻村学馆，16 岁后辍学回家务农。

五、会党反清战争

争的需要,时分时合,或单独行动,或联合作战。据统计,南宁地区共有天地会武装起义173股,① 其中活动在宣化县(今南宁市邕宁)境内就有41股,② 影响较大的是活动在该地区的一些人数较多、帮股较大的起义军。清政府曾悬赏万元捉拿来自南宁地区的会党首领王和顺、黄五肥、闭运培和陆亚发③四人。

陇烈之战

光绪三十年(1904),武鸣天地会首领周治岐④联合南宁王和顺,隆安黄五肥,越北游勇郑五,云南会党黄二、黄三等部众计4000多人,在武缘陇烈、局理和清军大战。此战先后持续了半个月之久(二月初六日至二十三日)。起始,南宁当地各帮股会聚陇烈,遭到清军丁槐部的围剿,起义军兵分两路突围到局理一路往都吉,另一路下隆安。突围到都吉的会党起义军先后在橄榄村、那渣庄、大邓村与清军接仗,互有伤亡。而突围到隆安的会党起义军经过梅圭、合罗、罗阳等几次战斗,于二月十八日进踞屯村陇、巩邑陇、炭山更陇。这里地势险要,"周遭百余里,林木茂密、岩石峻削,仰不见日,俯无容足。"⑤ 广西提督丁槐部署清军从八面环攻,会党起义军竭尽全力,拼死抵抗。二月二十二日至二十三日双方鏖战两昼夜,终被清军破隘而入,会众四散而逃,战死无数。黄五肥在此役阵亡。

光绪二十五年(1899),王和顺联合潜布各地会党游勇竖旗造反,他们聚集千余人,在柳、庆、思、南、镇、泗一带活动,所到之处,大量杀伤清军有生力量。光绪二十八年(1902),王和顺所部在梅龟山消灭清军安勇一个营。光绪二十九年(1903),杀衡军管带黄朝殷。光绪三十年伏击常备右营,击杀清军80人,还杀了亲军官带覃国庆和绥远军帮带吴胜贵。十月至十一月间,他们突袭高井寨司,杀死巡检程惠章。不久,王和顺率众攻打二塘乡,镇压团总林上清。光绪三十年,广西提督丁槐统率

---

① 据《东方杂志》《岭东日报》及相关地方志统计。
② 《邕宁县志·兵事》,民国二十六年版。
③ 陆亚发(?—1904),又名萱花发,宣化(今邕宁)大塘人,广西四大游勇首领之一。
④ 周治岐(?—1905),武缘县仙湖乡连才村人,又名周特先、周三,是武缘县势力最大的会党首领。
⑤ 广西社会科学情报资料室:《〈东方杂志〉中广西史料摘编》第188页,1984。

4000清军，思恩府知府和廷彪率2000清军，两军合计6000人。合围据守土中洲境内的王和顺，王和顺此时仅有2000兵力，清军四面围攻，王和顺拼死抵抗，双方激战三昼夜，清军死伤数百人，仍未能消灭起义军。第四天，王和顺率部从后山分三路突围，清军未能及时围堵，仅仅生擒几名起义军，得到几具尸体，而错失了消灭王和顺军的机会。

同年七月，清军水师分统余炳忠在乌望河驻扎，王和顺联合另外一股会党藤正宜部千余人，与清军交战。清军巡船四艘，车扒六艘，在河面停驻。王和顺先派小股兵力自岸边展开佯攻，一战即溃，余炳忠不知是计，拔队登岸，深入山中搜剿，进入会党武装的包围圈内。王和顺等水陆夹击，双方激战一整天，清军几乎全军覆灭。清军常备右营管带阮捷三闻讯，督军飞奔前来救援，与王和顺部交战后也失利。王和顺取得乌望河大捷后，乘胜渡江，进入宾州境内。

隆安境内的天地会主要首领是闭运培与黄五肥。一次，闭运培醉酒后躺在桥头，团总杨国栋骑马经过被挡，闭运培遭到鞭打，内心郁结，找好友黄五肥诉苦，黄五肥趁机劝他入伙。于是，黄五肥联络罗大，闭运培联络陆以曜，几人挑头搞拜台纳银，所得银钱由罗大拿去购买枪弹，在乡间挑选100多壮丁，拉起队伍，他们在右江两岸纵横驰骋，势力越来越大。闭运培控制右江以西的古潭、那桐、乔建一带，黄五肥控制右江以东从玎珰到武缘，沿武鸣河一带的地区。他们成立三点会，四处设坛，邀人拜台入会。同时力拒清军围捕，打击地主团练武装。光绪二十七年（1901），闭运培攻打乔建圩，杀练长雷绪基。次年（1902），又攻打积发村，杀练长何其昌。这时，闭运培拥有基本武装200人，其部众最多时达1000多人。光绪二十九年（1903）下半年，清廷调兵遣将，剿抚兼施，南宁地区一些会党起义武装相继失败，或者接受招安。闭运培孤力难支，被迫接受官府招安，但拒绝交械，受编不受调，保持行动自由。清军假意接受，暗下决心杀掉闭运培。十一月，闭运培接到隆安知县李家彬的通知，准备在乔建的周家祠堂对其委以重任，并授以重金，要求其按时到达。闭运培不知是计，仅带领12名随从进入周家祠堂，而被埋伏的清军四面包围。双方激战多时，终因寡不敌众，弹尽力竭，闭运培等13人全部被杀。闭运培死后，其妻接统旧部，聚党七八百人，时常出动与清军开仗。

光绪二十六年（1900），黄五肥与闭运培联合起事后，自成一帮。清廷为镇压广西会党起义，光绪二十八年（1902），特命广西提督苏元春兼

五、会党反清战争

任广西边防督办。六月十八日,苏元春命马盛治统率清军,向南宁府、思恩府(府治在今武鸣境内)一带的黄五肥、罗大部天地会反清武装发起进攻,黄五肥、罗大早已得到消息,并在武鸣与隆安交界的马鞍山设伏。马盛治督军进抵马鞍山前的古达桥,伏兵开枪迎击,马盛治部清军仓皇失措,伤亡惨重,马盛治率余部突围,终被击杀。① 马鞍山大捷后,黄五肥等天地会首领趁机向其他地区进军。光绪三十年(1904)二月至三月间,周治岐联合南宁各地天地会首领,南宁王和顺,隆安黄五肥,越北游勇郑五,云南黄二、黄三等各部共计4000余人,在武缘陇烈、局理地方与广西提督丁槐部十营清军展开大战。此役持续半月,双方伤亡惨重。二月二十三日,清军最终攻破会党起义军关隘,黄五肥乘夜率部突围至永康州(今属大新县)。二十四日,在桥西二里之藏狗洞岭下,被当地团练杀害。②

定罗天地会起义主要以农致祥为首。农致祥练就一手好枪法,因姐姐、哥哥连遭土司迫害,后又因双亲相继去世,故将家中田产变卖去省城桂林告状,但未获受理。迭遭横祸,走投无路,农致祥就在桂林买了一支13响步枪,立誓报仇。恰逢此时,越北天地会返回广西,各地流行拜台,经常来往定罗土司的有欧恒山、麦悲二等会党首领。于是农致祥带着几个兄弟参加拜台,受到欧、麦等人慢待。农致祥不动声色,命手下三人把南瓜放在头顶,连开三枪,南瓜应声落地,三人安然无恙。欧、麦等人惊叹农致祥的枪法如神,同意与他合伙。

农致祥加入天地会后,积极招揽四方穷苦弟兄,联合外来会党,抗拒清军,名震一方。光绪二十九年十二月至三十年(1903—1904)正月及六七月间,农致祥先后两次联合武鸣、隆安会党黄五肥、周治岐等部千余名会众,在定罗境内抗拒清军的围捕,攻打拒绝拜台的村寨,③ 成为定罗境内天地会起义的首领。农致祥有胆有识,闻名四乡,其部下纪律比较严

---

① 《岭东日报》1904年5月18日,"前总兵马盛治御匪阵亡,即系黄五肥为之",见广东省中山图书馆复制《广西会党资料汇编》(油印本)第2册第35页,1960。

② 见《同正县志》《岭东日报》相关记载。《同正县志》记载:"匪首黄五肥乘夜率伙逸出,'窜至永康桥西二里之藏狗洞岭下,为永康团练所击毙,匪伙遂溃散。"《岭东日报》报道:"黄五肥势穷逃窜,至永康西岭地方,被营团开枪击毙。"

③ 《那马县志草略·前事》,民国二十二年版。

明，不扰民也不打劫，颇得百姓敬重。光绪三十二年（1906）七八月间，农致祥被清军追捕，躲进平果县坡造乡内亡屯（时属旧城土司），在天地会同党家内因被偷偷下毒而被清军捕获，在押解到武缘县时被杀。

宾州天地会起义以黄龙廷①为首。黄龙廷起事之初，在邕江抢到清军的一批军火，此后所部枪械较为犀利，力量较强，最盛之时其部下有3000多人，很快发展成一支较强的起义武装。黄龙廷起事后，还经常同本县或外县其他天地会帮股联合作战。光绪二十七年（1901），黄龙廷联合本县会党彭金光、巫林廷等，贵县会党王春林、王亚华等"率匪数千，击败团练"②，并联合攻打三王圩。当时，三王圩是宾州第二大镇，在天地会起义进攻三王圩，清军被击败。此后黄龙廷的势力越来越大，一直战斗在宾州当地。光绪二十八年（1902）、二十九年（1903），在广西天地会大起义进入高潮时，"惟宾州匪势更甚，匪众大股三四百，小股三四十，不相联络，各争为长"③，黄龙廷所部就是其中势力最大的一支会党武装。

黄龙廷起义后，官府为了报复，派兵先后铲平宾州的新坝、点星和卢塘三个村庄，更加激化了广大农民和当地官府的矛盾。尽管黄龙廷部声势越来越大，但清军镇压的力度也越来越强。在这种情况下，黄龙廷曾先后两次接受清军的招安。第一次是光绪三十年（1904）底，据报载："宾州乱酋黄龙廷，频年纠党扰乱右江。去年冬间，见官军云集，暂行就抚，投诚于衡军统领丁槐部下，派充帮带。七月初间，带同旧日乱党，挟枪复叛，踞某峒四出滋扰，宾州全境均遭蹂躏。"④ 第二次则是光绪三十二年（1906）底，他被招安后调到广东，因与清军其他部队不和，试图再回广西，终被清军诱杀。

武鸣天地会起义首领是周治岐。光绪二十五年（1899），武缘三塘人苏贞松倡议起义，仙湖武举人周治国（周治岐兄）与其好友陶天德一同加

---

① 黄龙廷（1881—1907），今宾阳县大桥乡周岭村余坝屯人，自幼穷境贫穷，为生活所迫，出外卖粥，后因贩私盐，加入天地会，参与拜台纳银，势力越来越大。黄龙廷提出的口号是："上等之人少我钱，中等之任不敢言，下等之人跟我去，取只水牛归种田。"（余坝屯小学教师黄志才提供。）

② 朱昌奎：《民国宾阳县志·大事记》。

③ 广东省立中山图书馆复制：《广西会党资料汇编》（油印本）第1册第107页，1960。

④ 《岭东日报》1905年10月4日。

入了苏贞松所在的天地会。后陶天德和周治国因一女子发生矛盾,继而闹翻,陶向官府告发周治国。光绪二十六年(1900)二月,周治国被清军捕杀。周治岐逃出,在上林与古零交界的地方自成一派,继续坚持抗清斗争。这时,武缘天地会在不断拜台中酝酿起事。东路天地会首领韦特莱、韦桂枝、韦特国于光绪二十七年(1901),在马头和仙湖同时发动起义,他们据守大明山各险要处,清军对之无可奈何。南路首领王特燕、陆彩邦于光绪二十六年设馆拜台,他们聚众数百,分别形成一帮,在双桥、伊岭一带展开活动。另外两路,西路是苏贞松,北路则有周治岐。这样,"武缘全境蹂躏,大小游党数十股"①。光绪三十年(1904)三四月间,周治岐联合外地会党在武缘陇烈、局理地方和清军大战半月之久,这就是著名的陇烈大战。

周治岐自光绪二十六年起义以来,四出"纠党啸聚,抗拒官军,一府四厅州县、七土司均被蹂躏"②。清军几次想逮捕他,都未得手。光绪三十一年(1905)初,新任思恩府知府傅屺孙利用劣绅夏运开和团总黄品士等,被会党视作人质,以诳骗周治岐等天地会首领进城受抚,周治岐于是不再对官府产生怀疑。正月初九日,周治岐等大模大样入城接受招安,不料城内外事先埋伏的伏兵四起,周治岐、王特燕等党首46人全部被杀。这就是所谓"平定周三之乱"。以此为标志,南宁地区天地会的武装抗清归于失败。

南宁地区天地会起义先后被镇压,说明各地会党不是没有能力占据城池,而是有意识地避开城镇,在山岭、水边、村寨展开活动,这与南宁地区的地理特征有关。南宁以南有"珠山、巴阳、五弄、皆匪巢"③。珠山纵横数百里,广旷荒险,树石丛杂;巴阳山纵横45里,崇山峻岭,林木错杂。会党首领黄大勤、陈三等扼守此要隘,用"茅竹建屋五十余座,中

---

① 广东省立中山图书馆复制:《广西会党资料汇编》(油印本)第3册第15、20页,1960。

② 中国第一历史档案馆、北京师范大学历史系:《辛亥革命前十年间民变档案史料》下册第600页,中华书局,1985。

③ 广东省立中山图书馆复制:《广西人民起义资料》(油印本)第2册第63、64页,1960。

设大营，旁建厢房，余则湾环绕拱，……始成水浒传之忠义堂"①。南宁以北有大明山，会党首领韦特莱、韦桂枝和韦桂国各率党众分守险要，自封天魔王、保国王和东鲁王，势颇甚。水道是起义军重要的活动场所，"即以左汪一隅而论，五百里内已有十五股，大约舟行一日，亦必遇匪一次"②。会党军利用通航水道劫抢商船，截杀清兵，宾阳会党黄龙廷还在邕江设卡征税。广大乡村山寨是起义军基本的生存空间，凡会党武装势力所及，村村归洪。归洪村寨发给洪牌，可免遭打劫，抗拒者"照例烧铲扫平"③。广西提督丁槐为了镇压起义，采取坚壁清野和小村并大村的策略，以扼杀会党起义军的生存条件。

光绪三十一年（1905），广西天地会的反清武装斗争已进入低潮。王和顺迫于清军的剿杀，退避越南。同年冬，在西贡（今胡志明市）加入同盟会，开始了新的革命斗争。此后，他在孙中山的直接领导下，先后发动参加钦州"三那"（那黎、那彭、那思）地区的人民抗捐运动以及防城起义、镇南关起义、河口起义、惠州起义等役，把会党群众的反清斗争纳入资产阶级革命的轨道，王和顺也由一位会党游勇首领成长为资产阶级民生革命的战士。王和顺的斗争经历，反映了广西天地会内部一部分先进分子的成长轨迹。

柳州起义

在广西天地会起义军中，柳州起义军是规模最大、力量最强的一支。柳州起义后转战各地，推动广西各地起义掀起新的高潮。

天地会柳州起义，缘于光绪二十八年（1902）下半年，清军三省会剿，活跃在桂、滇、黔三省边界的天地会游勇武装纷纷向东进军，流入广西的庆远、柳州、思恩等府继续抗拒官府围捕，坚持反清武装斗争。柳州、庆远地区的自然灾害十分严重，饥民遍地，民不聊生，严重的天灾，使生活在社会最下层的广大贫苦农民丧失了起码的生存条件，被迫流落他乡，甚至争先去做占山为王的强盗。这为三省边界流入的天地会游勇武装

---

① 广东省立中山图书馆复制：《广西人民起义资料》（油印本）第 2 册第 63、64 页，1960。

② 广东省立中山图书馆复制：《广西人民起义资料》（油印本）第 1 册第 18 页，1960。

③ 《天地会布告》，田林县百乐乡弄甲屯黄志仕所藏。

五、会党反清战争

在柳、庆地区站稳脚跟并不断发展提供了适宜的社会土壤和条件,故柳州、庆远当地的天地会组织如雨后春笋,在各地迅速滋长。据统计,光绪二十八年至三十一年(1902—1905),柳、庆地区有名目有首领的会党帮股及武装团伙共有148股,其中柳州92股,庆远56股;无名目无首领记载者有50股,其中柳州36股,庆远14股,共计198股。每股少则几十人,多达数千人。其中,思恩县游勇符连新、徐大、林华堂等,前后聚众约2.5万人,陆续来到宜北,号召群众揭红旗开台拜会,强令富家子弟入会,就是两三岁的幼儿也要背着去参加拜台、跨拱门、点鸡血等仪式。拜完这些仪式,他们就要缴纳红牌捐,穷人交多少不限,富人则限定要各交银圆百元甚至几百元,否则不让回家。① 而宜北游匪朱五、徐大、林华堂等人聚成万众,先后上来驻满三里五峒,勒令群众捐红牌,焚舍劫寨,无所不为,邑民受害不胜枚举。足证当地天地会的势力异常强大。

两广总督岑春煊认为,广西天地会大起义,实由游勇与饥民相结合造成。② 此言一语中的。与南宁天地会起义颇为相似的是,柳、庆各地天地会起义军的组织,都是外来会党武装与本地饥民流民互为起事因果,互相作用,两者深度结合,形成当地大起义的风暴;所不同的是,南宁地区天地会以本地会党为主,本地会党的力量超过外来游勇,而柳、庆地区天地会斗争的兴起,始终由外部流入的会党武装充当主角。当时,广西其他地区也曾发生严重的自然灾害,桂东北的阳朔、富川等县。光绪二十八年(1902)都爆发了大瘟疫,"死亡枕藉,传染毙命者甚众"③。但由于没有外来会党武装的发动,当地并未发生大规模的反抗事件和暴力行动。

发动柳州兵变的各营清军,其骨干力量来自桂、滇、黔三省边界,活动在庆远府南丹、东兰、河池等地的原天地会武装,后接受招安。南丹土州(今广西南丹县)会党以黄留芝、麦痣二为首,黄拥兵600多人,麦拥兵七八百人,他们原在贵州境内活动,出没不定。后进入广西境内,黄留芝在清军的招降下,不惜将会党朱五及300会众诱骗到庆远德胜镇,被清

---

① 《思恩县志》,民国二十二年版。
② 广东省立中山图书馆复制:《广西会党资料汇编》(油印本)第445页,1960。
③ 分别见《钟山县志·杂记》,民国二十二年版;《阳朔县志·前事》,民国二十五年版。

军全部擒获斩决,以此卖身投靠,获准留营效力。黄留芝在清军中任绍字营管带,后改名为黄佩兰驻柳州。由于黄佩兰残害同党,声名狼藉,发动柳州兵变后,即在柳州被另股会党梁桂才所杀。麦痣二"先曾拜会为匪,经边防各营招安,嗣又散出,迭在云、贵边界及百色一带抢劫"①。在柳州兵变后,麦痣二经南丹相继进入思恩、南宁、浔州等地,走州过县,抗清拒捕,名声很大。可见,南丹地区各股天地会武装均由桂、滇、黔三省边界地区流入。

光绪二十九年(1903)初,越北天地会党陆亚发进入庆远府,与梁三、苏亚佑、颜二等天地会各支派分别占据河池州属,四处招人拜台,势力发展很快。河池知州唐登岱也被迫秘密入会,"全属十余万丁口所不被蹂躏者,万分之一已耳"②。闰五月初一日,庆远府东兰州(今广西东兰县)被天地会会党攻占,署东兰州知州陶其淦被杀。陆亚发率众由庆远进入柳州北部,七月十四日,在融水县三防镇苗寨与清军交战失利,被迫接受招安,③任绍字营管带。同时接受招安的还有天地会会党首领褚大,他们同驻柳州,是发动柳州兵变的主要领导人。

光绪二十八年(1902)八月初四日,庆远府河池州城(今河池市)被会党武装攻占,掌控了整整一昼夜。这股天地会会党,首领是梁桂才,他聚众数百,纵横柳、庆各地,名气很大,罗城、柳城、天河、思恩、河池、宜北、融县等七部地方志书都记载有他的活动。梁桂才于光绪二十九年(1903年)上半年接受清军招安,先任定勇营管带,后任绍字营管带,驻守柳州,与陆亚发、黄留芝同为发动柳州兵变的主要领导人之一。

活动在庆远、柳北等地的天地会武装力量,大部分来自广西西部边界。他们迫于清军的进攻,从桂、滇、黔三省边界进入广西庆远、柳州等府县,与追赶封堵的清军交战失利后,其中一部分被迫接受招安,改编成清军驻守柳州。

边界会党进入庆远各地后,迅速在广西各地掀起了抗清斗争的烽火。他们人数众多,帮股繁杂,勇敢善战,所向无敌。另外,还有马队千余

---

① 龙月卿:《陆亚发柳州起义经过回忆》,广西通志馆藏。
② 《河池县志·前事志》。
③ 中国第一历史档案馆、北京师范大学历史系编:《辛亥革命前十年间民变档案史料》下册第541页,中华书局,1985。

五、会党反清战争

人,在战斗中发挥出较强的战斗力。起义的部队首先进攻河池,占据州城一天后,又占领了南丹,前后共占据州城 77 天,此外,天地会武装也占领了东兰州城九天。天地会攻占南丹州的军事行动,震动了清廷。广西巡抚王之春因隐瞒南丹州城被起义军攻占的军情,被革职查办。为了镇压南丹的会党武装,清廷先后调集黔、桂两省 14 个营的清军,紧急增援南丹前线。迫于清军的重兵会剿,闰五月初六日,天地会武装退出南丹,转战怀远、罗城、三防等地,多次击败清军。起义军在柳州、庆远各地的英勇作战,令刚刚上任的剿办大臣岑春煊大为头痛。岑春煊(1861—1933)字云阶,广西西林人。为了尽快扑灭起义烽火,他采取剿抚兼施,以抚为主的策略。光绪二十九年(1903)下半年,清军招降了 37 股会党游勇,将战斗力强的编入营伍,剩余的则遣散归农,发动柳州兵变的清军绍字各营,都是这期间被招降编入清军的会党游勇武装。

对接受招安编入清军的天地会武装,官府历来心怀疑虑,不予信任,必欲除之而后快。因此,骗降、诱降、杀降的事件频频出现。六七月间,署右江道道员王芝祥借口换枪,将已降会党首领梁果舟及部众 93 人诱骗到道署衙门全部砍杀。血水从关闭的衙门内一直流到街头。① 八九月间,会党首领黄飞凤弹尽粮绝,率 300 余人向清军投降。署右江道道员柴照先于府署衙门诱杀黄飞凤等五名首领,再派营兵捕杀其部 135 人。② 同月,署柳州府知府祖绳武招降占据油麻峒的会党首领覃老发,约定十月初二日集合点验,当天,覃老发③率卫队 12 人先至,遭到祖绳武部清军伏击,全部被杀。④ 清政府的杀降政策,使接受招安的会党游勇疑虑重重,惶惶不可终日。光绪三十年(1904)四五月间,清廷命令驻守柳州的绍字各营到

---

① 龙月卿:《王芝祥在柳州屠杀两批投降的三点会帮》(1963 年 8 月),广西通志馆藏。

② 中国第一历史档案馆、北京师范大学历史系:《辛亥革命前十年间民变档案史料》下册第 565 页,中华书局,1985。

③ 覃老发(?—1903),永宁州(今属鹿寨县)背塘村人,家境贫穷,为人豪侠,膂力过人,武艺高强。光绪二十七年(1901)冬,永宁州背塘村覃六五、覃老发兄弟帮助陶世茂向黄某索债,因黄恶言相向,拒绝还债,被覃氏兄弟殴打致死。覃六五、覃老发逃亡在外期间,结识了绿林好汉,加入天地会。

④ 广东省立中山图书馆复制:《广西会党资料汇编》(油印本)第 466 页,1960。

广东换取新枪,并定于五月十一日起程,立即引起各营官兵的猜疑。绍字营多为广西降勇,他们既不想远离故乡,也担心在途中遭遇不测,所以,一再要求清廷收回成命。梁桂才、陆亚发几次面见祖绳武,陈述不能东调的理由,并且直接电禀岑春煊,均被驳回,加上各营临行发放的枪弹多为哑弹,无法使用,更是火上浇油,招降绍字各营认定这是阴谋。于是他们扶乩占卜,而得到"天机",陆亚发、梁桂才等天地会首领,遂下定决心抗命造反。他们认为,与其缴械被杀,不如揭竿而起,从而发动了震惊全国的柳州兵变。

五月十一日凌晨寅刻时分,绍字左营、中营和先锋营在陆亚发、梁桂才、黄留芝等率领下,在柳州发动了兵变。他们斩断电线,捣毁电报局,释放监狱犯人,攻占道、府、县衙门,经过半天的激战,已基本控制城内局势。柳州城内各处衙门、商号、兵局全部被起义武装占领或摧毁。起义军缴获现银20万两、大炮14门、毛瑟枪5000杆、子弹60箱。中午时分,陆、梁与被软禁的清军绍字营统领祖绳武见面,劝其反正,遭到拒绝。当日午后,祖绳武率未参加兵变的绍字右营由东门出城,署右江道道员褚兴周潜逃。兵变的消息传到省城桂林,全省震动。清廷严惩两广总督岑春煊、巡抚柯逢时、统领祖绳武、署右江道褚兴周,[1] 为严防兵变引发的各地会党起义,清廷下令两江、湖广、云贵、两广等总督抚认真督饬下属防御,不得再有疏忽失误。

天地会武装兵变占领柳州后,邻近的会党帮股和绿林散勇纷纷前来投靠依附。此外,柳州知府衙门守兵、道台衙门守兵、驻湖广庙的绥靖军一哨,以及由当地商户出饷招募,用来保护商船的广胜军,共计1000多人,都投归起义队伍。发动兵变时,绍字各营不过千余人,后迅速发展扩大到五六千人。根据天地会的传统,柳州天地会武装统一改编为忠、义、福、禄、寿、全六军。起义军身着香云纱衣裤,脚穿蓝麻织耳的草鞋,头戴矮绒剪花草帽。头上盘辫,左角剃去两寸长的头发,称作"挂招",辫尾有半尺多长,不编组。身背挂有红绸子的长枪,在街上三五成群,结队往来,说话操白话(粤语)。在街上相遇时就互相称"契弟"(粤语,兄弟

---

[1] "岑春煊调度乖方,著交部严加议处。柯逢时著一并交部议处。"祖绳武"着即革职拿问,军前正法",褚兴周"著摘去顶戴,戴罪立功"。见《外务部档·内务》4790卷529号。

五、会党反清战争

的意思），互相答对后，还要讲一两句帮口中的秘语，才能顺利通过。黄昏传鼓，传达大馆（起义武装最高指挥机构）宣布有关事项。传鼓之人，身背皮鼓，边敲边喊："将军有令，有令听令，不听将令，军法示众。"①大小头目驻扎的地方（大小馆口）均供有五祖牌位。牌面上中刻"大明皇帝万万岁"，边列"朱洪武、洪秀全"，顶上刻"伏波将军、三婆婆、五祖"等字样，②另外还印有各种图案、符号标记。出发时，派专人将五祖牌位背在背上随行，出发前按惯例要卜司凶吉。

五月十五日，天地会起义军根据既定方针，开始从北门退出柳州。起义队伍首尾相顾，长达数十里颇为壮观。起义军撤离柳州后，大致兵分三路：一路由陆亚发率领。在东泉（今柳城县东泉镇）分兵，前进到柳州、桂林两府交界处四十八峒的油麻峒（今鹿寨县中渡区境内），③地处崇山峻岭之中，包括铜钱峒、打铁峒、跑马峒和大小油麻峒（旧称大小锅底峒）五个连成一片而又和外界隔绝的峒场。④五个峒场均在半山之上，除沿着山水冲刷的一条沟渠外，别无他路可以进出，地势险要，易守难攻，是起义军理想的根据地。陆亚发到达油麻峒后，与覃老发余部会合。第二路由黄庆扬率领，在大埔（今柳城县城）分兵，沿柳江、融江北上，占据桂、黔边界的梅寨司（今三江侗族自治县梅林乡）和丙妹、丙梅（今贵州从江县城）等地。沿途安营扎寨，上至梅寨，下至老堡，百里融江十塘都有起义军的寨栅。第三路则由褚大、欧四等人率领，自大埔分兵后，向西北进入庆远府思恩县（今环江毛南族自治县）北部五十二峒的三里五峒地区，即思恩县明伦乡的上里、中里、下里等三处村寨和茶峒、祖峒、博峒、斑峒、峒勒等五大峒场。三里五峒因靠近贵州，距离县城尚有几百里路程，也是起义军武装割据的理想场所。

起义军发动柳州兵变后，迅速攻占广西第二大城市柳州，进军途中又屡次获胜，清廷深受震动，"责成岑春煊严饬各军，认真攻剿，迅速收复

---

① 龙月卿：《陆亚发柳州起义见闻》，见《广西文史资料选辑》第二辑第185页。
② 广东省立中山图书馆复制：《广西人民起义资料》（油印本）第1册第81页，1960。
③ 四十八峒以鹿寨县中渡区为中心，方圆数百里，内分四十八个峒场，地处永福、鹿寨、柳城、融县交界，油麻峒为其中一个峒场所在。
④ 此原本无名之地，因起义军驻扎于此，根据其活动特点而得名。最大的峒场是铜钱峒，方圆50亩，内有村庄水源。

府城"①。岑春煊从广州日夜兼程赶到柳州，调集各省军队85个营近3万人，分别驻扎在柳、庆两府和桂、黔边界各县以镇压起义军。清军根据天地会起义军兵力分散、缺乏统一指挥的特点，采取集中兵力，各个击破的战术。起义军多为越北天地会成员，在中法战争中锻炼出相当强的战斗力，能够与清军长期抗衡，但缺乏明确的政治目标和有力的军事指挥，内部帮股林立，无法统一，黄留芝在兵变后即被梁桂才处死。起义军撤离柳州，行军到长塘时，梁桂才又被黄留芝的部下所杀。起义军存在内部分裂的致命弱点，埋下了最后失败的祸根。进军途中两次分兵后分据三地，彼此间没有形成相互支援、互为犄角的协同作战之势，进一步分散了力量，便于清军集中优势兵力，迅速各个击破。

陆亚发这路起义军最初来到中渡，先将驻守该地的清军桂防副营全部缴械。桂防正营闻讯赶来增援，被重重包围，大败而逃。占据油麻峒后，起义军凭借险要，不求发展，但求自保，没有主动出击，扩大根据地的范围，因而丧失了主动权。在被清军封锁围困数月之后，峒中储备的粮食即将吃光，特别是缺少食盐。此时，清军从隆林等处招募了3000名苗丁，齐集在油麻峒外向起义军发起进攻。这些苗丁勇敢敏捷，尤其善走山路，被用作开路的先锋。十月十五日在清军的火攻下，油麻峒被攻破。十月二十六日，陆亚发在柳城县境内遭叛徒出卖而被俘。二十七日，被押解到桂林凌迟处决。② 在刑场上，岑春煊把陆亚发心脏的血滴入酒内与诸官共饮，以示庆贺。

黄庆扬起义军北上后，先攻破了怀远县城（今三江县丹州镇），又占领梅寨、丙梅，打入贵州境内。在狮子脑的战斗中，贵州清军汪裕基、王虎臣两营猝不及防，被黄庆扬杀得全军溃散。汪、王二人也因临阵脱逃，被清廷军前正法。③ 迫于起义军的威力，清廷调集了湘、黔、桂三省军队共计26个营，兵分三路，围攻黄庆扬的起义军。七月十七日，在清军优势兵力进攻面前，黄庆扬主动放弃了梅寨老营，经过林峒、杆峒重新进入

---

① 《军机处电寄档》光绪三十年五月十九日上谕。

② 广东省立中山图书馆复制：《广西人民起义资料》（油印本）第3册第265页，1960。

③ 中国第一历史档案馆、北京师范大学历史系：《辛亥革命前十年间民变档案史料》下册第541页，中华书局，1985。

五、会党反清战争

广西腹地，与褚大、欧四这支起义军再次联合，在盘荣、三防、罗城等地接连取得胜利。但王村一战，起义军作战失利，黄庆扬率余部退入九万大山，与另外一股会党梁见才、欧正光会合。光绪三十一年（1905）正月二十五日，黄庆扬在融县境内作战阵亡。①

对广西清军打击最大的是褚大、欧四这一路起义军，他们先后攻破罗城，攻克河池，进攻思恩。特别是在融水境内三防的战斗，起义军威震敌胆，大获全胜，清军武匡军二中队管带周茂林、炮队管带沙瑞忠和三防主簿古桐保等将领阵亡——"几于全覆，死事尤惨，为西省用兵以来所仅见"②。起义军随后在罗城王村和融江牛鼻河口与清军展开激战，先后失利，退回宜北（今环江县明伦乡）。光绪三十年（1904）九月十三日，他们再次对思恩县城发动猛攻，清军贵字前营管带韦嘉福阵亡，在城头督战的思恩知县谭邺华的辫子也被打掉一截，但县城久攻不克。于是起义军折回广南官桥的水洞一带，试图从此道经过贵州境内，重新进入三省边界地带，不料却被清军重兵包围。十一月二十五日、二十六日，双方在水洞大战两天三夜，起义军阵亡3000多人（一说6000人），血流成河，道路堵塞。褚大阵亡，欧四受伤被俘，被押解到思恩县城后杀害。③余部突破清军的包围，北上南丹，与游勇首领曾五会合，攻占了贵州都匀府的四寨，声势再次升起，清廷调集14营清军合围。光绪三十一年正月初十日，四寨失守，起义军最后失败。

在柳州以北地区，兵变之前，主要存在以覃老发为首据守在油麻峒的会党武装，以及李明标④等率领的起义队伍，他们纵横在柳州北面各地，与柳州兵变的天地会武装相互呼应。

光绪二十八年（1902）六七月间，背塘村民因有会党撑腰，集体抗租。恶霸韦麟阁勾结官府，派兵铲平了背塘村，偌大一个村庄，顿成瓦砾，一片荒凉。背塘村数百农民走投无路，公推覃六五为首领，揭竿起义，以武装反抗恶霸地主和官府的残暴统治。后因覃六五威望不足以服

---

① 广东省立中山图书馆复制：《广西人民起义资料》（油印本）第3册第8页，1960。
② 《录副奏折·农运类》3583号。
③ 《录副奏折·农运类》3582号。
④ 李明标（？—1903），是流入柳北的边界天地会武装首领之一。

众，另推覃老发取而代之。覃老发个人魅力十足，当上首领后，各地来投的部众越聚越多，最盛时达数千人。他们以附近深山中的油麻峒为根据地，周围数十里都归其控制，声势很大，覃老发被尊为"虎胆山振威王"。

光绪二十九年（1903）正月，桂林、柳州两府清军兵分三路，大举进攻油麻峒。原定正月二十四日各路会合同时发动进攻，但其中一路听错了时间，提前一天单独向油麻峒进扑。清军中的会党成员，早向油麻峒报信，覃老发得报后，预先在穿岩、夏末一带要隘设伏，待清军孤军深入，突然发起进攻，清军大败，死伤200余人，其余两路也不战而退。①

清军见军事打击的策略不奏效，就采取了招安的办法。是年冬，祖绳武命刚接受招安的陆亚发进攻油麻峒招降覃老发。陆亚发招降成功，覃老发接受招安后，祖绳武出尔反尔，采用手段将其杀害。起义军群龙无首，遂退避深山，隐匿不出，一年后与陆亚发率领的柳州兵变军汇合。

七八月间，李明标、林大、陆亚发等边界会党联合当地会党首领黄飞凤等合股2000余人，攻入柳州府罗城县境，先占小长安，再占三防镇。祖绳武督军堵截，起义军失利。林大率二三百人逃往思恩，李明标等率三四百人逃到梅寨，于七月三十日又向贵州黎平府西山进军，意图由桂入黔，在黔军岑有富率所部五营的合力阻击下未能如愿。随后李明标率党众分乘40艘木船，由浪泡、良江沿融江向下游驶去，图经古宜（今三江县城）进入湖南，沿途红旗招展，声势浩大。八月初八日，李明标部行军到今三江侗族自治县良口乡产口村时，遭到湘军徐发先部毅字三旗的截击，双方激战两日。起义军力战不支，李明标被击伤，落水而死，300多名起义军或被擒拿斩杀，或溺水而死。剩余的起义军则弃船登陆，爬山越岭，分途逃散。② 其中，有100多人退回到梅寨据守，一年后与黄庆扬率领的柳州兵变起义军汇合。

在柳州以南地区。从忻城、迁江到象州、武宣一线，即从红水河到柳江、黔江交汇之三江口一带，是天地会各帮股最活跃的地区之一。柳州南界思恩、浔州等府地处广西中部，当地天地会帮股众多，主要由三种势力构成：第一种是本地会党力量；第二种是西部边界流入的天地会游勇；第

---

① 全国政协文史资料研究委员会：《辛亥革命回忆录》第二集第537页，中国文史出版社，1962。

② 《录副奏折·农民运动类》3584号。

五、会党反清战争

三种是从广东或桂东地区流入的天地会组织。无论属于哪一种天地会组织，他们都利用通航水道在沿江上下设关建卡、霸收行水、截抢商船军火，抗拒清军围捕。光绪二十七年（1901）秋，贵州商人经柳江运载鸦片烟土200箱，船行至象州、武宣水面，被拥有200多人的天地会游勇手持毛瑟快枪武装截获。光绪二十九年（1903）九月至十月间，清军押解军火往柳州途中，在象州石龙圩，突然遭遇1000多名游勇图谋抢劫军械。① 本地会党首领是忻城土县的覃火生，拥有1000会众。光绪二十八年（1902）五月二十八日，覃火生攻入忻城土司衙门，建立了政权，称长沙省（今忻城龙查地方），下辖西叶县（今忻城西叶村）和果螺县（今忻城螺洞村、果甘村）。覃火生一进城就发布了"只与官斗，不与民争"的安民告示，当地土司官员莫钦明也是会党首领，忻城其他天地会头目钟兴旺、张亚本、罗富、黄建帮、周钧安、韦悦和、樊雨勋等，公推莫钦明为总酋长。靠近来宾县的马平穿山乡巴谋村人陈仕升、陈社求兄弟，主要活动在马平、来宾、象州交界的地区，总部设在武宣锤马岭，曾在此盘踞一年之久。光绪三十年（1904）春，陈仕升联合天地会游勇武装侯五等部，向来宾县城发起进攻，迫使来宾县内的清军集中五营兵力，加强防备。象州县运江镇岩村人潘华甫，是象州一带的天地会堂主，柳江自运江以下、石龙墟以上，以及灯盏、盖角、排楼各滩的沿河两岸，均是潘华甫的势力范围。武宣县的著名会党首领覃老代，公然抗拒清军的围捕，于光绪二十九年二三月间，在战斗中击杀了署柳州府知府周继仁。②

在第二种会党武装中，柳州以南的沿河一带，自西部及南边流入的会党游勇帮股众多，其中比较大的帮股有沈少英、侯五、苏泗隆、黄云甫、毛玉林等。光绪二十八年冬，武宣县三点会会魁覃老泰勾结边防游勇，骚扰来宾、武宣两县。象州外来游匪王元虎、苏泗隆率数百人进入玉田，他们分据瑶山的青山塘，聚集千余名党众，附近各处的会党纷纷响应加入。③

---

① 广东省立中山图书馆复制：《广西人民起义资料》（油印本）第1册第138页，1960。
② 广东省立中山图书馆复制：《广西人民起义资料》（油印本）第1册第1页，1960。
③ 广西社会科学情报资料室：《〈东方杂志〉中广西史料摘编》第59页，1984。

第三种类型的会党武装中，光绪二十三年至二十四年（1897—1898）间，广东高州会党吴洪金部进入武宣县境内，建立三点会组织来发展乡民，当地入会者甚众，武宣境内布满了会众，势头发展非常快。广西东部的郁林、梧州等地，也有广东天地会会党流入。光绪二十六年（1900），广西平南县的天地会首领马威南、严水娇在柳江一带聚集党徒，拦截往来商贾。① 光绪二十八年（1902），平南天地会首领张老鸡三纠集大股党徒攻破湟江宣墟，形成越过武宣图谋柳州的势头。该地区是广西西部游勇武装和东部会党势力汇集之处。他们分别与当地饥民游民相结合，依托通航水道，获取生存之资，同时在各处招人拜台，抗拒官兵，不断壮大自身力量。该地区的会党活动柳州兵变前就已存在，柳州兵变后，受到鼓舞，更加活跃。随着柳州兵变的失败和清军的加紧围捕，柳州南北各地各股天地会起义军也最终失败。

怀集起义

光绪二十四年（1898）郁林起义后，广西东部贵林、平乐、梧州三府一直没有发生大规模的反清斗争。由于桂东靠近广东，清政府统治力量比较强大。围剿广西境内起义军的清军，大多从广东经梧州进入广西，主要在两个地区集结，一个是浔州（今桂平），是广西巡抚王之春的大本营；另一个是梧州，是两广总督岑春煊的大本营。清军自东向西，对天地会形成大军压境的态势，广东及广西东部的会党被迫向广西中西部发展。但在广西郁林、南宁、柳州等地的天地会起义形成燎原之势后，广西东部四府州的形势也开始动荡起来。广西巡抚柯逢时为筹措军费，废处厘金，改办统税，加重了商民的负担，尤以东部商业发展地区受害最深。厘金虽被废除，但统税大大超过厘金数倍。梧州是广西的商业中心，统税苛重，梧州商民苦不堪言，他们通过梧州商务公所三次具禀两广督抚，请求取消成命，照旧章程办理。柯逢时认为厘金改抽统税，各省多已开办，于杜弊中，实寓便商之意，② 因而不予理睬。省抚的一意孤行，激怒了商民。光绪三十年（1904）正月初九日，永淳到梧州的 70 多艘商船，因为不同意加抽统税，被全部扣留，各船户愤恨不已，气不能平，厘厂官吏、巡丁又

---

① 《武宣县志·记事》，民国三年版。
② 广东省立中山图书馆复制：《广西人民起义资料》（油印本）第 2 册第 23 页，1960。

五、会党反清战争

狐假虎威,多方逼迫,敲诈勒索。在场船户冲动之下,将厘金厂拆毁,厂内各种物品也被抢劫一空。正月初十日至二月初十日,梧州商民一律罢市。梧州商行歇业停办,影响波及上游的柳州、庆远、龙州、南宁一带,市面一片萧条。两广总督岑春煊于光绪二十九年(1903)十一月二十八日会同巡抚柯逢时裁撤广西全省绿营军5858名,使东四府州大量兵勇失去生活来源,他们不事农桑,怨声载道,遂相率为盗,啸聚桂、粤、湘边界,往来于梧州、桂林、平乐等地,打家劫舍,官府无力平息。同时,柳州兵变及其他地区天地会起义斗争,也波及了东四府州。光绪三十年(1904),东四府州的反抗斗争,此起彼伏,平乐府有20起,桂林府有19起,梧州府有28起,郁林州有16起。在外来会党势力的渗入和当地会党的响应下,出现了新的斗争浪潮。梧州府怀集县境内及邻边地区的天地会起义相继爆发,是东四府州中规模和影响最大的地区。

怀集天地会起义主要是夏麻生①起义和植天元起义。光绪十九年(1893),夏麻生率领天地会党在贺江大界滩截抢八步埠(今贺州市)银船,随后拉起几百人的队伍,控制了贺江两岸,公开竖旗造反。受到清军搜捕后,避入贺县、怀集、连山三地交界的深冲大山,隐居不出。这里绵延数十里,山回路曲,林密洞深,险峻异常。夏麻生在这里盘踞了七年,清军对其无可奈何。光绪二十六年(1900),夏麻生东山再起。光绪二十八年(1902),他招聚党众在兰山等处组织三合会,外地来归者不可胜数。他声称将在中秋时节率众直扑贺县县城。光绪三十年至三十一年(1904—1905)怀集天地会起义爆发后,夏麻生先与怀集植天元联帮围攻怀集县城,攻占了县城对河的盐埠,捣毁了距县城二三十里的一处厘金局。随后他与贺县的甘三、钟廷燕呼应,在铺山、官潭圩等处出没,四处袭击清军。官府于光绪三十二年(1906)对其招抚,夏麻生与部下邓敏等20多人接受招抚,不足一月就被平乐知府王人文、贺县知县志琮设计斩杀,起义失败。

夏麻生起义坚持了13年,是天地会反清斗争史上罕见的长期斗争。由于夏麻生起义时截抢了银船,获得巨额钱财,为起义后的长期斗争提供了财政支柱,得到了充足的物资保证。夏麻生占据深冲险要地形,进可

---

① 夏麻生,怀集兰山(今属贺州市)人,当地天地会堂主。

攻，退可守，周旋余地巨大，消除了后顾之忧；夏麻生的战术也十分灵活，游击战术能够广泛运用，打得赢就打，打不赢就不打，是他能够审时度势，长期坚持斗争的重要原因。

植天元是怀集县诗洞圩的团绅。诗洞地处怀集东南方向，其地连接广东德庆、广宁、四会等县，一向是会党聚集之地。光绪三十年（1904），三合会头领孔八、孔庆云等在诗洞等处招人拜台，诗洞植姓一族因与钱姓有矛盾，意图利用天地会的势力除掉他们。植天元、植拔序等植姓头面人物都加入了天地会，同时还联络了广宁陈全周、陈显周等，四会王二奴、陈四等以及兰山夏麻生、邝荣达等天地会首领，预备共图大事，并推举植天元为正元帅，约定了起义日期。天地会起义的消息被诗洞钱姓团绅钱永寿得知，密报县府派兵镇压，植天元起兵迎战。会党人多势众，清军势单不敌，在道洞、诗洞两战皆败，常备军四棚管带勇丁全军覆没。① 会党起义军占据了诗洞圩后，乘胜掳劫了万安寨，烧毁钱家楼阁，杀掉钱永寿。八月初八日，起义军联成大股后，竖起大元帅旗帜，经过大冈，走出冷坑，遍地贴出"洪英元年"的告示，聚集900人，直扑怀集县城而去。由于怀集县城清军事先有备，而夏麻生也未能践约相助，起义军攻城失败，转向进攻怀集边界的古水圩，杀死勇丁数十名。八月十九日，植天元和广宁会党汇合，集3000人，对广宁县城发起进攻。在此之前，会党武装曾利用诗洞、古水之战缴获的号衣号褂，伪称清军，试图诈开城门，但被守城清军识破。他们围攻广宁三昼夜，县城一度危在旦夕。八月二十日晚，清军增援部队抵达广宁，假冒会党兄弟前来增援，乘起义军不备，突然袭击，加上夜间两次倾盆大雨，起义军枪械全被淋湿，毫无斗志，于是四散逃走，先后被杀300余人。至八月二十二日清晨，清军解广宁城围。不久，诗洞的植天元、植拔序、孔八等，广宁的陈全周、陈显周、陈佐周等起义军首领均被清军侦获捕杀，起义失败。

广西天地会八年起义风暴中，广西全省共有15个府、厅、州爆发起义。沿边的太轻、镇安、泗城、百色、上思、归顺因与云南、越南接壤，是越北游勇退回广西的首选，成为起义初期的热点地区。然而，起义主要集中在柳州、庆远、思恩、浔州等广西中四府和南宁、郁林等府、州爆

---

① 广东省立中山图书馆复制：《广西人民起义资料》（油印本）第3册第195页，1960。

五、会党反清战争

发。这些地区地处广西腹地，是起义后期的热点地区。东北部各府远离边界，越北游勇势力无法深入，也是起义过程中较少受到影响的地区。

4. 台湾天地会起义[①]

台湾地区自乾隆五十三年（1788）正月林爽文起义被镇压之后，到乾隆五十六年（1791），在彰化一带又出现了"复兴天地会"的活动，其首领为原籍福建漳州后迁居台湾彰化南投的张标和原籍广东、曾掩护林爽文的彰化人谢志。乾隆六十年（1795），台湾又爆发了两次天地会起义，一次由陈光爱领导，另一次由陈周全领导。

清廷对这两次起义者的镇压极端残忍，但台湾民众一直没有停止反抗。进入嘉庆朝，台湾又发生了一系列反清武装斗争起义。

据学者研究，"小刀会"或在乾隆四十七年（1782）八月出现于台湾彰化，称"王爷小刀会"[②]；另有人说"小刀会"组织早在乾隆七年（1742）就已在福建漳浦县现身。[③] 这些"小刀会"确曾存在，只是与天地会无关。实际上，作为天地会系统的"小刀会"最初起于台湾。正如后来史料所说：天地会在广东称"三点会"，在厦门称为"添弟会"。"小刀会"是天地会的另一称呼，最初在乾隆五十九年（1794）起于台湾凤山县，创始人为郑光彩。[④] 郑光彩原籍福建龙溪，在台湾凤山长大成人，以替人看田地为生，因时常强迫勒索庄民工钱而结仇甚多。为求自保，于乾隆五十九年五月，纠集同好数十人立誓盟会，并以小刀为识别暗号及防身之用，又认为以天地会名目易招摇，必须改换会名掩人耳目，遂变名"小

[①] 详见本套丛书第五卷《清代台湾战争》。
[②] 卢耀华：《上海小刀会的源流》，《食货》月刊复刊第3卷第5期。
[③] 庄吉发：《清代天地会源流考》第23页，台北故宫博物院，1980。
[④] 秦宝琦：《清前期天地会研究》第289－290页，中国人民大学出版社，1988。

刀会"。① 此后，小刀会在台湾迅速发展起来。

嘉庆二年（1797）十二月，台湾淡水的杨肇组织小刀会，百余人聚会。焚抢台湾淡水水枧头粤庄，杀九人，后被清军镇压。嘉庆三年（1798）七月，台湾嘉义人徐章因"向无恒业"，无法维持生活，便和其朋友们商量打劫富户，为互相帮助自保，纠集18人，结拜为小刀会，尚未举事，即被官府捉拿，参与者均被捕杀。同年九月，台湾凤山人江降组织结会，准备攻打凤山县城，后50余人被官兵捕拿。嘉庆五年（1800）四月，在台湾嘉义，陈锡宗等又结小刀会，指挥数百人杀死巡检，攻入盐水港汛防地。尽管起义军已达上千人，数次击败台湾镇总兵爱斯泰，但因陈锡宗战死，起义军群龙无首，四处逃散。起义失败后，被捕者400余人。

类似的起义后来仍时有发生，虽都没有太大的影响，却使台湾的形势处于动荡状态。直到道光十二年（1832），张丙在嘉义发动起义，震动全岛。这是台湾社会矛盾长期积聚的必然结果。

张丙，嘉义人，其先人从福建漳州南靖来到台湾。张家世代务农，"能以信义庇乡邻，众倚重之"。② 道光十二年夏，台湾大旱，颗粒无收，各庄相约禁粜。张丙遵守约定，并负责查禁，结果反被私卖米遭掠者诬为强盗，因而受到地方官的逮治。这时陈辨，因被粤人张阿凛所辱，遂联合张丙复仇，聚众达300余人，往攻张阿凛所居之粤庄。后与官军发生冲突，于闰九月二十四日发动起义，如旋风般蔓延台南广大地区。

这次起义爆发迅速，且规模大：一是官民相仇已久，早就蓄势待发；二是陈辨、张丙等早已是天地会首领，又素享威信，有很强的号召力；三是旱灾使民众的生活陷入绝望境地。因此，起义一旦激发，便难以遏止。闰九月二十五日，起义军劫走大埔林汛兵军器。十月初一日，攻佳里兴巡检署，连克茄苳、北势坡、八掌溪各汛。在店仔口，擒杀嘉义知县邵用之。次日，前来救援的台湾知府吕志恒军至大排竹，也被起义军包围，吕志恒被杀。初三日，各路起义军将嘉义县城团团围住，甚至将前来增援的台湾镇总兵刘廷斌也围入城内。十月初五日，起义军不分昼夜发动猛攻，在连续四天的攻击中，嘉义县丞朱懋，护安平协副将周承恩，守备李高

---

① 《附件水师梯度哈当阿折》《乾隆朝朱批奏折》，乾隆五十九年十月十四日。
② 连横：《台湾通史》（下）第651页，商务印书馆，1983。

五、会党反清战争

然、张荣力、余国章等将官被杀,清兵死伤无数。这时,起义军的声势震动台湾全岛。

随着起义军队伍的扩大,张丙宣布自己为"开国大元帅",建号"天运";"张告示,禁淫掠,令民无怨"①。以詹通、黄番婆、陈连、陈辨、吴扁为元帅,其下设先锋、军师等。其他天地会首领为赖生有,率有大不46股、总人数达到1.5万余人。

随着起义军事态的迅速扩大,台湾不少重要将领和地方官员被杀。清政府在台湾的军事力量已很难控制局面,于是一封封奏疏火速报往京师。宣宗深感问题的严重,紧急谋划,连发上谕:命刘廷斌暂缓到广东提督任上,新任台湾总兵张琴也暂不来京陛见,共同留台对付"民乱";又令闽浙总督程祖洛赶往福建,兼署福州将军,相机指挥调度赴台军队;给台湾紧急调拨白银10万两;最主要的就是调兵,从福建驻军中调出5000人赴台。

至十一月上旬,台湾传来的情况更加严重,宣宗感到所派兵力不足。十一月初六日,命瑚松额为钦差大臣,哈哏阿为参赞大臣,带领30名御前侍卫前往台湾"视师"。随即又调派河南、西安、四川马步军3300人紧急赴台。至此,包括台湾原有驻军1650人,台湾清军总兵力已达万人之众。

起义军对嘉义城的围攻未止,便又分兵向南北扩展。十月初七日,处于嘉义咽喉、郡北屏障的盐水港被黄番婆部攻陷。随后,起义军打败了自府城前来增援的清军,获得大量的军火装备。

与此同时,天地会首领黄城又聚众于彰化境内起义,先后烧掠彰化城南多处村庄,直接威胁彰化县城的安全。不久,起义军攻占彰化与嘉义之间的重镇斗六门城,并向西北的西螺社进兵。

嘉义以南的凤山县和台湾县也出现了起义军。短短20余日,台湾天地会起义已经席卷台湾中部和南部地区。

大股清军渡海至台湾是在十月底至十一月初,分别从台湾中部鹿仔港和南部鹿耳门登陆。金门镇总兵窦振彪于十一月初三日在鹿仔登陆,一路向南攻击。初五日进军西仔港,初七日至茅港尾扎营,先后击败起义军数

---

① 连横:《台湾通史》(下)第606页,商务印书馆,1983。

千人,十二日进兵铁线桥,先夺得盐水港,二十日进入嘉义县城。福建提督马济胜也于月初抵鹿耳门,二十二日与张丙部起义军大战:"丙拥众二万,自搏战,气锐甚,呼声振山谷,自辰至于日中,济胜坚壁不动。薄暮始纵兵出,追逐数星,擒五十余人,斩七八百人,溺水死者相枕藉。丙亦能军,收其众踞桥北。翌日再战,又败,李武松、詹通被擒,丙走伏近山麻林中。"① 此役天地会起义军遭到惨重失败。更严重的是,自此,起义军的士气和实力都连续受挫,日渐低落。台湾战事出现转机,宣宗认为已无必要再让河南、四川、西安、贵州等处官兵继续赶往福建,于是令其返回原来营地。但是,仍然命令钦差大臣瑚松额、闽浙总督程祖洛尽快赴台,继续搜捕起义军并准备办理善后事宜。

清军马济胜部是一支勇健且训练有素的军队,一个月之中,起义军与其对阵十多次,均遭败绩,首领非被杀死,即被活捉。张丙也于十二月被执,黄城、陈辨、詹通、陈连、吴扁等亦先后被获。未到中旬,南北路起义军全部失败。

道光十三年(1833)正月,总督程祖洛与钦差大臣瑚松额抵台处理"善后",即"穷治余党,按名悉获,枭斩者蔓百余人,遣戍者倍之"②。被俘的起义军领袖大多在台湾被就地"正法",张丙、陈辨、詹通、陈连则被解送京师,处磔刑而死。

台湾这次起义失败后,大规模的起义仍不时发生,仅道光后期便有三次反清斗争:道光十九年(1839)、二十一年(1841)、二十四年(1844)。是时,鸦片战争已经爆发,清廷在内外双重打击下,变得更加虚弱了。

---

① 连横:《台湾通史》(下)第606页,商务印书馆,1983。
② 连横:《台湾通史》(下)第608页,商务印书馆,1983。

——六、咸、同年间西南各族人民反清斗争

六、咸、同年间西南各族人民反清斗争

西南地区，主要是指云南、贵州、广西、四川部分地区（也包括湘南），区内宗教、民族、军事、经济，各种矛盾错综复杂。自雍正朝改土归流以后，原来难以控制和解决的矛盾得到了一定缓解。可是，仍有一些地方土司家族利用原有的势力和影响，不时制造事端，甚至收买官府，欺压民众，以致小的冲突时有发生。

1. 云南永北厅彝民起义

宣宗初登帝位，似乎一切都很平静。但一个多月后，便有西南地区密谋起义的消息传来。这次，是云南永北厅彝族民众骚动，且事态有进一步扩大的趋势。

彝族主要居住在云南、贵州、四川三省以及广西境内，分布面积约50万平方公里。聚居于青藏高原东南边缘的横断山脉峡谷地区和云贵高原西部及川西南边缘。这里大都是山区，平坝面积不足5%，土壤、气候条件恶劣，不利于农业生产。彝族人民历来生活艰难，为数不多的土地，不是被土司强占，便是因生活所迫而转卖。在云南北部永北厅（今永胜县及华坪县），许多彝族民众都丧失了土地，即使是有地者，也典出十之七八。贫苦无地的彝族民众难以生存，又常被土司和官府强行苛派银两，经常与之冲突，不满情绪终于酿成永北厅彝族民众反清起义。

道光元年（1821）正月，永北厅聚集了上千彝族民众并举行起义，烧毁阿喇山衙门和附近村庄。云贵总督庆保得知消息，便立即命令提督张凤、总兵高适率兵前往镇压，并向清廷奏报情况。

就在公文往返的一个多月里，前去镇压的清军不仅未能达到目的，反而遭到彝军的沉重打击。彝军控制的范围不断扩大，人数也在增加，并开始突破清军的围堵，向永北厅境外发展。到二月下旬，一部分彝军已渡过金沙江，向楚雄府属的大姚县境移动，并与当地的彝军汇合，组成了更大规模的起义军队伍，彝军发展到七八千人。清军先后调集的兵力也超出8000人，若将当地土司武装计算在内，则约有上万人。为了尽快消灭起义军，宣宗在云贵、四川总督换任之际，令即将离任的云贵总督庆保暂留，以便和新任总督史致光一道围堵起义军。即将离任的四川总督德英阿也被暂留，以协助新任四川总督蒋攸铦堵截彝军。当时，四川方面不仅沿永北厅省界组织汉、彝民修筑防堵工事，并将界河金沙江和打冲河上的渡船等全部撤走，并加强巡逻。

尽管如此，滇北形势还是日趋紧张，这里地形复杂，山多林密，不便展开大规模作战，且彝军骁勇善战，清军数次与起义军接仗，都未能占有优势。滇北起义军已发展到万人以上，活跃在彝民居住区。四川方面虽防范严密，但对彝军并未构成威胁，而进击云南的清军又屡战失利。三月，成都将军尼玛善被派往云南帮助庆保。新任贵州提督罗思举也受命速赴云南大姚，参与镇压彝族民众起义。

四月上旬，彝军在清军强大的攻势下，遭到重大挫败。驻扎在大姚的清军分路进击，彝军无法相互配合，经艰苦抵抗，终因寡不敌众，彝军的重要据点芝麻庄被夷为平地，首领陈添培被俘。四月中旬，清军加强了攻势，又攻占彝军据点拉古，上百名彝军阵亡，数十人被俘，攻入大姚地方的彝军全军覆没。

与此同时，永北厅起义军也遭到重创。清军提督张凤率兵猛攻，彝军伤亡惨重，重要首领唐贵及部下数百人被俘。至此，坚持了四个多月的云南永北厅彝族民众反清起义终于被镇压下去。

为避免彝族民众再次起义，庆保按宣宗的旨意，对滇北彝族民众久为不满的诸多政策进行了调整，以换取彝民的安定。如重新规定：凡彝民典卖土地给汉民，买地汉民必须过户纳粮，改变卖田无地的彝民"产去粮存"的不合理状况；禁止土司向本无恒产的彝民收取租息之外的苛派杂税；裁革土司属下人员，减少彝民不合理的徭役负担等。同时还增加兵丁、官员，加强对这一地区彝民的监控，并在永北、大姚等地编排保甲，实行互保。

此次西南地区少数民族的起义虽然暂告结束，但是由于清廷对当地管理不当，没有有效地解决民生问题，社会动荡不仅没有停止，而且会越来越严重。

2. 贵州苗、侗各族起义

雍正八年（1730），清政府向贵州加征3.3万两赋银，激起了苗族民众的强烈反抗。为严密控制、加紧镇压苗族民众的反抗，清政府在苗区设立散射营汛、屯堡等军事据点。清军对苗民肆意欺压奴役，在镇压清江苗民起义时，镇远知府方显不但将被俘的苗族首领计包辛、安干州等八人全部残杀，还尽毁沿途各村寨，屠杀无辜苗民上千人。方显负责清江军务后，把清江变成了屠杀苗民的刑场。雍正十年（1732）八九月间，方显认为，台拱境内上、下九股河一带的苗民"杀少"了，决定在台拱筑城，派兵加以震慑。苗民得知后，觉得这好比是在心窝上钉了一颗钉子，于是纷纷积极筹划起义。台拱西门外的墨引、桃赖等寨串联上、下九股河沿岸高坡等地百余个村寨的苗民，经联络商议，决定以台拱为中心，高坡、丹江之间的各村寨为策应，待秋收后，利用筑城的机会发动起义。

十月二十四日，各寨秋收完毕后，苗民汇集到台拱筑城。半夜时分，苗民集合起来，杀死郭英、欧玉胜等官吏，举起造反大旗。次日，苗军奋起进攻台拱清军大营，台拱营内的清军有2000多人，是清廷震慑苗区的主力，排略汛距台拱15里，是台拱通往清江、都匀的咽喉，也是清军运送粮饷的粮道。苗民包围了排略汛，让清廷大惊，急忙调兵遣将，力图控制排略。方显急调稿贡的清军增援，双方展开了激烈争夺。清军损兵折将，守备高本旸等将领被杀，排略被苗军攻占，清军狼狈撤往台拱大营。贵州巡抚元展成命马世龙、罗资衮等率各路人马星夜兼程，赶赴台拱救援。苗军探知清军行踪，决定在排略设伏。十一月十四日，马世龙率清军经过排略，遭苗军伏击，罗资衮以及六名将领被当场击杀，辎重被苗军缴获。这场伏击战令后续清军胆战心惊，全部在排略前驻扎，迟疑观望不敢冒进。元展成绩派杨馥、宋朝相带兵增援,杨馥迫于无奈,率清军向排略进攻,遭到苗军阻击。激战中,杨馥肋部中弹,当场丧命。清军一哄而散,排略阻击战以苗军大胜而告结束。

之后,苗军继续加紧围攻台拱,被层层包围的台拱清军粮饷断绝,惶恐不安,决定突围脱逃。十一月十四日,马世龙率军抵达排略,遭到苗军伏击时,台拱清军认为援军已到,出营冲杀,试图前后夹击,以击退苗军。甫知刚出大营,就被苗军打得晕头转向,王朝杰等率军狼奔豕突,战败被杀,残兵败将逃回营内。台拱清军大营粮草断绝后,官兵冒死窜至附近村寨抢粮,被组织起来的各村寨苗民分割包围,官兵被打死打伤多人。从此,清军再也不敢轻易走出台拱营门;困守军营的镇远知府刘冉,同知宋厚失魂落魄,一筹莫展。

此时,清军内部发生意见分歧,云贵总督高其倬认为不必死守台拱,主张立即退兵至施秉境内。镇远知府方显认为台拱战局牵动苗区,主张拼死固守,以待来援。苗军抓住战机,于十二月十五日攻占下秉(今施秉境内)。清廷派左江镇总兵霍升驰赴贵州增援。霍升率2万多清兵进入贵州,与安顺都司侯宏道会合。苗军腹背受敌,形势转为不利。清军实施挑拨离间之计,分化瓦解高坡等村寨苗民,使台拱苗军陷入孤军奋战的境地。十二月二十四日,清军两路倾巢而出,苗军在排略与清军展开浴血搏杀,寡不敌众,苗军战败,大关相继失守。在这样的不利情势下,硬拼下去,只会让自己遭受重创。苗军解除了对台拱历时69天的包围,向高坡、丹江一带撤退。

此时,苗军一致推举白党为首领,在番招的莲花村,利用险峻的山势,筑起高大坚固的土城,积蓄了充足的米谷、牛、羊,准备长期坚守。

雍正十一年(1733)初,清廷加派湖南、广西两省清军前来参与镇压,原贵州提督哈元生赶赴贵州,统领三省清军,大肆向苗军反扑。四月,康世显、纪龙、霍升等奉哈元生之命,兵分三路,向高坡、莲花村进击。苗军利用莲花村的有利地形,顽强抵抗,给来犯之清军以重大杀伤。哈元生不得不亲自出马。苗军居高临下,登城固守,他们利用马弩、滚木、礌石不断击退清军,在最后三天的激战中,杀伤大量清军。清军攻入城内,双方展开白刃搏斗,军力对比悬殊,最终清军占领了莲花村。苗军主要成员除战死者外,被俘109人,被押解到贵阳后,遭到严刑拷打,全部身亡。战争中,起义民众被杀者超过千人。台拱终被清廷强制筑城设汛，驻军 4000 多人。

台拱苗族民众反清起义被镇压后，古州苗民包利等利用苗族的原始宗教观念，以"出有苗王"的口号，大造舆论，官府发觉后，立即抓捕包利。但在苗民的斗争下，官府被迫释放包利。包利出狱后，继续组织领导苗民的反抗斗争。

雍正十三年（1735）三月，古州官府乘征收钱粮之机，对苗民敲诈勒索，大肆骚扰，苗民怨愤不已，纷纷自发反抗。包利、红银见起义时机已经成熟，遂率领古州八妹、高表等寨苗民传递宣告"苗王出世"的消息，竖起义旗，宣布起义。

四月十七日，包利、红银率起义苗民攻打古州王岭汛城，因寡不敌众，被总兵韩勋击败，后转移到清江、台拱之间的地带，得到附近几百个村寨苗民的支持与响应，猛增到2万多人，力量迅速壮大起来。他们随即向台拱进军，与清军发生激烈战斗，并向番招寨发起强攻。清军据险死守，久攻不下，苗军撤退转移到清江的摆尾驻扎。在这里，苗军避实就虚，集中力量向清军的薄弱环节攻击。他们切断了台拱与清江间的联系，摆出佯攻清江的姿态，清江的官员宋厚、曾长治等人胆战心惊，急忙向省城和周边府县告急。贵州提督哈元生、镇远总兵卜万年闻讯后，派清军分几路火速援救，均被苗军阻截在交汪、莲花等地。然后，苗军大举向内地进军，接连攻占了镇远府的凯里、邛水、黄平、重安江等地，几乎席卷了整个黔东南地区。原贵州提督哈元生率清军四处增援，疲于奔命。云贵总督尹继善见苗民起义声势越来越大，急忙从云南调副将周仪率滇军星夜驰骋，同时也与湘、桂、川等省联系，请求各省出兵协援。苗军探知这一消息，便主动放弃进攻平越、都匀的计划，清军见苗军避战，误认为苗军胆怯，于是大举反扑。六月二十二日，清军侵占余庆，哈元生又命纪龙、哈尚德进攻重安江。苗军在大风洞、打铁关等处接连失利，失去了黄平、重安江、凯里等地，但主力并未受损，退到古州、丹江一带，准备在巩固后方的基础上再对付进攻的清军。苗军从六月二十一日至七月二十七日的一个多月里，先后攻占了小丹江、青溪等县城，并对沿路清军各营汛据点分割包围，截断粮道，令驻守台拱、清江、丹江、八寨等地的清军惊慌失措，纷纷向省城告急。

苗军在黔东南地区灵活机动的攻城略地、纵横驰骋。清军则被动挨打、损兵折将，世宗震怒，痛骂尹继善、哈元生等属下无能，亲自拟定镇压苗军的军事部署：以果郡王胤礼、大学士鄂尔泰、尚书庆复、张照等13人组成"办理苗疆事务王大臣会议"，统筹镇压苗军军务；令哈元生统领川、黔、滇三省清军，负责凯里等地清水江上游一带军事；湖南提督董芳指挥两湖两广四省兵马，负责镇远等地清水江下游一带军事；张照为抚定苗疆大臣，总理兵马钱粮赈恤事务。在黔、桂、湘三省交界地区增兵驻守，并调派直隶、热河、浙江、湖广四路清军5000人，驻湖南常德，以防止苗军进入湖南。世宗严令将苗军剿除根诛，不留后患。同时，又采取赈恤贵州难民、免除贵州当年钱粮的办法，来缓和阶级矛盾，以分化瓦解苗军。

经过精心筹备后，哈元生、董芳等率清兵再次大军压境，并入广为宣传：除少数反清坚决的村寨外，其余一概招抚。受其蒙骗，八寨厅属牙门、九门等寨苗民出寨就抚，被清军诱杀于卞乌河。哈元生将清军全面铺开布置，欲从大路打通苗区营汛，苗军陷入重重包围之中。

苗军经过仔细观察，发现清军虽然全面围困清江流域，但兵力分散，士气低落，完全可以集中兵力，声东击西，打破包围。于是他们在清平、黄平、施秉一带不断机动灵活地主动出击，清军则疲于奔命，一蹶不振。经过长期机动作战，苗军不断扩大战果，反观清军则处处被动，顾此失彼，惶恐不安。

雍正十三年（1735）九月世宗病逝，高宗弘历即位。高宗重新调整了部署，源源不断地从各省增调兵力镇压起义，对张照、董芳、元展成、哈元生等官员，给予处分，改派湖广总督张广泗①接替张照，兼任贵州巡抚。

张广泗率七省兵力，直逼苗军。苗军避其锋芒，从古州一带退守清江、高坡、丹江、山苗等地。张广泗从镇远前往凯里，向哈元生面授机宜，命寿长、王无党、焦应林等兵分三路，分别从凯里、台拱、清江，同时向苗军主力集结地发起进攻。台雄、挂丁、摆尾等地苗军据险坚守，清军所到之处，硝烟弥漫，战火纷飞，在付出重大代价后，一一将村寨攻陷。这时，苗军控制着以丹江为中心的地区，集中几万主力，准备与清军决一死战。张广泗来到丹江、凯里，居中调度，命曾长治、王无党、马成

---

① 张广泗（？—1743），汉军镶红旗人。

六、咸、同年间西南各族人民反清斗争

林、韩勋、谭行义、孙绍武、王跃祖、王庭诏等分进合击,八面进兵,向苗军根据地丹江、高坡、摆吊、山苗等地发起进攻。在三个月的时间里,清军步步进逼,苗军英勇奋战,终因力量分散,缺乏统一指挥而告失败。

为保存力量,包利、红银率部队及大批苗民撤退到雷公山地区。这里是贵州苗岭山脉的主峰,海拔2000多米,周边绵延几百里,丛林密布,川流纵横,峭壁悬崖,道路泥泞,毒蛇猛兽,随处可见,是人迹罕至的地带。苗军退入雷公山地区后,一面派得力人手扼守要隘关口,主力集中在雷公坪一带日夜操练,准备迎击清军;一面因地制宜,就地取材,盖起大批草舍茅屋,安置苗民,开荒种地,做长期打算。

清军在茫茫丛林中无法施展,张广泗遂布置清军包围山区,分驻各路口,并轮番推进、步步为营,逐步向中心推进。苗军的粮食供应日渐困难,饥饿难耐。乾隆元年(1736)五月到六月,清军将包利在内的17位首领及400多名大小头领俘获后,押解到贵阳被杀。

包利、红银发动的起义被镇压后,清廷在苗区设置大量营汛,驻兵设堡,强制实施汉苗杂居,激起了乾隆七年(1742)四月石金元、戴老四领导的苗族民众反清起义。

石金元、戴老四为包利、红银的下属。他们在包利、红银起义失败后,转移到广西怀远一带隐蔽。乾隆七年四月,湖南城步一带爆发起义,他们立即响应,重新举起义旗。

石金元率部分起义群众来到黎平黑洞,发动洪州司、南江等寨苗民起义,准备攻打黎平府,因消息走漏,清军事先有备,攻城计划未能实现。石金元率苗军专攻中潮、长春等寨,得到黎平境内潘黄、上黄等寨苗民的支持,攻克永从县,声势大振。高宗从黔、桂、湘、三省调兵遣将,围堵拦截,令张广泗负责镇压。张广泗调广西提督谭行义、湖广提督王无党、贵州提督韩勋分路夹击,苗军在纪南坡失利,南江也被韩勋部清军攻陷。八月,苗军最后失败,石金元、戴老四被俘身亡。此后,苗族民众反清斗争依然还在继续。乾隆九年(1744)四月,姚奉明、龙老六等人依然用石金元的名义,组织民众进行反抗。

石柳邓苗族民众反清起义

乾隆五十九年(1794),又爆发了贵州松桃人石柳邓(1737或1744—1797)领导的苗族民众反清起义。乾隆末年,当地官府对西南地区的各族民众进行压榨,激起了少数民族的反抗。在贵州松桃、湖南永绥、四川秀

山等三省交界地区，苗民被迫起来造反。四川秀山青龙寨发生了汉民反抗杨姓土司的盘剥欺压，石柳邓闻讯，组织松桃大寨寅一带的苗民前往支援，捣毁了土司衙门，瓜分了土司财物。返回松桃后，他又和正在黔东、湘西、鄂西一带筹划起义的白莲教取得联系，与苗族女首领乜妹到湖南凤凰厅鸭保寨，在吴陇登家集会，永绥黄瓜寨的石三保、凤凰米垞寨龙犹也来参加。他们歃血为盟，决定以为石满宜复仇的名义，号召川黔鄂一带的苗民组织起来，于乾隆六十年（1795）二月初七日同时起义。

会后，石柳邓返回松桃，他四处物色人才，秘密发动苗民，准备鼓锣旗号、刀枪兵械，组成一支起义部队，石柳邓自任统兵元帅。

正月下旬，起义消息被当地地主杨芳知晓，向都司孙清元告密。杨芳于二月初一日前往大寨寅探听虚实，恰好石柳邓在这里集众练兵，探知五日后各地苗民同时起义的消息，立即赶回松桃报告孙清元。孙清元遂纠集300名清军，于二月初五日偷袭大寨寅，试图一举消灭石柳邓起义军。石柳邓率寨内苗军冲出重围，抵大塘汛营地。趁清军立脚未稳，又返回大寨寅。石柳邓当机立断，一面派人联系各地苗军迅速行动，一面兵分三路向清军发起猛攻。三路起义军从西北、东南、正东面，向四川秀山、松桃城及正大营、盘石汛出发，转向北面，向湖南永绥鸭西寨方向冲去，欲与石三保等人会师。

苗军旗开得胜的消息传遍了苗区。广大苗民纷纷加入队伍，秀山正大营、松桃城相继被苗军包围。松桃是清军在黔东北的要地，地处川黔湘三省咽喉，苗军猛攻三昼夜，又于三月二十三日，集合数万人再次合围，一度攻入松桃南门街市，但因清军的反扑，苗军主动撤出城外。

石三保按约定在二月初七日于黄瓜寨发动起义，占领坪陇苏麻寨，永绥保靖各地苗寨群起响应。起义军万余人围攻永绥及镇竿，伊萨纳、彭凤尧、明安图等部只有1400人，他们进退失据，狼狈不堪。二月初十日，苗军发起猛攻，攻破营垒，清军拼死突围，均不能摆脱苗军的重重包围，最后全部缴械投降。在鸦西取得大捷后，伊萨纳、彭凤尧、明安图被苗军俘获后处死。坪陇的苗民首领吴八月①，率部于十三日攻克乾州城（今湖南吉首西南），杀同知宋如春及其部下。

---

① 吴八月（1729—1796），又名世宁，湖南乾州。

六、咸、同年间西南各族人民反清斗争

苗军的连战连捷，进一步扩大了影响，他们还提出了"穷苦兄弟跟我走，大户官吏我不要"的口号。苗军在两三个月的时间里，纵横驰骋在川、黔、湘交界的地区，西起贵州松桃和四川秀山，东到湖南沅江西岸，北达湖南永顺，南逼贵州铜仁。苗军在反抗过程中，创造和运用了"敌有万兵，我有万山，敌来我去，敌去我来"的战略战术，充分利用熟悉山区复杂地形的有利条件，四处出没，声东击西，与清军周旋。

三省地方官对苗军无可奈何，只好上奏清廷。清廷采用诱降与镇压两手，一面吩咐"以苗治苗"，以分化苗军，一面急令云贵总督福康安、总兵花连布速赴铜仁镇压，并派亲信侍卫额勒登保、德楞泰协助，还令四川总督和琳、原任湖广总督福宁、新任湖广总督毕沅会同进剿。这样，清军集结了十倍于苗军的兵力，分进合围，对苗军进行反扑。

苗军则在各族民众的支援下，不断给予清军沉重打击。刘君辅领兵2000人，刚从镇竿出发，就被苗军围困在保靖、永绥间，福宁始终被围困在镇竿。清军几度想夺回乾州，都未能如愿。湘西苗军队伍发展到八九万人。松桃苗军长期围困正大营，城内清军向提督彭廷栋求援，彭廷栋部却因被苗军阻击，始终不能前进一步。正当围攻正大营的苗军集中全力阻击彭廷栋时，福康安趁机派兵从铜仁向围攻正大营的苗军发起进攻。苗军面临三路大敌，经过浴血奋战，终因寡不敌众，于三月初十日被迫撤围。十天（三月十九日）后，苗军在杨兴隆部汉民的援助下，再次猛攻正大营，重创清军，但杨兴隆阵亡，苗军未能夺得城关，只好放弃围攻清军各营汛据点的计划，主力向湘西转移。福康安见苗军撤退，在松桃、大寨寅进行疯狂屠杀。和琳自秀山向南，福康安自施坝山向北，南北夹攻苗军，将大寨寅烧光。石柳邓主动将主力转移到湘西后，湘西苗军声势大振，清军则尾随进入湘西追击，双方在湘西展开了更加激烈的战斗。

五月初一日，花连布率清兵2500人进驻永绥，苗军在水羊寨设伏，花连布到达水羊寨附近时，被石柳邓和石三保联军迎头痛击，花军招架不及，阵脚大乱，溃不成军。花连布负伤逃走。

为应对清军大举进攻，石柳邓、石三保、吴八月组成领导核心，在乾州坪陇建立了根据地，采取避实击虚的战术，继续坚持斗争。清军只顾争夺湘西据点，冒功突进，苗军则灵活机动，将清军各个击破；清军只能龟缩在各据点中，无法相互呼应。

云、贵、川、鄂、湘五省清军会合后，向苗军根据地黄瓜寨进犯。石

三保在石柳邓的协助下，积极准备进行外围阻击，挖断了危坡陡坎，刨沟掘濠，严密防堵。苗军派人发动各处民众起来反抗。他们神出鬼没地四处袭击清军，清军用火攻焚毁了黄瓜寨。清军认为能够抓获石柳邓、石三保等首领，但并未如愿，遂恼羞成怒，挖了石三保的祖坟，焚毁了临近的56座苗寨。

六月初五日，清军攻占苏麻寨。苗军则从侧面迂回，在黄瓜寨附近上下西梁山扎营，吸引清军主力，经过激烈战斗，苗军主动放弃了上下西梁山，向黄瓜寨转移集结，险些攻破黄瓜寨。直到清军回援，才撤出战斗。

苗军在不断袭击清军的同时，于九月推举吴八月称王，建立了统一的指挥机构，提出了"打到黄河去"的口号。

清廷一面征调几十万援兵，一面分化诱降苗军。苗军少数人被利诱收买，充当清军马前卒，苗军则针对其人进行惩戒斗争。吴陇登便是清军分化瓦解政策的头号对象。他之所以参加起义，只是想保全自己的身家性命，一旦有机可乘，便会投靠清军。吴八月被奉为吴王后，吴陇登开始加紧策划投降。吴八月亲至鸭保寨守寨，加强防范。吴陇登私下派人与清军商谈投降条件，愿将吴八月绑缚送给清军。

十二月十三日，吴陇登诱擒吴八月、陇老三、陇五斤等，派其子押往福康安军营乞降。吴八月等被诱擒后，苗军被迫转入防御。石柳邓、石三保团结各部，在重重围困中领导苗军继续作战。他们派吴八月之子吴廷义、吴廷礼率部奔袭卧盘寨、鸭保寨、伟者寨，给吴陇登、杨进元等叛徒以严厉惩罚。

这时，白莲教起义军已从湖北来凤进攻四川酉阳，贵州青溪、湖南沅州等地的白莲教也相继起义，他们与苗军相互声援，令清军顾此失彼。清廷决定先全力镇压苗民起义，再集中兵力，镇压白莲教起义。石柳邓、石三保认为，必须与白莲教起义军相互配合，才能避免失败。于是，派石三保率部东进北上，与湖北白莲教军会合。

东进的苗军，出泸溪，攻克浦市，侧击古丈，大有席卷湘西之势，福康安一筹莫展。乾隆六十年（1795）六月，苗军在乾州燕子岩大败清军，福康安病死于败军之中，和琳接任清军统帅。这本来是苗军反攻的大好机会，可惜石三保被内奸出卖，押往北京身亡。苗军东进北上的计划失败。

苗军这时的根据地，仅剩坪陇一处，东进的苗军又受到很大损失，石柳邓遂率吴廷义、吴廷礼扼守坪陇。嘉庆三年（1798）三月，吴八月被杀

六、咸、同年间西南各族人民反清斗争

后，吴陇登出降，成为清军反攻的向导。清军从四面八方扑来，对坪陇形成合围。苗军同仇敌忾，众志成城，在石柳邓指挥下誓死战斗，清军被阻截在坪陇30里外，不能再进一步。和琳转攻乾州。苗军趁机攻占了鸭保寨和三岔坪，和琳再次派人招抚，但苗军断然拒绝。和琳焦头烂额，忧恨而死。额勒登保继任清军统帅纠集大量兵力，再次向苗军猛攻。十月，清军用重炮轰击坪陇，石柳邓率苗军顽强抵抗，坚守了4个月，最后坪陇失陷，吴廷义、吴廷礼阵亡，石柳邓冲出重围。

随即，苗军在石隆滚牛坡和咙叭等地，与清军进行了激烈的决战。石柳邓身负重伤而亡。苗军余部在吴陈受、白老寅等人领导下，分散在各地坚持斗争，直到嘉庆十三年（1808）。

姜映芳侗族起义

鸦片战争后，为摊还赔款、支付军费，清廷对贵州天柱地区进行残酷压榨，侗族农民首当其冲。天柱农民石增辉、罗乔显、陆象、叶朝春等人于咸丰二年（1852）先后发起过抗粮斗争，赶走知县，杀死官差，砸烂高利贷钱庄，但遭官府镇压。姜映芳①耳闻目睹，深受鼓舞，决心发动起义。

咸丰五年（1855）四月，姜映芳在天柱县四图里织云关帝庙组织天地会，宣誓起义。姜映芳、龙海宽、姜作梁、杨精沛等几百名侗族贫民及少数开明绅士加入，提出"反清复明"的口号，发布了讨清檄文。他们首先向织云大地主潘乙贵开刀，没收其家产、土地，分给无地贫农，得到群众的拥护，很快发展到1000多人。

织云起义军直捣天柱县城，在赖河边与清军遭遇。姜映芳命少数起义军埋伏在对河，一支部队绕到清军后方，另一支部队占领赖洞河右岸高低，三面夹攻，杀伤大量清军。次日，清军增兵，姜映芳为保存实力，避免消耗，主动退到梁上、巴冶一带。

织云起义后，沅州、锦屏、邦洞、摆头、赖洞等地侗族民众纷纷响应。他们攻打沅州麻盐圹，锦屏银洞，天柱百市、汉寨、坝平等处，劫富济贫，没收土豪劣绅的财物，分给百姓，起义形成燎原之势。

在转战途中，侗军还与太平天国取得了联系。咸丰八年（1858），太

---

① 姜映芳（1833—1862），贵州天柱县四图里垄溪寨人，侗族，贫农家庭出身，深受当地地主欺压，产生强烈的反抗意识。

平军派平靖王李文茂率军占领锦屏，姜映芳恰好也在攻打当地官绅地主徐之铭家，在与太平军会师后，共商日后计划。为进一步扩大影响，姜映芳奔走各地，联络侗、苗起义军首领张秀眉、张老九、陈大六等，以汇集壮大起义力量。

咸丰七年（1857）十月，姜映芳率侗军由顺洞进攻湳洞司，向瓦寨进军。咸丰八年（1858）六月，姜映芳与廖洞白莲教首领陈老七合攻小湳洞，在石榴坡消灭了几百名天柱团练，占领了沙子坡，与闻讯赶来的团练兵勇发生激战，击退了清军反扑。

经过长期发展，姜映芳部侗军人数达到几万人。同治元年（1862）四月，姜映芳率军由湳洞司兵分三路，向天柱县城发起进攻：左路由杨树勋（侗族）率领，从湳洞司出款场；中路由张老九率领，从湳洞司出平珍，经润松进攻天柱城；右路由龙海宽率领，出凯寨过黎元坡到汉寨，经高酿向天柱城进军。侗军沿途不断击溃击退抵抗的团练和清军。

天柱城官府上下惊慌失措。知县谢绍曾派人乞和，姜映芳提出八项条件，谢绍曾乞和失败，只好逃到远口司。五月二十一日，姜映芳指挥侗军长驱直入，四面围攻天柱城，当地团练未做认真抵抗，就缴械投降。攻克天柱城后，侗军将汉寨作为根据地，改称"九龙山"。侗军在九龙山筑起城池，姜映芳被推举为"定平王"，建立了各项规章制度，分封了跟随他起义的一众部下。杨通甲为"盘古王"，周家烺为"文德王"，杨树勋为"黔南王"，张老九为"乾兴王"，熊志旺、陈大六、龙景亮、吴应春均受封"伯侯"，杨日焕、姜作梁、伍荣光、龙海宽、杨运先、杨长春受封"国师、元帅、统帅、将军"等职。正式建立起了与清廷对抗的政权。

侗军在占领区将没收的土地分给民众，专门颁布保障耕种的告示，禁杀耕牛赢得广大民众的一致拥护。姜映芳公开提出了"出征两湖，挥戈直捣北京"的进军口号，并采取了军事行动。

姜映芳首先派熊志旺、陈大六统兵，兵分三路进军湖南，一路由邦洞西征，连攻邛水、青溪、思州，截断了清军由湘入黔的粮道。在玉屏，侗军与清军展开激战，消灭了3000多名清兵，乘胜东下，占领了湖南晃州、沅州、黔阳、会同等地。一路侗军由邦洞经蓝田北上，围攻晃州、沅州，在沅州会师前路起义军。第三路侗军由九龙山出发，直取王寨，击溃清军及团练数千人，乘胜南取湖南靖州。在短短数月间，侗军占领了黔东的天柱、锦屏、清江厅、邛水（今三穗）、镇远府、思州府、青溪、玉屏；湖

六、咸、同年间西南各族人民反清斗争

南的黄州、沅州、黔阳、会同、靖州、通县共 14 个府县，捷报频传，威震湘、黔。

侗族起义的发展壮大、节节胜利，令清廷惶恐万分，急令湖南巡抚毛鸿宾、贵州巡抚韩超会同镇压。毛鸿宾调周洪印、戈鉴、赵福元、邓子垣等部湘军开赴贵州。韩超派曾璧光、陈昌运率黔军与湘军会合。

在姜映芳率主力东进湖南之际，湘黔两省清军及地方团练兵分两路，向侗军后方大举进攻。一路清军由腾加洪等率领，进犯青溪、邛水，截断天柱与其他地区的联系，另一路则由周洪印、戈鉴等率领，从晃州直扑天柱。留守的侗军与清军展开了殊死搏斗，因主力东下湖南，留守兵力不足。八月二十日，青溪、邛水、天柱先后被攻陷，国师杨日焕阵亡，天柱城内的侗军力不能支，向姜映芳求援。姜映芳亲率一支援兵，由沅州星夜驰回，在款场与清军接战，经过三昼夜的激战，5000 多名清军战死，但因清军兵力过于强大，侗军内部有人动摇，率部降清，姜映芳与龙海宽决定退守九龙山，以利再战。

清军紧随追赶，妄图围攻侗军。侗军据险坚守，清军几次进攻未能得手，于是改用火攻，九龙山周围顿时四处火起，城内房屋被烧。侗军内部叛徒，暗中将守城台炮灌水，使其无法使用。姜映芳率部与清军展开肉搏战，双方均损失惨重。

九龙山在清军的力攻下，于九月十一日失守，姜映芳被迫退至高拐，龙海宽退至黎平，陈大六退至湳洞司。为防止姜映芳在高拐发动当地苗、侗人民再次起义，十一月，清江厅副将曹元兴部将姜映芳包围，因阳大路早已暗中投降清军，他诱使姜映芳出战并截断后路，姜映芳失利被俘。曹元兴将姜映芳押往铜仁，曾璧光、陈昌运等官员会审，姜映芳宁死不服，最终被凌迟处死。

陈大六率侗军余部继续抗清，以江口屯为根据地，与张秀眉率领的苗军密切合作。同治三年（1864）五月，侗军与苗军从湳洞司出兵，经汉寨进攻天柱，因途中必经之沙子、黎元、引高等关隘有清军严密防守，遂派少数部队牵制清军，以主力经款场、织云、邦洞进攻天柱城。六月二十六日夜，起义军进攻天柱城北门，次日凌晨攻进天柱城，杀死知县方时乾。

起义军占领天柱后，向湖南进军，一路上占领了会同、靖州等地。不久，起义军攻玉屏，向晃州挺近。黔东北的号军、贵阳附近的教军，黔西北的苗军，黔西南的回军群起响应，掀起了大规模的反清起义，遍地

烽火。

太平天国被镇压后，清廷腾出手来，于同治五年（1866）调兵遣将，镇压贵州各族起义军。湖南巡抚李瀚章①分三路入黔：北路原湘军统领李元度②率军6000人进驻铜仁；中路由新授贵州布政使兆琛5000人从沅州至卭水进军清江、台拱；南路总兵周洪印部万余人经天柱趋江口屯后，攻击清江、台拱。

面对来势汹汹的清军，陈大六和张秀眉并未屈服，而是主动出击。他们与号军配合，乘清军进犯铜仁号军时，向湘西进军，袭扰湘军后方，使其三路进剿计划破产。清廷分别给予兆琛、周洪印、李元度处分。同治六年（1867）十月，清廷命在籍的布政使席宝田③复出为湘军统将。起义军在天柱集结出发，进击会同，新任总理湖南授黔军务席宝田派席启庚部湘军3000人紧随其后，试图发起进攻，不但未能得逞，反而被起义军沿途设伏，全军覆没，席启庚也被杀。

席宝田上任后，针对起义军机动灵活的作战特点，采取"步步为营"的战术，以优势兵力逐步推进。起义军在陈大六、张秀眉的指挥下，分别向思州、青溪、玉屏发起进攻，席宝田"步步为营"的计划被打乱。

同治七年（1868）五月，席宝田命李光燎、龚继昌、李金榜等分兵向起义军根据地江口屯进攻，同时派兵阻击赶来增援的张秀眉部苗军，江口屯孤立无援，清军包围了江口屯。面对的强大清军，起义军临危不惧，据险固守，进行了江口屯保卫战，以落后的土枪土炮轰击了数百名清军，坚守一个月之久。江口屯三面临水，其中两面是悬崖峭壁，清军一面派兵从后山小路进攻，一面用洋枪洋炮轰击江口屯正面，他们拆毁民房，搭起浮桥，强行渡河。起义军腹背受敌，依然顽强战斗。陈大六和李恒吉主动出击，率军从屯中冲杀而出与清军展开肉搏。李恒吉、陈大六先后战死，江口屯守军与清军同归于尽，清军最终攻陷江口屯。姜映芳领导的侗族反清起义最终失败。

---

① 李瀚章（？—1899），字筱泉，安徽合肥人，李鸿章之兄。
② 李元度（1821—1887），字次青，湖南平江人。
③ 席宝田（1828—1889），字研芗，湖南东安人。

六、咸、同年间西南各族人民反清斗争

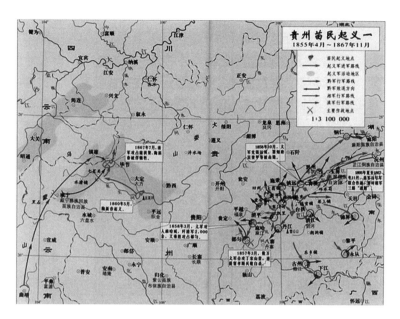

图6.1 贵州苗民起义一(1855年4月—1867年11月)

图片来源:《中国战争史地图》,http://86814.net/wiki/zgzzsdt/

号军起义

号军是白莲教的起义武装。白莲教起源于宋代,元、明、清时期流行于民间社会分支复杂,其中一支是灯花教。灯花教敬奉灯光,认为光明定能战胜黑暗。在元、明两代,白莲教各个支派都曾不断发动起义,如元末红巾军大起义,明末蔡伯贯起义、徐鸿儒起义等。嘉庆元年至十年(1796—1805),白莲教在川、陕、楚等省发动大起义,沉重打击了清王朝的统治。起义失败后,部分教众转入黔北潜伏下来,进行秘密宣传组织活动,待机再起。鸦片战争后,贵州贫民不堪忍受清政府的压迫,灯花教组织了大规模的反抗斗争。嘉庆朝白莲教大起义时,各支部队分别用不同颜色的衣裙和头巾区分。黔北灯花教起义的各支,则以红、白、黄等不同颜色为标号,故称"号军"。

官府在征收田赋时实行"折征"政策,对民众巧取豪夺,由于银贵钱贱,贵州折征铜钱,但粮价不按市价规定,而由官府任意提价,几经转换后,农民的负担增加了几倍,铜仁地区民众,奋起抗争。咸丰四年(1854),铜仁附近12乡乡民商定"照旧纳谷",以示不满,遭到官府的

拒绝后，准备武装反抗。他们在灯花教教徒吴劭劳、陈福林、徐兴素等的组织下，暗中铸造兵器，制作旗帜衣号，四处联合民众，于咸丰五年（1855）十一月十一日率先竖旗起义。吴劭劳、陈福林率几千人将铜仁府城包围后，攻破北门，冲入城内。知府葛景莱逃入百姓家后，被逼上吊自杀。红号军捣毁府城内各衙门，分发库存兵械，开监放囚，附近的民众纷起响应。刘世美在江口起义，田宗达、吴灿奎在印江起义，建立了根据地。松桃苗民也与红号军结合举行起义。十二月初十日攻克松桃厅。红号军兵分两路，西路连续攻破思南府、印江县、石阡府城，南路连破玉屏、青溪、思州府，红号军在黔东北各地纵横驰骋，所到之处，捣毁官厅，承办贪官污吏。清军在思南府外河岸排开大炮顽抗，红号军则从山后包抄，攻破了府城。

号军的起义风暴令清廷惊慌万分。同治六年（1856）二月初一日，清军向铜仁反扑，在城外河对岸用大炮向城内轰击，吴劭劳率守城号军坚决抵抗。初四日，号军由西门渡河主动出击，给来犯的清军沉重的打击，吴劭劳在激战中身亡。清廷从湖南调来大量援兵，红号军避其锋芒，于二十八日主动撤出铜仁城，准备南下与张秀眉的苗军会合，不料与清军发生遭遇战，红号军势单力薄，被清军击溃。红号军余部后来并入白号，继续战斗。

咸丰八年（1858）正月，年近八旬的白莲教老教主刘义顺直接领导白号军在思南府起义。刘义顺原籍湖南宝庆，后迁居四川宜宾，沿袭白莲教教义，吃素传徒，其信众广布于川、湘、鄂、云、黔等西南各省。咸丰七年（1857），刘义顺在四川涪州起义失败后，潜入贵州，以灯花教为基础，在黔东北各地的团练兵勇中传教，组织发动起义。咸丰八年正月十八日，刘义顺、何冠一等在思南府城北40里的鹦鹉溪，宣布起义。次日向思南府城发起进攻，知府福奎率众出城顽抗。号军分路猛攻，城内教民放火开门，清军腹背受击，溃散逃离。福奎被杀，号军占领思南府。

三月，安化教众由胡胜海领导，在安化县（今思南）属的乾溪梅林寺发动起义，称"黄号"。咸丰九年（1859）正月，瓮安教众在何得胜领导下起义，成为另一支黄号军。何得胜在铜仁、思南号军起义后，组织武装力量在瓮安玉华山一带积极活动。正月十九日，他率军攻破瓮安城后，以玉华山为根据地，分兵向周边地区发展。

号军起义后，清廷任命川北总兵蒋玉龙为贵州提督，负责镇压思南白号军。四月，白号军在龙关县境内的鱼塘坳设伏，蒋玉龙部被号军击溃，退到宋家坡。十一月，号军合攻宋家坡，蒋玉龙向湄潭县城方向逃去，号军乘胜猛追，攻克了湄潭县城。蒋玉龙逃向遵义，文宗见蒋玉龙溃不成军，将其革职。号军乘胜进军遵义团溪，攻入遵义。

为加强反清力量的组织，是年春夏间，刘义顺拥立遵义人张保山（冒名朱明月）为秦王，宣称其为前明崇祯皇帝的后代，改年号为"江汉"，在思南城头盖建起宫殿府属，建立了政权。刘义顺为大丞相，总揽军政大权，下设王、公、侯、乡正、元帅、将军、千里等职。又提出"灭此胡党，宏我汉京"的口号。秦王政权建立后，采取了废除剃发留辫及苛捐杂税，废除清廷币制等措施，与清廷相对抗，民众纷纷参加起义。白号、黄号两支军队联合占领印江、务川后，向乌江两岸发展，建立了荆竹园、偏刀水两处根据地。瓮安玉华山的黄号于同年进入平越，建立了上大平根据地。

号军在起义过程中，受太平天国的影响，公开宣称与太平军为兄弟友军。太平军在深入贵州后，与号军互相配合，共同打击清朝的统治，使号军的反清战争进入了新的阶段。

咸丰十年（1860）五月，曾广依率太平军万余人，从广西的西隆渡过南盘江，经兴义、贞丰、归化等地，向贵阳进军，先后攻克广顺、永宁、归化等州县，进至安顺、安平、定番等地，兵峰直抵贵阳南郊的青岩、西郊附近的羊昌河。号军在何得胜领导下，与太平军紧密配合，自北而南，由开州向贵阳挺进。六月十九日，攻克修文，附近数万民众踊跃参军，连同何得胜部共计十余万人，杀向贵阳。七月，进抵距贵阳40里的朱关坡、朱场堡，贵阳宣布戒严。贵定一带的苗军，在潘明杰的领导下，自东向西，攻克龙里，进抵贵阳城郊的乌当。太平军、号军、苗军三面合围贵阳之势已成，贵州巡抚刘源灏惊惶万状，飞书乞援。清廷调兵遣将，令贵州提督田兴恕率大队清军由石阡取道遵义，直抵贵阳。清军重兵严防，起义军牢牢控制着贵阳周围地区。曾广依部太平军后北上入川，号军则与苗军继续配合，几次围攻贵阳。同治二年（1864）十二月初，何得胜与潘明杰率部由小关、茶店、永乐堡三路向贵阳进攻。巡抚张亮基率军登城防守。各路起义军与清军鏖战十昼夜，占领距贵阳十余里的红边、白牙、马槽岩等地。清军坐困孤城，如同瓮中之鳖。

号军于同治三年至四年（1864—1865）间，在黔北、黔中的广大地区进军，北面的桐梓、仁怀、正安，西面的黔西、大定、毕节，南面的广顺、定番、清镇、安平等厅、州、县都成为起义军的控制地区。

清廷的镇压均告失败，同治五年（1866），命湖南巡抚李瀚章派兆琛、周洪印、李元度率部分三路入黔。五月，李元度率湘军由沅州入贵州铜仁，分南北两路向西进军，进逼荆竹园。

号军在荆竹园驻有重兵。湘军于七月二十日甫抵大坝场，即列兵布阵，妄图一举攻破荆竹园。当晚，湘军向大屯进攻。大屯是荆竹园东面的重要门户，山高地险，三面临水，号军与湘军展开殊死搏斗，杨大老冒战死。号军凭险据守，毫不畏惧，不料李元度调石阡的南路湘军增援，两军力量对比悬殊，大屯被湘军占领。

李元度踌躇满志，督兵向前，却被通往荆竹园沿路各据点的号军死死缠住，经过半年的反复争夺，湘军才占据了荆竹园外围的据点。这时，湘军在塘头捕获刘义顺之子刘汉忠从湖北沙市派来联络的两个信使，获知父子俩准备在川鄂各地秘密组织更大规模的起义。湖南巡抚李瀚章续派援兵，令李元度加紧围攻荆竹园，追捕刘义顺。

李元度对荆竹园发起了总攻，荆竹园保卫战打响。荆竹园位于思南西南，紧接石阡、凤冈两县边境，西临乌江，东南两面是绝壁陡岩，十分险要，仅北面地势稍平，易守难攻。在这里，号军驻有18营约1.2万人，在东南西北设有四个哨卡，筑有坚固的碉堡，号军在卡外深挖长壕，卡内外设有梅花桩数十重，是号军严密设防的根据地之一。十二月中旬，李元度兵分四路，向荆竹园发动猛攻，一路自三道水进扑北卡，一路由川岩坝进攻东卡，一路由白沙进犯南卡，一路派水营由小河出两江口，绕到荆竹园后，切断乌江西岸号军的接济。同治六年（1867）正月初二日，李元度来到三道水亲自指挥。湘军意图利用东卡、北卡间号军防守薄弱的地带，集中力量突破。号军乘其立足未稳，组织3000精兵，分三路主动出击，不断向湘军阵营反复冲杀。李元度急忙调来洋枪队反击，起义军也组织部分火枪对射，但火力不及湘军。湘军取得优势，步步进逼，号军佯败设伏。湘军贪功冒进，被号军伏兵击败。南卡和北卡两路清军也遭阻击，损兵折将，荆竹园仍未能被攻下。

号军能长期坚守荆竹园，一方面是英勇奋战，另一方面是采取了正确的战略战术，各地友军的大力支援也是重要原因。刘义顺在河西的偏刀水、城头盖、覃家寨各地来回奔走，组织援军，保障粮食物资供给。乌江

六、咸、同年间西南各族人民反清斗争

两岸的号军及时进行支援。黔东南的苗、侗起义军,也几次出兵铜仁,牵制了清军的力量。九大白、包大度的苗军、李复猷部太平军的支援,都增强了号军的战斗力。

号军在作战的同时,积极发展生产,采取且耕且战的策略,也起到了相当大的作用。这样,既保证了部分粮食自给,也密切了与当地农民的联系。

湘军对荆竹园的围攻持续了一年时间,仅仅占据了外围的一些据点。号军利用熟悉的地形,采取灵活的战术,随时对清军进行突袭,掌握着主动权。湘军出动主力,号军就从小道迅速撤退,避其锋芒。清廷见久攻不下,劳师糜饷,于同治六年(1867)十月底免去兆琛官职,交部议处,李元度降为二品顶戴,以观后效。

兆琛之职由席宝田替代。席宝田于同治七年(1868)初,率军进入铜仁。正月十七日,与李元度在三道水会师,合谋进犯荆竹园。十九日,湘军向荆竹园猛扑,席宝田、李元度、荣维善、彭芝亮等部分别向各卡冲去。湘军步步为营,在洋枪洋炮的掩护下,逐步前移,并四处修建堡垒坚守。号军为打破围攻,奋勇争先,冲出卡外,与湘军进行生死搏斗。附近的罗家岩各寨的号军纷纷赶来参战。各路号军将湘军层层包围,步步进逼,荣维善龟缩在新堡垒内,无计可施,湘军进行长达九天九夜的猛冲猛扑,仍不能进入卡内。席宝田、李元度选择地势稍平的北路,集中兵力,拼死突破北卡。二十八日黎明,湘军分三路猛攻,荣维善、唐本友、周家良、黄元果冲杀在前,席宝田、李元度在后持刀督阵。号军则手持刀矛,怒目以待。待清军爬上卡边,号军猛烈还击。湘军最后冲入卡内,号军全体将士展开最后的肉搏战,守将肖桂盛阵亡。荆竹园20多座营垒,2000多间茅房、瓦屋,经激烈的战斗后被湘军占领,号军除3000人最后冲出重围外,其余约9000人战死。

荆竹园虽然失陷,但乌江两岸山寨林立,西岸的偏刀水、城头盖、覃家寨,东岸的玉华山、上大平等根据地仍控制在号军手中。朱明月、刘义顺虽然是号军共同拥戴的首领,但并无绝对权力指挥各山寨部队。各处山寨的独立性较大,无法集中力量给湘军以致命一击,容易被湘军各个击破。

荆竹园陷落后,席宝田、李元度分兵向乌江两岸的各寨进军。席宝田在东岸攻占大、小轿顶山后南下专门镇压黔东南苗军,李元度仍沿乌江两岸继续进攻号军各根据地。

覃家寨是号军后期政权的所在地,成为李元度的主攻目标。同治二年(1863)刘义顺由城头盖移驻于此,增建石城,与太保秦崽崽紧密团结,指挥乌江两岸号军与清军斗争。覃家寨与荆竹园隔江相望,在荆竹园陷落的同一天也被湘军攻占。

刘义顺、秦崽崽、何继述等退守偏刀水。偏刀水是号军在乌江西岸的重要根据地,地形狭长,四面都是水田,原为清军的一个屯军据点。号军占领此地后,周围筑起城堡,分八门坚守。唐炯率川军会同李元度湘军及黔军合攻偏刀水。他们包围偏刀水后,在城外挖长壕,掘地道,还用稻草填塞水田,向城门发动多次进攻,均被守军击退。湄潭、安化的王超凡、胡继海,组织各地号军,从东西两个方向赶来增援。三省清军万余人在偏刀水遭到内外夹击,粮草日渐困难,陷入饷尽粮绝的饥疲境地。在进退两难之际,清军改"剿"为"抚",大力实施招抚诱降政策。向成高投降。五月二十六日,清军分兵向城内猛攻,向成高开城出降,偏刀水被清军攻破,田应武、何继述、王廷礼惨遭杀害,突围而出的号军退守玉华山、上大平继续战斗。

清军在招降向成高后,将其部数千人改编成"新军","以号攻号",使之成为镇压号军的马前卒,向号军其他根据地扑来。七月二十七日,唐炯率川军由袁家渡、龙坑江、江界河三处渡过乌江南下。八月初六日,来到玉华山前,分驻各要隘,断绝起义军汲水之路,同时派新军包围玉华山,呼唤兄弟亲戚,动摇号军军心。号军将领陈绍虞叛变,王超凡高举义旗,率守军英勇奋战,力竭不支,被陈绍虞捆缚后交给清军,不屈而死。

八月下旬,唐炯统领清军南下进攻号军最后一个根据地上大平。上大平的领导人何得胜已在前一年病故,其妻何黎氏执掌大权,但内部争权夺利,四分五裂,甚至互相火并。谭光前叛变投清,清军利用谭的关系,派刘俊民、王虎臣、王顺成等潜入号军军营,威逼利诱何黎氏。何黎氏的立场摇摆不定,上大平内人心混乱。从荆竹园、偏刀水退到上大平的刘义顺等号军领导人,在这里增添营垒,深挖长壕,准备与清军斗争到底。清军在上大平周围疯狂进攻,号军在刘义顺的领导下,据险固守,不断出击,杀伤大量清兵。唐炯多次亲临前线,严督部下进攻,上大平在号军手中岿然不动。二十八日,正当号军与清军浴血苦战之时,何黎氏公然开门投降,接应清军进入上大平。号军腹背受敌,形势急转直下,眼见上大平即

六、咸、同年间西南各族人民反清斗争

将陷落，刘义顺、秦崴崴认为继续苦斗只会全军覆灭，遂当机立断，决定突围转移，再图发展。刘义顺率数千人杀出重围后，向黔东南方向撤退，准备联合当地的苗军继续战斗。唐炯令徐舒带兵紧追不舍，刘俊民、王虎臣也率部紧随其后。在距上当 74 里的杨保河，刘义顺余部被清军赶上，遂与清军展开了短兵搏击，终因众寡悬殊，刘义顺、秦崴崴被俘，押往成都后被杀。持续 14 年之久的号军起义最后失败。

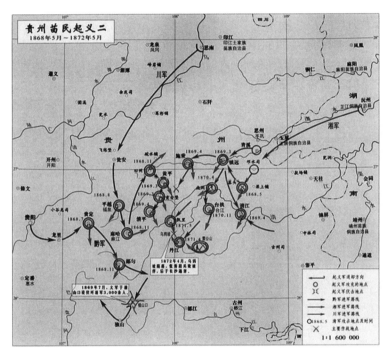

图 6.2 贵州苗民起义二（1868 年 5 月—1872 年 5 月）

图片来源：《中国战争史地图》，http://86814.net/wiki/zgzzsdt/

张秀眉苗民起义

咸丰元年至三年（1851—1853），清水江沿岸的州县连年遭受水、旱、虫灾，苗民遭官府地主催租逼债，生活困苦。张秀眉①不堪忍受，辞别妻儿乡亲，投奔白莲教刘义顺。

---

① 张秀眉（1823—1872），贵州台拱厅（今台江）仰冈寨人，苗族。自幼父母双亡，初以雇工为生。

刘义顺于咸丰五年（1855）初在黔北一带发动白莲教起义，张秀眉被派往家乡台拱（今贵州台江），在当地发动苗民起义。此前，高禾、九松领导的台拱地区苗民起义刚被清军镇压，清廷疯狂榨取苗民血汗。台拱厅同知张礼度逼迫苗民完粮纳税，将小斗改为大斗，每上一斗粮还要加银五钱，当地苗民倾家荡产、卖儿卖女者不计其数，甚至有人被迫挖开祖坟，将祖先口中的"含口钱"拿来交纳。苗民中酝酿着一场大规模的反抗怒潮，一触即发。

张秀眉回乡后，编唱歌谣，走村串寨，发动苗民起来斗争。是年春，台拱苗民要求减免新加的赋税，黄平知州杨承照负责查办，勾结土司石某，威胁请愿苗民代表，要求他们出具甘结，照旧纳税服役，否则将其诛杀，并调动军队剿灭当地苗民。几千名饥饿的苗民拥入台拱城内聚众申诉，张礼度逃出衙门。几天后，苗民再度结队围城，要求官府永免征收才肯退去，当地官府却以残酷的屠杀来回应。地主组织团练，试图对苗民进行镇压。三月十五日，张秀眉立即组织苗民，在台拱蚂蚁寨誓师，发动起义。

张秀眉、包大度、李鸿基等人成为苗军的领导人，他们采取先扫外围、再取大城的战法，向清军发起了大规模攻势。

苗军从蚂蚁寨出发，兵分三路，一路由张秀眉亲自率领，围攻台拱厅，一路进攻清江厅，一路直取黄平州的岩门司。六月初三日，智取岩门司并攻占施洞（镇远南）、重安驿（重安江）等地。苗军将台拱包围后，清军据险固守。苗军则加紧构筑攻城工事。清廷忙于集中力量对付太平军，贵州的清军力量薄弱，台拱同知张礼度于咸丰六年（1856）三月潜逃镇远府求援，被苗军截获后杀死。同年秋，张秀眉采用火攻，一举攻破了台拱城，活捉了新任同知邵洪儒、张文魁等。

岩门司位于黄平，面临清水江，地势险要，易守难攻。守城清军凭借坚固城墙，粮足兵多，负隅顽抗。苗军强攻不下，张秀眉亲自制订了攻城计划，决定智取。张秀眉下令苗军佯退，以诱使清军出城。清军见苗军退却，打开城门，试图逃跑，埋伏在城外丛林里的苗军一拥而上，冲入城内，佯退的苗军也回师反扑，清军走投无路，300多人战死。

进攻清江厅的苗军早已包围了凯里，截断了凯里对外联系的交通。凯里清军起初也想固守待援，台拱、岩门司被苗军攻破的消息传来，军心开始动摇。咸丰六年（1856）七月初九日，苗军用绳索云梯爬城强攻，最后

六、咸、同年间西南各族人民反清斗争

攻克了凯里城，打开了进攻清江的通道。苗军立即向清江厅进军，各路苗军相互配合，起义军势如破竹，攻克了古州、施秉、都匀等城镇。岩门司的苗军已攻下丹江厅城，到九月十三日，张秀眉部苗军攻克清江厅城。清江、台拱、古州、凯里一带成为苗军的根据地，他们一面休整练兵，一面向贫苦农民分发土地财物，鼓励民众精耕细作，开辟荒地，发展生产。

咸丰七年（1857）初，苗军在黔南主动出击，活动于都匀、麻哈、独山一带，正月二十九日，各族起义军数万人进攻都匀附近丁家山，击毙贵州提督孝顺。

咸丰八年（1858）正月二十二日，苗军攻占麻哈州城，击杀清军2000余人。正月二十九日，苗军乘胜南下，攻占黔南最大城市都匀，省城贵阳震动。

苗军在东线攻克台拱后，张秀眉集中力量北攻镇远。镇远位于台拱东北方向，是黔东南重镇，也是通往湘西的咽喉。镇远分为府、卫二城，北面地势相对平缓，是商业经济中心，南岸地势险要，是政治、军事中心，两城隔河相望，中间通过一座桥连接彼此。八月二十九日，苗军攻克镇远卫城，击杀清署知府、署知县。并连夜渡江向镇远府城发起猛攻，击溃了清军。九月，府城被攻克，打开了通往湘西的门户。

张秀眉在进攻镇远府城的同时，已派杨赞理率一支部队，沿清水江东下，向柳霁进攻。柳霁守军负隅顽抗，被苗军团团包围。大队苗军抵达后，发动猛攻，攻克了柳霁城。

镇远、柳霁被苗军攻克后，苗军在贵州东部、北部所向无敌。他们乘胜进抵玉屏城下，城外的稻谷已经成熟，张秀眉命部下收割了稻谷后，从堆在城边的稻草堆上冲进城去，攻克了玉屏。同治元年（1862）三月，苗军配合侗军攻克天柱城，然后挥戈东进，直抵湖南的沅州。

清廷忙于镇压太平天国，无暇顾及贵州少数民族起义，黔东南、黔南的广大地区被苗军占领。黔东地区，姜映芳领导的侗军占据了天柱、锦屏、思州等地区。黔西北，与张秀眉部相呼应的，是陶新春、陶三春兄弟领导的苗军。他们以毕节猪拱菁为根据地，牵制了一部分清军。

张秀眉分派将领驻守各要地，张秀眉驻台拱、九大白驻镇远、包大度驻黄平、李洪基驻古州、金干干驻凯里、甘保玉驻寨头。苗军初建了政权，沿用清朝官衔名称，委任厅、县官员，推选厅、县以下的当地领袖维持秩序。

同治三年（1864）夏，太平天国失败后，清廷开始着手全力镇压贵州各族人民起义。同治五年（1866）春，湖南巡抚李瀚章派兆琛、李元度、周洪印率2万湘军入黔，劳师糜饷，未能收效。清廷又调集湘、黔、川、桂各省军队，向贵州大举进攻。席宝田于同治六年（1867）接任湘军统帅后，率部抵达沅州，被苗侗联军痛击。同治七年（1868）五月，清廷加派黄润昌、邓子垣率湘军增援。

席宝田与唐炯两路人马入黔后，南北夹击，在装备上，清军占有优势，战略战术上步步为营；苗军连战失利，士气受挫。唐炯率川军自黄平，席宝田率湘军自镇远，向施秉夹攻。

施秉陷落后，湘军兵分两路向张秀眉部扑来，南路由戈鉴、周洪印率领，从黎平、古州进攻清江厅；北路则由席宝田率领，进攻寨头。面对强敌，苗军转入防御。在古州管河，张秀眉击退湘军三次猛攻，消耗了湘军的大量有生力量。湘军不断增援，包围苗军并抄袭其后方，张秀眉退守清江厅马大营。马大营的前哨是青龙脑，苗军在这里筑起两道围墙，坚壁清野，击退湘军多次进攻。湘军有苗族内应引路，又策反了部分苗军，令其劝降苗民，动摇军心。十二月初六日，湘军占领了青龙脑，张秀眉血战后，率部退守清江厅。

北路湘军则扑向寨头。寨头是邛水汛通往清江、台拱的必经之地，当地约有1000户苗民。苗军前哨设在钉耙塘，距寨头三里，地势平坦，两边是山地，山上筑有土墙，墙前是三尺深的战壕。苗军将领甘保玉负责守卫，指挥部下多次击退湘军的进攻。席宝田率军猛扑钉耙塘，他一面分派清军佯攻，一面派主力偷袭寨头。甘保玉退保寨头，途中遭遇伏兵，腿部中枪，仍裹创力战，最终战死。寨头于十二月失陷。同治八年（1869）三月，清江厅也被湘军攻占。

随着黔东北号军荆竹园根据地、黔西苗军猪拱菁根据地先后失守，张秀眉部愈发显得力薄势孤，但仍坚持抵抗。他在施洞口和巴拉河沿岸积极布防，阻击湘军进攻台拱。席宝田指挥湘军几次从水浅处渡河，均被苗军击退，两军沿河相持。

这时，席宝田派记名提督荣维善、记名按察使黄润昌、道员邓子垣等率1.8万湘军，取道瓮谷陇，前往黄平，打通贵阳的驿道。包大度得知后，调集附近的苗军数万人设伏于黄飘。黄飘距黄平60里，两面高山，地势险要，中间一条峡谷穿过，长达数里。三月二十二日，荣维善率部进

六、咸、同年间西南各族人民反清斗争

入黄飘,黄润昌、邓子垣率主力在后,苗军待湘军主力进入峡谷后,聚杀了清军大部约万余人。荣维善逃出谷口,被赶上的苗军击杀。黄飘大战以苗军大获全胜宣告结束。

尽管苗军取得黄飘大捷,但苗寨全部被毁,苗民处于饥饿中,苗军严重缺粮,战斗力受到极大伤害。清军则粮饷充足,很快卷土重来。

同治九年(1870)三月上旬,席宝田率新募湘军回到贵州,结集原驻黔、湘30余万清兵进攻施洞口。三月十五日,湘军趁施侗口苗军麻痹大意,参加"吃姊妹饭"节之机,渡清水江偷袭,苗军猝不及防,仓促应战,施洞口被湘军抢占。打坝场随后也失守,川军此时攻陷了黄飘。六月九日,川、湘清军会攻瓮谷陇,苗军被迫逃进叫鸟寨山洞,被湘军用柴草硫黄熏烧17天后,全部身亡。

清军力量不断增加,席宝田遂向苗军最后的根据地台拱、凯里发动总攻。十月二十五日,台拱失守。同治十年(1871)三月,丹江陷落。四月,席宝田部进攻凯里。激战后,张秀眉率苗军退守雷公山、黄茅。黄茅被攻陷后,张秀眉退守乌鸦坡,在极端艰苦的条件下,食草根、树皮、树叶充饥,但依然坚持战斗,拒不投降。

同治十一年(1872)春,苗军内应泄露了张秀眉的行踪。三月,张秀眉集合杨大六、潘老冒、九大白、姜老拉、严大五、包大度、金大五等人,在丹江、凯里交界的乌鸦坡抗击前来进攻的清军。鏖战17天后,二十三日乌鸦坡失守。九大白、严大五、姜老拉先后被俘遇害。四月,张秀眉、杨大六退守乌东山。初六日,张秀眉、杨大六负伤被俘,押往长沙,五月二十二日在长沙被杀。历时18年的苗族民众反清起义,最后失败。张秀眉死后,李洪基率余部突围到古州、丹江等地抗清,一直坚持到同治十二年(1873)底。

3. 云南回民起义

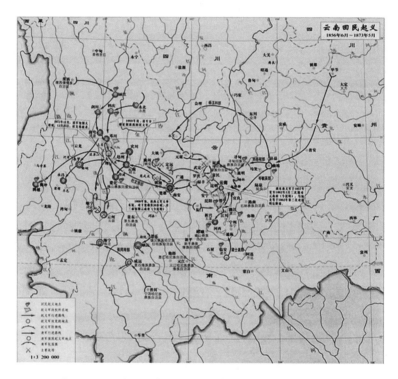

图6.3 云南回民起义（1856年6月—1873年5月）
图片来源：《中国战争史地图》，http://86814.net/wiki/zgzzsdt/

明末清初，清军逐鹿中原之际，回族先后参加了抗清斗争，在云南和西北陕、甘一带尤为突出。云南回民还曾护卫南明永历帝西去缅甸。清廷对回民比较仇视，在政策、法律等方面也明显歧视。而云南地处西南边陲，清朝统治者为便于控制驾驭，采取偏袒的"扬汉抑回"民族政策，甚至挑动汉、回之间的矛盾，云南城乡间先后发生了规模不等的冲突，造成

六、咸、同年间西南各族人民反清斗争

流血事件。嘉庆初年到咸丰初年，汉回间重大的流血事件超出十次，包括悉宜白羊厂事件、保山九月事件、他郎南安事件、昆明四月事件等。嘉庆五年（1800）和道光元年（1821），汉、回之间出现两次流血冲突。

顺宁府（今凤庆）悉宜白羊厂是银厂，乾隆四十八年（1783），由云贵总督富纲上奏清廷，获准开办。因远离顺宁府治所，为便于管理，令耿马土司就近管理，集丁开采。悉宜厂工人数千人，回民金耀才与汉民刘思义在茶铺相遇，因口角发生争执，经双方客长调解，认定金耀才无理，要其认错道歉，赔偿损失。金耀才则认为汉民客长夏秀山袒护同乡，不肯服从，夏秀山蓄意扩大事态，约集汉人200名，击杀回民18人，调节者成为此案的首犯。

夏秀山等人纠人肆杀，出乎回民意料，云南地方官府则袒护蓄意伤人者。直到杀人犯逃走后，回民沙有风上门控告，地方官厅才开堂问案，仅缉获夏秀山、卢正发两人，夏秀山被处死，卢正发暂时监押。

白羊厂位于大理府云龙州，据城180里，原为银厂。乾隆三十五年（1770）获准采铜，采矿砂丁四方云集，多为滇、湘两省人，也有来自川、黔、赣等省者，人数在千人以上。

道光元年（1821）四月十五日，临安（今云南建水）汉民徐士雄与回民马良才发生口角，双方互殴，徐士雄邀约黄殿荣等20人，毁坏马良才的大门。马良才遂纠集四五十人，前往临安人所建的临安公所报复，将看守人胡芳戳死，激化了汉、回双方长久以来存在的矛盾。马良才预料会遭到临安汉人的报复，在礼拜寺集中200多名回民，准备应战。

十七日晨，临安客长秦贤中一面约集汉人，一面借顺宁府悉宜厂案大做文章，编造了匿名揭帖一份，谎称回民要报悉宜厂旧仇。先杀临安人，后杀湖南人，派人将揭帖掷向寿佛寺。寿佛寺是湖南人日常集会的场所，湖南客长向中心对揭帖深信不疑，也集结了200多人，秦贤中与向中心会合。

当天深夜，回、汉双方械斗了一整夜。十九日，秦贤中下属杨清等四人因事态扩大，内心恐惧离厂。在途中与回民四人遭遇，双方争执不下，杨清等人将回民打死。

二十一日，秦贤中派人埋尸灭迹后潜逃。在这场械斗中，汉、回双方共90人死亡，其中80%是回民。大理府、云龙州的地方官对此并未认真查办。

地方官玩忽命案，激起回民受害亲属的强烈不满，他们到省城昆明控告，马行云、马国才二人还不远万里赴京告"御状"。道光二年（1822）四月，清廷将马行云的呈控批转到省，此案办而不决的情况才得到改变。

道光三年（1823）六月，云龙州知州两易其人，大理府知府张志学奉旨解任，地方官府将原告、被告和有关人传讯的汉、回百余人押解到昆明，审理了两年多的白羊厂案才告一段落。除参与仇杀的汉民首犯得到相应惩处外，云龙州知州雷文枚革职发往军台效力，继任云龙州知州李兆镑交部严加议处。

道光二十五年（1845）九月初二日，滇西永昌（今保安）发生了一次汉、回因小忿互斗仇杀的事件。保山汉、回此前存在一定矛盾，发生过一些流血冲突，但规模不大，伤亡者不多。由于地方官吏插手汉、回间的民族冲突，袒汉抑回，使小争小斗迅速发展成为大规模的武装冲突。

道光二十五年四月，回民马大等人与汉民万林桂在城外板桥村发生口角，马大等回民被驱逐，遂邀约回民 30 余人，在清真寺内习拳弄棒，准备报复。万林桂是当地香把会的首领，平时横行乡里，称王称霸，他在事后纠集众人，与马大针锋相对。保山知县李峥嵘闻讯后，派兵抓捕回民，万林桂趁机将清真寺拆毁。

五月，马大等人从顺宁等地约集千余人，声称要与万林桂等人一决雌雄，兵戎相见。永昌府（今保山）知府金澄派兵前去堵击，回民还击，战死数十人后退到猛庭寨。迤西道道台罗天池、署邓州知府恒文驰赴保山，督饬万林桂组织的哨民协同当地兵练千余人。在丙麻和羊邑两地堵截回民，事态扩大，增加了汉、回冲突的复杂性，马大所率回军面临不利的形势。八月底，马大等人与清军、哨民激战，死伤 200 余人，保山城内的杀回事件爆发。九月初二日，城内汉人风传回军要冲进城内，将汉人杀尽，密约城内回民张沅内应，罗天池、恒文遂让团练头目沈聚成率众入城搜杀回民，4000 余人被杀。① 其余逃出保安县城，杜文秀家中五口被杀，仅自己逃脱。九月中，马大率回众由丙麻攻保山城东的金鸡村，提督张必禄率军夹击，马大阵亡，回军经小松寨退到猛庭寨。张必禄与王一凤合军围困，回军化整为零，分散躲避。新任云贵总督贺长龄依然不问是非曲直，

---

① 据林则徐调阅案册所得，被杀者有 8000 人、1 万人的说法。

六、咸、同年间西南各族人民反清斗争

继续惩办当地回民,保山持续处在动乱中。道光二十六年(1846)三月,回民黄巴巴集合2000余人,在猛庭寨宣称起事。贺长龄调清军5000余人,分攻飞石口、江桥等地,黄巴巴身亡,回民退回猛庭寨,大部离散。贺长龄两次镇压回民反抗,动用六七千兵力,耗费20余万两白银,保山的回民问题并没有得到解决,清廷命李星沅接替贺长龄之职。

十月,曾与黄巴巴并肩战斗的马国海等,在镇康的大小猛统进入临沧新寨,离心管调集腾越(今云南腾冲)等地的6000余名清兵围攻。马国海等受挫转入云县,坚持了三个多月。清廷觉得云南汉、回积怨年复一年,非短期内可解决,饬令李星沅详加体察,以绝后患。李星沅对保山案的处理没有异议,只对罗天池的处理提出补充意见,认为对罗天池应革职永不叙用。但罗天池此时已托病回籍。

保山九月杀回案中的直接受害者丁灿亭、杜文秀等人,鉴于地方官厅敷衍塞责,沉冤难以昭雪,马大等人的反抗又连遭清军镇压,遂将希望寄托于清廷,于道光二十六年举杜文秀①为首,赴北京控告。道光二十八年(1848)四月,清廷调林则徐为云贵总督。七月,谕令林则徐认真查办保山杀回事件。林则徐主张"但分良莠,不论汉回"的政策,本拟在昆明审理,但时逾数月,案犯始终不到,他把责任归咎于团练头目沈聚成,指其纠众夺犯,焚烧县署,劫狱释囚,搜杀回民。林则徐出兵镇压,沈聚成等人被捕。

保山事件平息后,林则徐置要求归业的回民利益于不顾,将其原有田地以"叛产"对待,强令变价出售。并将逃离归来及藏匿复出的200户城内回民,强行迁居距城200余里的官乃山。

咸丰四年(1854),云南他郎(今墨江)、南安(今双柏)发生汉回争矿案。他郎、南安盛产金银,道光末年咸丰初年,银贵钱贱,云南当地汉、回开矿者为争夺金银两矿的开采权不断发生纠纷。他郎、南安两地矿工,汉回均有,汉民中以建水、石屏人居多。

巨大的利益使他郎、南岸当地频繁发生汉回冲突。道光二十八年,坤勇菁金矿即发生黄应昌等未经允许,集众强采,遭当地矿民合力驱逐的事件。道光二十九年(1849)二月,黄应昌与支老五等因争矿发生互相杀伤

---

① 杜文秀(1828—1872),回族,字云焕,号百香,云南永昌人。

的冲突，并在冲突中乘机抢劫村寨的。林则徐调普洱、临元（临安、元江）二镇清军搜捕，黄应昌、支老五等百余人被捕法办。为防微杜渐，林则徐决定在矿场派驻300名清军，当地治安状况日渐好转。

道光三十年（1850）秋，回商马纲与建水西庄人李经文在金厂内聚赌，李经文输给马纲近百两白银，在是否当场兑现的问题上，两人发生争执，约厂内赌徒周氏兄弟出面调停，商定约期付钱。李经文遭马纲多次逼催，恼羞成怒，与李经武、潘德等人密谋杀害马纲，不料马纲有所防备，反将李经武杀死，潘德、周铁嘴则被砍伤，马、李双方的私仇最终发展成为汉、回两个民族间的流血冲突。

潘德气愤难当，遂返回西庄，怂恿地主黄鹤年逐回夺厂。黄鹤年财迷心窍，派其侄黄殿魁及林五代等集合500人，向金厂扑去。金厂中的回商马亮、金满斗等人，遂邀汉商迟鹏万等人，联名向他郎官厅告急，要求速派人驻厂震慑。潘德等人于九月初入厂后，金满斗等亲至厅城，面见大小官员，请求督抚当机立断，派员派兵。此时林则徐因病已调离云南，原驻厂兵勇也已他调，金满斗等人的请求迟迟得不到回应。九月初十日，潘德率人杀害马纲，周铁嘴、李经文等汉人将马亮、保泰等曾联名告官的回商被杀，同时百余名回民被杀。金满斗、马明鉴二人因离厂告官，才幸免于难。

墨江金厂出现屠回事件后，他郎厅官极力为之开脱。省城官吏将厅官撤职，以平息当地回民的不满情绪。追凶事宜被督抚司道等官员敷衍拖延了两年，被杀回民沉冤难以昭雪。汉、回厂商共同开采的墨江金厂，被潘德、周铁嘴等汉人占据。厂内回民纷纷转移到石羊银厂继续开矿。

鉴于墨江屠回事件的教训，石羊厂的汉、回厂商，向南安州知州崔绍宗请求派兵驻厂，并自办团练。崔绍宗未予重视，给潘德等人日后侵占银厂留下了机会。

原石羊厂汉商颜尔安因资本短缺，曾向回商马长年、马彭年兄弟借银千余两。咸丰四年（1854）二月，马氏兄弟提出以矿还贷，压价收购，颜忍痛答应。此后，颜尔安所开矿经营得法，不到半年就获利颇丰，在还清借款后，颜尔安与马彭年商议，此后续购矿石，价格以市价为准，遭马彭年拒绝，马氏兄弟不但出口伤人，还殴打颜尔安等人。颜尔安约请客长颜亨泰及相关人等评理，议决马氏兄弟须赔偿颜尔安的医疗费用。颜尔安则进一步提出加罚巨款，马氏兄弟分毫不退让，双方不欢而散，彼此怀恨

六、咸、同年间西南各族人民反清斗争

在心。

几天后，马氏兄弟以讨还欠款为名，将债务人王三毛牛的矿石强行背走。王三毛牛遂约请汉、回厂商共同商议，马、王双方各执一词，争执不下，于是双方分别上告崔绍宗。崔绍宗判决马氏兄弟酌情赔偿矿石。王三毛牛认为所赔矿石数量太少，损失太大，怒火中烧，出言冒犯崔绍宗，遭鞭笞拘押。王三毛牛怀恨在心，向颜尔安诉冤，颜尔安劝他向墨江金厂的建水人求救，王三毛牛亲赴墨江。潘德等人把持操控金厂后，因经营不善，出金量大减，正拟另谋出路，见王三毛牛登门相邀，当即决定派周铁嘴、周四镰刀、李经文率领 100 多人前往石羊。

三月二十七日，周铁嘴等人来到距石羊厂 60 里的独田，崔绍宗得到消息后，挑选厂民 1000 多人，令马彩、沙福、马如九、马罗才等回民率领 500 人前往迎堵，亲率几百人在厂内坚守。二十八日，马彩与周铁嘴在途中遭遇，发生激战，李经文受伤，周氏兄弟败退。马彩等人正想追击，突然传来厂内汉民倒戈的消息。马彩遂令马如九、马罗才回防，而前路的汉丁也倒戈相向，马彩等腹背受敌，与出战的回民一同战死。周铁嘴等乘胜进入石羊，厂内回民都死在刀下。此案回民死亡 400 多人，使汉、回矛盾进一步激化。

崔绍宗丢失石羊厂后，奉令尽快收复长驱，恢复生产。崔绍宗认为周氏兄弟不可久恃，又无兵可调驱逐他们，眼见收回厂区遥遥无期，只得求助于撤离厂区的回商金鼎、李本开。他们接到密令后，派人到滇南宣传厂区失守经过，发动组织回民援助。建水回龙村回民马学裕调来本拟派往文山办厂的 100 多人，由马学裕带队，来到双柏的妥甸，分两路展开进攻。周铁嘴等人见势不妙，携带资财回到建水，贪恋厂区内资财的 300 多建水人，被马学裕等回民一律杀戮。颜亨泰、颜尔安、王三毛牛等人被捕获，崔绍宗将其正法。

七月，潘德、周铁嘴在建水再次诱骗 1000 多汉人，在墨江金厂集中后，分批开赴石羊，企图重占银厂。崔绍宗见势不妙，托词回城调团，将矿厂交给金鼎等人防守。马学裕见崔绍宗不听己言，遂约同来厂回民离开石羊。潘德、周铁嘴分三路再次进占银厂。

潘德等人为恢复生产，一面召回砂丁，一面派人到南安州城，向崔绍宗申请包揽课税事宜。被强占矿硐的汉、回硐户以崔万、杨云、杨兴为首，要求潘德等人发还矿硐，组织生产。但潘德置之不理，且派人搜捕，

崔万三人逃往州城求救无果，即与金鼎、李本开密谋向馆驿、回龙等处的回民求救。

十一月，建水回龙的马如龙①，在马来朝、马老十的鼓动下，集合回龙等处回、汉民众800多人在馆驿集中，开赴石羊。潘德一伙自恃人多势众，未做认真防备。马如龙等人进厂后，派马来朝等分路进攻，周铁嘴、李经文仓促应战，受伤败走。马如龙等全力进攻，杀伤三四百人，潘德率残部退出石羊。

崔绍宗得知消息后，斥责厂内回、汉厂商邀请马如龙收复石羊，并拒绝到场坐镇收税，使厂内碉户、炉户们顾虑重重，不敢继续经营，砂丁们无人雇佣，相继离去，矿区一片冷落的衰败景象。

咸丰五年（1855）元月，马如龙在入厂后发现厂内官、商间矛盾无法调和，久留无益，遂离厂而去。厂商们纷纷将矿碉堵塞，切断水源，也相继离厂。马如龙离去后，潘德一伙为了独占银厂，将石羊厂区外的旱谷地、大水沟、小松树、马市铺、法拉本、六村等处回民聚居地作为杀人劫财的屠戮场，300余户1000余名回民几乎全部被杀。李汝贵也骚扰新平、广通、楚雄等地，到处搜杀回民。

马如龙的胞兄马云珍在马如龙离厂后，应马龙银厂各族厂商的邀请，与马明留在马龙厂。潘德在双柏、新平、广通、武定等地回民村寨的烧杀抢掠，让马云珍预感到马龙银厂也不能幸免，建议厂商与潘德妥协，自己率回众离厂。但厂商不听，招丁为营，由马云珍分头率领，严加戒备。四月，潘德先发制人，率千余人进攻马龙银厂，马云珍、马明在激战中阵亡，厂内60余户回民有80余人被害。潘德等人在占领马龙银厂后，直奔罗川。潘德纵兵烧杀抢掠，焚毁罗川所有的民房和清真寺，杀掉不少回民。

黄殿魁、林五代从墨江金厂返回西庄后，通过洗劫回民来维持其骄奢淫逸的生活。他们在镇南州的阿雄乡，对沙汤郎、柳杨村等八个村落400余户回民进行烧杀劫掠，回民被杀千余人。

因争夺金银矿碉开采权所引发的流血冲突，至年底，已由墨江发展到双柏，从矿区蔓延到周边乡村。回民的生命财产被洗劫，汉、回间的民族

---

① 马如龙（1832—1891）是建水回龙人，原名席珍，字云峰，武生。曾率众在回龙两败清军民团，击毙林五代，重伤汝光烈，袭击副将沈裕。

六、咸、同年间西南各族人民反清斗争

关系更加紧张恶化,终于在省城昆明,也发生了四月杀回事件。

咸丰六年（1856）四月,与回民为仇的黄殿魁等来到安宁,谣传即将进入省城,搜杀外逃的楚雄回民,马凌汉为保护省城回民,率众抵达昆明,在顺城街清真寺内安札。滇省督抚司道大小官员暗中庇护、放纵黄殿魁等人的行为,袒汉抑回,使马凌汉等回民愤愤不平。马凌汉聚众万余人,使省城官厅顿感压力,知府梁金诏、知县王同春及建水士绅倪应谦、周凤岐等与马凌汉等回民接触。马凌汉对官府默许纵容杀回的态度极为不满,破口大骂,省城大小官员强令马凌汉解散回众。后建水黄殿魁等人至小板桥抢劫,马凌汉闻讯后,率众前往驱逐,夺取建水人所抢掠财物,未予归还。当铺老板李芬遂向官府控诉马凌汉劫掠,小板桥官吏所出告示中有"格杀勿论"四字,民众误传"格杀"为"各杀"。当时,昆明士绅黄琮奉旨兴办团练,居民家家持有兵器,巡抚舒兴阿等遂以城内回民妥福、马尚元等"预谋内应,纵火开城"为由,于四月十六日出动官兵,在团练协助下屠杀城内回民。回民身强力壮者大多逃亡,老弱妇孺被杀者不计其数,督抚无力弹压,仅闭城门三天,事后亦不查究。巡抚舒兴阿将宣宗下令剿办的谕令下达各府、厅、州、县,终于激起滇西杜文秀与滇南马如龙两股回民势力的聚众报复,形势遂一发不可收拾。

道光二十五年（1845）保山杀回事件后,杜文秀与丁灿庭等人去北京告状,经林则徐来滇查办,相关凶手受到惩处,保山县城内仅剩的 200 多户回民被强迁至怒江西岸的官乃山,田地房产被迫变价出售。杜文秀前往大理、赵州、弥渡、蒙化等地经营小本营生,开设茶铺,与各地回民进行广泛接触,加入了回民的秘密结社忠义堂,后被保山官府拘押,直至咸丰六年七月才被回民用重金赎出。

潘德、黄殿魁等为首的建水厂商,对楚雄府属的三州两县回民烧杀抢掠,激起了当地回民的怒火,他们忍无可忍,避无可避,不得已组织起来,与暴徒进行斗争。镇南、姚州（今姚安）两地回民于咸丰五年（1855）十二月,决定收复两厂,途经汉民村寨大小骠川。这里临近石羊,汉民较多较富,马铣、马四喜为首的回民迁怒于当地汉民,洗劫了两个村寨,汉民被杀 200 多人,受害人向官府控诉,地方官吏敷衍应付,当地士绅率乡练向龙头村等回民村寨展开报复。龙头村 200 余户回民,其中 1/3 已陆续迁入楚雄县城。咸丰六年正月,建水人梁花脚率数百人闯入该村,杀死 70 多名回民。镇南、姚安两州回民也对楚雄的腰站、满街、广通的

罗川等汉民村寨进行报复，双方彼此仇杀，结怨益深。

二月，骠川团练与临安人一起袭击南安州城，城内回民被杀数十人，躲进州署后仍遭搜杀，知州刘名事逃往楚雄府城。回民起义军赶赴南安增援，占领州城后，杀戮汉人，团练首领黄果元率湘勇与回民激战。同月，马占科、李大用、金镇海等人集合楚雄、广通、镇南、姚州四地回民起义军，在广通罗川起事。三月初，击败骠川团练千余人，又与临安聂天发、黄国云、夏云峰统领的汉人3000余人展开激战。回民起义军因众寡悬殊，失利，向镇南以西撤退。临安、骠川的乡练冲入城内，杀尽城内回民。南安屠回事件发生后，楚雄府原驻900名清兵，力量分散，防御薄弱，无力制止汉、回间的争斗，也无力阻止临安、骠川乡勇连进城屠回，各地处于混战状态。镇南、姚州的回民联络滇东回民马飞龙、桂极富，滇西回民马金保、蓝老陕，各率数千人相助，同时直接把斗争矛头对准云南地方官府，当地回、汉的矛盾冲突转化发展成为反清地方武装起义。

舒兴阿派提督文祥增强楚雄防卫，并调来鹤丽、永昌、景蒙、威远（景谷）、腾越各地官兵，试图对镇南、姚州的回民起义军东西夹击，合围消灭。四月二十九日，一部分回民起义军在镇南以北暗中集结，突然对州城北部的北堡冲发起进攻，文祥派普洱镇游击吕盛元领兵600增援。回民起义军与镇南城内清军展开攻防战，双方互有伤亡，但未能攻下城池。吕盛元率部赶到后，回军放弃攻城，回驻灵官桥。

回军首战失利，锐气并未受挫，继续组织兵力攻城。至五月初九日，对镇南发起十余次攻击，并在州城西面的鹦鹉关、沙桥驿、天神塘等处，截杀官兵。文祥派福升、福兆、吕盛元等分头前去增援。

福兆发现回军据守山谷，清军冒险进攻很可能受挫，遂在鹦鹉关扎营，派都司邓某率200人前进到沙桥色盆山。回军于十九日发动夜袭，色盆山清军全军覆没。二十一日，另外一路回军与腾越营清军发生战斗，清军溃散。福兆则率清军主力，急与回军再战。在距镇南州城90里的英武关被回军围困，七天七夜后才突围而出。

回军还在普溯、沙桥、灵官桥等地与清军多次作战，由于清军云集于此，且无关隘可守，回军遂将目标转向姚州。六月二十日，马国材、马飞龙、马金保等回军领袖，获悉姚州兵力空虚。清军防备不严，佯向知州璋岳就抚，璋岳中计开城，亲到回营招抚，被回军杀死，回军占领了姚州城。文祥调兵遣将，亲自指挥，意图夺回姚州。城内回军在各地回众支援下，与清军相持对抗了三个月。

八月，大理回民起义爆发，文祥被迫分派兵马西救大理，姚州城内的回民在压力减轻后，认识到久困州城并非上策，诈降西去，与大理回民武装合军。镇南、姚州两地回民起义，牵制和调动了滇西大部分清军，大理兵力空虚，为大理回民发动起义以及杜文秀在大理建立政权创造了条件。在清军围困下，起义的回民主动放弃姚州，向大理合军，保存了有生力量，从战略上来讲非常明智。

大理回民起义爆发，与鹤丽镇标千总张正泰在鹤庆、丽江、剑川残杀回民，进逼大理有密切关系。张正泰，云南昭通人，在鹤丽镇标鹤庆营中任千总。太平军起义爆发后，领兵出滇，与太平军在湖北荆、襄、武汉一带展开激战，咸丰五年（1855）率残部返回云南。此时滇西汉、回仇杀已经蔓延开来。张正泰在鹤庆成立合义堂，纠集兵练，准备对回民大开杀戒。同年五月，他进入鹤丽镇署，以总兵自居，川人谢老十、陈良善、唐贤修、刘铁脚、刘明扬等率部来投，与张正泰会盟，推举张正泰为盟首，聚集万余人，开始在鹤庆、剑川等地屠杀回民。邓川、洱源、大理等地的回民纷纷结寨自卫。

大理回民约集从鹤庆、丽江、剑川逃难者，一起向知府唐惇培等当地官员鸣冤，力请保护回民，制止张正泰的杀戮行为。唐惇培与迤西道林廷禧看法不一，均无力阻止张正泰的步步进逼，只得令当地汉、回各自盟誓，彼此联合，共同应对张正泰的进攻。

八月初九日，回民不甘被害，各自立栅，城外的回民开始向各汉民村寨发起进攻。初十日，汉、回双方在西门相遇，枪炮齐放，展开激战，互有伤亡，回军占据了南门军装库，冲进参将署，包围道府两署，林廷禧、唐惇培被困，遂号召兵练向回军进攻。这样，大理城内汉、回对立演化成为回民反抗清廷的武装起义。

此时，在蒙化起事的杜文秀率回军于十一日驰援大理，在下关击杀雷有声、刘尊邦等，与关内回军里应外合，攻入下关。另一回军首领马金保将南乡团首段复元、杨其贞等人击败后，兵临大理城下。

十二日，在大理城内，回民武装经穆洪领路，顺利攻破署门，冲进道署，迤西道林廷禧在混战中被杀。知府唐惇培招募的海东民练300名到达大理后，与清军会合据守东北二门，双方不时发生战斗。十七日，赵州回军赶赴大理增援，毛玉成拒不投降，率兵两路分别抗拒，被回军乱枪击杀。十八日，坐困大理的唐惇培发觉已无力回天，遂带领少数兵勇渡海东去宾州，亲赴省城昆明请兵，大理终被回民武装所占领。

唐惇培致书张正泰，督促其立即领兵进攻大理，但张正泰在攻破上关、喜洲后，勒索钱粮、演戏作乐，20多天后才抵达大理，回军严阵以待。张正泰部军纪败坏，战斗力不足，屡攻大理不下，回军开城出击，锐不可当，一战将其击溃。张正泰北退，大理及其附近地区牢牢掌握在回军之手。

滇西大理、蒙化、赵州等地回民起义，沉重打击了清廷在当地的统治。大理之围解除后，回军面临着组建政权、推举领袖、发布政纲等三大问题。由于各地回民武装来自大理、蒙化、云州、赵州四地，推举出一位众望所归的领袖来领导政权是当务之急。大理、蒙化、云州三处回民对此争执不下，杜万荣、蓝金喜代表大理回民，马金保、马朝珍代表蒙化回民，蔡发春代表云州回民，都想取得领袖地位，马名魁、张子经、张抡元、马勋元、杜老满、沙安国等人则主张不推本地人，以团结各地回民。杜文秀在争论中表现不凡，强调内部必须团结，"内讧不可起，人心不可失。诸公以杀戮为高，互争名位，非成事之道也"①。杜文秀等人的意见受到其他首领及回民的认可与重视，杜文秀被推举为总统兵马大元帅。九月二十五日，回军在校军场筑坛，杜文秀正式拜总统兵马大元帅，以蔡发春为扬威大都督，马金得为大将军。通令"改正朔，蓄全发，易衣冠"，遥奉太平天国号令。杜文秀为首的大理回民反清政权建立起来。

在滇西各地回民反清起义的同时，滇南的澄江、建水、玉溪等地，也爆发了回民反清武装斗争。

昆明杀回事件爆发后，宜良、成江河昆阳州的海口，由于距昆明较近，消息迅速传播开来，当地回民怒不可遏，奋起反抗，向县城进攻的同时集寨防范，以图自保。

四月，宜良江头村回民率先竖起义旗，约昆阳海口、玉溪北城、澄江西山的回民围攻宜良县城，打响了滇南回民反清的第一枪。舒兴阿派德瑞、夏家畴、巴哈布率300名清军前去解围，回军击杀张奏凯后撤离县城，继向东山坡清军驻地进攻不克，又分路退保江头村。清军随即分三路

---

① 荆德新：《云南回民起义史料》第234页，云南民族出版社，1986。

六、咸、同年间西南各族人民反清斗争

围攻江头村,回军弃村向澄江撤退。

除江头村外,澄江所属的西山村、下左村、拖白村、西街子、河上湾及县城内各回民村寨,均遭到汉族官绅的仇杀。五月,澄汉县城内回民被杀,激起了回民的怒火。西山村民徐元吉组织回民对抗清兵、汉团,二十二日直攻澄江。知府福瑞、知县郑天泰向省城求援,巡抚舒兴阿调开化、威远(今景谷)500名清兵前去镇压,澄江县城与西山村处在对峙中。

四月,杨振鹏发动起义,占领海口,控制滇池南面的出入通道。五月,候补知府淡树琪率团练进驻碧鸡关,欲图海口。六月,云贵总督恒春令申有谋与淡树琪、谢周绮会商镇压海口事宜。杨振鹏依托有利地势,据险坚守,令清军无计可施。而清军分路进军,与回军在彩凤山遭遇。回军采取诱敌深入,设伏以待,聚而灭之的战法,一经接触后即后撤。清军麻痹大意,认为回军不堪一击,淡树琪、刘庭瑛等率孤军深入,被回军全灭,申有谋、谢周绮败退,会剿宣告失败。

十月,云南巡抚舒兴阿令邓尔恒到昆阳督师,清军水陆两路再次会攻海口。杨振鹏率回军应战,在老街受挫后,为保存实力、控制海口,假意求抚。邓尔恒接受其受降。

滇南建水为临安府治所在,城西西庄多年来为与回民争矿的黄鹤年、黄殿魁、林五代等人的根据地。城东的回龙村,又是滇南回民起义领袖马如龙的故里。昆明四月事件后,建水当地的回汉冲突不时发生,双方互相猜疑,筑墙浚濠,事态进一步恶化,随时可能爆发大规模冲突。

建水回民主要聚居在回龙、馆驿、建水城内外。城外的回民,为求得官府保护,在四月间,纷纷弃家向城内搬迁,然而此举却使自己的身家性命落入敌手。五月,林五代等公然在地方官吏的纵容下,攻入城内,城内回民几乎被屠戮净尽。城外回民深感大祸将临,回龙村200余户推马如龙为首,组织回众,昼夜警戒。

马如龙决定联合馆驿的回民向临安府进军,先发出檄文,将斗争矛头对准屠杀回民的黄鹤年、黄殷魁等罪魁祸首。迤南道方俊、临安府知府熊家彦率各团勇来援,双方在建水相持了三个月。马如龙为朱在勤、黄培林所率的清兵练勇所败,退出了战斗,最终决定放弃回龙。

马如龙率领回军北上馆驿,东征西讨,屡败清军。在临安、阿迷、石屏的一府两州境内频繁活动,建水分散的各支回军逐渐凝成一支势力较大的反清力量。十一月,伊昌阿派出陈文元追击马如龙部并进攻曲江失败。

金亮采西援石屏，马如龙东助蒙自，分别击败灭回的清军，回军进入开远。在贵溪，马如龙推举马敏功的叔父马体祥为统领，占领了盘溪。沙甸、大庄、开远、盘溪与馆驿连成一体。

滇南回民起义的另一个重要地区是玉溪。玉溪回民主要聚居在玉溪北部的龙门九村。双柏、昆明杀回事件发生后，九村回民集中在大营、东营、西营。九村回民领袖马敏功倡导"和汉安回"，局面暂时得以维持。此后，汉民听信谣言，开始向回民发动进攻，试图先发制人。回民开始避实就虚，率众攻入北城，并向青堆、前所、后所发起进攻，围困桃源。石狗头村回民马凌汉也在当地起兵，对上坝、下坝的汉民村寨出击。

玉溪北部的回民在马敏功、马凌汉的领导下，半年多的时间内，打击汉族地主武装，控制了上四乡大片地区，汉民退保下四乡。当地教长马德新，成为滇南回民起义的精神领袖。滇东、滇东北一带的嵩明、寻甸、宣威等地的回民，也在昆明杀回事件发生后开始集结自卫，打败了三路清军、团练，击杀了黄殿魁、李定邦。嵩寻回民除屡败兵、练外，还三入州城，两破杨林，对云南省城形成一定威胁。马联升、马荣等首领后与杜文秀起义军取得联系，接受大理帅府的封号，成为大理杜军的一部分。

杜文秀于咸丰六年（1856）九月二十五日拜帅建政后，其领导的反清斗争前后共经历了三个阶段：咸丰六年九月至同治七年（1856—1868），杜文秀率五路大军，东征进攻省城昆明，在昆明南门外拓东路万寿宫建立起指挥中心，统领进攻省城的各路人马，这是起义的战略进攻阶段。同治七年合围昆明至同治八年万寿宫失陷，东征失败，清军解围，回军转入战略相持阶段。清军解围后，由战略相持转入战略反攻，杜文秀在这一阶段顽强抵御清军的反攻，到同治十一年（1872）大理城破，杜文秀战死，大理帅府抗清战争最后失败。

大理政权建立后，杜文秀从大理向东、南、西、北四个方向不断发起进攻。北路方面，杜文秀、马金保率回军攻占大理府城后，面临张正泰自北而南向大理发起进攻。知府唐惇培兵败后，派人致书张正泰，张正泰遂率兵南下，攻邓川、浪宅，邓、浪守军兵败后退守大理。张正泰于咸丰六年九月十三日攻上关，马金保率起义军勇士拼死抵抗，张正泰部在各处勒索军饷。马金保率众突击，张正泰部溃散，退守邓川，回军夺回上关、固守大理。十二月，张正泰集结邓川、洱源的清军和团练后，再次向上关扑来，却再次被杜文秀部起义军击败。张正泰只好败退回鹤庆，回军攻占了邓川、洱源，与清军在洱源、鹤庆一带对峙。杜文秀部回军北上后，进入剑川县境内。海东方向宾川、宾居回军攻占了宾川城，成为大理在海东的重要屏障，大理府作为滇西反清起义根据地的地位得到巩固。

咸丰七年（1857）二月，张正泰与宾川团练都木、董家兰等会合，自建川反扑，连下剑川、洱源、邓川。回军北路再次受挫，被迫退守上关。云南提督文祥进兵滇西，派总兵福升等攻弥渡红岩，参将福申攻宾川，并进兵赵州，进入洱海地区，直接威胁下关、大理。六月，杜文秀调兵自下关出击，进攻赵州。蒙化起义军绕到攻弥渡，断赵州清军后路，前后夹击，攻占密度。赵州清军在弥渡失守后，粮尽弹绝，弃营而去，杜文秀联合云南县大古彝军攻占云南县城。文祥、福升、宋延春等退防镇南州。

上关的大理起义军再次北攻邓川、洱源，朱开元率一路攻取剑川，另一路在刘纲率领下攻鹤庆，张正泰退守鹤庆、剑川县城。咸丰八年（1858），大理起义军围攻剑川城，张正泰困守城内。七月，董家兰率民团自海东偷渡洱海，偷袭大理，被起义军击败，退守大理东北的新溪邑。杜文秀于八月初九日亲率大军，在沙村小沟尾、新溪邑将董家兰民团死死压缩在新溪邑。

张正泰因借口攻打大理回军，在剑川、鹤庆、丽江一带，勒索百姓钱粮，鱼肉乡里，民怨沸腾。咸丰九年（1859）二月，鹤庆知州于君元联络丽江、剑川当地文武官员，密谋除掉张正泰，调鹤庆民团入城，派人潜入其驻所鹤庆镇署，将张正泰捕杀，并搜杀其家人。其弟张逢泰、张遇泰逃出，张逢泰被丽江民团杨举捕杀，张遇泰走投无路，只好到大理投奔了杜文秀。

张正泰被杀后，其部下康春林在邓川也不战自溃，逃离邓川。董家兰再次率宾川、大理的团练驰援邓川，遭到陈义、刘纲所部大理回军的迎击，将董家兰部民团包围在邓川白马登，董家兰被杀。大理回军乘胜追击，相继收复宾川、云南县、弥渡，夺取新溪邑，消灭了此次进攻的清军。八月，回军控制了大理东南各州县，兵锋直逼滇中镇南。九月，大理回军向北路发起进攻，陈义、姚得胜率一路回军北攻剑川，马金保、张遇泰率另一路攻鹤庆。经反复攻战，咸丰十年（1860）九月初一日，大理回军攻占鹤庆、剑川，丽江顿成孤城一座，清军困守城内，王玉文、杨举率团练出城投降，知府杨永芝逃往永北厅。咸丰十一年（1861）四月，姚得胜率军攻永北，同知胡延良兵败而退，回军刘应贵部驻守永北。姚得胜乘胜进军维西和中甸，在石鼓、桥头、巨甸等地，得到傈僳族民众的热烈响应，迅速占领维西和中甸。大理北部七府厅州县城的清军基本被肃清，滇西北广大地区被回军控制，解除了大理帅府北面的军事威胁，便于大理回军集中兵力，开展对南部、西部及东部的军事进攻，全面实施其战略进攻，声威大震。大理起义军控制了洱源、剑川、丽江等地盐井、盐场，保证了大理政权军民的食盐供应，在财政上获得了充足的支持。

大理回军在西路的战略进攻以永昌府为方向。大理帅府一方面号召滇西各族民众奋起反抗清政府的统治，另一方面调兵遣将，积极展开攻势。大理以西的漾濞、永平是省城昆明经楚雄、镇南、下关通往永昌府、腾越厅的战略要冲和必经之地。咸丰六年（1856）十一月，漾濞回民响应杜文秀的号召，密谋举义，与当地汉民相约共同反清。漾濞回、汉民众在曲硐回民的支援下，成功诱捕了保山知县周锡桐与永平县知县朱庆铿，随即宣布起事，为永平回民举义后攻打县城创造了有利条件。咸丰七年（1857）正月，曲硐回民会集保山、宫乃山等地回民共同起义，进攻永平县城，因知县朱庆铿事前已被俘，守城官兵六神无主，起义军顺利攻占了永平城，控制了大理通往永昌的咽喉要地。永平失守，永昌府知府立即调集清军反攻永平。永平回军奋勇抗击，粉碎了清军的多次进攻，稳守永平县城。

大理回军向南进攻主要目标顺宁、普洱两府，首先必须要占领蒙化厅。驻守蒙化厅城的是同知邓国喧。杜文秀、马金保等建立政权后，邓国喧不惜招募川练入城加强防御。邓国喧在蒙化加征折米，搜刮剥削，民不聊生，苏辉祖、罗朝风等回民揭竿而起。邓国喧镇压了这次起义，株连三四百人，分别监禁在临府州县的牢狱中，依次斩绞。蒙化地近大理，官吏统治苛暴，杜文秀派蔡发春率部向蒙化厅城进军。邓国喧全力死守，战至八月，蔡发春部从东、北两面夹攻，城中川练倒戈内应，最终攻破厅城，击杀了邓国喧。

八月，清军再次展开进攻。新任永昌知府潘如栋督促协守备杨志远、保山举人盛毓华统率兵练自永平向东进攻，大理回军与之展开鏖战，清军推进到澜沧江东岸彬阳一带后，即与回军形成对峙局面。为解除清军对永平的军事压力，蔡发春移师西援永平，以迅雷不及掩耳之势，消灭半数以上永昌协兵练，守备杨志远等退往澜沧江西岸防守。蔡发春随即统兵南进，直扑顺宁府及云州。知府吴人彦、知县汪坤急调兵练数千人，沿澜沧江布防，阻止回军渡江。回军先锋马德光部进抵江边，在顺宁回民掌教马

六、咸、同年间西南各族人民反清斗争

旺佐的帮助下,顺利渡江并在八月二十二日攻下云州城。渡江后的大理回军一路疾攻顺宁府,于九月初三日攻占顺宁府城,俘获知府吴人彦,云州知州汪坤因失城而被革职。随后蔡发春率回军主力进攻永昌府,却在右甸受阻不能突进。咸丰八年(1858)三月,蔡发春令马德光等部再攻右甸,把周兆岐所率团练逐出右甸。四月,蔡发春率万余大军进攻缅宁,清军连战连败,魁昌率败军退入城中困守待援。永昌知府调集永昌、顺宁多路兵练援救缅宁,并采取"围魏救赵"的战法主攻顺宁,以威胁进攻缅宁的蔡发春部回军后路。蔡发春获悉清军作战意图,率军回援顺宁,将围攻顺宁城的四路清军各个击破。围绕着缅宁的围攻战,大理起义军与清军在缅宁北面的顺宁、右甸,西南面的耿马,东北面的景东、镇沅等府、厅、县展开争夺战,牵制了援救缅宁府的清军,并对所属九猛十三宣各土司进行招抚,切断了当地对缅宁粮食、弹药的供给。

咸丰九年(1859)冬,经激烈争夺,城外营垒相继被回军攻克。城内粮竭,清军只好罗雀捕鼠,待草根树皮吃光后,城内百姓甚至易子而食。攻城战持续到咸丰十年(1860)三月,蔡发春部爆破城墙十余处,缅宁城把总何俊投诚,引回军攻入东门后城破,副将魁昌自尽,升任顺宁知府的汪坤等人被杀,蔡发春部回军攻占缅宁府城。顺宁府所属的顺宁、云州、耿马等亦为回军所攻占。

蔡发春在缅宁获胜后,分兵两路,一路进攻威远,另派主力向永昌府进军。威远属普洱府,北与景东直隶厅相连。咸丰八年三月,在当地回民马八二、彝民周士才等人的帮助下,王应科部回军攻克威远厅城,普洱镇提标、中营游击狄椿兵败逃走。咸丰九年,吴德森、郑德安等率清军反攻威远厅城,被守城回军击败。咸丰十年六月,蔡发春率缅宁得胜之师进入威远厅城,在增强威远厅防务的同时,主力兵分两路,一路进军东山,另一路进攻施甸,与其他几路回军协同作战,一起进攻永昌府城。南路进军顺利,歼灭杜发部,攻克施甸。九月,杜文秀派陈义、朱开元统兵北路,攻破永平杉阳,渡澜沧江,从北面进逼永昌。十月,北路起义军进抵部里村、北汉庄一带。东路起义军进抵麦场寺,逼近永昌城。永昌知府官正伍等犹如惊弓之鸟。交战双方在永昌府周边展开争夺,在几个月的激战中,北路回军在黄山遭伏击后撤,施甸又被团练所攻陷,对永昌府的进攻受阻。蔡发春亲率后队兵马增援南路,经耿马,攻入镇康,转进湾甸,再破施甸,进蒲缥,从南面进逼永昌。咸丰十一年(1861)二月,大理起义军

从东、南、北三路分进合围永昌府城。四月，城中弹尽粮绝，清军外援无望，知府官正伍遂逃出北门，协副将福申退守西山。六月，大理回军向西山进攻，福申、官正伍逃往云龙。回军在何俊等内应的配合下，最终攻入永昌府城，俘虏保山知县鲍广昇，击毙杨钟南、曾德培等清军将领。大理回军攻占永昌府城，有力配合了回军进攻云龙州城的战斗。杨荣乘势渡过澜沧江向云龙进攻，破城后，知州章宦建自杀，俘永昌知府官正伍、副将福申。大理回军乘胜进军六库、老窝两土司领地。

蔡发春攻占永昌后继续西进，进取龙陵、腾越两厅。并招抚潞江坝傣族土司线子章，授予抚夷大都督名号，打通了进取龙陵的通道。之后，蔡发春部渡过怒江，分兵两路，以马成部进攻龙陵，派马兴堂部2万余大军猛攻腾越厅。九月，马成率军攻下龙陵，进军腾越，与马兴堂部合军进攻腾越厅。早在咸丰六年（1856）杜文秀在大理称帅后，腾越乌索回民柳铁三就联合当地傈僳等族人民起事，他们联合马家村的回军，于咸丰八年（1858）往攻腾越厅城。马兴堂部回军进攻腾越时，柳铁三等率乌索、马家村等地各族起义军参与围攻腾越厅城。咸丰十一年（1861）九月十九日，马兴堂部在进占大董、绮罗后，直逼南城下。柳铁三部起义军也进抵北城下。守城的清军将领明庆采纳旗人奎谱的劝降建议，与同知周力墉等官员于两天后开城，迎接大理回军入城，腾越厅城不战而下。

蔡发春、马兴堂占领腾越厅城后，派马连二、撒万年等将领率军向南开拓当地土司统辖的广大地区，南甸、干崖、弄璋街等地各土司纷纷来附，杜文秀授潞江土司线子章为抚夷大都督，干崖土司刀守忠为抚夷大都督，盏达土司刀思相吉为宣政司，陇川土司多正邦、户撒土司赖天福、腊撒土司盖世雄、六库土司段开元、老窝土司段因全分别为正、副宣政司。腾越、怒江广大土司领地归顺大理政权，巩固了大理政权的后方。

十二月，蔡德春率回军攻克景东厅城后，进军镇沅、新抚。田四浪会同王应科，由镇沅进入他郎、通关哨。同治元年（1862）八月，王应科猛攻新抚，攻占镇沅厅，与蔡德春部合攻普洱。在激烈的攻城战中，蔡德春中弹阵亡，杜文秀立即调派杨德明、陈刚、尹建中等率大军驰援，同时分兵进攻思茅厅。十一月，清军游击李锦文率兵练万余人增援普洱，但在距城15里的南温箐遭到大理回军阻击溃散。十二月，守城清军参将郑得安等投诚，回军进入普洱府城。二十七日，大理回军攻克了思茅厅城。

咸丰六年（1856）杜文秀建立大理帅府后，从北路、南路、西路三个方向全面实施战略进攻，开疆拓土，攻占了云南省14个府中的五个府，104个厅、州、县中的30余个，包括所属土司领地。此外，大理回军的势力还伸向楚雄、姚州、镇南、南安、定远等地，使大理政权领有云南三分之一的府、厅、州、县和三分之一的土地面积，成为能与清朝云南当局全面抗衡的农民政权，获得了巨大成功。

大理政权的建立、发展与壮大，动摇了清政府在云南的统治，使清廷深受震动。为了稳定与重建在云南的统治，特别是恢复滇西的统治，自大理帅府建立起，清廷就调集清军向大理政权发动一次又一次反攻，总计前后有九次。

咸丰七年（1857）夏，云南提督文祥统兵进攻宾川、弥渡，翻越定西岭后，直达赵州，威胁大理。杜文秀从蒙化等地调集回军迎敌，战至七月，清军败走镇南。

咸丰八年（1858）八月，云贵总督吴振棫①督令退守镇南的文祥、宋延春等官员再度率军进攻大理，又令张正泰从北路配合进攻大理。文祥整顿溃兵后，于九十月间派副将福申进攻宾川，都司张玉柱进攻云南县。战至咸丰九年（1859）三月，北路张正泰死于鹤庆，团总董家兰在邓川被杀，东路文祥成为孤军。六月，大理回军集中兵力，在宾川、云南县两地大败清军，文祥、福申等再次被赶回镇南，大理回军一部则前进至姚州、大姚。提督文祥战败被免职，福兆署理云南提督。福兆在镇南接任后，不敢西进大理，拖延数月后，才勉强带兵前进到云南县南部的清华洞驿站驻扎。大理回军从云南县发动反攻，福兆自镇南败退后即称病告假，弃官保命。

云贵总督张亮基②委任褚克昌署提督，从昆明调集大批清军西征大理。褚克昌于咸丰十年（1860）二月，率军猛攻镇南沙桥，与大理回军激战六天后，攻占灵官庙。三月，褚克昌军进攻官庙，大理回军依托堡垒坚守，力战不敌，被迫退至普棚以西的龙马山一带。褚克昌部清军连战连捷，分兵攻向姚州、大姚，他亲率清军主力进攻龙马山、普昌河一带，意图攻取云南县后进逼大理。闰三月，褚克昌部攻占了云南驿，进逼云南县城。随后，他分兵两路，一路攻取弥渡，直扑赵州、大理；另一路则进军

---

① 吴振棫（1792—1871），字仲云，号毅甫，浙江钱塘人。
② 张亮基（1809—1871），字采臣，号石卿，江苏铜山人。

宾川。面对清军的步步紧逼，马德新致函马如龙，省城东西回本一家，应该互相救援，以成犄角。马如龙接信后立即率军，经通海、新兴、易门进取南安州，李芳园率部由安宁八街至南安，与马如龙部会合，向清军后路发起进攻，以减轻大理回军面临的军事压力。闰三月十三日，滇东回军攻占广通，杀知县江清骣。又在回镫关击毙游击高天泽，在小腰站击毙千总苏镇东，总计歼灭清军千余人。马如龙兵临楚雄城下，褚克昌驰援楚雄，但为时已晚，马如龙部攻破楚雄，杀知府杨观等官员。同时，杨振鹏由海口而来，乘守备空虚之际攻下禄丰。而攻克缅宁的大理回军蔡发春部奉命北援，与大理、蒙化出击的杨德明部回军会师后，攻取红岩、弥渡、云南县的云南驿。褚克昌部被滇东回军击败，由云南驿退走宾川。虎应龙部大理回军北上宾川，李芳园部攻下定远，与姚州、大姚回军会合，褚克昌部3000余人清军陷入各路回军的四面包围中，被压缩在宾川太和村大营。七月二十四日，回军发起总攻，褚部清军全军覆没。

在击败褚克昌部清军后，蔡发春与马如龙在楚雄城内会商，确定了合理分配元永六井盐税收入的原则，并商定了双方日后军事行动的地域范围：省城以下归马如龙部滇东回军，楚雄以上归杜文秀大理政权，待平定云南后，会师征伐出外。

九月，大理回军与武定、禄劝彝军联合攻下禄丰。张亮基于十月另委临元镇总兵申有谋署理提督，继续西征。自己则托病辞职，由巡抚徐之铭代理总督，督令申有谋再次西征。申有谋在其他几路清军的配合下，主攻滇西大理政权，于咸丰十一年（1861）初，一路向富民、禄丰、元永等地进击。申部向广通，楚雄府猛攻，并分兵争夺定远、镇南，战斗延至六月，大理帅府东援楚雄，在楚雄城外歼敌数千，申有谋兵败，退往禄丰，清军全线溃败，自广通、镇南、姚州、定远、南安、元永等地溃逃。九月，大理回军反攻福丰，申有谋等弃城而走。大理回军不战而下禄丰。申有谋逃回昆明后被革职，清廷另委林自清署提督，但已无法组织起对滇西的有效进攻。

同治元年（1862）九月，潘铎赴昆明任署云贵总督，此时他已无力控制省城局势，武定营参将马荣等进城，于同治二年（1863）正月十五日发动"灯宵之变"，杀死总督潘铎。马如龙此时已接受清廷招抚，被授以总兵职衔，带兵返回昆明，与布政使岑毓英①合力赶走了马荣。马如龙获得晋升，署云南提督。四月，清廷新委云贵总督劳崇光滞留贵州，不敢入滇。他遥令马如龙、岑毓英再次进攻大理。六月，岑毓英统领三路清军向滇西大举进犯，经过半年的进攻，逼近大理。杜文秀面对岑毓英的进攻，一面致书马荣、马联升，联络迤东各支回军，从东面攻击清军；一面调姚得胜部回军挥师北进，收复邓川、浪穹、鹤庆、丽江。永昌等西路回军则回援大理，收复赵州、弥渡、云南县，以打破清军对镇南的围困。到同治三年（1864）三月，清军败退回楚雄，岑毓英的西征又以失败而告终。

同治五年（1866）二月，云贵总督劳崇光由贵州进入昆明视事，他再次筹饷调兵，组织西征。劳崇光采取"以回攻回"策略，以降将提督马如龙为首，组织三路大军5万余人，向滇西发动大规模进攻。大理政权夺取昆明、平定全滇的时机到来。

杜文秀大理政权自建立以来，实施进攻战略，四处征讨，开疆拓土，阻挡了清军对大理帅府的八次西征，不但稳定控制了以大理为中心的滇西广大地区，保卫了开疆拓土的成果。大理帅府一建立，就宣布大理政权"遥奉太平天国南京之号召"，反击褚克昌部清军大举西征期间，正值太平天国石达开部进入滇、黔边地，杜文秀与石达开部进行联络，向广南、罗平发动进攻，配合杜文秀部回军进攻云南省。因此，咸丰十年（1860）七月，大理回军消灭褚克昌部清军后，在滇中楚雄城内与马如龙的会商中，明确提出了"光复中国，扫除满清"的战略设想及军事发展方向。

大理政权在控制滇西，并向楚雄以东地区发展的态势下，开始考虑进攻省城昆明的战略行动，只待时机成熟，就可立即实施"东进攻省"战略。

新任云贵总督劳崇光到昆明视事后，即督令提督马如龙再次西征，进攻大理，是为清军第九次西征。马如龙兵分三路，进军大理：杨盛宗统率北路军万余人，从东川出会理进攻永北厅，继攻鹤庆、丽江，再南下剑川、邓川攻上关；田钟兴、李绵文统率南路军万余人，进攻威远、云州、缅宁，由南面进取大理；杨振鹏、合国安等统率中路军2万余人，自大姚进攻宾川，李维述统军由楚雄进攻镇南，杨先芝攻姚州后，再图云南县、

---

① 岑毓英（1829—1889），字彦卿，广西西林人。

弥渡、赵州，直逼下关。马如龙随主力中路军行动。经过八个多月的备战，十一月，南路清军首先出动，进攻镇远、威远，大理回军退守云州、蒙化。十二月，北路清军自华坪进攻永北。中路清军于同治六年（1867）二三月间，向镇南、姚州、宾川进攻。

大理回军面对来攻清军，做好了充分的应战准备，兵分五路，严阵以待。四月至六月，大理回军分头迎击进犯的清军，在北路，回军打败进攻永北厅的清军后，兵分三路，分别击溃了宾川、姚州、镇南的三股清军，然后齐头并进，攻克定远、大姚。七月，回军围攻楚雄府城。八月，回军主力攻克黑井、元水井、广通、禄丰。九至十一月，大理回军继续挺进，相继攻克南安、元谋、武定、禄劝、罗茨五地，特别是攻克了合围已久的楚雄府城。大理各路回军不但通过全面反击挫败了马如龙策划的第九次进攻，还顺势而为，根据战局的变化迅速调整部署，将战略防御即刻转变为战略反攻，"兴师五路，收复全滇"，发动了东征省城昆明的战争。五路回军调整为东路、北路、西路、南路四路大军，共10万雄壮之师，由北路、南路、东路三面进攻并合围省城昆明。

东路大军由杜畹华、蔡廷栋、李芳园、马兴堂、梁国玉等将领统率，在攻占富民后，分兵从昆明北面攻占嵩明、寻甸、宜良、杨林、大板桥、小板桥，切断清军东路大道，直逼省城昆明近郊。

北路大军由杨荣、米映山、米维杨等率领，在攻占富民后，与东路大军分兵由北路进攻昆明。大军由富民进占昆明城北郊大小普吉、团山、金营、马村、岗头村等地，米映山坚守马村堡垒，直至最后堡垒被攻破战死。

西路大军由刘成、刘纲、马成、马良玉、马清、马得良等统率，在攻下禄丰，进占安宁州后，向东攻占西山碧鸡关，由西路进入昆明周边的坝子，大军进占高峣、普坪村、马街、夏家窑、犁烟村、黄土坡、土堆、红庙、紫村、麻园、菱角塘、潘家湾、西岳庙一带。

南路大军由马国春、安文玉、段成功等统率，大军南进克易门。这时，昆阳守将杨振鹏、新兴守将田庆余、澄江守将张元林等投降东征回军，并协同大理回军攻克晋宁、呈贡。南路大军经呈贡进入昆明城南郊，马国春、安文玉进驻城南万寿宫，统制四路围省的兵马。段成功统率重兵占领昆明城南部的西岳庙、玉皇阁、土坝河、双龙桥、南坝一带要地。姚得胜统领回军进驻澄江府城镇守。

六、咸、同年间西南各族人民反清斗争

至此,起义回军已从各个方向包围昆明,连清护云贵总督宋延春都惊呼:"省城危在旦夕。"①

但在合围省城、兵临城下后,杜文秀没有集中兵力迅速攻破昆明,而是选择了政治劝降策略,多次派杨荣、马兴堂反复劝说马如龙投诚,使得大理政权的反清战争由回军战略进攻、清军战略防御,转变为两军对峙相持,试图通过小规模战斗来决定战局的走向。杜文秀先命杨荣劝降马如龙,杨荣致书马如龙,指出:省城在大理起义军合围之下,内无屯粮,外无援兵,守之何益,弃之何咎,宜尽快来归,毋庸听信宵小之言而自误。马如龙并无"穆民一家"之心,他向清廷表明"城存与存,城亡与亡"的心迹,决心坚守。同治七年(1868)七月,杜文秀再命马兴堂劝降马如龙。马兴堂以"顾持穆民",翻旗合力反清相劝。马如龙则以过去与马兴堂、蔡二都督协力攻打楚雄之事来辩解。大理统帅杜文秀希望劝降马如龙,故在围省城后的数月间,迟迟不发动进攻昆明的战斗,坐失大好战机。围省城后,杨荣劝降不成,与城内合国安、马学林、马云龙及驻守大观楼、棕树营、麻园一带的马世德、马文成等回族将领联络,计划里应外合,一举攻进昆明。但马兴堂并未当机立断实施里应外合的攻城计划。军情久拖不决,日久生变,因事机不密,城外回军联络城内的军情书信被马如龙部下截获,合国安等准备举义的回族将领被马如龙处决,清军初步稳住了阵脚。回军持久围困的方针,为清军争取了时间,以便俟机反扑。数月后,岑毓英率万余清军援助省城,向昆明以东发起进攻,保护杨林、大板桥清军东路通道,以解昆明城内粮械匮乏之困。新任云贵总督刘岳昭②也率湘军、川军近万人入滇援省。

马兴堂劝降马如龙再次失败后,大理回军的作战重心转到省城外回、清双方援军通道的争夺战上。确保己方后路通道的畅通,成为保护生命线的生死斗争。四月,新任云贵总督刘岳昭、新任云南巡抚岑毓英抵达曲靖,会商进攻回军之策,决定由刘岳昭攻击寻甸,岑毓英解围昆明。岑毓英派岑毓琦先率其部直入省城昆明,马如龙获得援兵后,防守昆明的实力大增。刘岳昭统率各地清军共约1.3万人攻寻甸等地。这时,大理守将马天顺,拥兵万余据守寻甸等属,刘岳昭亲率上万大军攻打寻甸,仍然感觉

---

① 中国近代史资料丛刊《回民起义》(一),第 428 页。
② 刘岳昭(1824—1880),字荩臣,湖南湘乡人。

清军兵力不足，他一面派员赴贵州，添招劲旅，一面调谢景春、刘节等驻防沾益，王唯金、王喜魁等扼守马龙，又调杨盛宗驻扎功山防堵。刘岳昭则坐镇曲靖，居中指挥。清军兵力从开始的1万多人，陆续增加到将近3万人。从同治七年四月至八年五月（1868—1869），刘岳昭对寻甸发动多次进攻。刘岳昭亲临城下督战，清军猛攻两月，依然未能攻破寻甸。刘岳昭改用水攻，截河堵流，以淹其城，城内水深数尺，但堤坝突然崩溃，清军营垒也受殃及，数百清军被淹死，百姓房屋财产也大受其害。在14个月的时间里，清军付出伤亡七八千人的代价后，才迫使守将马天顺出城投降。

岑毓英负责解围昆明，他分兵三路，向回军发动进攻：一路争夺杨林、大板桥这条昆明东路通道的控制权；一路由宜良汤池、呈贡七甸北攻小板桥，以打通昆明南路通道并切断城南大理回军与呈贡回军的联系，切断回军南路粮道；一路派杨玉科南攻元谋、武定、禄劝，进取罗茨、富民，威胁回军东路要地嵩明（在昆明东北部），攻击围省大理回军与滇西联系的主要通道侧后，以减围省压力。此外，回、清双方还围绕着澄江府展开争夺南路的战斗；昆明城南拓东路的江右馆、双龙桥、西岳庙一带是回军主将马国春、段成功围省的营垒，双方展开了激烈的争夺战。

同治七年（1868），双方为争夺东路生命线的控制权，在小板桥、杨林一带展开激战。云南巡抚岑毓英亲率重兵，分两路进攻回军。清军攻占宜良汤池，出兵呈贡七甸，进占大、小石坝。在小石坝扎营后，集中兵力攻打小板桥。马国春在小板桥部署了重兵，回、清双方展开了激烈的小板桥争夺战。马旭率军与岑毓英部清军迎战，马旭力战阵亡，小板桥失守，金马寺、大小黑土凹、大树营一带数十座营垒被清军攻破，岑毓英与马如龙两军在昆明城会合。清军攻占小板桥、官渡后，打通了省城粮道，同时切断了城南大理回军与呈贡大理回军的联系，也切断了围省回军的城南粮道，困守省城的清军因援军到来而转危为安。由于东南路回军作战失利，军情开始逆转。北路清军杨玉科部攻占了元谋、武定、禄劝、罗茨，直逼富民，有力地配合了岑毓英在东南路的进攻。

为扭转东南路作战不利的局面，四月，驻嵩明回军将领杜畹华、蔡廷栋、李芳园分兵一路，由蔡廷栋、李芳园率领围攻小板桥以东嵩明以南的军事要地杨林，以求从东面再度切断守城清军的粮道，重新合围昆明。至此，"杨林争夺战"拉开序幕。杨林被围，清军急派杨盛宗驰援，但在寻

六、咸、同年间西南各族人民反清斗争

甸功山被大理回军阻击退。于是，岑毓英又亲率重兵援救，激战后蔡廷栋、李芳园撤回嵩明驻守。此后数月间，杨荣一度东进马龙、寻甸，而后转攻杨林。岑毓英又再度率兵援救东路，杨荣回军驻守昆明城北围省营垒。到同治八年（1869）三月，大理回军发动全面反攻，终于攻克杨林重新控制了东路。

清军杨玉科部进攻北路，其前锋直逼富民，严重威胁着围省各路回军的侧后方，杜文秀调集姚得胜、马清所部回军，由大理增援北路回军。同治七年（1868）秋，在武定、禄劝、罗茨连战连捷，收复了这三个城池。马清率部增援杨荣，李芳园部在寻甸也击退了前来进攻的湘军，几乎俘获了总督刘岳昭。姚得胜部南下攻克澄江府，稳住了围省回军西南路侧后的局势。同时，马世德在弥勒起兵，在南面牵制了清军兵力。在杜文秀的调度下，同治七年下半年至八年上半年，大理各路回军在昆明周边地区与清军展开全面争夺，围省形势一度好转。

然而大理回军合围省城数月后，云南督抚刘岳昭、岑毓英率兵增援，突破合围，打通东路粮道，困死守城之敌的目的已难实现，大理帅府却始终没有及时调整战略，导致最终形势逆转，战略选择存在严重失误。

回军围攻省城行动遇阻，清军打通东路粮道后，大理帅府有两个选择：其一是增派援军，迅速攻城，以实现攻克省城的军事目标。如果很难达到目的就应该当机立断，主动撤退，保存回军实力，坚守滇西根据地。但大理帅府在军情逆转、破省城已难实现之时，却迟迟不考虑退兵撤围，回援滇西，反而坐失时机，师老省城之下，在被清军切断后路后，几乎全军覆灭。

同治八年（1869）五月，清军杨玉科部从北面攻元谋、武定、禄劝、罗次、富民，另一路清军攻取杨林。杨玉科部清军围攻嵩明城。守将杜畹华、蔡廷栋、李芳园、马兴堂等因粮饷不继，无心坚守，最终出降。同时，寻甸遭清军水攻，马天顺出降。大理回军的东路战线迅速瓦解。接着西南路的安宁、海口、易门、禄丰、广通，以至大姚各地相继落入清军之手，清军重新控制楚雄府属各州县，从西面向大理逼近。南路只有姚得胜部回军坚守澄江府孤城。清军已从北、东、西、南各方面形成对围省回军的战略反包围。军情紧急，粮饷不济，坚守围省的各部将矛盾重重。八月十三日，扼守城南西岳庙、双龙桥一带重要营垒的段成功弃垒投敌，严重动摇了军心。十四日，南郊的天台寺等三处营垒，西郊的弥勒寺、梁家河、麻园、苏家村、高垸等20余处营垒，北郊的普吉、海源寺、北校场等处营垒也相继落入清军手中，围攻省城的大理回军全线崩溃，江右馆守将杨崇章力战身亡。十六日，坚守北郊的米映山，面对军情剧变，主动撤离马村，与西郊土堆的刘成合军，坚守最后的两座营垒土堆、红庙。清军与回军在这里展开了围省之战的最后决战。

此时，清军的实力不断增强，川军、黔军、湘军不断赶到，法国侵略者还给予了大批洋枪、洋炮等武器弹药，武龄、实一等法国将领甚至亲自率领军队参加反攻回军的战斗。米映山、刘成据守土堆、红庙两座固垒，与清军、法兵拼死战斗，坚守达两个多月之久，直到十一月，清军动用开花炮，才最后攻破米映山，刘成突围后投滇池身亡。大理回军东征之战宣告最后失败。

大理起义军进攻昆明失败，损失惨重，反清战争由战略相持阶段转入最后的战略防御阶段。这一阶段，清军已镇压了太平军、捻军，有精力从各地调来更多军队，提供更多财力、物力，回军陷入了被动不利的境地。

镇压云南回民起义的战争久拖不决，对清朝统治者来说非常不利，为稳定岌岌可危的云南政局，清廷决心对云南回民起义发动全面反攻。同治八年（1869）初，穆宗下旨，要求兵部、户部、礼部认真筹划滇省军务，拿出解决方案。二月十七日，兵部、户部、礼部各朝臣会商后，向穆宗报告了筹办滇省军务的意见，提出了征兵筹饷的八条章程上奏，经穆宗批准，由云南督抚执行：一是征调8万兵勇，于8万中精选6万，更番战守，三路进攻大理；二是筹供军粮，用兵6万，每年共需米20余万石；三是筹供兵饷，户部千方百计于可拨之项下，及与可调拨的内地各省协调，督令拨解，急速运滇，以济急需。

（1）常年例拨云南兵饷及户部酌提浙江等省银75万两。

（2）有关省份每月解滇协饷为四川省银79660两，湖南省银2.8万两，山西省银6000两，浙江省银8000两，共计121660两。一年则解滇协饷1459920两。

（3）催解欠滇协饷。浙江省欠解银6万两，江西省欠解银4.5万两；广东省并太平关欠解银13.8万两，共银24.3万两。粤盐划抵滇省欠饷案内，饬拨银20万两。以上共计4.43两。

户部为滇省攻打大理政权，第一个年度共筹以上三项军饷2652920两。

六、咸、同年间西南各族人民反清斗争

此外,在后期进攻迤西大理政权时,清廷还动用了川军2万人,四川前后支军饷120余万两。

三月以后,清军投入进攻的军力增加8万—11万人,再加上滇省固有兵力,清军新增专攻大理的兵力达10万之众,还有每年200多万两充裕的军饷保障,而大理回军在东征省城失利,损折10万大军之后,双方军力对比已大大逆转,清军在军力、财力上占据了压倒性优势。

刘岳昭、岑毓英遵照兵部议定的军事部署,兵分三路发动对大理的总攻,当时的军事态势:大理回军东征失败后,曾经攻占的一些城池,如北面的富民、罗次、禄劝、武定、元谋;西面的安宁、易门、广通、南安、楚雄、大姚;南面的呈贡、晋宁、海口,均再次被清军攻陷,清军逼近新兴州。

尽管战场形势开始逆转,但大理帅府仍然牢牢控制着滇西广大地区,并且拥有相当强的军事实力:在滇南,杨振鹏、田庆余、姚得胜、马敏功、马成林、合国治、婆兮、竹园分别驻守昆阳、新兴、澄江、建水馆驿、河西大小东沟、宁州、弥勒;在滇东南,江那、茂克、日者乡分别控制开化、丘北一带;在滇东北,则有李东林控制鲁甸等地。

清军为全面实现军事目标,进行了全面部署:云贵总督刘岳昭坐镇昆明,督率司道筹商巡防事务;巡抚岑毓英、提督马如龙率军进攻迤东南。岑毓英总结之前征战的败因,采取由近及远,先易后难,集中兵力,先由杨玉科、李维述等统兵进击迤西回军。

为保障清军后路不受攻击,岑毓英、马如龙等首先向大理南路发动进攻。同治八年(1869)八月,清军攻下安宁后,昆阳守将杨振鹏阻挡清军前进,清军南下围攻昆阳,杨振鹏兵败被杀,昆阳失陷。随即马如龙再率清军进攻新兴。同治九年(1870)四月马如龙、田仲兴合兵进攻新兴州城,回军守将田庆余在马敏功部东沟、曲江回军的支援下,与清军激战,田仲兴阵亡,马如龙受伤,回军取得大胜。马如龙久攻不下,就通过收买城内守将做内应,田庆余出城力战阵亡,新兴城最后被攻陷。马如龙率军进犯河西大小东沟。马成林、合国治部在大、小东沟分进合击,互相支援,在九个月(自1870年6月至1871年3月)的时间里,清军对小东沟发动多次进攻,并再次通过收买内应的办法,杀害了合国治,小东沟失陷。马如龙对大东沟的攻势更猛烈,双方展开激烈的争夺战,马如龙身负重伤,返回昆明疗伤。七月,回军再次大败清军,清军被迫退回新兴龙门

村。马如龙伤愈后，于八月再次进攻大东沟，攻占了大东沟后山。清军使用开花洋炮，从后山连续不断轰击寨内一月有余。十月二十日攻入寨内，马成林力战身亡，大东沟最后失陷。

岑毓英部进攻南路军事要地馆驿。馆驿距临安府城90里，距通海县50里。自咸丰六年（1856）起被起义军占领后，成为大理南路的有力屏障。岑毓英认为临安回军实力冠绝全省，曲江又是其中实力最强的地区。于是，他调集重兵，从四个方向分进合击馆驿：由何秀林率8000清兵直攻馆驿；杨谦统军2000进攻五山，断婆兮后援；赵发等带兵3000主攻婆兮；张保和带兵数千进攻田心。自同治十年（1871）八月展开进攻，激战至九月，在城外展开逐村争夺。岑毓英后调来法国的开花洋炮，昼夜攻城，战斗持续到十二月，清军久攻不下。马如龙遂派人与守领纳老五、马敏功议和，马敏功等中计被杀，馆驿回军愤激之下，拼死扼守馆驿，与清军血战到底，又牵制清军长达十个月之久，直到同治十一年（1872）九月二十三日，馆驿才最后被攻破。

岑毓英、马如龙统率重兵进攻滇南回军各城及战略要地，前后历时三年多，滇南回军英勇顽强地抗击清军进攻，牵制着清军重兵，缓解了清军对大理帅府的军事压力。

面对敌强我弱的军事态势，大理回军并未因东征失利而自乱阵脚，而是迅速调整了军事部署，采取了重点防御策略，互相支援，以完整的防御链构成保卫大理的防御圈。大理回军在逆转的危急形势下，仍然能够坚持少有的长期防卫战。杜文秀亲率大理回军，在三年多的时间里，顽强地抗击着各路清军的围攻。即使在大理帅府陷落后，蒙化、永昌、云州、腾越的回军将领，仍然继续坚持反清战争两年多，创造了反清战争中少有的以弱御强，坚持长期防卫战的突出战例。

要防卫大理帅府，必须防守住大理四周的战略要地，故此杜文秀统筹全局，进行了周密部署：东路以赵州为起点，守卫红岩、弥渡、云南县、宾州、姚州，以至镇南一线；南路以镇沅、景东、威远、缅宁为一线；西路出下关，至漾濞、蒙化、永平、云龙、永昌、腾越一线；北路出上关，以邓川、浪穹、剑川、鹤庆、丽江、永北，以至元谋等要地为一线。其中，最重要的军事要地是镇南、云南县、宾川、姚州、弥渡、蒙化、永平、剑川、鹤庆、丽江，它们组成的防御线是守卫大理的最后屏障，双方激烈的争夺战，主要围绕这一道防线展开。

六、咸、同年间西南各族人民反清斗争

在构筑的防线中,姚州和镇南是关键,守住姚州、镇南以及北面的鹤庆,就能将清军防堵在外,从而有效防卫大理帅府。姚州被称为大理屏藩,也是清军长期以来反复调重兵攻击的重要战略地,清军曾先后发动了八次进攻。自咸丰五年(1855)为起义军占领起,到同治八年(1869)清军发动总攻的14年间,马金保、兰平贵率守军成功地击退了清军的进攻,一直坚守姚州,为防卫大理政权发挥了重要作用。清军中路主将杨玉科也认为姚州与镇南比肩耸立,互为犄角,是迤西的门户。他于同治八年七月攻陷元谋、大姚后,就发动了对姚州的进攻。调集段瑞梅、徐联魁、蒋宗汉等各部清军,四面合围姚州城。马金保、兰平贵率部死守姚州城;面对固若金汤的姚州城,杨玉科率清军四面攻城,终未能得手。激烈的攻守战持续了半年,到同治九年(1870)二月,清军逼近了姚州城东门,轰倒了外围土城,从四面开挖地道,用火药轰塌地道,轰开了东门、北门,清军攻入城楼后,与回军在城内展开血战,回军伤亡惨重,又后无援兵,姚州城于四月初一日最终被攻克,马金保被俘身亡,回军6000余人战死。

北路清军在同治八年十一至十二月间攻陷丽江、剑川后,围攻北路回军的重要据点鹤庆。同治九年三月,杜文秀派杨荣率军援救鹤庆,连克邓川、浪穹,清军战败,退回剑川,向杨玉科告急。杨玉科遂于六月增兵攻鹤庆,激战至八月二十日,清军攻入鹤庆城内,守将马有富战死,李纬被俘身亡,鹤庆在血战半年后被攻克。

在进攻鹤庆的同时,李维述等四路清军合攻镇南,大理回军协力防守,清军久攻不下,苦战半年,才攻克了普淜、沙桥,逼近镇南城。但大理回军依然坚守城西制高点鹦鹉山,给进攻的清军以巨大杀伤。为攻下镇南,打通西进的主要通道,岑毓英最后调来了法国援助的开花炮队,猛攻鹦鹉山、堡自山。回军遭到猛烈的炮火轰击,死伤惨重。经过一个月的激战,两山最后失守。八月二十五日,清军攻入城内,守将马真林等力战阵亡,镇南被攻占。守城的大理回军一部分突围,西撤至云南县。

清军重兵压境,大理回军其多处要地接连丢失后,防线收缩到云南县、弥渡、宾川、邓川、上关,这里是大理城外围的最后一道防线。清军为切断西路回军对大理的援救,同时猛攻永平、永昌。自同治九年九月镇南失陷以后,在将近两年的时间里,大理回军顽强抗击清军的大举进攻,仅永平城就经过三次争夺。同治十年(1871),大理回军三次从清军手中夺回永平城。同治十一年(1872)初,大理回军杨荣、杨威、蔡廷栋、马

成喜等七名将领，分路向中路清军李维述部发动连续三个多月的反击，在云南驿等地打退了李维述等来犯清军。四月，清军多路增援，依仗开花洋炮队的助攻，给大理回军造成了重大杀伤，蔡廷栋之弟蔡廷锦力战阵亡，杨荣、蔡廷栋也先后受伤。四月十六日，大理回军丢失了云南县，弥渡、红岩也相继失守，大理回军被迫退守赵州及上、下关。清军越过定西岭，进入大理坝子并进攻赵州。此后，清军多路进逼大理，兵临城下，大理帅府的防卫战，进入了最后阶段。

即便如此，大理帅府依然想方设法主动出击，扭转不利局面。四月二十九日，杜文秀亲率蔡廷栋等统领万余回军出援赵州，与杨玉科的三路大军激战于赵州城外，因遭截击退回大理。清军随即全力进攻赵州城。五月初三日，赵州城破，守将猫街喜等力战阵亡。赵州丢失后，距离大理城只有十里的上、下关，成为保卫大理帅府的最后一道防线。关键时刻，上关守将马德龙、下关守将董飞龙向清军投诚，四天后，上、下关失守。清军北路从上关进至北五里桥，距大理城北门五里，南路自下关进至观音堂一带，距大理城南门七里，已经兵临城下。在清军重兵围城、军情极度危急的情况下，杜文秀依然宁死不屈，率领大理回军誓死防卫帅府，与清军展开血战，长达半年之久。

清军围攻大理城，大理回军顽强防守，誓与城共存亡。清军面对近在咫尺的大理城，却久攻不下。七月二十一日，杜文秀亲率大军，与清军激战于南门外南五里桥至观音堂一带。大理回军死守外城、内城，不断挫败清军四面开挖地道的破城战术，与清军血战到十一月。清军则一面挖掘地道，爆破城墙，一面调来20门法国洋炮，轰击大理城，对攻破坚固的城防起到了决定性作用。十一月十一日，清军依靠洋炮队的轰击，配合地道的爆破，轰塌了大理城东、南城墙，首次突入大理城内南校场，但大理南城还有内城防守。法国军官雷应山率领炮兵营以开花大炮20门从城墙上向城内昼夜轰击，清军从东北面也突入大理城内。

清军四面向大理帅府紫禁城逼近，但大理回军并未丧失战斗力。帅府位于城南部，坐西向东，紫禁城西墙靠近西城墙，石墙坚固，四角有碉堡防守，杜文秀誓死与清军血战到底。十一月二十五日，杜文秀率领帅府内回军，向清军发起决死反击。他们从正门突出，攻击东、南、北三面的清军，血战一整天，重创清军，杜文秀率残部有序撤回帅府，而清军的优势兵力并未能截断杜文秀的后路而围歼杜军。至此，除帅府紫禁城外，清军已经基本上控制了大理城，这时，与清军暗中勾结的大司衡杨荣等人通敌，逼迫杜文秀投降，杜文秀坚贞不屈，于二十六日黎明令家属108人服毒自杀后，自己也服毒赴死，以救百姓。

杨荣、蔡廷栋等虽投降清军，但岑毓英与杨玉科却决定斩草除根，对大理城内外军民，不论投降与否，一律斩尽杀绝。十二月初十日杨荣、蔡廷栋等13名主要统兵将领被诱杀。五里桥清真寺"经堂"被拆迁至观音堂后院。城内外清军对大理军民展开屠杀，数万军民惨遭杀害。

大理陷落后，回军仍然控制着顺宁、云州、腾越等地，以及蒙化大小围埂、顺宁锡腊、云州猛部，永昌乌土寨，腾越马家村、乌索等重要据点，继续坚持反清战争，长达两年。同治十一年（1872）杨玉科统重兵攻顺宁、云州，李维述攻腾越。镇守腾越的李国纶大败李维述部。翌年（1873）春，李维述再攻腾越，大兵压境，马连二、马阿喜出降，李维述派降将马连二等劝李国纶投降，被李国纶诱杀。李维述督军攻城，但久攻不下，岑毓英免去李维述总兵职，命徐联魁为腾越镇总兵，督师进攻。四月腾越厅城告急，李国纶乘夜率部众千余人，突出重围，撤往乌索，会合定西将军柳铁三防守乌索营垒，腾越城被清军攻克。

徐联魁统军攻乌索，发动多次进攻，付出损失千余人的代价也未能攻克。同治十三年（1874）清军多路围攻乌索，在李国纶、柳铁三的顽强抵抗下，依然未能攻克。岑毓英不得不再次增兵，命提督蒋宗汉前来助攻，乌索终不能守，李国纶、柳铁三退往云峰山。清军包围云峰山后，截断饮水，回军弹尽粮绝，柳铁三被捕身亡。李国纶乘夜逃遁，在板山被叛徒出卖后被俘，于七月二十三日身亡。腾越陷落，回军首领李国纶、柳铁三相继被俘身亡，标志着杜文秀大理政权的反清战争最后失败。

4. 湖南永州瑶民起义

湖南永州位于湖南、广东、广西三省交界地区，地跨南岭，森林茂密，交通闭塞。这一地区的居民以瑶族为主。险恶的自然条件，使世世代代的瑶民生活十分艰难。道光初年，两湖、两广地方天地会组织在暗中发展，有自恃势众者，到瑶寨逞强，抢牛谷财产，使瑶民的处境雪上加霜，申冤无门。此时，江华瑶区赵金龙和常宁瑶民赵福才假借巫术跳神，制造舆论，声称瑶民中要出一个为民作主的"大瑶王"。赵金龙逐渐成了瑶民中众望所归的人物。

道光十一年（1831）底，赵金龙自称"金龙王"，率领五六百名瑶民，头裹红巾，揭起了反抗的大旗。他们随即转移至两河口，在洪江寨、黄竹寨等地打死打伤官兵数十人。仅十日，他们的队伍便发展到千余人。

瑶民发动起义后，江华知县林先梁、永州知府李铭绅、永州镇左营游击王俊、总兵鲍友智很快集结官兵乡勇，分头围堵。但瑶民声势颇壮，形势难于控制，清兵乡勇根本不敢与之正面交锋。瑶民起义军先占据长塘的夹冲，道光十二年（1832）二月下旬进入桂阳蓝县境，随后攻入江华县属麻冈和宁远县鲁观洞等地，并计划占据九嶷山为根据地。这时，起义军的人数已达3000人。

在宣宗的催促下，各地封疆大员和将领纷纷聚集。湖广总督卢坤、提督海凌阿赴永州；广东、广西两省督抚提镇各官也抓紧部署邻近湖南永州的九嶷山左近地区的兵力，配合堵截。二月中旬，抵达前线的各路清军总数已达4000人，所持火器如抬炮、鸟枪、喷筒等均有一定威力。

当时，永州镇总兵鲍友智得知各地援兵陆续抵达，便分头围截合攻，结果被巡抚吴荣光和提督海凌阿训斥。当蓝山告急后，吴荣光将宝庆援兵尽数调来；同时，命提督海凌阿从宁远向东南增援。二月十四日，海凌阿与副将马韬率兵冒雨向五水瑶山、九嶷山一带前进。行至池塘墟，沟窄路陡，行路艰难。这时，埋伏在此的瑶军突然杀出，海凌阿军因路途艰难，兵不持刀矛，捆载以行，结果被伪装土人的瑶军将军器去背。双方接仗时，官兵赤手空拳，闻声奔走或自跪道旁，毫无抵抗能力。① 副将马韬当场战死，海凌阿以为瑶民不堪一击，竟指挥后继部队直冲入山沟瑶军阵中，结果连他本人在内，包括游击、守备等，几乎全军覆没，瑶军一时声威大振。赵金龙率瑶军攻入宁远境内。不久，攻入新田县城，杀死县令王鼎铭，又转战常宁县洋泉。此时，湘南大部分地区都有瑶军的活动。瑶军

---

① 同治《桂阳直隶州志》卷二三。

的善战和胜利,加之对地形的熟悉和瑶民的支持,使清军陷入窘境,以至于望风败散,① 至三月下旬瑶军总数已发展到万余人。

清军连连挫败,宣宗不得不再次调兵遣将。湖北提督罗思举、贵州提督余步云先后被调往湖南。同时令四川、吉林、黑龙江各备精兵,随时待命。至此,湖南瑶民起义已成为清廷所关注的大事。瑶军首领赵金龙知道形势会日益严峻,他一面继续指挥队伍在永州、桂阳一带周旋,一面继续发动组织群众,扩大实力。为便于行动灵活,相互配合,避免被围歼的危险,起义军将队伍分成三支:一支由赵金龙率领,主要是八排散瑶和江华、锦田各寨瑶民;一支由赵福才率领,其部下多来自常宁、桂阳一带;一支由赵毛栗、赵文凤率领,主要有新田、宁远、蓝山的瑶民。每支队伍两三千人。

随着清军各路人马的先后到来和攻击的次第展开,瑶军进入了异常艰苦的境地。在零陵、祁阳、新田、道州、桂阳等地,几乎各条主要道路及川谷,都布满了清军的部队。清军的包围圈日益缩小,瑶军的伤亡日益增加。在桂阳弥勒铺、大坪等地,赵福才部瑶军被桂阳知府王元凤和总兵鲍友智部清军的联合夹击,经拼死搏斗,瑶军1000多人战死,赵福才在混战中被杀,溃散的余部后来并入其他两部。而赵文凤部,听说清将招抚,即散去了一多半。三月初十日,湖北提督罗思举到永州,认为南路的蓝山、宁远、江华均为入粤的门户,力主清军主力从新田进击,阻遏瑶军南下,与桂阳北路兵夹攻,并遏阻西通道州、零陵的小路,将瑶军驱赶出山以聚歼。结果,瑶军三路计四五千人及妇女两三千人均被驱逼出山,东走常宁洋泉镇。

洋泉镇位于塔山西北,为入山的隘口,有一条小溪通行舟船,街长数里,且有较为坚厚的城墙,利于防守。瑶军占领此地,清军尾随而至。瑶军力量单弱,连连受挫,不敢轻易出战,便暂在洋泉驻扎下来,陷入孤立困守的危险境地。数日之内,各路清军兼程赶往洋泉镇,弹丸之地聚集了数万人马,瑶军已被层层包围。三月二十九日,罗思举指挥清军对瑶军展开猛烈进攻,激战四天四夜。四月初六日,清军发动第二次强攻,部分突破了瑶军的防守。次日,双方展开惊心动魄的巷战。十余日中,瑶军伤亡

---

① 光绪《宁远县志》卷六。

超过6000人,赵金龙战死,赵文凤被俘。瑶军余部仍宁死不降。从二十一日始,连续数天,清军各部对瑶军据点四面投掷火弹,瑶军余部大多被烧死,少数被俘。坚持了四个月的赵金龙瑶族民众反清起义最终失败。

赵金龙起义爆发后,对周围的瑶民产生了巨大震动。广东连山瑶族巫师赵子青积极组织瑶民起事。后得知赵金龙已死,便宣称与赵金龙为师徒关系,自称"瑶王",封连山瑶民首领赵文典、赵仔懽、赵友滇等为总兵,发动起义。五月初四日率部攻击沙坪,杀死官兵20余人。赵子青率三四百人由广东进入湖南蓝山、江华一带,收罗赵金龙余部,声言为"师父"复仇,队伍迅速发展到2000余人。此事发生在距湖南瑶民起义失败后仅一个多月。

其实,赵子青起事前的数月间,连州八排瑶的造反已引起广东清军的注意,宣宗也谕示两广总督李鸿宾,"截楚瑶之外来,靖粤瑶之内扰"。① 既要防止湖南瑶民起义军南下广东,又要注意广东连州八排瑶发生起义,要避免两地瑶民相互呼应。广东连山厅属连州,是广东瑶族聚居区。该地区位于粤西北,与广西平乐府,湖南永州府、桂阳府为邻,中隔南岭,有五六万瑶民居住在这里,最集中之地,俗称八排(大村),即南岗(行祥)、油岭、横坑、军寮、马箭、里八岗、火烧坪、大掌岭等。道光十二年(1832)初,八排瑶黄瓜寨(又称"冲")被奸民官役抢掠,瑶民向官府控告。连州同知蔡天培审问,要求抢掠者向瑶民赔偿银1200两。结果奸民抗命不服,不予赔偿。于是,自黄瓜寨始,周围数寨瑶民成百上千反抗官府,寻仇报复。随着事态的发展,瑶民与湖南的赵金龙发生联系,引起了地方官的警觉。

两广总督李鸿宾立即派提督刘荣庆、署按察使庆林率兵2000人前往堵截,当时湖南的瑶民起义声势很盛,刘荣庆与庆林两人主抚、主意见不一。延至四月,湖南瑶民起义失败,广东清军也想邀功请赏。五月中,李鸿宾再派清军6000人,兵分三路向八排开进。瑶民自知难以抵抗,八排瑶首领八人出山跪迎,请以交出黄瓜寨闹事的瑶民息兵。结果,李鸿宾竟将八人斩首,奏报"杀贼七百"。此举立即激怒了八排瑶民,与清军拼死搏斗。正是在此背景下,赵子青率部分连州瑶民进入湖南。

---

① 《清宣宗实录》卷二〇七,道光十二年三月癸丑。

赵子青瑶军在蓝山、江华迅速扩展，再次震惊了清廷。湖广总督卢坤急命罗思举、余步云率师镇压。五月二十一日，清军各路人马齐集江华、锦田、濠江冲附近。赵子青指挥瑶军突围不成，便边打边撤。两天后，瑶军被合围在银匠冲附近小山上。在清军猛烈的攻击下，赵子青率残部逃散时被俘杀，起义归于失败。

在广东八排，李鸿宾对瑶民的围剿却遭到惨重挫败。二十二日夜，李鸿宾三路清军被瑶军包围在川谷中。复仇的怒火使瑶民气势如虹，只见火炮乱掷，草木着火，火光照耀如同白昼。清军的火药被燃爆，官兵伤亡惨重。

广东、湖南两处有关战况几乎同时送达京师。宣宗对湖南大为赞赏的同时，又对两广总督李鸿宾恼怒异常。即派在湖南督师的钦差大臣禧恩、瑚松额转赴广东连州督师，并从湖南、贵州增兵广东连州，由禧恩署两广总督。禧恩见屡次出师不利，改用招抚。他不惜重金购物引诱部分瑶民出山，将其中数人抓捕斩首上报。当新任两广总督卢坤到任时，禧恩即宣布"瑶山全境肃清"。

5．川南彝民起义

道光初，云南永北厅爆发彝族民众反清起义，12年后，四川南部又先后爆发了清溪县、越嶲厅、峨边厅、马边厅等数次彝族民众反清斗争。这次川南彝族民众反清起义仍是该地区旧有矛盾发展的结果，不仅持续时间长，规模大，而且成为道光中期很有影响的大事件。

在川南大凉山聚居着众多彝民，他们长期与汉民杂处。这里是雍正朝改土归流的重点地区。道光元年的云南永北厅彝族民众反清起义，在川南也引起了反响。由于清廷对这一地区加强军事控制，未能酿成重大事件。然而，从道光十二年（1832）底开始，直到鸦片战争前夕，这里的彝民起义连续不断，而且日益扩大。

越嶲厅（今四川越西）、清溪县、峨边厅、马边厅和雷波厅等数厅县都是围绕着大凉山的彝民主要聚居区。道光十二年（1832）十二月初一日和初五日，越嶲厅大树堡、曲曲鸟、窝石等地的彝族民众发动起义。起义队伍与来弹压的驻军官兵形成对峙。由于这一地区交通不畅，地形复杂，数量不多的官兵未敢轻举妄动，致使起义队伍迅速北上，向清溪县发展。成都将军那彦宝感到情况急迫，下令新任建昌总兵万荣速往出事地点，结果因交通不便，使行动受阻。接着，又令四川提督桂涵率兵2000人前往堵御。彝军已在清溪外围许多地方活动。桂涵急赴清溪县城，与彝军在城外展开一场战斗，结果守备杨宗彪、把总屈怀贵战死。就在此时，附近峨边厅的彝民也发动了起义，形势愈加复杂。桂涵紧急增调官兵、土练3000多人，分三部固守。总兵万荣驻扎越嶲厅大树堡；另派兵700人设防峨边厅；桂涵自率主力扎营清溪县汉源街。

十二月十七日，彝军运动到汉源街附近，桂涵指挥清军出击，彝族起义军拼死抵抗，在战死200余人后，终于不支，败退散走深山老林中。四天后，起义军又聚集多部达三四千人，再向桂涵大营发动冲击，仍然失败，暂据几子山等地。

道光十三年（1833）正月上旬，桂涵组织军队，兵分三路向彝军发动大规模的进攻。在正月、二月两个月，桂涵成了彝军的死对头。先是，清军进攻几子山起义军老营眷属聚集地，烧毁了彝军首领清溪县土户马林的住处。彝军组织了数千人反击，仍未能成功，只好将余部转移到深山老林。

因川南交通不便，加上距京师遥远，前线战事，必等待皇帝的指示才能行动。在宣宗的谕令送抵桂涵手中时，事态最严重的阶段已经过去。桂涵仍一面遵照谕旨分拨官兵于各要道堵截查察，同时策划进一步搜捕藏匿的余部。而在写给宣宗的奏疏中却谓：清溪县境彝军已经肃清。

事实上，桂涵既未抓获"首犯"马林，又未能把彝军余部扑灭，而自己却在二月二十八日病死于军中。随后，清廷任命甘肃固原提督杨芳为四川提督，令那彦宝驰赴军前，兼署提督印务。

三月上旬，那彦宝兵分三路，攻入起义军据守的老林。尽管彝军早有防备，但清军枪炮猛烈，彝军伤亡千余人，激战一天一夜后，彝军败退。中旬，清溪彝军终于失败。

清军除留部分兵力继续搜山外，又分两路：一路由那彦宝率领转进大树堡，镇压越嶲厅彝军；另一路支援峨边厅清军。

在大树堡，那彦宝探知马林在黑吗溪一带活动，便派当地土人及熟悉地形和彝情的兵士乔装，潜入彝军驻地，将马林及其家属抓获。四月初三日，马林被杀于成都。马林被捕杀后，大树堡一带的彝军仍有四五千人集结。他们利用险要地形，把住关隘，顽强抵抗清军。杨芳到任后，制定以据点为中心向外推进的进攻方略。从四月下旬始，分兵三路攻入彝军各据点。越嶲厅的彝民起义也终于失败。

峨边厅彝军主要活动在牛盘落一带山区。杨芳在大树堡取胜后，向此地彝军据点袭击。四月三十日，彝军据险同守的五峒皆失，数百人战死，近200人被俘。最激烈的战斗发生在曲曲鸟、石圈子等地，每道山、每道梁都有抵抗和搏杀。在连续不断的对抗中，彝军战死上千人，最后只得投降。

到九月中旬，杨芳以川南三厅县彝族造反者已"肃清"上奏，被宣宗封为"一等果勇侯"。半年后的道光十四年（1834）七月，峨边厅十三支彝中的雅扎支彝再次起义，又被杨芳镇压，不及一月，起义再起。直到道光十五年（1835）二月底，峨边厅彝民起义才被最后镇压下去。

马边厅与峨边厅紧邻，居民多为彝民。道光十七年（1837）六月，因彝民之间结仇相报（当地称"打冤家"），终于发展成官府无法控制的严重局势。为避免事态发展，建昌镇总兵张必禄、四川提督余步云两路出击，攻入凉山，彝民死伤无数。直到十一月，凉山彝民被迫四散奔逃，马边厅才算结束变乱。

6．滇、川农民起义

第一次鸦片战争以来，云南成为国内鸦片种植较多的地区，其所产烟土主要运销四川等地，获利丰厚。滇、川两省交界地区的破产农民、手工业者、被裁兵勇及游民无以为生，结为"烟帮"，为烟贩护运走私烟土等毒品。在贩运过程中，不但遭受烟贩的剥削，也遭到各地官吏的欺压。其外出护运烟土时，由管带、队长等统领，随身携带刀枪等武器，从而成为有组织的武装。咸丰九年（1859），四川设立厘金局，沿川滇边界设立关卡，对来往货物课以厘金。大小官吏巧立名目，任意对来往客商敲诈勒索，中饱私囊，甚至诬良为盗，投入牢狱，施以酷刑，直至杀害。烟帮被官吏苛索迫害，与官府矛盾趋于激化。石达开率部进军西南，杜文秀领导的滇西回民起义正在蓬勃发展受此影响，滇、川边界的烟帮及其他民众的武装斗争发展起来。

同年夏，云南昭通府（今昭通）大关牛皮寨的昭通烟帮首领李永和、蓝朝鼎、蓝朝柱①等已聚众反抗当地官府，而烟帮成员胡登高、杨剐狗二人被宜宾知县汪觐光、千总赵三元逮捕入狱，烟帮多方营救无效，终被处决，群情激愤。六月，李永和、蓝朝鼎遂大举扩充，队伍迅速发展到数百人，滇川农民起义的序幕拉开。

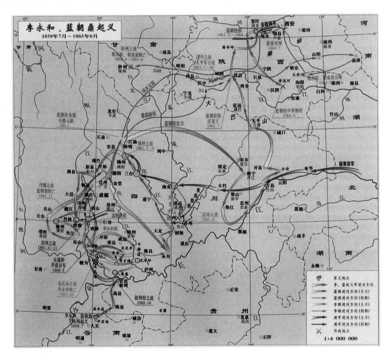

图6.4　李永和、蓝朝鼎起义（1859年7月—1865年6月）

图片来源：《中国战争史地图》，http://86814.net/wiki/zgzzsdt/

---

① 李永和（？—1862），云南昭通人，出身贫苦，起义后被推为顺天王；蓝朝鼎（？—1862），小名二顺，云南昭通人，苦力出身，起义后任大元帅；蓝朝柱（？—1864），小名大顺，朝鼎之兄，起义后任副元帅。

六、咸、同年间西南各族人民反清斗争

十一月下旬，起义军六七百人，经过老鸦滩（今云南盐津），进入四川境内，分别于十一月十八日、二十一日、二十三日，连克筠连、高县、庆符等县，击杀庆符知县武来雨。起义军得到四川广大民众的拥护，队伍发展到数千人。二十六日，起义军渡过金沙江，占领安边镇，兵锋直指川南重镇叙州府城（今四川宜宾）。三十日，起义军经柏树溪（今宜宾市叙州区）突袭叙州府城，千总赵三元等数百人被杀。次日，李永和与蓝朝鼎、蓝朝柱分别占领城西真武山翠屏山，以及岷江北岸的吊黄楼，从而控制了成都、犍为等地进入叙州的水陆交通，随即，起义军围攻叙州府城。

叙州知府英汇、宜宾知县汪觐光下令紧闭城门，急忙向成都将军兼署四川总督有凤求援。有凤遂调派提督万福、按察使蒋征蒲率3000名清军前去相救。起义军在宜宾西北的石马溪一带设伏，参将高克谦、游击明耀光率前锋由水路抵达石马溪时，见岸上起义军力量薄弱，便舍舟上岸，发起进攻。然而伏兵突现，激战后清军死伤甚重，高克谦、明耀光率300残兵逃往叙州城。万福和蒋征蒲不敢接近，分别在距府城数十里的牛喜、高家场立营。起义军一面搭造木梯，暗挖地道，千方百计攻进城内，一面在城外伏击清军。咸丰十年（1860）正月初六日，起义军又在石马溪设伏，马天贵部500余名清兵战死。

起义军围攻府城，但久攻不下。咸丰九年（1859）十二月初，先锋管带唐友耕投降，清军获悉起义军的全部攻城计划。此时，前来救援的清军人数已达万余人，形势对起义军非常不利。为摆脱府城久攻不下的被动局面，起义军于咸丰十年正月十九日夜主动撤围。

分军转战

李永和率部撤往青山地区。蓝朝鼎率部沿岷江北上，直向乐山、犍为交界的五通桥、牛华溪、马踏井三角地带的犍乐盐场。

犍乐盐场是四川最重要的产盐区，其税收是清廷重要财源之一，也是四川协济湘军军饷的主要来源。假如起义军占领了犍乐盐场、自流井、贡井等产盐区，会使清廷的财源受到影响，也会使湘军军饷告匮。有鉴于此，清廷抽调萧启江部6000湘军入川，并谕令四川总督曾望颜严防上述地区的盐工与起义军暗通款曲。此外，清廷还从陕、甘及四川省内各地调集重兵，赶赴犍乐、自贡及叙、嘉两府等地，防堵李、蓝起义军。

然而，起义军进展迅速，一举攻占了犍乐盐场，获得大量资财，又吸收了大批农民、盐工参加起义，壮大了队伍。蓝朝鼎率部从五通桥竹根滩

西渡岷江，南下宜宾县芎州一带。咸丰十年（1860）二月初十日，蓝朝鼎与李永和合军后，突袭箭板场，驻扎在当地的但玉龙、余振海等部共计2500名清军全军覆没，四川提督皂升被迫退守犍为。起义军随后进攻县城，失利后东渡岷江，进入罗城场附近的铁山地区。

二十六日，起义军趁清军在营地过年，主力2万多人由杨家场秘密进入富顺、荣县。二十九日突击占领了自流井、贡井，缴获了周围数十里内的各种物资。自此，起义军以天池寺和谢家松林为大营，四处活动，大量吸收当地盐工、小贩、贫民加入起义队伍，很快发展到十余万人。

为防止起义军北攻成都，清军派占泰和虎嵩林等率重兵驻守界牌、程家场一带，以加强自贡北路的防守。起义军北进之路受阻，主动撤离盐场。四月十二日，起义军从天池寺出发，经柑子坳、秀才坡向川西进发，四川提督占泰急令各路清军堵截。起义军事先在此设伏，十三日黎明，张万禄部清军赶到秀才坡，在经过豹子岭时，被伏兵团团围住。张万禄部全军覆灭，其余清军不敢紧追，起义军西进五通桥。

抵达五通桥后，清军接踵而至。李永和、蓝朝鼎为调动分散清军兵力，各个击破，由李永和率部坚守犍乐地区，蓝朝鼎率部沿岷江北上，伺机向成都进军。蓝朝鼎率军冲向占泰大营，击败清军后，经白马堰进抵青神城下，一举攻克该县城。

四川总督曾望颜眼见起义军攻势正盛，下令成都附近州县坚壁清野，并将通往成都的各条道路被挖断，大路和隘口层层筑起高原土关，欲令起义军寸步难行，又命占泰率全部清军星夜兼程，绕回成都救援。

蓝朝鼎部起义军则在各地民众的支持配合下，进展神速。占泰尚未赶回成都，起义军已攻克距成都仅百里的彭山。占泰赶回成都，新津渡口又被当地民团所扼守，蓝朝鼎进军成都的战略目标已不可能实现，遂调转方向，兵分两路，攻邛州（今四川邛崃），占蒲江，克名山。起义军陈兵百丈场、夹门关、坪落坝、大塘铺一带，切断了成都与雅州府（今四川雅安）的通道。

闰三月初五日，蓝朝鼎部撤离名山，夺取金鸡关，接着包围雅州府城，在清军的严防死守下，起义军围攻多日也未能攻克，便转攻洪雅、夹江、峨眉等地。清军以为蓝朝鼎将南下与李永和会合，急忙出兵拦阻。起义军则出其不意，回军西进，四月中旬，连克荥经、天全两座城池，在天全、芦山间屯兵。八月，蓝朝鼎率部来到距成都仅70余里的崇庆元通场，

六、咸、同年间西南各族人民反清斗争

进入温江、郫县、崇庆、新津、彭县、什邡、汉州（今四川广汉）等地。十一月，起义军进攻金堂不克，遂挺进川东。

蓝朝鼎率部转战川西、川北各州县，队伍不断发展壮大，也成功调动了清军，减轻了李永和部的压力。流动作战，其目标是调动各地清军，避免被清军围困。然而，攻而不守，始终没能建立起可供立足的根据地。

在蓝朝鼎率部转战川北、川西、川东的同时，李永和驻军五通桥，开展活动。咸丰十年（1860）闰三月至十月间围攻井研，不克撤围。张第才率部进入富顺、宜宾、南溪、隆昌一带，击杀隆昌知县萧庆，转战于川东南的荣昌、大足、铜梁、永川间。李永和屯兵五里浩，分兵向川南富顺、宜宾、威远、荣县、仁寿、资阳、南溪、隆昌、泸州等地进发。起义军不断发展壮大，人数增加到二三十万，声威大振。九十月间，各路起义军齐集富顺、隆昌交界的牛佛渡，连营百余座，活动于百里之外，慑于声势，清军不敢采取任何行动。

十一月十二日，张第才率部占领永川，与在川东活动的蓝朝鼎部会师。蓝朝鼎部攻克荣昌、大足、铜梁等地，并北上围攻遂宁两月，未克。后沿涪江北上，连克太和（今射洪）、射洪二城，进抵潼川府城（今三台）。

绵州会战

绵州（今绵阳）位于成都东北270里，是省城门户。东、北两面依涪江，南临安昌河。绵州知州唐炯积极部署布防。蓝朝鼎于咸丰十一年（1861）二月初围攻潼川时，唐炯亲率千余名黔勇驻扎在潼绵交界的福源寺（葫芦溪），并令各乡团勇前往助守，还派州判率兵扎营丰谷井一带，作为后应。

三月二十日，蓝朝鼎自潼川撤围后，直趋福源寺，清军溃败。但蓝朝鼎并未命大军乘胜追击，反而将主力集中于丰谷井。唐炯逃回绵州城，下令焚毁城外民房，紧闭城门，以作坚守。二十五日，蓝朝鼎部起义军进抵城下，依山沿河，修筑营垒，以围困州城；同时，分兵出击，袭占安县、彰明（今江油南）等地，获取大批物资，运往前线。四月十五日，起义军夺获涪江巡守的清军20余只炮船，完全控制了绵州的水陆交通。

蓝朝鼎部十余万人，绵州城内清军人数很少，团勇为数也不多。提督占泰率军驻守在罗江，以控扼入省之路。因此，起义军拥有绝对数量上的兵力优势。然而绵州城毕竟为门户所在，城垣坚固，易守难攻城垣高一丈

九尺。除城东紧靠涪江外,北、西、南三面均有深壕,且近城一侧筑有壕墙,壕外还安放了梅花桩,且城内清军粮草充足。鉴于以上情况,唐炯采取紧闭城门,凭险固守,静以待援的作战方针。

蓝朝鼎部起义军屯兵坚城之下,未能迅速向绵州城发起猛攻,速战速决,却采取了持久消耗的错误方针,导致功亏一篑。从三月下旬至七月下旬,起义军千方百计攻城,均未得手,白白耗费了四个月的宝贵时间。在五至六月间,起义军擒杀从罗江来援的占泰并大败其部清兵,却未乘胜扩大战果,仍然倾全力攻城。

四月十七日,湖南巡抚骆秉章①率湘军5000余人溯长江而上抵达万县。这时,李永和部张第才、何国梁、何兴顺等率部围攻顺庆府(今南充)。湘军主将黄淳熙奉命率所部3000余人,由万县弃舟登陆,经梁山、大竹直趋顺庆。起义军闻讯,由顺庆顺嘉陵江而下,转攻定远(今武胜)。五月十一日,湘军赶到离定远15里处的姚家店,分三路发起突袭。起义军缺乏准备,仓促应战,伤亡惨重,何国梁战死。余部退往二郎场一带,与数千起义军会合。

二郎场一带四山壁立,道路盘旋曲折,非常适合伏击作战。起义军在这里设下埋伏。十四日,黄淳熙率部进抵万古场,距二郎场仅有20里。黄淳熙求胜心切,连夜追击,到达燕子窝时,与小股起义军遭遇。起义军佯败,黄淳熙下令奋力追赶,到二郎场时,起义军伏兵四起,清军被限制在阡陌小塍间,彼此不能呼应相顾,最终一败涂地,黄淳熙被击杀。起义军乘胜转移到绵州,与蓝朝鼎部起义军会师。

骆秉章率湘军于五月三十日抵达大竹,得悉前线失利,匆忙赶赴顺庆。他一面命曾传理代理营务,一面将"随营勇丁"补充兵员,还派出张由庚、傅鸿勋招募川勇,准备进攻绵州。

骆秉章入川后,不断接见各地官绅,搜集关于起义军的情报。骆秉章针对起义军"散而不聚""剽而不留"等特点,总结清军"锐欲进攻而不能专向一处","此剿彼窜,莫收聚歼之功","备东缺西,终成流寇之患"等教训,确定了"诱归一处""合围会剿"的作战原则。② 抵达顺庆后,鉴于蓝朝鼎率大军围攻绵州,李永和率十余万重兵围攻眉州等地,清军势

---

① 骆秉章(1793—1867)字籥门,广东花县人。
② 〔清〕骆秉章:《川省军务疏》,《骆文忠公奏稿》(四川稿)卷二,第5-7页。

弱，他认为蓝朝鼎部实力最强，制定了由北而南，先蓝后李，各个击破的战略方针。

骆秉章决定派新任四川提督蒋玉龙率部在川南眉州牵制李永和部起义军，以防止其北上，将湘军作为主力向绵州发起进攻；胡中和等率原萧启江部6000余湘军由中江县黄鹿镇经杨家店进驻朱家桥；骆秉章部湘军由三台县葫芦溪进扎丰谷井，从南面发起主攻；唐友耕所部川军与颜佐才新招"黔勇"从西面配合进攻；唐炯在城内配合湘军行动，城东、城北两面加强防守，防止起义军进入陕西。

在做好部署后，骆秉章于咸丰十一年（1861）七月二十六日亲率湘军，由顺庆进驻潼川府城。八月初一日，清军悉数出动，分三路向蓝朝鼎部起义军杀去。护军营进攻塔山，果毅营进攻榜山、十贤堂，湘果营（原萧启江部）进攻东岳庙。面对来势汹汹的清军，起义军奋起反击。湘果营溃败，起义军在后追击包抄。塔山、榜山、十贤堂等处起义军战败，果毅营赶到东岳庙助战，胡中和部免于被杀。经过激战，起义军打退清军的三路进攻，但损失很大。为集中兵力，蓝朝鼎率军从东岳庙转移到西山观，蓝朝柱从北门龟山、桑林坝转移到西门青衣坝，与訾鸿发等共同据守。此时起义军仍有八九万人，在西山观、青衣坝一带修筑70余座营垒，连营20余里。

八月十四日，清军渡过安昌河后，分三路向起义军发起进攻：右路是护军营与颜佐才所部黔勇，沿涪江支流直上，牵制青衣坝蓝朝柱部起义军；中路湘军果毅营从正面攻向西山观；左路湘军湘果营绕攻西山观侧后。西山观地势险峻，不利仰攻。蓝朝鼎亲自指挥起义军，用火器给清军以大量杀伤，还不时冲下山，与清军展开短兵相接。左路清军湘果营由扁堆山绕到西山观后方，最终攻上了山梁，开始向起义军营垒施放各类火器，阵地上顿时烟焰蔽日，西山观失守，蓝朝鼎、蓝朝柱率部退往绵竹、什邡、彭县一带。

绵州会战，是滇川农民起义至关重要的一战。绵州战前，起义军在战略上处于主动进攻地位，清军处于守势。清军除在成都驻有少辆旗营外，绿营兵2.8万余人分驻各地，兵力极为分散。李永和、蓝朝鼎并未充分利用这一大好形势，对加入的部队进行整编，以致人数众多，但武器装备和军事素质都不够高。无法攻坚克难，十几万人马屯兵坚城之下，数月未能攻克，在指挥作战方面存在非常大的弊病。骆秉章所率清军，尽管兵力不足，但主力为装备精良、训练有素的湘军。骆秉章采取了正确的作战方针"合围会剿"，集中全部兵力，针对李、蓝两部分兵转战，协同能力不足的弱点，发动强攻，速战速决，扬长避短，取得了此战的胜利。蓝朝鼎面临强敌时，未能避其锋芒，及时果断率军转移，反而与清军主力进行阵地决战，一战损失七八万人马，元气大伤，战争形势发生了根本性变化。起义军战略上被迫转入防御直至最后失败。

眉州之战

眉州（今眉山）是成都南面的门户之一，城东临岷江，西接丹棱，南通青神，北连彭山，地势十分重要。

咸丰十一年（1861）二三月间，李永和、卯得兴率起义军先后攻占了仁寿、青神，将仁寿县改名为"长乐县"，青神县改称"安乐县"。其后，李永和派周庭光留守青神县城，分别在资州（今资中）、资阳、富顺、宜宾、彭山、名山、蒲江、丹棱、崇庆、大邑等州县派兵驻守，他亲率大军围攻眉州。与蓝朝鼎部一样，尽管兵力充足，但战斗力非常弱，眉州城迟迟未能攻下。

绵州之战大败后，蓝朝鼎经安县南下，余部仅剩万余人。驻守罗江的蓝部2万余人孤立无援，八月十九日遭到唐友耕部川军的进攻，遂退往绵竹，与蓝朝鼎部会合后，进驻什邡李家碾、河坝子等地。不久，清军追赶而来，起义军迅速转移，经彭县、灌县、郫县进入崇庆州境内。九月初十日，蓝朝鼎部再遭湘军突袭，受损后退往大邑、邛州。李永和派何崇政率万余人前去迎接。十七日，蓝朝鼎、何崇政部攻占丹棱，于李永和成掎角之势。

李永和部起义军驻扎在眉州城西南的象耳寺、快活山到黄中坝、张家坎一带，主力集结于虎皮塘、松江口及附近的铁门坎、石灰窑等地，与丹棱、青神声势相连，营垒皆为重堑深壕，十分坚固。李永和设大营于距松江口不远的刘家祠堂。岷江东岸，由卯得兴率部据守王家场、洪庙一带，向北延伸，控制了水陆交通，切断了粮道。

骆秉章视察起义军布防形势后认为，李永和部围攻眉州，威胁成都，蓝朝鼎部于战败后与李永和部合军，便利了清军合围进剿计划的实施。命蒋玉龙派川军牵制位于丹棱的蓝朝鼎部，防备其东援眉州，向北逃往蒲、邛等地，将其所率全部湘军及部分川军投入进攻眉州的方向。湘军湘果营由崇庆取道将军庙、多悦镇进驻眉州西北的顺和场；湘军果毅营、护军营以及朱桂秋部三营由彭山进驻眉州以北的悦兴场、金鱼山一带，与湘果营声气相通，进攻梅州西南方向。唐友耕部川军和黎德盛部由太和场渡过岷江，向东岸卯得兴部起义军发起进攻，陈绍惠统带水师炮船沿江而下，进攻起义军的水寨，水陆配合，组织每周起义军渡河向东逃出。

九月底，唐友耕率部抵达眉州，湘军各部陆陆续续到位。李永和见清军势大，收缩阵地，将岷江东岸的起义军调至西岸张家坎、黄中坝一带，加强防守。十月初五日、初六日，湘军由顺和场、悦兴场进至眉州城西，准备会攻松江口。此时，蓝朝鼎派出何崇政、谢大德之妻部由万盛场一带进至东瓜场，威胁清军后路。对起义军的部署，骆秉章决定先发制人，先打援再进攻。初九日，护军营和湘果营发起进攻，使用劈山大炮轰击东瓜场，何崇政等被迫弃场而去。

十一日，骆秉章下令清军发起总攻。清军兵分三路，黎德盛、唐友耕部与陈绍惠部水师配合，由河东王家场向张家坎进攻；果毅营由黄中坝渡河后向松江口进攻；护军营和朱桂秋等三营与湘果营左右配合，向起义军发起正面进攻。面对清军的三路进攻，起义军冷静沉着，顽强抵抗，多次击退清军进攻。清军改变战术，实行迂回包抄，前后夹击的战术，终于占领了松江口，冲进李永和的大营后，纵火焚烧刘家祠堂和硝药局。李永和被迫率部退却，沿路遭到清军截杀，伤亡3万余人。当夜，徐家冲、五里山、张家坎、黑龙场、莲花场、思濛场等眉州各地起义军相继战败，退据青神。

此时，李永和部虽遭清军打击，但起义军仍然西据丹棱、南占青神。清军此时面临着复杂的局面，若清军南攻青神，蓝朝鼎部起义军就可从丹棱南下进展眉州、彭山，威胁清军后路。因此，骆秉章放弃了原定计划，派唐友耕部清军进驻青神城北洪化偃，牵制李永和部，防范其渡河向东而去。湘果、果毅、护军各营自眉州西进，与川军配合，围攻丹棱。

坚守丹棱的是蓝朝鼎部主力。丹棱四面环山，南门外河沟纵横交错，不便进兵；东、西、北三门外均驻有起义军，各营长壕高垒，鹿角钉板环列，易守难攻。十月底至十一月初，清军发动强攻，用火箭喷桶实施火攻，守军见招拆招，清军强攻两日，始终无法前进一步，遂改用围困战术，严格约束各路将领。十一月十一日，清军掘长壕，设木城，出游骑，断粮道，试图困死丹棱守军。为破坏清军的计划，起义军于当天夜里从西门冲破川军的封锁，突围北去：蓝朝鼎率部先行，其余部队迅速跟进，蓝朝鼎亲率后队掩护。清军则跟踪追击。十二日，川军追赶至麻柳沟，与后队起义军接战。蓝朝鼎且战且退，抢登插旗山，据险抵抗。正相持间，湘军陆续赶到，将丹棱紧紧包围，从山后插上山头。蓝朝鼎率部突围，在冲下山时，被清军刺中额部战死。余部由其兄蓝朝柱等率领，经蒲江北上。骆秉章一面派湘军继续追击，一面派蒋玉龙部川军回师扎思濛场和莲花场，与唐友耕部合攻青神。

李永和从眉州退向青神，与驻守该处的周庭光合军，拥有兵力六七万人。围攻青神的兵力约万人。在兵力对比上，起义军有很大优势，但李永和刚败，其战略目标是守卫青神。清军向丹棱蓝朝鼎部进攻时，李永和未积极配合作战，蓝朝鼎牺牲后，李永和部士气低落，面临清军的强大压力，无法组织有效反抗。骆秉章为防备李永和部乘虚突围，下令蒋玉龙部与唐友耕部互相联络，黎德盛等部严防岷江东岸，又命水师炮船在江面昼夜巡逻。十一月下旬，起义军几次欲从城南突围，均未成功。骆秉章令湘军迅速回师，以合围李永和部。十二月十八日，湘军折回眉州，在其尚未抵达青神之际，李永和再次组织突围，率部返回铁山地区，周庭光率余部继续留守青神。

铁山东地势险要，崇山峻岭，连自贡盐场，西接犍乐盐场，物产丰富，易守难攻。起义军将这里当作根据地，多次开仓放粮，除暴安民，深得当地民众拥护。

湘军追击李永和部，抵达铁山后，骆秉章指令各州县团练严防通往铁山的路口要隘，断绝李永和部的粮食来源，开始围攻起义军。李永和则率起义军深沟高垒，据险固守。他分兵毛家寺，与铁山构成犄角，互相呼应。清军多次强攻，均被李永和部击败。但清军断绝粮道的措施也迫使起义军离开铁山，向外转移。同治元年（1862）三月初一日，毛家寺起义军向青神方向开拔，清军派出部队跟踪追击。李永和、卯得兴则率部撤离铁山，面对湘军的阻隔，李永和、卯得兴分兵两路。李永和驻富顺、隆昌间的天洋坝，卯得兴驻宜宾八角寨。骆秉章集中全部兵力围攻八角寨。四月十五日，李永和率部冲向八角寨，被沿路地方团练截杀，最后仅有百余人进入八角寨，与卯得兴会合。

八角寨林深径幽，山路险陡，山下河沟密布，易守难攻。清军强攻数月，依然毫无进展。但清军在秋粮成熟之际，切断了起义军下山收粮之路，同时增兵1500人，用新式大炮不断轰击寨内起义军营垒。在粮断的

六、咸、同年间西南各族人民反清斗争

威胁下，八月十三日，李永和、卯得兴率部突围。十六日到达铁山龙（穴孔）场。此地四面环山，南面黑虎台，东、北、西三面为环龙山，下有龙洞。环龙河流经山的西面。如在黑虎台附近筑堤蓄水，环龙河水就会灌入场内，使之变成汪洋。尽管为绝地，但因该出存粮尚多，李永和还是决定在此据守。

清军随即而来。骆秉章先派内应混入起义军中，刺探军情，绘制地图，再沿周围挖掘长壕，壕外筑墙，墙外密布梅花桩，将起义军团团围住。起义军在重围之下，以必死之心，坚持斗争。清军围困月余，未能攻破。四川布政使刘蓉被派往前线督战。刘蓉派人诱降，李永和严词拒绝，并率部奋力突围。清军终将环龙河切断，引水灌场。闰八月二十五日，李永和、卯得兴等在猪市坡被俘获，押往成都被处死。訾洪发等4700余名起义军均身亡，余部转战陕西。

蓝朝柱于咸丰十一年（1861）十一月底率部进入江油、石泉交界的太华山中。十二月率部东进，欲会合川东地区起义军。邓天王率余部进入平武山，后东进陕西宁羌州（今宁强）。蓝朝柱后经南部县进入达县、东乡，与张第才、郭富贵等部起义军会合。同治元年（1862）正月初十日，攻克新宁（今开江），南进垫江。在曾传理部湘军的追击下，张第才、郭富贵、蓝朝柱率部退往涪州（今涪陵）、酆都、忠州、万县，进入云阳县云安盐场。在这里，再次分军继折往开县。于四月二十六日攻占太平厅（今万源）。在五月初进入陕西境内，占领定远厅，获得大批物资，部队得到休整补充。随后攻占西乡，洋县，改洋县为"靖川"，建立"大汉政权"，自称"显王"，封蔡昌龄为"怡王"，袭用"蓝朝鼎"名号设官建政，深得群众拥护。十月至十一月间，蓝朝柱率部包围汉中府，在陕西异军突起。翌年（1863）初，太平军扶王陈得才率部再度入陕，连克平利、兴安（安康）、紫阳、石泉。蓝朝柱派人前去迎接，双方达成划界分守协议，并与太平军约攻汉中府。八月至九月间，连克汉中、城固。随后蓝朝柱回洋县，分兵攻占佛坪、留坝、华阳镇等地。十月初九日北上，占领关中重镇盩厔城（今周至），直接威胁西安。西安将军多隆阿急调穆图善、姜玉顺等部前去围攻，并亲自指挥。蓝朝柱则固守待援。

多隆阿指挥清军穴地攻城。但所挖地道被起义军破坏，清军改为强攻。时值隆冬，滴水成冰，起义军在城墙安放棉花包，浇水成冰，以阻挡清军攻势。清军连续攻城数十次，伤亡惨重，仍无法攻破。

太平军本拟兵分三路，前往支援，但因与留驻洋县的蓝部起义军发生冲突，甘肃太平军郑永和部在凤县被清军击败，从宁陕北上的曹参章部起义军也被清军阻截，无法赶到。蓝朝柱等不到援兵，自同治二年（1863）二月初开始，多次组织突围，均未成功。

二月二十三日，清军再次用地雷炸城后，突入城内，被击退。清军主帅多隆阿亲自登上炮台指挥，被起义军击中，不久，伤重而死。蓝朝柱率起义军撤出鳌屋。二十五日，清军最后攻入城内。

郭富贵在云安盐场与蓝朝柱分兵后，在陕西平利县转入湖北，连克竹溪、竹山，折回陕西后，转攻砖坪（今岚皋），克城后缴获一批火药，队伍发展到3万余人。郭富贵本拟沿汉江西进，与蓝朝柱会师，在得知回军围攻西安后，改变计划，回军北上，经子午谷翻越秦岭，直扑西安。八月二十四日，在长安附近的子午峪与胜保部清军激战，失利后转战陕、甘、川等地。其间欲与蓝朝柱会师，均未奏效。十一月十四日，郭富贵在巴州鼎山铺被清军俘杀，所部全军覆灭。

蓝朝柱部失败后，陕西境内的起义形势迅速恶化。由于天京形势危急，陈得才率太平军驰援，陕西巡抚刘蓉已率湘军入陕，占据了汉中。曹灿章率部转战镇安、安康等地，在清军的打击下，实力严重受损。四月初五日，曹灿章被俘身亡。

转战于豫、陕、鄂三省交界的蔡昌龄部起义军、郑永和部太平军以及启王梁成富部太平军在漫川会师，力量开始集中。他们在西安周边的镇安、孝义、尹家卫等地转战。天京陷落的消息传来，起义军内部人心动摇。王统兴、王克昌、彭学进、郑永和、罗启发等将领先后降清，起义军人数锐减。蔡昌龄、梁成富顶住压力，坚持战斗，于六月二十九日突围，翻过秦岭，经洋县、城固、沔县（今勉县）、略阳，进入甘肃。

阶州保卫战

蔡昌龄、梁成富与降清将领分道扬镳后，率余部4000余人经白马关进入甘肃阶州。阶州地处陕、甘、川三省边界，三省当局各自为战，没有全力应对蔡、梁等部起义军。萧庆高、何胜必等部被骆秉章调回四川，龚良臣部被派往甘肃河州（今临夏），其余各部在陕西边界分驻。咸丰十年（1860）八月初六日，起义军摆脱追击，一举攻下阶州城。

蔡昌龄、梁成富以阶州为据点，迅速扩大到3万多人。他们修制器械，广储粮食，在阶州周围修筑了数十座堡垒，又派出精锐扼守各要隘。

六、咸、同年间西南各族人民反清斗争

并与盐关回军互通声气，遥相呼应。

清军陆续抵达阶州城外，前后有两三万人马，完成围攻阶州的部署。战斗首先在阶州城外打响。清军先对各堡垒进行清除，与起义军展开缠斗厮杀。起义军战术运用灵活机动，清军小队活动时，起义军采取突袭的办法；大队清军进攻时，起义军便凭城据垒，严防死守，待清军逼近城垒时，枪炮齐发，杀伤其有生力量。清军的进攻屡遭失败，不得不改变之前猛打猛冲的进攻战术，断绝起义军粮道，诱使起义军出战，同时还派出各类内应，大力开展诱降活动，来分化瓦解起义军。不断有起义军降清。清军逐渐攻占了城外各堡垒，从北山开挖地道直通城下。清军最后用地雷轰塌城墙，冲入城内。蔡昌龄与梁成富率百余名战士出城冲杀，终因寡不敌众，蔡昌龄当场被杀，梁成富被俘后押往成都处死，全城起义军战死。

至此，持续六年之久，活动范围遍及滇、川、鄂、陕甘五省，参与人数达数十万之众的滇川农民起义被清廷镇压。

———— 七、咸、同年间东北农民反清战争

七、咸、同年间东北农民反清战争

1. 清前期严控蒙古、奉天等地

山海关外是清朝发祥之地。努尔哈赤反明后，关外就成为明清争夺的战场。明崇祯十七年、清顺治元年（1644）清军入关，问鼎中原。在短短数年内相继消灭南明、大顺、大西等数支抗清力量。为使长白山发祥重地得到保护，维持旗人生计，保持满族"国语骑射"旧俗，并防止东北地区出现类似于满洲的力量，早在天命年间（1616—1626），努尔哈赤即命人在威远堡边门之外、鸭绿江以西、长白山西南一带设立围场、参山和松子官山，不得随便进入，是为最初的"封禁"行为。顺治年间，清廷派人沿明代辽东边墙的旧址修筑"柳条边"，周长690公里，称之为"盛京边墙"，俗称"老边"。康熙九年至二十年（1670—1681），又修筑了南自开原之威望堡，北到吉林市北法特（法特哈）东亮子山上的一条单边，长1950公里，亦称"新边"。老边的西段和新边作为与蒙古游牧区的分界线。之所以修筑老边与新边，是为与蒙古有所区隔，"插柳结绳，以界蒙古。"盛京边墙以内称"边内"，以外称"边外"。边外对"新边"来说，又是"边里"。清初规定，边内的百姓不准自由进入边外。顺治十八年（1661），世祖下谕兵部，盛京边外居住庄村，都要移居边内。康熙二年（1663），清廷又将原居住在边内的蒙古头目迁往边外封地移居。显然，清初三朝设置柳条边，既是区隔畜牧、狩猎、农业经济区域，又是蒙古、吉林将军和盛京将军行政辖区的界线，也是维护其"发祥圣地"免受侵犯。

康熙十六年（1677）圣祖主政后，即派内大臣武穆呐等探察鸭绿江的水源，寻访长白山发祥圣地。武穆呐一行返回报告后，圣祖谕令晓示："长白山发祥重地，奇迹甚多，山灵宜加封号，永著祀典，以照国家茂膺神脱之意。"① 经礼部详议，每年春由宁古塔官员在乌拉地方望祭（吉林

---

① 《吉林通志》卷一。

市温德河畔的小白山），祀同五岳。①

圣祖认为长白山南麓两干，其中一干自西而北至纳绿窝集（龙岗山），复分二支，北支至盛京为天柱山（福陵所在地）、隆业山（昭陵所在地）；西支入兴京门为开运山（永陵所在地），把长白山与清朝的"龙脉"连接在一起。而与满族发祥地相关的地区，即盛京以东、伊通州以南、图们江以北的范围内，包括长白山周围的千里林海、参山珠河，都划作封禁区。在封禁范围内，不论何人，包括满族在内，凡居住、垦田、采伐、掘捕，一概禁止。康熙十九年（1680），清廷又在柳条边内划定旗界和民界，将民界百姓全部迁出旗界，禁止旗民混居，成为一种禁护政策。自康熙二十一年（1682）开始，从长白山的封禁区又分出盛京围场与吉林围场，已渐失其禁护"龙脉"的原义，与一般禁地，诸如马场、牧场、采捕山场、河口、鱼诸、禁荒等相同。这些围场，皆立封堆，各有定界，严禁百姓耕牧、居住、采掘和狩猎。由于清初关内各省自然灾害频发，广大民众流离失所，为求生存，不惜铤而走险，不顾一切地违禁出关。这种具有严格意义的封禁政策并没有坚持多久，清廷只得在关外设立一些府厅州县加强管理，封禁政策逐渐放松。可见，康熙朝封禁政策的重点是对各类封禁地的封禁，而不是对整个东北地区的封禁。

然而，自乾隆、嘉庆（1770—1820）年间始，清政府对内蒙古及东北地区采取了全面封禁的政策。内蒙古作为清廷稳固的战略后方，满族贵族与蒙古王公建立了政治联盟。随着人口的增长，受生计影响而到内蒙古地区垦殖的关内百姓越来越多，清廷担忧这种趋势发展下去会危及其对蒙古地区的控制，为防范蒙古地区的移民实边。乾隆十四年（1749），高宗谕示蒙古王公："蒙古旧俗，择水草地游牧，以孳牲畜，非若内地民人，依赖种地。""特派大臣，将蒙古典民人地亩查明，分别年限赎回，徐令民人归赴原处，盖怜惜蒙古使复旧业。"②

对东北地区的封禁，乾隆十五年（1750），清廷正式下令，奉天沿海各地派出更多官兵稽查，不许内地流民登岸进入东北，同时谕令在山东、江苏、浙江、福建、广东五省督抚，严禁商船夹带闲人。山海关、喜峰口等长城沿线的九处边门，都下令守边旗员和沿边州县严格禁阻。已进入东

---

① 张璇如：《清初封禁与招民开垦》，《社会科学战线》1983年第1期。
② 《清高宗实录》卷三四八，乾隆十四年九月丁未。

七、咸、同年间东北农民反清战争

北地区的流民,清廷强令奉天流民必须取保入籍,否则限其十年内迁回原籍。清政府还在东北地区每三年清理一次户籍,凡非当地户籍的流民,按律例驱逐回原籍。此外,清廷变更了流犯发遣地点。乾隆元年(1736),清廷晓谕:如果概将犯人发遣到黑龙江、宁古塔、吉林乌拉等地,导致这些地方聚集众多不法匪类,深恐本地人渐染恶习。此后,如有犯法例应发遣的满族人,仍发黑龙江等处,汉人则改发到各省烟瘴之地。从此以后,清廷发往东北的汉人流犯日益减少。到乾隆二十七年(1762),清廷正式颁布《宁古塔等处地方禁止流民例》,当年便将查出的宁古塔地方流民驱至吉林乌拉、伯都讷等处,并将双城堡、夹信泡、凉水泉、珠尔山等处启奏永久封禁。今后倘若再有流民阑入潜匿、偷垦等情况,即将该将军严议,副都统及派查员弁、总管、协领等官革职。乾隆四十一年(1776),清廷再一次强调:吉林不与汉地相连,不便令流民居住,传谕吉林将军傅森永远禁止流民入境。① 清廷还增加了东北民地田赋科则。厉行封禁后,盛京地区民人私垦余地每亩征银高达八分,而且一律征收耗羡。清廷明确把流民私开地称为"加赋余地"或"增赋余地",目的是严惩隐匿瞒报的弊端,实际上是对流民私垦的惩罚性措施,在经济上阻止流民进入东北。吉林、黑龙江地区大部分都处于柳条边外,更属禁中之禁,也是封禁最严的地区。早在乾隆六年(1741),清廷便以"吉林等处系满洲根本"为由,禁止流民进入。

嘉庆朝对东北地区的封禁更为严格,关外土地全部都被封禁。嘉庆八年(1803)下令:山海关外系东三省地方,为满洲根本重地,不准移民杂处其间,私垦地亩,导致妨碍旗人生计。并命令直隶、山东各督抚接到部咨后,在全省出示晓谕,严禁民人携眷出口。黑龙江地区因为全部都是官地,部落游猎分界而外,山河原野也历经各朝封禁,每年都需要特派官兵巡查,以防止"奸民"侵盗渔利,由黑龙江将军在年终时咨户部查考。

综览清代封禁政策,实际上形成了"圈中有圈,禁中有禁"的格局。但为稳定社会秩序,防止民变,稳固统治,官方不得不采取明禁暗弛的态度。

鸦片战争后,土地和人口日益集中的山东、直隶等地农民,在清廷的

---

① 〔清〕王先谦:《东华续录》卷三十二,上海古籍出版社,2007。

压榨和灾荒袭击下，纷纷进入关东，称为"闯关东"。他们或投入官庄、庄田乘佃纳粮，更多的是深居山场，① 潜入窨鹿、打茸，结党成群，结舍开田，形成聚落而居的事实。与蜂拥而至的游民相比，奉天、吉林等省清军势单力薄，无力驱逐，只得听之任之。面对这一情况，为缓和阶级矛盾和财政危机，清政府向招垦领荒的农民索取高额"押租"。东北地方官员除了把一小部分"押租"留作地方经费开销外，剩余则全部解往京师。五年后，荒地按例升科纳赋，"再将升科钱文，接济京饷"，"以解急需"。② 太平天国农民战争爆发后，清政府为解决财政困难，被迫在东北地区采取了"开禁"政策，更多流民进入东北地区谋生。

清廷对蒙古、东北地区的横征暴敛，使当地的阶级、民族矛盾日益尖锐。蒙古哲里木盟科派右翼后旗爆发的汉族农民抗租斗争持续了六年；卓索图盟土默特右旗的"八支箭"人民反抗压迫的斗争，也长达十年。土默特左旗的"老人会"伊克昭盟"独贵龙"昭乌达、卓索图盟一带的金丹道暴动，昭乌达盟敖汉旗白凌阿起义等，都显示了东北、蒙古地区的社会秩序已经发生重大变化。清朝的统治已陷入危机，东北人民反清起义就是在这样的背景下开始了。

2. 咸、同之际东北反清大起义

咸丰三年（1853），太平军定都天京后，派林凤祥、李开芳率军北伐，给清廷以巨大震动。受其影响，咸丰五年（1855）安徽、河南一带的捻军也发动了武装起义，直接推动了山东、直隶等北方地区的反清斗争。山东大批流民闯关东，来到东北地区从事开荒、采矿等工作。因不堪忍受清政府及蒙古王公贵族的欺压勒榨，在捻军起义的直接影响下，咸丰十年至同

---

① 王魁喜、吴文衔、陆方等：《东北近代史》第 68 页，黑龙江人民出版社，1984。

② 《清文宗实录》卷三三八，咸丰十年十二月庚辰。

七、咸、同年间东北农民反清战争

治四年（1860—1865），东北也爆发了声势浩大的农民起义。

图7.1　东北农民起义示意图（1860—1866年）

图片来源：王魁喜等《东北近代史》，黑龙江人民出版社1984年版，第68页

据相关档案记载，参加起义的大多是在边外种地"因贫难渡"的佃户。黑龙江三姓黑背金矿有数千淘金矿工参加了葛成隆的起义队伍，各地有许多铁匠、皮匠、锡匠等手工业者也参加了起义。此外，一些衙门役吏、在官役人（称"官马贼"）、基层政权的乡长，甚至在政治上失意的部分蒙古王公、台吉等也加入了起义队伍。起义军之所以能够在山海关外的东北平原往来自如，与他们的加入及支持有直接关系。

东北农民起义的发展趋势的由小而大，从最初几百人，很快发展到几千人，最终形成声势浩大的农民起义大军。起义军最初在奉天和朝阳一带活动。在清军的围剿下，很快根据东北地区平原广袤的地理特点，进入吉林、黑龙江境内开展流动作战，发挥骑兵的优势，往来倏忽，聚散不定，机动灵活，让清军疲于奔命。在组织方面，和北方捻军大起义有较多相似之处。初期起义者多是分散进行，彼此之间互不联系，各自为战。随着斗争形势的发展，各支起义队伍逐渐趋于统一，东北农民反清武装起义推向了高潮。

咸丰十年（1860），文宗获悉英法联军进攻北京，于九月二十二日清晨，带着后妃、皇子和一批王公大臣，仓皇逃到了热河行宫（今承德避暑山庄）。热河是清朝定都北京后的第二个政治中心——避暑山庄的所在地，下辖一府即承德府，六州县即平泉州、赤峰、朝阳、建昌、滦平、丰宁，以及卓索图、昭乌达二盟。在这里，汉族垦荒的流民，经商的回民，建昌金厂沟梁的挖金工人和土著蒙古族牧民等民族杂居在一起。太平天国起义后，清政府和蒙古王公的残酷压迫和搜刮，使原本就已十分尖锐的民族矛盾和阶级矛盾进一步激化。为保证皇室的安全，文宗下令让待命调往直隶抵抗侵略军的陕西、吉林、黑龙江等省的三四千官兵，昼夜兼程前往热河"护驾"。骤然增加的大量官员和兵马使当地粮食供不应求。清军四处搜刮粮食，掠夺百姓财物，其横征暴敛进一步加重了当地民众的灾难，引起了百姓的激烈反抗。咸丰十年初，义州（今辽宁义县）农民聚众抗粮，东北农民起义的序幕由此揭开。

王达、蒲厢起义

咸丰十年夏天，王达和刘珠"因贫难度"率领农民起义，在义州一带进行反清活动。刘珠，朝阳县七道沟牌黑蹄子沟人，他身体魁伟，勇敢善战，堪称一员猛将。李凤奎非常倚赖刘珠，把他看作行军作战的"长城"、柱石。十二月间，王达带领刘珠等300余人，抵达清河门，与"东荒蒙古人"白凌阿所部起义军在义州城北高台子地方会合，队伍扩大到500多人。白凌阿、卓索图盟喀喇沁右旗人，曾以贩马为生。咸丰九年（1859）冬，随同王五（即王老七）在奉天和卓索图盟交界处的九宫台地方和山海关内外等地，开始聚众从事反清活动。十一月十三日，义州人蒲厢也聚众数百人，抗粮拘捕，发动起义。

蒲厢，曾任锦州府书吏，咸丰六年（1856）曾赴都察院揭露仓书宋明"折征苛敛"的罪行。咸丰九年十一月间，又聚众200多人，持械赴署，"致伤差役数人"。他在义州揭竿起义后，考虑到己方人少，恐怕难以抵挡清军围剿，于是派人向另一支起义队伍王达求援。王达早年曾由义州迁居朝阳县，与蒲厢相识。王达在获悉蒲厢告急求援的消息后，于十一月十九日集合队伍，携带枪械，浩浩荡荡向义州进军。二十六日，王达率众抵达义州，翻墙进城后，砍开城门。次日围攻义州城。由于盛京将军玉明发兵增援，加之义州城内清军戒备森严，起义军未能攻下义州城。十二月二十日，王达为积蓄力量，以利再战，率军返回家乡，途中在清河门与广宁县知县塔青阿率领的一支清军遭遇，王达被捕身亡。白凌阿、刘珠等人率起义军余部进入朝阳等地，继续进行反清武装斗争，为当地百姓的起义创造了有利时机。

李凤奎、才宝善起义

咸丰十一年（1861）春，朝阳发生了规模更大的武装起义，领导这次起义的主要首领有李凤奎、才宝善、刘珠和白凌阿等人。

李凤奎、才宝善等很早就在朝阳地区密谋进行反清活动。李凤奎是朝阳县城南20里要尔营子人，在朝阳、建昌交界的金厂沟梁金矿做挖金工。他素孚众望，曾多次领导矿工与官府进行抗争，具有强烈的反清意识。

才宝善永平府昌黎县廪生，由于屡应乡举不第，也是科场失意的知识分子，内心逐渐滋生反清意识。他曾在当地发动农民，以暴力反抗当地官府的统治，失败后被捕送解永平郡监禁，后来被同党劫狱救出，潜逃到滦州府俸城，"树旗哨集"，遭官府镇压后逃到朝阳，投奔李凤奎，希望共谋反清大业。才宝善富有学识智谋，官府士绅对其颇为"称许"。①

王达死后，白凌阿率起义的蒙古骑兵，东渡大凌河，转战闾驿阳，新民厅十里铺和卓索图盟境内。加入李凤奎部。

咸丰十一年二月初二日，才宝善、刘珠、白凌阿等拥立李凤奎为首领，在要尔营子聚议起义，竖起黄旗。初四日夜，李凤奎、刘珠等率起义军，六七百人，分路向朝阳县城发起进攻。李凤奎等人先攻入巡检衙署，开狱释囚300多人，随后起义军拥入县署二门，将200多名看押人犯全部释放。接着，他们砸开三座塔（即朝阳）税员衙门银库，将库银取出用作经费。朝阳知县富昌事前毫无防备，面对来势汹汹的起义军，惊恐万状，出门呼唤县署丁役，却惊讶地发现无一人应者，② 只能从后垣越墙逃跑，

---

① 中国史学会主编：《中国近代史资料丛刊·第二次鸦片战争》（二）第502页，上海人民出版社，2000。
② 中国史学会主编：《中国近代史资料丛刊·第二次鸦片战争》（二）第503页，上海人民出版社，2000。

起义军占领了朝阳县城。

接着，李凤奎又率领起义军冲出城门，占领了县城东南险要凤凰山，作为起义军的据点。李凤奎分股占据了凤凰山以北的荒甸子，用作支援呼应。起义军攻入朝阳城的消息传出后，凤凰山附近的农民、手工业者、金矿工人等，数千人纷纷前来投军。在起义军力量迅速发展的形势下，李凤奎身披黄袍，被拥立为皇帝，封才宝善为军师，刘珠为领兵元帅，其余各属下都封赏有差。

李凤奎称帝后，采纳了军师才宝善"开拓疆土，扩充军实"的建议，决定立刻分兵两路，威逼热河行宫，以扩大战果。① 一路由李凤奎亲率黄旗队，攻取建昌（今辽宁凌源）；另一路经伯尔克、四家子，进入昭乌达盟，进攻赤峰县。二月十六日深夜，数百名起义军，由县城兵分两路进扑署门，枪炮齐放一个时辰。赤峰知县景兰见势不妙，连夜跑到翁牛特旗请兵。起义军进入院内，焚烧衙署，劫放狱囚，占领了赤峰县城。起义军在赤峰纪律严明，秋毫无犯。事后清廷也不得不承认：察看街市铺户，并无抢掠，安堵如常。

文宗在获悉朝阳、赤峰相继失守后，大为震惊。他视起义军为肘腋之患，急调在热河护驾的黑龙江、盛京马队1500名、陕西官兵1000名、热河和哲里木盟驻防马队各500名，总计3500人，由镶黄旗副都统克兴阿、总兵官成明统带，驰赴朝阳，相机镇压；又命盛京将军玉明派1000多名八旗军，前往朝阳相助。李凤奎、刘珠等亲自统率黄旗大军进攻建昌。四月初九日，在水泉与清军遭遇。此役，交战双方均严阵以待。克兴阿率清军首先发起冲锋，李凤奎、刘珠部起义军则用抬枪、刀矛迎敌，并连开大炮，拼死抵拒。战斗中，清军利用装备和兵力优势，枪矢齐发，起义军防线动摇，清军乘势追杀40多里直到波罗赤，起义军失利。几天后，起义军威逼热河行宫的目标没有实现，根据敌众我寡形势，李凤奎决定率部转道向东疾驰，经牛莽牛营子、八家子、刘龙台等地，出边围攻奉天的义州等地。盛京将军玉明闻讯后，立刻派马兵与壮勇600名出城迎击。在城外的二屋子，起义军一拥而上，清军接仗失利，伤亡兵勇60多名。

李凤奎起义军东进义州时，朝阳和凤凰山的起义军据点正面临一场严

---

① 中国史学会主编：《中国近代史资料丛刊·第二次鸦片战争》（二）第503页，上海人民出版社，2000。

七、咸、同年间东北农民反清战争

峻的考验。四月二十一日，克兴阿督率清军马步各队数千名，向朝阳县城发动反攻。留守的起义军则枪炮齐放，拼死固守。清军从古北口调来重达2400斤的攻城铁炮，利用武器优势，猛烈轰击朝阳县城墙；同时，在大凌河岸用大炮隔河轰击。两军正在相持间，盛京和黑龙江两路清军马队赶到。清军得到增援后士气大振，起义军因寡不敌众而溃败，朝阳与凤凰山相继被清军攻占。

李凤奎得知清军将进攻朝阳的消息后，立刻取道大乌兰驰援。四月二十三日，李凤奎起义军已赶到朝阳东北40里的桃花图。清军总兵官成明督饬各队，分扎大凌河河岸，以防凤凰山的起义军突袭；副都统克兴阿带领陕西和黑龙江马队，则在桃花图一带设防。二十四日，1000多名起义军从街中冲出，边施放枪炮，边向清军猛冲，这场激战从辰时（上午七点至九点）直到未时（下午一点至三点），鏖战多时。因李凤奎误中清军的反间计，将领兵元帅刘珠诛杀，致使起义军军心涣散，李凤奎只得率领残部，撤退到离桃花图20里的兴隆沟。清军穷追不舍，起义军陷入被两面夹击的困境，李凤奎部伤亡惨重。二十五日，李凤奎带领亲兵数十名，杀出重围，在返回凤凰山的石灰窑子地方，被当地乡团武装所俘虏后身亡。① 李凤奎死后，才宝善、白凌阿等首领率起义军各部继续开展斗争。

王五、李维藩起义和葛成隆起义

从咸丰十一年夏起至同治三年（1861—1864），东北农民起义的中心力量是活动在奉天昌图（今属辽宁铁岭市）的王五、李维藩和活动在吉林三姓的葛成隆。同时，西部蒙古族也掀起了反抗清朝统治的武装起义。各地起义者虽然还处在互不统辖、各自为战的状态，但无论在斗争规模、活动地区、参加人数和民族成分等方面，都超过从前。

朝阳起义失败后，才宝善、白凌阿等率领起义军余部，经广宁北转入奉天昌图厅八面城一带活动。他们立即得到王五和李维藩农民军的积极响应，队伍再次发展到三四千人的规模。王五，绰号"滚地雷"。李维忠，原名李维藩，外号"乌痣李"。咸丰十年（1860）李凤奎起义前，他就以王五为首，在昌图打出了"替天行道"的旗号，拉起了一支队伍，从事反清武装斗争。李凤奎起义后，李维藩等在奉天围场内三道花园聚众举事，

---

① 《清文宗实录》卷三四八，咸丰十一年四月已未。

设立两座山寨对抗清军。起义军最初不过五六百人，随着周边流民的不断入伙，很快发展到 1000 多人的规模，以 21 人为一队，共分 70 队，有战马 2000 余匹，并制造旗帜，拉运枪炮，加紧操练，到处抗击清军。

在得到王五和李维藩等部的响应后，才宝善的队伍的迅速增加到三四千人①，大批流民的持续加入，壮大了起义军的声势，他们以一日能驰二三百里的骑兵为主，采取"出没靡常"的机动灵活战术，作战的流动性不断增强，令清军吃了不少苦头。②

这支队伍在才宝善、白凌阿、王五和李维藩的带领下，采取时分时合、时出时没的机动战术，转战于吉林县昌图厅及科尔沁蒙古一带，声威大震。清廷急令当地驻防八旗和黑龙江马队 1000 名，并知照蒙古葛萌长增派骑兵会同镇压，均损兵折将。清军佐领哈尔尚阿马队被起义军围困冲散，候补佐领庆吉等受伤落马，不知下落。起义军不仅给清军以打击，同时也给地方武装团练以重创。同治二年（1863）十一月，王五、徐占一等率五六百人，进攻小城子，迅速占据了榆树台。候补佐领庆吉、候补防御骁骑校文楷带清兵百余人，会同梨树城照磨徐袁，带领乡勇 300 人前往围剿，在史家沟屯战败，庆吉、文楷、徐袁等人被杀。王五率众进攻东街路南瑞兴店，黄花甸子会总董曜带领会勇前往堵截，初战不利。王五率起义军从瑞星店东大门绕到后街，抄会勇后路，情急之下，会勇全部逃走，董曜不知战况，依然与四人倚在关帝庙东的一个猪圈顽抗。"无如归路已断，四面受敌，子药罄尽，束手就掳。"③ 除了消灭这股地方武装，王五、李维藩还带领这支起义军，与驰骋在长春府以北朱家城子的齐海、齐秀所部数百人马合军，屡次打败清军，沉重打击了清廷对该地区的统治。

由于王、李所率农民军英勇善战，吉林、黑龙江交界松花江南北两岸的人民受到鼓舞，他们奋起抗争，相继爆发了武装起义。同治二年初，阿勒楚喀界属荒山嘴子等地几百名农民，在张玉的领导下发动起义，他们经过莫湖屯，渡江北进，直抵呼兰城一带。张玉农民军使用马车运载枪炮，声势浩大。让追击的清军胆战心惊，避道而行。同年初，三姓东南的黑背

---

① 《清文宗实录》卷三五二，咸丰十一年五月庚子。

② 〔清〕王先谦：《东华续录》（同治卷五〇）第 17 页，上海古籍出版社，2007。

③ 民国《怀德县志》1929 年版，兵事第 48 页。

七、咸、同年间东北农民反清战争

金矿工人和农民,在葛成隆的领导下,也发动了反清武装起义。

葛成隆,热河朝阳人,原居东土默特旗,曾在热河矿场作工。咸丰八年至九年(1858—1859)时,因受李凤奎牵连入朝阳监狱。咸丰十一年(1861)李凤奎起义军攻占朝阳县城,葛成隆顺势加入起义军。第二年(1862)夏天,李凤奎起义失败后,葛成隆和王天汉逃到三姓城(今黑龙江依兰),平日以贩卖鱼虾、木炭为掩护,串联组织起义力量;同年秋,葛成隆又深入黑背金矿,结交矿工,准备发动起义。黑背,北靠三星城,南通宁古塔、珲春等地,山路崎岖,西面与阿勒楚喀曲径相连,远近赴黑背金矿谋生者不下万人。葛成隆到黑背后,很快便与头目谢福立会拜兄弟,聚集了100多人。李凤奎之子李玉和王天汉等人也先后入会。葛成隆与谢福等相议,确定以黑背烧锅作为起义的指挥地点,备足口粮器械,在同治三年(1864)春天"冒青"(小麦返青)时发动起义。

得知此消息,三姓副都统富尼扬阿即派佐领凌祥率兵前去镇压。谢福和刘广发获悉清军计划,连夜回山报信。十一月二十四日清晨,葛成隆得知清军有备,决定提前举事。他命起义军从东、西、南三个方向攻打三姓城。一路由张立本、王天汉负责,攻打乌斯浑屯;一路由李玉、谢福率领,攻打黑瞎子沟;还有一路起义军,由来自边墙外的流民宋发、陈胖子等率领直扑溧阳河。沿途群众热烈响应,各处商民金侠源源不断地加入,导致起义的队伍迅速扩大,从最初的四五百人猛增到万余人。

起义军当天挺进到离三姓城18里的三家子,不料,清军事先设有埋伏。副都统富尼扬阿也督率协领永祥,命守城清军分两路分别接应,枪炮齐施。起义军赶到此地时已是傍晚时分,葛成隆令点火开炮,不料炮膛炸裂,伤及自身。受此影响,清军前锋400余人乘机冲入起义军营地,起义军虽拼死抗击,但清军后队相继赶到,起义军面临腹背受敌的困境。战斗中,葛成隆、陈胖子身负重伤,使起义军谋士董任田、董玉相继被杀。当晚,三姓城周围灯火通明,清军防范甚严。葛成隆拉起的起义军虽号称万人,却因组织仓促,缺乏必要的训练和严格的纪律,三姓城未能攻克,面对强攻,势不能支,最后只剩下1000多人撤回了黑背。

二十五日,起义军分别向东南方向撤退。清军穷追猛打,起义军采取流动作战的战略战术,在与清军的缠斗中,不断消耗其有生力量。同治三年正月十二日,葛成隆与李玉率起义军200余人抵达罗家窝棚,作战中再次失利。连续作战令起义军疲惫不堪,二月二十九日,起义军在兴凯湖一带与清军展开激战,又被清军打败,葛成隆被俘获。这位年仅34岁的起义领袖被押解到省城审讯,在严刑拷打下不肯屈服,而后身亡。葛成隆死后,其余部仍然在密峰山一带坚持抗清武装斗争。

此时,活动在昌图厅、梨树、怀德一带的王五、李维藩部起义军,于同年秋从梨树、怀德一带挥师北上,进入吉林境内的靠山屯一带,以联系各路起义军并与其结盟。但是,因三姓起义失败,张、葛两支起义队伍相继被清军消灭,王五只好率部折回,南下经布尔库图边门(半拉山门)进入奉天围场(今辽宁境内辽源、西丰、东丰一带),与清军周旋。同治四年(1865)正月初九日,王五率五六百人,按五色旗号排队起身,车拉枪炮进攻小城子。十二日打到梨树县城,他们冲入照磨衙门,放出看管人犯,焚烧马号房间。十三日进攻榆树台,王五所部将清军官兵尸身攒在一起,用火焚毁。形势对起义军越发不利。二月初十日,在虻壮沟(长春所属),王五在与清军的战斗中被吉林通判松哥俘获,押赴省城身亡。王五死后,其余部势力依然不小。① 有可能再次飑起起义风暴。

在东北农民起义不断发展的形势影响下,遭清政府和蒙古王公压榨盘剥、无以度日的蒙古族牧民,也投入反抗斗争的洪流。同治元年(1862),东土默特旗(今辽宁阜新蒙古族自治县)的蒙古王公,宣布把蒙古人民的"壮丁费",由八吊擅自改为80吊,并强征俊男美女充当奴婢。牧民无法忍受这些残酷剥削和压迫,梅仑营子的绰金太和牙头营子的那木萨赍首先组织了"勿不格得会"(即老人会),联合该旗70个村庄,1000多户牧民发动起义,参加起义者有数千名之多。起义军喊出"减轻官差和壮丁费,停止强掠家奴"等口号,赢得了广大游牧民的支持。同治三年(1864)六月十七日,绰金太、那木萨赍率领牧民五六百人,焚毁蒙古王公房屋,获骡马27匹。② 九月,王府派协理台吉帕尔赍会同清军镇压起义军。绰金太聚众数千人,执鸟枪、器械抗拒。击杀该族官员库纳西哩,与清军展开追逐战。九十月间,绰金太被捕入狱。这次持续两年之久的东北蒙古各地反清起义暂告失败。清政府则慑于起义军的威力,不得不做出让步,宣布撤销每人壮丁费80吊的法令,仍旧恢复八吊的原征收标准,革去了散巴勒诺尔赞(俗称醉王)旗长的官职。同时,清廷还规定了旗长及塔布囊奴

---

① 〔清〕王先谦:《东华续录》卷二八,第25、32页,上海古籍出版社,2007。
② 《清穆宗实录》卷八八,同治二年十二月甲申。

七、咸、同年间东北农民反清战争

婢的数目。东北农民抗清斗争,在活动地域上从奉吉交界处扩展到吉林、黑龙江境内其深入发展,与直隶、山东等邻省破产农民大量涌入,加入起义斗争有直接联系,沉重地打击了蒙古王公贵族的残酷统治。

四年多的东北农民反清起义,削弱了东北地区清政府的统治力量,汉、蒙人民的持续反抗,令清廷大为震动,尽管起义军相继被清军镇压,但清廷对东北地区的统治政策未做任何调整,阶级矛盾依然十分尖锐。同治四年初至同治五年(1865—1866),东北农民反清起义进入了高潮时期。

其时,驰骋在新老边墙交界(即昌图、梨树)的王起和马傻子等人,互通声气,发动起义的骨干成员已逐渐形成。同治四年夏,王起等29人在四平街聚会,通过拜盟形成了领导核心,他们自备马匹,开展小规模反清武装斗争。马傻子,原名马国良,起义后改名马振隆,其先祖乾隆年间从山东掖县(今山东莱州市)逃荒到吉林梨树县。马国良出生在梨树,因早年丧父,家境贫寒,故自幼便拜师学艺。成年后,因善骑射又精武术,有"傻大胆"的称号,故又被称为"马傻子"。同治三年(1864)夏,马傻子就在买卖城(今吉林省梨树县)南条子河西一面城竖起"替天行道"大旗,率饥民起义。六七月间,起义军发展到了二三百人。这时,转战奉天围场的李维藩率领余部加入起义队伍。于是,王起、李维藩等人在梨树县小城子竖起了大旗宣布起义。因受捻军起义的影响,王起、李维藩等首领采用了捻军的五旗军制,共设黄、红、蓝、白、黑五色旗,每旗设置总头目一人,称"老总",又设"二老总"。其中,黄旗老总为王起,红旗老总为马傻子,蓝旗老总为赵大刀,白旗老总为赵飞刀(即钟明起),黑旗老总为杨永刚。每旗从千余人至数千人不等;旗下设"散头目""头目",作为基层的战斗组织,并无固定编制,每个头目下的人数从五六十人至数百人不等。五旗军制的建立,将各地分散的起义队伍汇成一股大军,反清力量因此得以加强。起义军的作战指挥也仿照捻军,主要以骑兵为主,采用"兵来而贼去,兵去而贼又来;兵合而贼忽分,兵分而贼复合"的机动灵活的战术①,因而流动作战能力很强。这支起义军在王起、马傻子的领导下,先后攻克梨树、伊通、长春,又南下连克开原、铁岭。同治五年(1866)六月至七月间,起义军由凤舞楼,进入兴京城以东的新

---

① 〔清〕王先谦:《东华续录》(同治卷五〇),第19页,上海古籍出版社,2007。

宾堡等地，严重威胁清帝祖陵——兴京永陵。驻守在永陵的城守尉派兵前往追剿，却屡次被起义军击败。盛京将军玉明、吉林将军景纶，因粉饰欺蒙、弹压不力被清廷革职处分，改派恩合和卓保分别署理盛京、吉林两省将军。中旬，马傻子率部由辽阳州碱厂进军城南王大人屯，大败清军后，直取盛京，破狱释囚，杀逐官吏，城内人心大为震动。之后撤离盛京，转向进军新民厅。在任仅四个月的署盛京将军恩和罪无可赦，被清廷以"马贼猖獗，莫展一筹""始终讳饰，种种贻误"的罪名革职，遗缺由原西安将军都兴阿接任。

此时，盛京地区的昌图、锦州、海口大东沟、貔子窝等地纷纷奏报起义军来袭，奉天四境，盗贼蜂起，所至千百成群，官不能制，清廷在东北的统治机构陷入瘫痪。

面对奉天"官不能制"的局面，同治四年（1865）十月二十九日，清廷急令署户部尚书文祥①、正黄旗汉军都统兼管神机营福兴等官员，统领京旗劲旅神机营和直隶洋枪队共3000多人出关镇压。文祥同时还与蒙古王公柏彦讷谟祜相约带领蒙古马队由北路夹击，奏请在天津候调的500名洋枪队驰赴营口驻扎，以防奉天起义军攻占营口。

同治四年十二月十一日，文祥等率军抵达盛京，清廷命其统一指挥东北各路清军。文祥兵分三路，意图夹击东北农民起义军。中路，文祥挑选马步队3000名，交由署副都统定安同总兵官刘景芳统领，由铁岭、开原，直趋昌图、梨树一带，为"视贼所向，相机进剿，以为吉林声援"②。东路，文祥派往500名洋枪队兴京，命其相机出英额、威远堡边门，作为援应之师；西北路，文祥知会科尔沁亲王伯彦讷谟祜派出马队，与吉林清军三面夹击起义军。清政府意图凭借所谓精兵及洋枪、洋炮来彻底消灭东北农民起义军。

面对来势汹汹的强劲对手，起义军实施了重大战略转移。起义军兵分三路，以大股西取朝阳，另外一股攻打赤峰，再派小股北攻昌图、法库。十一月十九日，王起和马傻子亲率四五千大股义军再克朝阳县城。数日后，又突然回军，经义州北上，与活动在法库的另一支起义军会合后，取

---

① 文祥（1818—1876），字博川，号文山，瓜尔佳氏，正红旗人。
② 中国第一历史档案馆：《文祥等奏为的派马步各队出边追剿请训未由》，同治五年一月十六日。

道昌图厅,进入辽阔的松嫩平原。

起义军分兵渡过松花江后,于除夕之夜袭取伯都讷,几天后又被商民迎入双城堡。踞城数日后,绑缚副都统常奎、同知安荣向东进军连克阿勒楚喀(今哈尔滨阿城)、拉林,五常诸城。消息传到省城吉林,商人歇业,人心动摇。同治五年(1866)三月初,王起和马傻子率部向省城吉林发起进攻。这时,刘果发率领500余人也从盛京围场,经松杉、蛟河,南逼吉林。这时,奉天境内的农民起义军,除一部分在海城、辽阳、牛庄等地继续活动外,主力全部进入吉林境内。吉林告急,文祥派清军出边救应。①三月上旬,王起、马傻子率领的起义军,攻占吉林北面要冲道法特哈边门,旋据乌拉街,锋芒直指吉林。此时,处处都是起义军的吉林,地广兵单,清军难于兼顾,势甚危急。王起、马傻子领导的起义军将东北农民起义推向了高潮。

但是,作为前敌指挥的马傻子贪功冒进,未等各路起义军齐集,便匆忙向吉林发起猛攻。守城将领、署吉林将军德英急调各地清军死守省城,并连续向清廷请调救兵。接连两次攻城均未克,起义军士气遭受重挫,内部竟然发生了内讧,主要领导人王起被害,起义军之间的联合趋于破裂。为分散清军的兵力,马傻子被迫兵分两路向西撤退。

省城外围一战,是东北农民起义由盛到衰的转折点。同治五年正月下旬,文祥率领京营与吉林清军在长春南会师。后与西撤的起义军遭遇,随即展开一系列大规模战斗。清军中的京营马队、直字营马队、威远队、五行队均为百战精兵,而由英美各国训练的洋枪队武器先进。起义军虽有数千人马,但装备远不及清军,经两次进攻吉林受挫,士气沮丧,军心涣散。二月初四日,双方在中阳堡、朝阳坡(今吉林省怀德)和新河口(今吉林省梨树)三地展开连续厮杀,起义军3万多人,列队摆阵,浴血奋战,虽杀伤大量清军,但自身也伤亡惨重。清军虽仅2000余人,但多为精锐,枪炮猛烈,因而三战三捷,士气正盛。经过三次大战,东北农民起义从高潮急剧走向失败。此后,马傻子率余部3000余人占据湾甸子一带,继续坚持斗争。清军又在边内外获胜仗十余次,共擒斩3000多人。②

---

① 《文祥自订年谱》(下)第51页,沈云龙:《近代中国史料丛刊》第210辑,台湾文海出版社,1965。

② [清]赵尔巽等:《清史稿·文祥传》卷240,中华书局,1979。

此时，集结在东北地区的清军总数六七千人，装备精良。与之相比，起义军内外交困，军心动摇，处于极端困难的境地。起义军分路逃散，清军分路追击。逃向南路的起义军速度极快，营口清军尚未到防，起义军已至牛庄。但东路清军恰好赶到，再败之，起义军向东边外败逃，西路起义军全部阵亡。马傻子走投无路，向清军投降。四月初五日，马傻子等起义领袖在黄旗堡被杀，其余部由徐亮星、马成万率领转入奉天围场，在山内立旗聚众、制造枪炮旗帜，继续分散活动，坚持抗清斗争。东北近代史上第一次农民大起义到此结束。

在咸丰十年至同治五年（1860—1866）的东北农民反清起义中，起义军领袖根据东北地区的地理气候等特点，参酌起义军将士的游民特点，在组织建制和作战方法等方面多仿照捻军。起义开始后，发展非常迅猛，持续时间长，主要以骑兵转战各地，直接或间接配合支援了太平天国后期的反清斗争和捻军起义，沉重打击了清廷的统治。起义虽然最终失败，但关内流民闯关东的形势却不可逆转，清政府被迫废除了承袭200年之久的"封禁"政策，吸引了越来越多的各省农民前往东北地区谋生，有力地促进了东北地区荒地的开垦，推动了东北地区社会经济的发展。

八、同、光年间陕甘回民反清战争

八、同、光年间陕甘回民反清战争

在中国的版图上,陕西、甘肃、青海、宁夏等西北地区是回族的主要聚居地。清穆宗同治年间,陕西、甘肃一带的回民,由于长期遭受清政府的欺压,形成了强烈的反清意识。回族的广大民众,在宗教界上层人士的发动组织下,在太平天国和捻军农民战争的影响下,掀起了席卷整个西北地区、长达十余年之久的陕甘回民反清战争。同治元年(1862)西北太平军陈得才、赖文光部和川滇农民军蓝大顺部从不同方向进入陕西南部,威胁西安,成为西北回民起义的导火线。

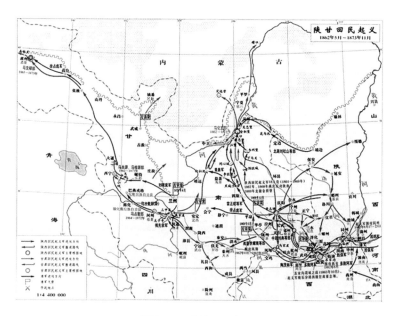

图 8.1　陕甘回民起义

图片来源:《中国战争史地图》,http://86814.net/wiki/zgzzsdt/

1. 陕西回民起义

陕西回民起义爆发，主要是由于陕西社会矛盾极其尖锐。自 18 世纪以来，陕西农民就受到清朝沉重的压迫和剥削。鸦片战争后，陕西更成为"筹款练兵"的重点省份和差役最重地区之一，而陕西又是回民的聚居地区之一，广大回族民众不仅受到沉重的封建剥削，还受到残酷的民族压迫。清朝统治阶级施行"以汉制回""护汉抑回"的民族歧视政策，煽动当地团练"灭回"，导致回汉间互相仇视。陕西渭南、大荔交界地带的回汉仇杀事件时有发生。同治元年（1862）四月二十四日，太平军攻下渭南，此前，清廷曾派数百回勇骑兵，由马四贤指挥，驻扎在渭河渡口以防太平军。太平军快到渭南时，回勇已不遣自散。回民领袖赫明堂、任武、洪兴等派人联络回勇，在太平军离开渭南，东出潼关后，回民起义开始迅速发展。

回军首先围攻大荔，随后华州、华阴、耀州、长安、蓝田、泾阳、富平、咸阳、蒲城等地回民纷纷响应。自东向西迅速蔓延扩展，渭河南北遍地开花，起义军迅速发展到 20 万人，组成 18 大营，马世贤、马龙、马正和、白彦虎、马四元、乜代荣、乜代恩、邸元魁、洪兴、禹得彦、孙玉宝、哈哈娃等成为起义各营主将。

回军分三路围攻城池，东路围攻同州府城（今大荔），连续进攻九昼夜，未能攻克，于是转移他处；西路主要攻打凤翔府城，长期围攻。中路主要以泾阳、三原、富平、咸阳为目标。西安绅士、团总梅锦堂下令在西安境内疯狂击杀回民，又到户县辉渠堡烧杀抢掠，激起了回民的极大愤怒。西安城郊的回军在孙玉宝的带领下，得到渭河北马生彦、白彦虎的援助，多次攻打西安，攻克了金胜寺。六月二十五日，回军猛攻西安城北的六村堡，陕西提督马德昭率兵赴援，被回军围困在垓心，图克唐阿、讷勒、和春等协领丧命，马德昭狼狈逃回西安。回军攻破六村堡，杀掉几万汉人，并掠得村里财物及妇女。至七月，西安近城各处团练均被打垮，省

八、同、光年间陕甘回民反清战争

城三面被围,提督孔广顺、马德昭所部兵力薄弱,屡遭打击后,只得坐困城中,不敢出战。

在此情况下,清廷命兵部侍郎胜保为钦差大臣,督办陕西军务。胜保统带大批清军从安徽开来,刚一进入陕西,就遭到回军的痛击。胜保战败,乘夜间从临潼南到达西安,随后前往大荔、朝邑,连吃败仗,却谎报军情,奏称"三战三捷,省围早解,叠平贼巢"①。胜保骄恣欺罔,贿赂苞苴,其部不堪一击,却捏报战功,引起陕西官绅的极大不满,纷纷参劾,清廷最终将其革职拿问,赐令自尽。

六月,清廷令荆州将军多隆阿率27营万余兵力,自湖北开往陕西,驻军同州府,接替胜保为钦差大臣、督办陕西军务。多隆阿入陕后,不断向大荔、渭南、华州、华阴的回军发起进攻,连续攻占了羌白镇、王阁村、庞古庄、雷华镇、乔店、孝义镇、仓渡镇、秦家村、丁家村等处堡寨,屠杀血洗惠敏,仅攻占羌白镇、王阁村一役,"就杀回万余,俘获无算"②。

七月二十二日,多隆阿前往西安,指挥清军攻打关中中部的回军。一路从高岭进攻普陀原,进入高岭后,向泾阳、三原进攻;一路由西安向咸阳进攻。

此前,多部大将、陕西提督雷正绾已攻占咸阳张家堡、药王洞、海家村、吉家村,回军与之在各地相持。雷正绾攻破永乐店、塔底。东路军遭到失败,多隆阿大军西来,关中中部各回军及由东部转移而来的部队,集中在咸阳境内泾河以南、渭河以北的村寨中。九月初十日前后,雷正绾部渡过泾河扼守西路,总兵曹克忠部驰赴咸阳,多隆阿带大军渡过渭河,攻打各村堡。在洪兴、赫明堂、孙玉宝、马生彦、白彦虎、蓝明泰、禹得彦、禹彦禄、二河洲等人领导下,回军绵延十多里,列队抗拒。作战失利后又进入村堡防守。多隆阿凭借其优良的装备和优势兵力,接连攻占了高阳堡、东穆家寨、南北二台家村、萧城、钮家堡、章家沟,直逼苏家沟大堡,回军在这里进行了抵抗,终遭失败。清军又攻占了冯家园子、西穆家寨,直抵渭城(今咸阳市东北20里处)下。渭城是回军的大据点,城墙高厚,城外密布木栅,环挖深壕。清军冒死猛攻,回军在城上枪炮齐发,

---

① 《钦定平定陕甘新疆回(匪)方略》卷十四,第1页。
② 〔清〕东阿居士:《秦难见闻录》;〔清〕杨毓秀:《平回志》卷一。

纷纷投掷木石，杀敌甚多。无奈孤城难守，渭城最终落入清军之手。多隆阿说："统计是日（十月二十二日）杀贼不下一万七八千人，夺获牛马器械不可胜计，实为今年第一血战。"① 清军进城后滥杀无辜，回民起义军撤出者仅1000多人。清军接连攻占了白起营、马家堡等处，这样，泾阳、三原、富平等县落入清军手里，回军关中中部各处据点都已失去，大部分转移到西路凤翔一带。

九十月间，多隆阿派总兵陶茂林军抵达凤翔，被围困了460多天的西府大城得以解围，整个关中地区的回民家破人亡，流离失所。同治三年（1864）四月，多隆阿中炮死于盩厔，清廷调杨岳斌任陕甘总督、刘蓉督办陕西军务、都兴阿督办甘肃军务、雷正绾帮办甘肃军务，专攻甘肃回军。同治五年（1866）冬，西捻军入陕，在灞桥大败刘蓉，回军也由陇东进军陕西。

在陕甘形势紧张之际，清廷于同治五年八月任命左宗棠为陕甘总督"以期迅扫回氛"。同治六年（1867）正月，又命左宗棠督办陕甘军务，加"钦差大臣"头衔，令其迅速入陕。左宗棠在招募扩充了部队后，在汉口集中了一支约2万人的西征军，并制定了"先捻后回，先秦后陇"的战略方针。同时，实行三路入陕的进军计划：刘典、刘端冕率5000人进荆紫关，出商州达蓝田；左宗棠亲率周绍濂、杨和贵部7000人沿大路进潼关；高连陞率4000多人溯汉水抵蜀河口。当时以张宗禹为首的西捻军在陕西连战告捷，围攻西安。所以左宗棠入陕后的首要对手就是西捻军。在镇压西捻军后，同治七年（1868）八月十九日，左宗棠出京征讨回军。九月初八日，左宗棠率亲军各营取道景州（今河北景县）至彰德（今河南安阳）。十八日抵达孟县（今焦作孟州，属河南怀庆府）。二十七日，由孟津渡过黄河，于十月十三日抵达西安。

当时陕西回军已退入甘肃东部宁州境内，其主要领袖马正和、白彦虎、禹彦禄、崔伟、陈林、禹得彦、冯君福、马长顺、杨文治、马正刚、马生彦、毕大才等，以甘肃宁州（今宁县）境内的董志原为基地，号称18营，人数超过20万，活动范围北接庆阳，南连邠（邠州）、凤，东北直达鄜（鄜州，州治在今陕西富县）、延（延安府）。除回军外，陕西东

---

① 《平定陕甘新疆回匪方略》卷五三，第1页。

八、同、光年间陕甘回民反清战争

北还有以董福祥、高万镒、张俊、李双良为首的汉族武装集团,共有十余万人,以靖边县的镇靖堡为基地,主要活动于延安、绥德、榆林一带。

左宗棠首先调署陕西巡抚刘典,甘肃提督高连陞,署汉中镇总兵李辉武,道员黄鼎、魏光焘等前往西安开会商讨用兵计划。会议结束后,左宗棠决定北路以高连陞一军进驻宜君以西的苗庄、杨家店一带,周绍濂一军由中部分营进扎双柳村,魏光焘一军由鄜州张家驿驻王家角,进逼庆阳;刘端冕一军仍驻鄜州、甘泉,扼守东西关键,西南方面以黄鼎部蜀军屯邠州,甘肃按察使张岳龄、知府俞步连两军驻陇州、汧阳,蜀军李辉武部屯宝鸡,同时调吴士迈"宗岳军"两营及别部两营、马队八营赴凤翔;东北方面则调郭运昌部"卓胜军"马步八营由同州、韩城北上宜川,以进延长。又调尚在洛阳的刘松山部"老湘军"由平陆县境内的茅津渡过黄河入晋,经汾州(今汾阳)趁黄河结冰趋陕北绥德;命张曜的"嵩武军"由山西河曲、保德渡河赴榆林。再加上署延榆绥镇总兵刘厚基、绥德知州成定康部屯绥德,刘厚基一支驻延安,署宁夏将军金顺也奉令东向驻扎榆林,总共约140营清军。左宗棠对西北回民起义军采取"剿抚兼施"的政策,对不肯受抚的回军则主张毫不留情地消灭,否定了清廷内部允许马化龙前来归顺的主张。左宗棠把马化龙视为历史上的"张骏、元昊之患"(张骏在东晋时曾建立前凉政权,元昊在北宋时曾建立西夏政权),他命刘松山一军由西北进入花马池一带,以截"宁灵之贼",令不得向东。十一月中旬,刘松山率军前进到山西永宁州(今离石区),分兵3000驻山西军渡,以护运道,然后自率大队前进。十二月初六日,"老湘军"至绥德,向西与绥德知州成定康一军进攻大小理川等陕北反清武装据点,攻破100多座堡垒。十四日,刘松山屯军安定,因军粮供应不足,只好宰杀骡马充饥,然后向西北方向且战且进。十八日,"老湘军"向董福祥的基地镇靖堡进攻,董的父亲、弟弟投降。董福祥、李双良等陕北反清武装头目也投降了刘松山。

击败董福祥军后,左宗棠的下一个目标是消灭以董志原为基地的陕西回民起义军。董志原地处陇东马莲河西岸,属甘肃庆阳府管辖范围,"地居秦陇要膂","形势之重,自古已然"。这里土地非常广阔,南北长150里,东西宽280里,当地民谚有"八百里的秦川,还不敌董志原的边边"。同治八年(1869)春,董志原的回军18营三四万人分路出击,二月初六日,屯距于庆阳府最南端的正宁县,自南北两原以及永乐堡、白吉原、宫河原一带，准备进攻陕西邠州（今彬县），然后直下秦川。陕安道黄鼎部蜀军除由徐占彪率五营埋伏在中家堡外，其余均出邠州迎击。初八日，败回民起义军于白吉原，一直追到官河。雷正绾、张岳龄两部清军也分别出动。陕西回民起义军迫于清军压力，将18营合并为四大营，以一半兵力保护眷属、辎重向西北预望城、半角城、金积堡（属宁夏府）撤退，以一半兵力由马正和等率领断后。左宗棠下令各军备足粮草，追击回民起义军。二十三日，雷正绾、黄鼎、马德顺、李耀南等各路清军由邠州长武县分三路进攻宁州太昌镇，占领了萧金镇、董志原等重要据点，夺取了镇原城（属甘肃泾州）。二十五日，又占领庆阳府城。陕西回民起义军丢失了董志原基地，只好北上投奔马化龙。这一战役，回民起义军一路上被杀、饿死以及坠崖而死的人数不下3万。击溃以董志原为基地的陕西回军，是左宗棠进军甘肃的一个前奏。随后，他开始全力对付甘肃境内的回军。三月，他将大本营移到乾州（今陕西乾县），指挥清军各部向西挺进甘肃。

2. 甘肃回民起义

在陕西回民暴动时，甘肃回民也迅速响应，很快就控制了甘肃大半地区。甘肃回军共有四大支，分别是以河州（今临夏）、狄道州（今临洮）为中心的马彦龙、马占鳌一支；以灵州（今灵武）、金积堡为中心的马化龙一支；以肃州（今酒泉）为中心的马文禄一支，以西宁为中心的马桂源一支。

金积堡会战

在甘肃四支回军中，以马化龙这支实力最强，也最有影响力。马化龙父子都是西北地区伊斯兰教白山派（即新教）教主，他一面以金积堡为根据地，控制灵州（今灵武）及附近各州县，自称"两河大总戎"，雄长各地回民教众，割据一方；一面也接受清廷"招抚"，担任副将职位。马化龙在他的辖区采取"少杀人""重农事"的政策，注意兴修水利，安定汉人，发展农业生产，颇受当地民众信任。左宗棠则认为，西北军事的关键

八、同、光年间陕甘回民反清战争

图 8.2　金积堡之战（1870 年 2 月—1871 年 3 月）

图片来源：《中国战争史地图》，http://86814.net/wiki/zgzzsdt/

枢纽，全都集中在金积堡，此关一开，全局尽在掌握之中，遂决定全力攻取。在给主力部队统领刘松山的密信中，谈及攻占金积堡的意义："马化隆（即马化龙）名虽受抚，而恃其宦豪，恃其地险，阴与陕甘各回相通。以大局言之，金积堡为陕甘必讨之贼，失今不图，后将噬脐无及。从前雷、曹两提督攻金积堡，因粮运不济，后路被其截断，遂至一败不振。故欲攻金积堡，非宁夏、固原均有劲军不可。而从东路进兵，非熟审路径、囤积粮食、层逼渐进不可。麾下自绥德鼓行而西，名为剿花、定之贼，而实则注意于金积堡，俟逼近后，察其顺逆，缜密图之。此关一开，则威震全陇，乃收全功也。"① 金积堡周围"自吴忠堡至灵州，堡寨四百五十余，

---

① 《左宗棠全集·奏稿》卷三十二，第 10 页，岳麓书社，2009。

自洪乐堡至峡口堡寨一百二十余,共计五百七十多个堡寨,且金积堡墙高近四丈,厚约三丈余,堡中有堡"①。左宗棠也认为"金积堡蛮攻不易"②,堡内的回军利用堡寨之纵横,坚守死拒,最后与清军形成了逐堡争夺战的局面。对回军而言,其战略是以空间换取时间,在清军方面,其战略则是以时间争取空间的一场消耗战。

同治八年(1869)五月,左宗棠兵分三路,开始向金积堡大举进攻,北路以刘松山部老湘军进定边、花马池,从东面逼近灵州。中路以魏光焘、周绍濂、刘端冕各军西出合水、宁州、正宁(均属庆阳府),直指庆阳、环县作为主攻方向,雷正绾、黄鼎各部由董志原、泾州向镇原、崇信、华亭、固原移动,南下秦州。南路则派吴士迈军由陇州、宝鸡趋秦州,马得顺、简敬临两军驻灵台(泾州东南角)作为预备队,策应南北两路。

五月二十五日,左宗棠自邠州长武进驻泾州城。七月十二日,刘松山在镇压了内部兵变后,率军由陕北清涧西驻镇靖堡,下旬进入花马池。八月初一日,老湘军进至灵州东面的磁窑堡,而后转战抵达灵州城北。初三日,回军在郭家桥集中了七八千人抗击清军。激战中,刘松山将郭家桥一带21处堡寨一律平毁,各堡尸横遍野,清军一路追杀,迫近吴忠堡后才屯扎于下桥。马化龙见清军来势汹汹,一面上书左宗棠,代逃到宁夏的陕西回民起义部队求抚,一面掘"秦渠之水以自固"。③他同时派出回军攻占灵州,再次打出反清旗号。左宗棠针锋相对调整部署,调简敬临军由威戎堡移驻平凉府西面的静宁,派黄鼎部由瓦亭、平凉会师简军,向北进发;金顺、张曜两军自北而南,直向石嘴山开进,与刘松山部形成了合击回军之势。

马化龙表面受抚又公开反清的行为,为清廷部分满洲官员攻击左宗棠提供了口实。绥远城将军定安认为灵州被回军攻陷,是刘松山轻进滥杀的结果,指责刘松山不分良莠,对回军肆行杀戮,以致马化龙疑惧猜忌,才

---

① 中国史学会主编:《中国近代史资料丛刊·回民起义》(三)第24页,神州国光社,1952。

② 《左文襄公批札》卷三,第16页。

③ 中国史学会主编:《中国近代史资料丛刊·回民起义》(三)第479-480页,神州国光社,1952。

八、同、光年间陕甘回民反清战争

攻陷灵州,强掠财物;即将卸任的署陕甘总督穆图善也认为刘松山的做法激化了矛盾,肇成事端,恐怕甘肃兵祸没有停止之日,将来左宗棠再采取"剿而后抚"的策略,也未必能获得回民信任。但左宗棠横下一条心,不顾各种责难,决意将马化龙军事集团彻底击溃,以震慑其他回军。

九月二十三日,刘松山攻破马家寨等堡,搜查获取了马化龙给参领马重山、吴天德、杨长春纠集党羽抗击清军的信札,清廷在了解到这些情况后,决定支持左宗棠的主张,令左宗棠"迅图扫荡,不得轻率收抚"①。

二十九日,刘松山统兵攻占灵州城,留黄万友守城。十月初六日,分兵三路,向板桥、蔡家桥推进,平毁庄寨30多处,逼迫回军撤到金积堡东北波浪湖边,用火炮围攻,遭屠杀的回民起义军填积湖中,湖水全被染红。十一月初三日,老湘军与刚刚赶到的金运昌部卓胜军摧毁金积堡正北、东北、西北三个方向外围堡寨20多处。这时,雷正绾、周兰亭两军奉左宗棠之命,进入鸣沙洲,由峡口屯驻秦渠内外,黄鼎、马德顺两军南下盐茶厅、达拉城、会宁,堵截西逃的陕西回军。十一月初一日,左宗棠从泾州进驻平凉,受陕甘总督印。此时,他的学生周开锡从福建解军饷到陕西,被任命为南路军总统,刘松山被任命为北路军总统。

驻守金积堡的回军顽强抗击,清军损兵折将,日久没能攻下。金积堡北面的各堡寨也据险固守,清军轮番进攻,伤亡惨重。十一月上旬,清军简敬临部在汉伯堡遭重创,总兵简敬临被杀。马化龙在坚守堡寨的同时,还主动出击。他派出两支部队:一路西攻定边花马池,切断"老湘军"的粮道;一路出环、庆,袭击陕西,这让左宗棠大为震动,清廷急调李鸿章率淮军入陕助攻。李鸿章刚到潼关,则因天津教案发生而被清廷召回。同治九年(1870)正月十三日,回军夺回峡口,这是控制黄河进水口的险要地方。两天后,刘松山在前往马五寨与回民议和时,因侮辱回民被杀。雷正绾、周兰亭、徐文秀、张文齐四支清军同时溃退,甘肃形势急转直下。回军乘势反攻,马朝元由金积堡出击宁条梁,进攻鄜县、甘泉、韩城、郃阳;崔伟等进攻邠州、长武;马振纲等由三水进军渭北,攻取蒲城、富平、同州、朝邑。北路回民队伍取定边,整个战局为之一变。

面对不利于己的局势,左宗棠奏请刘松山的侄子刘锦棠②接任老湘军

---
① 〔清〕左宗棠:《左宗棠年谱》卷五,岳麓书社,2009。
② 刘锦棠(1844—1894),字毅斋,湖南湘乡人。

总统,给予"三品卿"头衔,以提督黄万友为其副手。左宗棠指示刘锦棠收缩兵力,各营在吴忠堡集中,先图自保,严密扼守下桥、永宁洞等军事要地。同时,命令刘端冕、李辉武两军回援陕西。左宗棠已经做了全面撤退的最坏打算。

马化龙在清军收缩自保的形势下,未能趁势全力出击,而两支出击的回军在二月反攻吴忠堡,袭击灵州城,都未能得手,进入陕西的回军也都铩羽而归。三月,马化龙见形势不利,再次求"抚",左宗棠坚持必须将马匹、枪械全部缴出才能受降。马化龙暗中加紧派军增援各堡寨。四月,金积堡回军出击抢粮。六月,左宗棠派黄鼎、雷正绾出何家堡,计划攻取峡口,马化龙立即命袁希义守住峡口屏障张恩堡,还从金积堡派兵增援。雷正绾、黄鼎一面分兵在牛头山击溃自金积堡增援的回军,一面于七月初六日攻入张恩堡。七月下旬,清军占领了峡口。八月,刘锦棠攻下东关,与郭运昌直逼金积堡。九月初二日,黄鼎部占领了距金积堡西门只有十多里路的洪乐堡。刘锦棠驻扎在金积堡的东面、南面,郭运昌驻北面,西北是徐文秀军,正西面是黄鼎军,西南面为雷正绾军。清军已将金积堡团团围住。十月初五日,南路清军攻占汉伯堡。金积堡外只有五座堡寨还未被清军攻破,金积堡内的回军已成瓮中之鳖。

十一月,马家滩、王洪寨回军投降清军。十一月十六日,金积堡内的马化龙及其子马耀邦最终交出全部军械,向刘锦棠投降。十二月十二日,金顺、张曜占领河西王家疃,二十八日,通昌堡、通贵堡的回军最后向黄鼎投降。金积堡战役基本结束。

马化龙投降后,左宗棠并没有放过马氏父子,他认为马化龙作为甘肃伊斯兰教的领袖,在回民中拥有巨大的宗教及政治影响力,"暂若从宽,必滋后患","此时若稍松手,将来仍是西北隐患……本朝都燕,以九边为肩背,尤不宜少留根荄,重为异日之忧,不比陕回由积衅私斗起事,尚可网开一面也。"① 同治十年(1871)正月十二日,刘锦棠以从金积堡中搜获匿藏洋枪1200余杆为借口,将马化龙及其兄弟子侄以及精悍部众1800

---

① 刘晴浓、刘泱泱主编:《左宗棠全集·家书》(下)第28页,岳麓书社,2009。

八、同、光年间陕甘回民反清战争

余人（包括重要头目 80 余人）全部处决。① 后又将金积堡老弱妇女 1.2 万余人解赴固原州安插，并将侨寓和胁从的甘肃回民 3000 余人押解到平凉安插。

金积堡会战中，左宗棠为将马化龙经营多年的金积堡攻破，调动 71 营约 3 万清军，马步兵协同作战，还使用了许多新式武器，包括从普鲁士进口的后膛来复线大炮，却仍然耗时一年半，伤亡惨重。左宗棠不禁感叹："仆十余年剿发平捻，所部伤亡之多，无逾此役者。"②

表 8-1　自同治八年八月至同治九年元月十五日清军阵亡带兵官

年	月	日	作战区域	主将	阵亡带兵官
八	八	二十八	灵州	刘松山	提督易德麟、钟建高，总兵胡王元、牛得超
	九	十七	打拉城	黄鼎	记名提督处州总兵马德顺
	九	二十五	宁夏	金顺	副督统贵升
	九	二十九	灵州	刘松山	总兵杨玉贤
	十一	九	金积	雷正绾	提督简敬临、姚连升，总兵谭正明、邓云高
	十一	十三	金积	刘松山	提督李龙山，总兵周本立、易作义
	十二	二十二	金积	刘松山	提督张罗，总兵文宫胜、刘上远、陈遵荣、刘安福
九	元	十二	宁条县	马长凤（回民队伍）	总兵刘求益、成荣华
	元	十五	马五寨	刘松山	广东陆路提督北路军总统刘松山
附记	（1）计右翼盟长 1 人、提督 6 人、记名提督 1 人、总兵 13 人、共计 21 人 （2）回民马长凤攻宁条县，清军死总兵 2 人				

---

①　中国史学会主编：《中国近代史资料丛刊·回民起义》（三）第 167 页，神州国光社，1952。
②　刘晴浓、刘泱泱主编：《左宗棠全集·书信》（二）第 233 页，岳麓书社，2009。

清军在半年之内，损失 21 名提督、总兵级的带兵官，其代价不为不大，而且刘松山是北路总指挥，足证回民的战斗力之强大。

金积堡周围自吴忠堡至灵州有 450 余座堡寨，自洪乐堡至峡口有 120 余座堡寨，共计 570 多座堡寨，且金积堡墙高四丈，厚约三丈，堡中有堡。左宗棠认为金积堡蛮攻不易。回民利用堡寨纵横，星罗棋布，坚守死拒，因之形成了逐堡争夺战。

河州之战

金积堡之役结束后，左宗棠的下一个进攻目标是河州（今甘肃临夏，时属兰州府）回军。当时，陕甘总督驻地兰州的东、西、南三面均与河州相连，河州回军为马占鳌军事集团。马占鳌，字魁峰，回族，甘肃河州人，少学经文在家乡做阿訇。同治二年（1863）八月，参加回民起事，围攻河州，被众回公推为帅，自称都招讨，成为河州回军领袖。十一月，再攻河州。同治三年（1864）正月占领该城。同治六年（1867）以假降之计，几乎生擒清署陕甘总督彩图善。同治九年（1870），应马化龙之请派兵2000渡洮河东进，而败归河州。河州的存在，对兰州的威胁很大。左宗棠在消灭马化龙集团的同时，就先派吴士迈、汤聘珍、李耀南各军由汧、陇向秦州（今甘肃天水）出发，与甘军配合作战。为加强南路军事力量，左宗棠特将周开锡派至甘南总统诸军，并对战斗力较弱的甘军进行裁并、整顿。

同治九年五月，周开锡派凉州镇总兵傅先宗部进军巩昌，提督杨世俊率部由秦州出伏羌。清军在宁远、礼县击败回军后，乘胜攻占渭源县城，夺取甘肃西南的战略要地一杆旗（距渭源县15里）。六月初三日，清军又攻破狄道州城。此时如进一步扩大攻击范围，河州定能攻占。但南路清军兵力不足，粮运困难，左宗棠决定先集中兵力攻北路，南路暂取守势，清军于是在洮河以东驻屯。左宗棠计划集中兵力，先攻取北路金积堡后，再向南路各地攻击："论用兵之势，则宜长驱以规复河州，然自秦州迤西巩昌、狄道四百余里，中间渭源二百余里，弥望蒿莱，人烟断绝，大军前进，后路粮运防兵宜多，则进剿之兵少，可俟北路宁灵肃清再图之。"①

十月，河州回军渡过洮河，进攻平凉府静宁州，以牵制清军对宁夏的

---

① 〔清〕杨毓秀：《平回志》卷五，《回民起义资料》第3册第161页。

八、同、光年间陕甘回民反清战争

进攻。左宗棠从福建调来旧部总兵刘明镫、杨芳桂两营出扼静宁。年底，马化龙等投降，河州回军4000余人剩甘军范铭在岷州叛乱，于同治十年（1871）二月从安定出击通渭、寿安、清水、西和、礼县等地。三月，又转攻两江、徽县宁远、伏羌。于是左宗棠决定大举进攻河州，但南路诸军总统周开锡于五月十五日病故，迟滞了左宗棠的进军计划。六月，因从秦州至狄道中间200里荒无人烟，左宗棠在备足粮草后，开始调集各路清军向河州发动总攻，其部署：中路以记名提督、凉州镇总兵傅先宗率鄂军（多隆阿旧部）由狄道（今临洮）南进，一半渡洮河向西，一半驻洮河东岸；左路以记名提督杨世俊部楚军及提督张仲春的"宗岳"军，取道南关坪挺进峡城；右路以记名提督刘明镫从马盘监进红土窑，再入定安县，扼守康家岩；又命记名提督徐文秀率楚军一部从静宁州取道会宁后继续前进。另外，檄调黄鼎分出蜀军八营交给记名提督徐占彪率领，再配以副将桂锡桢率马队三营由中卫（归属宁夏府）南下靖运，至会宁、安定，以防游动回军窜扰兰州，护卫兰州以东。七月，各军按部署分道而进，十二日，左宗棠中军大营也从平凉向西进驻静宁。

这时，浩罕入侵者阿古柏已攻占吐鲁番、乌鲁木齐，沙俄武装占领了伊犁地区，新疆局势趋于复杂化。清政府以荣全署伊犁将军，命原乌鲁木齐提督成禄率部出关，会同景廉规复乌鲁木齐，左宗棠受命分军进军肃州，于是调动徐占彪率马步12营经凉州、甘州赶往肃州。

七月二十九日，左宗棠由静宁取道会宁西进。八月初二日到达安定（今定西市安定区），他召集后路军统领徐文秀、左路军统领刘明镫商议对策，决定会攻河州回军出击的要津——康家岩（位于洮河东岸）。清军进击，回军出堡应战，但因力不能支，回军在康家岩修筑的大小各堡寨十余处被攻破。清军攻取康家岩后，必须渡河才能进攻三甲集，但时值秋季，洮河水涨流急。回军在洮河西岸的三甲集、太子寺、大东乡等地严防死守，以屏障河州，徐、刘二军难以渡河。傅先宗、杨世俊率清军中路大军、左路大军，按照左宗棠的指示，在狄道先架起浮桥，牵缆放船，在三天内抢修浮桥一座，率部渡过了洮河。八月十八日，傅、杨所部各军同时并进，会攻高家集，翌日占领各堡。为大举渡过洮河，左宗棠先派总理营务处、前福建布政使王德榜、道员朱明亮率千余名大营亲兵到康家岩观察形势，接下来增拨步兵两营，骑兵一营，令其渡狄道浮桥，向八羊沟进发；再派傅先宗一军攻占黑山头，以为牵制。十月初，王德榜、朱明亮渡河，徐文秀、刘明镫等部也移屯西岸。初七日，傅先宗军击破黑山头回军20多座堡垒。初九日，各路清军会攻河州第一道门户三甲集。回军在马占鳌带领下登墙防守，枪炮如雨，木石交加，清军拼死猛攻，死伤累累，激战三日，终于攻上崖顶。回军则损失几千人马，马占鳌夺门逃走，同时丢失了三甲集。① 马占鳌突围后，为了阻遏清军攻势，派兵渡洮河到康家崖西北沙泥一带，阻挠清军粮道畅通。左宗棠紧急调动灵州防军董福祥部，庆阳屯军张福齐、徐万福部西进，驻扎在洮河以东护粮，并派总理营务处陈湜到前线督战。

三甲集要隘虽被清军攻破，然其西北大东乡、以西太子寺两路，山峦绵亘，地势险峻，回堡林立。太子寺在大东乡之南，是河州北面的屏障，在三甲集东面数十里，均为回军驻守的要隘。马占鳌命人在太子寺掘濠三重，深约二丈余，阔倍之。从十月十二日至十二月初一日，回军节节败退，清军接连攻克甘坪、大贝坝、张家沟，抵达大东乡口，他们夺取了上七甲集、朱家坪、董家山等大小50余座堡寨，疏通了向太子寺进军的道路。能否顶住清军的攻势，是河州回军面临的严峻考验。马占鳌面对严峻的形势，在内部互不服气、各行其是的状态下，愤而返乡。此时清军大军压境，气势逼人，河狄回军群龙无首，一片混乱。马永瑞、马悟真等首领达成共识，仍请马占鳌出山指挥各部回军。马占鳌接受了邀请，不但把河狄回族、东乡族起义军统一组织起来，而且获得循化八工撒拉族、西宁米拉沟、碾伯等处起义军协助，又派大东乡及岷洮等处起义军袭扰清军后路，断其粮运。他到太子寺后，惩处了三名作战不力的将领，下令起义军环绕太子寺广筑堡垒，挖掘长壕，选拔敢死之士，在其副手马海晏带领下，屯聚太子寺南新路坡（今康乐县境内）险要之处，抢修掩体工事，做了抗击清军进攻的大量准备工作，严阵以待。

从同治十年（1871）十二月初到同治十一年（1872）正月，回军与清军在太子寺展开了残酷的堡垒争夺战。在党川铺、石梁坡、薛家坪等处，回军昼夜奋战，与清军进行激烈厮杀。马占鳌亲至阵前观察，并乘夜派兵潜至清军阵地中，砌墙浇水，筑成冰城，被称为"黑虎掏心"战术。同治十一年正月初六日，清军攻打新路坡以东三座堡垒，傅先宗由正面进

---

① 吴万善：《清代西北回民起义研究》第105页，兰州大学出版社，1991。

攻，杨世俊、王得榜从两翼威胁回军，堡中枪炮轰鸣，打垮了清军的轮番进攻。傅先宗手执大旗，亲自督战，结果被流弹击中殒命，清军大乱。回军乘机冲出堡垒，奋力冲杀，清军自相践踏，死尸枕藉。其他各堡的回军也争相出堡反击，清军溃退。杨世俊退到党川铺，喘息未定，再遭回军出其不意之攻击。徐文秀随同杨世俊一起退往董家山扎营。正月十一日夜，风沙漫天，时值隆冬，清军饥寒交困。回军乘胜向董家山突袭，傅先宗残部被消灭，副将田大胜、参将李天禧弃军而逃。徐文秀被团团包围，中枪而死，全军覆灭，杨世俊部大多被杀。回军夺获大批军械物资，河州清军全面溃退。

左宗棠闻讯，立即命王德榜接统傅军，沈玉接统徐军，他檄调谭拔萃、张福齐、甘大有各营兼程赴安定听候任用。王德榜接统傅军后，分兵高家集、太平山、虎牢关守卫，严防回军偷袭狄道。马占鳌部在与清军的争夺袭扰战中伤亡也很大，眼见清军源源不断前来增援，担忧事败身死，于是派其长子马七五到三甲集清军行营求降。

清军太子寺大败，使驻在安定的左宗棠震惊异常，不敢据实向清廷奏报，一筹莫展。接到马占鳌的降书，左宗棠喜出望外，欣然接受了马占鳌的请降。左宗棠指示陈湜，招抚马占鳌要从缴出全部战马、枪械入手。陈湜根据左宗棠的指示，要求河州回军半月之内缴出全部马械。在马占鳌、马尕大等先后缴出战马4000多匹，军械1.4万多件后，才允许他们投降。左宗棠给马七五改名"马安良"。马占鳌派马永瑞、马悟真赴安定，缴出50匹马匹。左宗棠奏请清廷任命马占鳌为统领，其所部队伍，也按清军编制改为三旗。

河州回军投降后，左宗棠命署河州知州潘效苏、河州镇总兵沈玉遂各自去本任，另派河州州判米联璧赴太子寺任所。七月十五日，左宗棠也从安定回驻兰州。

西宁之役

河州马占鳌降清后，甘肃另一支回军是位于西宁的马桂源集团。西宁回军首领原为马尕三（即马文义）。马尕三死后，马永福接替了他。马永福的两个侄子马桂源、马本源接受清廷招抚；马桂源被任命为西宁知府，马本源被任命为西宁镇标游击并代行总兵职务。马氏兄弟控制了西宁的军政民政，清廷在西宁地区已无实际控制力。太子寺之战前夕，马占鳌曾托马桂源向左宗棠乞抚，马桂源前往安定面见左宗棠。返回西宁后，立即整军备战,层层设防,决心与清军血战到底。宁夏回军失败前夕,被清军紧紧追赶的陕西回军首领禹得彦、白彦虎、崔伟等率余部逃到西宁地区,散居在大、小南川一带,与西宁回军连成一气,加强了西宁回军的力量,他指斥清军破坏"抚局",拒绝缴械。

同治十一年(1872)六月,刘锦棠带着新招募的湘军返回甘肃,成为左宗棠进攻西宁时主要倚仗的部队。刘锦棠除留下谭拔萃部步兵三营、骑兵两起(一起为半营)驻防金积堡外,他自带部队四营、马队两起由平凉赶往兰州,与左宗棠商妥机要。七月,左宗棠进驻兰州,计划先取西宁,再攻肃州。除了调刘锦棠部作为进攻西宁的主力外,左宗棠还派提督何作霖率六营步兵、两营骑兵由康家崖向碾伯(今青海省海东市乐都)推进,又调龙锡庆两营步兵、熊隆名与陶生林两营骑兵前往碾伯会师。这样,进攻西宁的清军总数达到马步兵18营约7000人。

八月初一日,刘锦棠进军碾伯,孤军深入,冒险前行。碾伯与西宁都位于湟水支行,两者之前有大、小峡口,两岸群山峻峭,横亘80多里,中间有一条小径,道路狭窄,路面不过数尺,兵马只能鱼贯而进,南北沟岔分歧,堡寨罗列,是进兵必由之路。回军在此修筑了百余座堡垒,严密防守。按照左宗棠"先剿客回(陕西回军)为主"的指示,刘锦棠先向土回(西宁回军)晓谕明白,但西宁回军并未受到影响。初七日,刘锦棠亲自率马步各营进驻大峡以西的平戎驿,逼近大、小南川,分兵屯扎于此,与小峡毗连。初十日,刘锦棠骑马视察峡口。同日,马桂源约陕西回军首领禹得彦、白彦虎、崔伟等人,至西宁自己家中召集会议,商议联合抗击清军,会议一致主张联合抗清,并推举马本源为大元帅,统一指挥各部。马桂源将西宁城内的回军、回民全部撤出。西宁道襄之与城内汉族士绅闭门困守。此后一个多月内,约3万回军分头攻打清军营地,在峡口一带与刘锦棠所率清军不断接战。在平戎驿、高强沟、羊角沟、彦才沟、小峡口、红水泉等处,回军与清军反复争夺。回军或夜袭清军营垒,或在山谷沟坎伏击,或从山顶迤逦压下,或出山阻截粮运,令清军胆战心惊。九月,左宗棠奏请将宋庆一军从陕北神木调往甘肃,派宁夏守军张曜部嵩武军分驻灵州、花马池,同时调谭拔萃所统领的老湘军马步四营赶往西宁。清军凭借优良的洋枪、后膛开花大炮以及久经战阵,作战经验丰富的优势,夺取了小峡以东百余座堡垒,陕西回军驻守的大小南川也被攻占。十月初,左宗棠再派刘明镫率马步六营增援。十月十八日,清军连夺峡口北山十余座卡垒，回军从湟水两岸溃退，马本源、马桂源等人逃往东川巴燕戎格（今青海化隆回族自治县），清军直抵西宁城下。

马桂源逃到巴燕戎格后，联络大通都司马寿（大通在西宁西北）和向阳堡、下乱泉回民首领马进禄、韩起寿等继续抗击清军。同治十二年（1873）正月初四日，刘锦棠进攻向阳堡，遭到当地回民的拼死抵抗。清军不顾伤亡持续苦战，最后攻破该堡，马寿、马进禄、韩起寿等首领均被杀。初八日，清军进入大通县城，城内原有汉民3000多人，青壮年都遭到马寿等人杀戮，只剩下老弱妇女600多人。此时，到达西宁的崔伟、禹得彦、毕大才等陕西回民所部都向刘锦棠投降，除部分精锐马队被刘锦棠收编外，其余陕西回民2万多人被迁徙到秦安、清水等县。向阳堡被攻破后拒不向清军投降的白彦虎，则率所部回军2000余人由永安、南山、草滩一带向西逃走。

当马本源兄弟逃到巴燕戎格后，左宗棠命令陈湜、沈玉遂等将领率河州清军踏雪西进，进攻马本源兄弟所部。正月二十九日清军逼近巴燕戎格，马永福等人投降。二月初四日，马本源、马桂源兄弟被迫向清军投降，不久身亡。

陈湜离开巴燕戎格后前往循化厅，勒令撒拉族缴出马械，但应者寥寥。二月二十八日他率部前往青科庄镇压，刘锦棠前来配合，杀了马乙麻在内的56人，又在卡勒工十三庄打伤300多人。最后向撒拉八工进攻，屠杀撒拉起义军百余人。至此，清军镇压了西宁地区回族、撒拉族起义。

肃州之役

河、湟地区被清军占领后，左宗棠本打算称病还乡，回湖南老家休养。但此时传来沙俄入侵伊犁的消息，左宗棠闻讯大为震惊，表示"今既有此变，西顾正殷，断难遽蒙退志，当与此虏周旋"[1]。于是他派徐占彪率部12营赴肃州（今酒泉），扼嘉峪关以防沙俄。清廷催促成禄部出关，与已驻关外的景廉一道规复乌鲁木齐。但因为肃州被马文禄[2]所统领的回军占据，清军出关并非易事。

马文禄于同治四年（1865）二月占领肃州城，多次击败清军。五月，

---

[1] 刘晴浓、刘泱泱主编：《左宗棠全集·书信》（二）第246页，岳麓书社，2009。

[2] 马文禄，本名马四，又名忠良，甘肃河州人。

乌鲁木齐提督成禄率军由兰州抵达高台县，从临水向八里桥发起进攻，回军分路反攻，成禄部损失千余兵力，退屯草湖滩。回军发动多次进攻，推进到肃州，成禄纵兵攻掠民堡，搜刮民财、强抢粮食、牲畜、妇女，百姓恨之入骨。成禄对回军无能为力，双方相持到同治七年（1868）底，成禄、杨占鳌与回军达成"抚议"。清军进驻肃州城内，但马文禄掌握肃州实权。同治十年（1871）当徐占彪部向宿州进发时，马文禄联络在新疆割据称雄的地方势力及西逃至此的白彦虎等踞城抵抗，企图阻止徐占彪进军，成禄远避高台。

同年十月初九日至十一月初一日，徐占彪率军抵达凉州（今武威），十一月十九日西进甘州（今张掖），二十七日抵高台，与乌鲁木齐提督成禄会晤。十二月上旬，徐占彪部在清水堡打败回军。翌年（1872）五月二十七日，徐占彪夜袭距肃州西南30里、由回军坚守的塔尔湾。这里有回军修筑的数十个堡垒，堡外掘出壕沟，与黄草坝各堡相连，并与州城互成掎角。经激战，清军占领塔尔湾。六月，徐占彪率马步五营，同肃州总兵王子龙部及团丁猛扑而来。连下30多堡，先后平毁肃州新安百余座墩堡，并前进到距肃州城只有3里的沙子坝，却仍然不能再进一步，攻入肃州。肃州回军与徐占彪部在城南香庄庙等处进行了几次恶战，互有伤亡。清军攻占了北崖头和城西的清真寺。徐占彪在城南开挖了700余丈的长壕，回军也从城内挖地道正对城南敌军营垒。

十一月，左宗棠添派陶生林、金庆元、戴宏胜的马步五营前来助攻。十二月，署宁夏将军金顺及提督杨世俊率部到肃州，驻扎在城外北崖头。马文禄见力量对比悬殊，派阿訇李得隆向新疆回军求援。同治十二年（1873）正月，金顺、陶生林等军进入肃州城外。正月初八日，从关外红庙子调来支援的新疆回军4000人携带1000多只运粮骆驼，也抵达肃州，加强了城内守军的力量。二月十八日，白彦虎率回军到达肃州东北的毛目城。三月初六日，白彦虎率陕西回军也转移到肃州，驻扎在塔尔湾的废堡。马文禄与各处回军首领决定采取内外呼应的战法，攻打南门外长壕。第二天，白彦虎就猛攻围城的清军，被击退。五月初十日，湖南提督宋庆率蒋东才、马玉崑所部前锋马步六营抵达肃州城，在城东筑垒，却没能筑成。徐占彪急于攻城，在城西清真寺修筑炮台，安放炮位，轰击城墙，又在东关外筑垒架炮，轰击关城。六月初一日，清军开始用大炮攻城。徐占彪令各营运土填壕，率部越壕登城，占领东关正门楼。回军退据东关大城严防死守,清军猛攻不下,徐占彪在攻城战中负伤,无法指挥,便让宋庆、金顺进驻东关,自己所属各营则移扎大南门外长壕。马文禄指挥数千回军从城内涌出,猛攻长壕附近堡垒炮台,清军伤亡惨重。徐占彪闻讯,急调各营增援,回军退入城内。闰六月二十五日,左宗棠派副将赖长携后膛大炮抵达肃州城外,也无法突破关城,战事进入相持阶段。

同治十二年(1873),西宁回军失败,其他各处回军先后被镇压,局势开始向清军一面倾斜。清军对肃州围攻一年半的时间,却劳师无功。这时嘉峪关外的形势日趋紧张,急需援军。清廷谕令左宗棠、金顺限期攻下肃州,以安边圉。左宗棠亲自前往肃州督战。七月十九日,左宗棠由兰州起行,亲自到肃州督师。八月十二日,抵达肃州。次日,他巡视城外各清军,查看地形,布置各军约定期限同时发动进攻。肃州之战进入最后阶段。

清军重新部署,由宋庆、金顺所部在城东北角开挖地道进攻,徐占彪、杨世俊所部从城西南角炮轰城墙,挖土填壕,登城进攻。马文禄思虑良久,于八月十四日派人出城乞降,左宗棠拒绝答复,只是张贴告示,城中回民老幼妇女得以免死,诚心投降者准许前往清军军营听候差遣。清军乘城东北角地雷轰炸之际,游击张林率部冒着枪林弹雨、攀缘而上,城墙上的回军则居高临下,施放枪弹,投掷石块,将其击杀。赖长、邓增接连用后膛开花大炮、劈山洋炮轰击城墙,但肃州城墙体坚厚,回军随时抢修,未取得太大进展。八月十九日,进攻城西南角的清军统领徐占彪、杨世俊两军掘成地道,杨世俊为抢夺头功,持刀指挥兵勇拼死登城,发动数次进攻,回军在城上斜挖深坎,密布叉枪,连环施放,清军战死者甚众。杨世俊见状,带部下亲自登城,被飞弹击中,登时身亡。清军此战伤亡500多人,也未能登上城墙。九月初十日,刘锦棠率湘军及部分收编的回军赶到肃州。城内粮草已尽,白彦虎在清军的打击下,率陕西回军撤往新疆,肃州已无法坚守下去。十五日,马文禄亲自到左宗棠大营投降。左宗棠命令他先缴出马、械,再将土客各回户口清册献出,听候处置。马文禄呈缴马、械后,二十三日,左宗棠下令将马文禄、马永福、马照、马金龙、马良臣、王得胜、马金才、马梁成、尕阿訇九名主要回军首领悉数被杀。同时,左宗棠命令各军杀死回军骨干1573人。当天深夜,清军入城纵火,对赤手空拳的回民进行屠杀,"枪轰矛刺,计屠回五千四百余名",

"即老弱妇女亦颇不免。"①

左宗棠在攻占肃州后,陕西甘肃回民起义最终失败。肃州回军中,不但有河西回民参加,而且陕西回军、西宁回军、河州回军、撒拉族、保安族、新疆回族、维吾尔族起义军也参加了战斗,人数2万以上。肃州及河西回民起义对沟通嘉峪关内外各族起义起到了桥梁作用。

陕甘回民起义沉重打击了清廷在西北地区的统治。清军在镇压过程中,被击毙的提督、总兵及各级将领不下百人,清军伤亡惨重,清廷数次易帅。胜保战败获咎"赐死"、多隆阿伤重身死。陕西关中地区和甘肃河湟一带,回军攻取了大部分府厅州县,杀掉大批贪官污吏,摧毁了许多地方的官府衙门,消灭了几乎所有的地主团练。清廷为镇压起义,每年需用军费800万—1000万两白银,前后累计超过1亿两,大大加剧了清政府的财政危机。陕甘回民起义发生在太平天国接近失败,全国各地的反清起义即将转入低潮之际。因此,未能充分与太平天国在战略上相互配合,共同推翻清朝的统治,作为西北少数民族反抗清廷民族歧视屠杀政策而爆发的农民战争,其弱点也很明显。在战争中,陕甘回民起义没有提出明确的政治主张和口号,斗争目标不够明确,带有盲动性。这次起义带有反抗民族歧视与民族压迫的特点,但又往往陷入民族仇杀的歧路。从战略、策略上看,起义者短视的同时也缺乏集中统一的领导,没有严密的组织,各个集团各自为战,存在极大的分散性。在应对清军进攻时回军着眼于一城一堡的得失,难免落入清军"节节剿洗"的圈套,丧失主动权,结果被清军各个击破,归于失败。再加上左宗棠的"剿抚兼施"政策对回民军也起到了分化瓦解作用,其促进生产的善后政策客观上有利于西北社会经济的恢复和发展。

---

① 易孔昭、胡孚骏、刘然亮:《平定关陇纪略》卷十二,第23页。

参考文献

[1] 阿桂, 冯培, 等. 钦定兰州纪略 [M].
[2] 北京太平天国历史研究会. 太平天国史译丛 [M]. 北京: 中华书局, 1981-1985.
[3] 曹振镛, 等. 钦定平定回疆剿匪擒逆方略 [M]. 刻本. 1838.
[4] 道光皋兰县续志 [M].
[5] 邓之诚. 汪悔翁 (士铎) 乙丙日记.
[6] 东方杂志 [N].
[7] 独兴阿. 独兴阿奏稿. 影印本. 2006.
[8] 杜文澜. 平定粤匪纪略 [M].
[9] 高文远. 清末西北回民之反清运动 [M]. 银川: 宁夏人民出版社, 1998.
[10] 高瑶光. 李立廷在玉林五属的反清斗争 [M]. 广西通志馆藏.
[11] 庚裕良, 陈仁华. 广西会党资料汇编 [M]. 南宁: 广西人民出版社, 1995.
[12] 光绪吉林通志 [M].
[13] 光绪宁远县志 [M].
[14] 广东省立中山图书馆复制. 广西人民起义资料. 油印本. 1960.
[15] 贵州大学历史系. 清代贵州各族人民的五次起义 [M]. 贵阳: 贵州人民出版社, 1978.
[16] 郭廷以. 太平天国史事日志 [M]. 北京: 商务印书馆, 1947.
[17] 郭豫明. 上海小刀会起义史 [M]. 上海: 中国大百科全书出版社上海分社, 1993.
[18] 韩书瑞. 山东叛乱: 1774年王伦起义 [M]. 刘平, 唐雁超, 译. 南京: 江苏人民出版社, 2008.
[19] 河池县志 [M]. 1919.

[20] 赫治清. 天地会起源研究 [M]. 北京：社会科学文献出版社, 1996.

[21] 胡林翼. 胡林翼集. 长沙：岳麓书社, 2008.

[22] 黄玉球. 南宁的自然灾害 [M]. 广西通志馆藏.

[23] 嘉庆循化志 [M]. 嘉庆刻本翻印本. 西宁：青海人民出版社, 1981.

[24] 蒋维明. 川楚陕白莲教起义 [M]. 成都：四川人民出版社, 1985.

[25] 蒋维明. 川湖陕白莲教起义资料辑录 [M]. 成都：四川人民出版社, 1980.

[26] 荆德新. 云南回民起义史料 [M]. 昆明：云南民族出版社, 1986.

[27] 军机处档 [A].

[28] 兰簃外史：靖逆记 [M].

[29] 李范文, 余振贵. 献给宁夏回族自治区成立三十周年 西北回民起义研究资料汇编 [M]. 银川：宁夏人民出版社, 1988.

[30] 李治亭. 中国断代史系列·清史 [M]. 上海：上海人民出版社, 2002.

[31] 连横. 台湾通史 [M]. 北京：商务印书馆, 1983.

[32] 林荃. 杜文秀起义研究 [M]. 昆明：云南民族出版社, 2006.

[33] 岭东日报 [N].

[34] 刘重日. 李自成终归何处——兼评《李自成结局研究》 [M]. 西安：三秦出版社, 1999.

[35] 陆宝千. 论晚清两广的天地会政权 [M]. 台北：中央研究院近代史研究所, 1985.

[36] 录副奏折 [A].

[37] 罗尔纲, 王庆成. 太平天国 [M] //中国近代史资料丛刊续编. 桂林：广西师范大学出版社, 2004.

[38] 罗尔纲. 李秀成自述原稿注 [M]. 北京：中华书局, 1982.

[39] 罗尔纲. 太平天国史事考 [M]. 北京：生活·读书·新知三联书店, 1985.

[40] 罗尔纲. 太平天国史料汇编 [M]. 北京：中华书局, 1963.

[41] 马昌华. 捻军调查与研究 [M]. 合肥：安徽人民出版社, 1992.

[42] 民国怀德县志 [M]. 1929.

[43] 民国梨树县志 [M]. 1934.

[44] 民国辽阳县志 [M]. 1928.

[45] 民国龙山县志 [M]. 1938.

[46] 民国那马县志草略 [M]. 1933.

[47] 民国三江县志 [M]. 1946.

[48] 民国双城县志 [M]. 1926.

[49] 民国同正县志 [M]. 1933.

[50] 民国象县志 [M]. 1938.

[51] 民国宣北县志 [M]. 1937.

[52] 民国阳朔县志 [M]. 1936.

[53] 民国邕宁县志 [M]. 1937.

[54] 民国钟山县志 [M]. 1933.

[55] 那彦成. 那文颜公奏议 [M].

[56] 潘王安. 玉珍河钓徒见闻杂记 [M].

[57] 潘颐福. 东华录·咸丰朝 [M]. 石印本. 上海：积山书局, 1894.

[58] 乾隆朝朱批奏折 [A].

[59] 钦定石峰堡纪略 [M].

[60] 秦宝琦. 清前期天地会研究 [M]. 北京：中国人民大学出版社, 1988.

[61] 清实录 [M]. 北京：中华书局, 1986.

[62] 全国政协文史资料研究委员会. 辛亥革命回忆录 [M]. 北京：中国文史出版社, 1962.

[63] 上海社会科学院历史研究所. 上海小刀会起义史料汇编 [M]. 上海：上海人民出版社, 1980.

[64] 上海师范大学历史系, 中国第一历史档案馆. 福建·上海小刀会档案史料汇编 [M]. 福州：福建人民出版社, 1993.

[65] 尚氏宗谱 [M]. 刻本. （清康熙）.

[66] 沈桐士. 光绪政要. 扬州：江苏广陵古籍刻印社, 1991.

[67]《食货》月刊复刊 [N].

[68] 孙文良, 李治亭, 邱莲梅. 明清战争史略 [M]. 沈阳：辽宁人民出版社, 1986.

[69] 台湾三军大学. 中国历代战争史 [M]. 北京：中信出版社, 2013.

[70] 太平天国历史博物馆. 太平天国史料丛编简辑 [M]. 北京：中华书局，1961.

[71] 唐朝绳. 民国武宣县志 [M]. 1914.

[72] 同治桂阳直隶州志 [M].

[73] 王魁喜，吴文衔，陆方，等. 近代东北史 [M]. 哈尔滨：黑龙江人民出版社，1984.

[74] 吴万善. 清代西北回民起义研究 [M]. 兰州：兰州大学出版社，1991.

[75] 吴伟业. 绥寇纪略 [M]. 上海：上海古籍出版社，1992.

[76] 吴伟业. 绥寇纪略 [M]//丛书集成初编. 北京：中华书局，1985.

[77] 武国卿. 中国战争史 [M]. 北京：人民出版社，2016.

[78] 夏家骏. 清代中叶的白莲教起义 [M]. 北京：中华书局，1974.

[79] 谢山居士. 粤氛纪事 [M].

[80] 徐舸. 清末广西天地会风云录 [M]. 桂林：广西师范大学出版社，1990.

[81] 薛瑞录，吕坚. 清政府镇压太平天国档案史料 [M]. 北京：社科文献出版社，1992－2001.

[82] 扬州师范学院中文系. 洪仁玕全集 [M]. 北京：中华书局，1978.

[83] 杨东梁. 左宗棠 [M]. 北京：人民文学出版社，2015.

[84] 杨先国，贾之惠 [M]. 清中期川东北白莲教起义始末. 成都：四川民族出版社，1991.

[85] 易孔昭. 平定关陇纪略 [M]. 刻本. 1888. 清光绪十四年.

[86] 奕䜣，等. 钦定剿平捻匪方略 [M]. 铅印本. 1872.

[87] 奕䜣，等. 钦定平定陕甘新疆回匪方略 [M]. 铅印本. 1896. 清光绪二十二年.

[88] 奕䜣，等. 钦定平定云南回匪方略 [M]. 铅印本. 1896. 清光绪二十二年.

[89] 曾国藩. 曾国藩全集 [M]. 长沙：岳麓书社，2011.

[90] 曾瓶山，杨北岑. 同正县志 [M]. 1933.

[91] 张廷玉，等. 明史 [M]. 北京：北京：中华书局，1974.

[92] 张璇如. 清初封禁与招民开垦. 社会科学战线 [M]. 1983：1.

[93] 政协玉林县委员会办公室. 玉林文史资料：第1辑 [M]. 1982.

[94] 中国第一历史档案馆，北京师范大学历史系. 辛亥革命前十年间民变档案史料［M］. 北京：中华书局，1985.
[95] 中国第一历史档案馆. 清代军机处电报档汇编［M］. 北京：中国人民大学出版社，2005.
[96] 中国史学会. 回民起义［M］//中国近代史资料丛刊. 上海：神州国光社，1952.
[97] 中国史学会. 捻军［M］//中国近代史资料丛刊. 上海：神州国光社，1953.
[98] 中科院上海历史研究所筹备委员会. 上海小刀会起义史料汇编［M］. 上海：上海人民出版社，1958.
[99] 周育民，邵雍. 中国帮会史［M］. 武汉：武汉大学出版社，2011.
[100] 朱昌奎. 民国宾阳县志［M］. 1934.
[101] 朱寿鹏. 光绪朝东华录［M］. 北京：中华书局，1958.
[102] 庄吉发. 清代天地会源流考［M］. 台北：台湾故宫博物院，1980.
[103] 左宗棠. 左宗棠全集［M］. 长沙：岳麓书社，2009.

附录　本卷涉及的战役战斗名录

1. 大顺军庆都之战（1644）
2. 大顺军真定之战（1645）
3. 大顺军西安战役（1645）
4. 大顺军武昌战役（1645）
5. 大西军四川战役（1646）
6. 李定国桂林之战（1652）
7. 李定国衡阳之战（1662）
8. 夔东十三家茅麓山之战（1664）
9. 福建宁化民变（1695）
10. 广东王振邦黎族起义（1701）
11. 河南亢珽起义（1717）
12. 湖南辰州谢路正反清起义（1722）
13. 江西温上贵反清起义（1723）
14. 山西泽州翟宾如、靳广起义（1727）
15. 王伦白莲教起义临清战役（1774）
16. 苏四十三起义（1781）
17. 盐茶厅回民反清起义
18. 襄阳白莲教起义（1796）
19. 达州白莲教起义（1796）
20. 达州东乡之战（1797）
21. 白帝城之战（1797）
22. 卸花坡之战（1798）
23. 苍溪之战（1799）
24. 高院场之战（1800）

附录 本卷涉及的战役战斗名录

25. 马蹄冈之战（1800）
26. 天理教起义（1813）
27. 云南永北厅彝民反清战役（1821）
28. 台湾天地会反清战役：嘉义之战（1832）
29. 湖南永州瑶民反清战役（1832）
30. 川南彝民反清战役（1832）
31. 山西先天教起义（1835）
32. 江口墟之战（1851）
33. 永安之战（1851）
34. 长沙之战（1852）
35. 武汉之战（1852）
36. 十八铺起义（1852）
37. 江宁之战（1853）
38. 北伐之战（1853）
39. 西征之战（1853）
40. 小刀会反清战役（1853）
41. 广州之战（1854）
42. 东征之战（1856）
43. 三河尖之战（1856）
44. 浔州之战（1856）
45. 九江之战（1857）
46. 柳州、梧州之战（1857）
47. 浦口之战（1858）
48. 三河之战（1858）
49. 桂林之战（1858）
50. 安庆之战（1859）
51. 苏常之战（1860）
52. 安庆争夺战（1861）
53. 绵州之战（1861）
54. 江浙反包围之战（1862）
55. 眉州之战（1862—1863）
56. 天京之战（1864）

57. 阶州之战（1865）

58. 长春之战（1865）

59. 亳州之战（1866）

60. 贵州苗侗各族反清战役：荆竹园之战（1866）

61. 昆明之战（1868—1869）

62. 金积堡之战（1870—1871）

63. 河州之战（1871）

64. 大理之战（1872）

65. 太子寺之战（1872）

66. 西宁之战（1872—1873）

67. 肃州之战（1873）

68. 南宁之战（1897）

69. 郁林起义（1898）

70. 陇烈之战（1904）

71. 柳州之战（1904）

72. 怀集之战（1905）

后　　记

　　拙著即将付梓，思来想去，还是有几句话要说。

　　中国自古以农立国，统治者历来奉行重农抑商的政策，士农工商的四民社会结构中，"士"与"农"构成基本的社会经济关系。在君主专制集权的清代，农民战争是统治者与被统治者间阶级矛盾的集中反映。由于帝制历史久远绵长，历代统治者的政策一旦对被统治者（农民）压迫过重、剥削过深，广大被统治者（农民）忍无可忍，就会走向举义之路。"中国历史上的农民起义和农民战争的规模之大，是世界历史上所仅见的。"（毛泽东：《中国革命和中国共产党》）

　　战争与人类社会相始终。有清一代，农民战争频仍，与清代所处的时代密切相关。本书为"清代战争全史"系列丛书之一。习史多年，然笔者研究关注的领域仅为晚清甚至清末；目前笔者所从事的研究，时限主要为五四之后，因此，在领受写作任务之初，顾虑颇多。在主编李治亭、杨东梁二师的勉励下，勉为其难，笔者还是承担了本书的写作任务。自接受写作任务开始，便根据商定提纲，多方收集、采撷相关史料，并按图索骥，参考了学界诸多既有成果，历数载寒暑，终成正果。

　　战史与一般通史、断代史不同，需要非常专业的军事学知识。清代尤其是晚清时期，无论从战争规模、战略战术、战斗指挥，还是军队素养、武器装备、后勤保障等方面，都处于从传统向现代转变的关键期。鸦片战争后，中国面临"数千年未有之大变局"，在列强的逼伺下，社会从局部到整体转向资本主义的态势，不但政治、经济、文化、社会，战争同样呈现这一规律。把握千年未有之历史大变局所带来的战争规律的改变，关注农民反清战争所呈现的新景象、新特点、新规律，这是清代战史研究者们需要格外注意的。

　　本书最终能够付印，是中山大学出版社的领导、编辑辛勤工作的成果。如果没有他们的策划与推动，本书就只能是黄粱一梦。丛书从策划、撰写到出版的过程一波三折，充满着各种不确定，但在出版社、主编、作者的共同努力下，本书最终顺利完成。这是应了"路遥知马力，日久见人心"的俗语。因此，常怀感恩之心，常念相助之人，是我们每一个人要信守的原则。

是为记。

张立程
2020 年 7 月于浙江大学紫金港校区